Ausgewählte datenschutzrechtliche Fragestellungen bei der Umfelderfassung für das hochautomatisierte Fahren

D1672056

Ausgewählte datenschutzrechtliche Fragestellungen bei der Umfelderfassung für das hochautomatisierte Fahren

Marlene Manich

Fachmedien Recht und Wirtschaft I dfv Mediengruppe I Frankfurt am Main

Bibliografische Information Der Deutschen Nationalbibliothek

Die Deutsche Nationalbibliothek verzeichnet diese Publikation in der Deutschen National-
bibliografie; detaillierte bibliografische Daten sind im Internet über http://dnb.de abrufbar.

ISBN 978-3-8005-1885-2

dfv Mediengruppe

© 2023 Deutscher Fachverlag GmbH, Fachmedien Recht und Wirtschaft, Frankfurt am Main

www.ruw.de

Druck: Beltz Grafische Betriebe GmbH, 99947 Bad Langensalza

Printed in Germany

Vorwort

Die vorliegende Arbeit wurde im Sommersemester 2023 von der Juristischen Fakultät der Gottfried Wilhelm Leibniz Universität Hannover als Dissertation angenommen. Rechtsprechung und Literatur konnten bis April 2021 berücksichtigt werden.

An dieser Stelle möchte ich mich bei all jenen bedanken, die zum Gelingen dieser Arbeit beigetragen haben. Ganz besonders danke ich Prof. Dr. Nikolaus Forgó für die hervorragende Betreuung des Promotionsverfahrens und fachlich wertvollen Ratschläge. Des Weiteren gilt mein Dank Prof. Dr. Maximilian Becker für die Erstellung des Zweitgutachtens.

Ebenso bedanke ich mich bei Volker Smuda von der BMW Group, der mir während meiner Zeit dort eine interdisziplinäre Sichtweise auf das Thema ermöglichte und mir konstruktive Denkanstöße gab.

Ein besonderer Dank gebührt Nabil Möhr für den kreativen Ideenaustausch und seine unermüdliche Unterstützung.

Schließlich danke ich meiner Familie, insbesondere meinen Eltern, die mich immer unterstützt und gefördert haben.

München, im September 2023   Marlene Manich

Inhaltsverzeichnis

Inhaltsverzeichnis

Inhaltsverzeichnis

Abkürzungsverzeichnis

A. A./a. A.	andere Auffassung
a. F.	alte Fassung
Abb.	Abbildung
Abs.	Absatz
ACEA	European Automobile Manufacturers' Association
ACSF	Automatically Commanded Steering Function/ automatische Lenkfunktion
AEUV	Vertrag über die Arbeitsweise der Europäischen Union
AG	Amtsgericht
App	Applikation
Art.	Artikel
BayLDA	Bayerisches Landesamt für Datenschutzaufsicht
BB	Betriebsberater
BDSG	Bundesdatenschutzgesetz
Beschl.	Beschluss
BGB	Bürgerliches Gesetzbuch
BGH	Bundesgerichtshof
BKartA	Bundeskartellamt
BT-Drs.	Drucksachen des Deutschen Bundestages
BVerfG	Bundesverfassungsgericht
BVerwG	Bundesverwaltungsgericht
bzw.	beziehungsweise
ca.	circa
CAM	Cooperative Awareness Messages
CCZ	Corporate Compliance Zeitschrift
C-ITS	Cooperative Intelligent Transport Systems
CPU	Central Processing Unit
CR	Computer und Recht
CRI	Computer Law Review International
DAR	Deutsches Autorecht
DENM	Decentralised Environmental Notification Messages
DSGVO	Datenschutzgrundverordnung
DSK	Datenschutzkonferenz

DSRITB	Deutsche Stiftung für Recht und Informatik – Tagungsband
DSRL	Richtlinie 95/46/EG des Europäischen Parlaments und des Rates zum Schutz natürlicher Personen bei der Verarbeitung personenbezogener Daten und zum freien Datenverkehr vom 24.10.1995, ABl. EG L 281 (Datenschutzrichtlinie).
DuD	Datenschutz und Datensicherheit
EDR	Event Data Recorder
EDSA	Europäischer Datenschutzausschuss
EG	Europäische Gemeinschaft
EGMR	Europäischer Gerichtshof für Menschenrechte
Einl.	Einleitung
EMRK	Europäische Menschenrechtskonvention
EU	Europäische Union
EuGH	Europäischer Gerichtshof
EUV	Vertrag über die Europäische Union
EuZW	Europäische Zeitschrift für Wirtschaftsrecht
f.	folgend
FAS	Fahrerassistenzsysteme
ff.	folgende
FIN	Fahrzeugidentifizierungsnummer
Fn.	Fußnote
FZV	Fahrzeug-Zulassungsverordnung
gem.	gemäß
gen.	genannt
ggf.	gegebenenfalls
GNSS	Global Navigation Satellite System
GPS	Global Positioning System
GRCh	Grundrechtecharta
GRUR	Gewerblicher Rechtschutz und Urheberrecht
GSM	Global System for Mobile Communications
h. M.	herrschende Meinung
i. S. d.	im Sinne des/der
i. S. v.	im Sinne von
i. V. m.	in Verbindung mit
IEEE	Institute of Electrical and Electronics Engineers

InTer	Zeitschrift zum Innovations- und Technikrecht
IP	Internet Protocol
IT	Informationstechnologie
ITRB	Der IT-Rechts-Berater
IVS	Intelligente Verkehrssysteme
IVSG	Gesetz über Intelligente Verkehrssysteme im Straßenverkehr und deren Schnittstellen zu anderen Verkehrsträgern (Intelligente Verkehrssysteme Gesetz)
JuS	Juristische Schulung
JZ	JuristenZeitung
K&R	Kommunikation und Recht
KFZ	Kraftfahrzeug
km/h	Kilometer pro Stunde
KUG	Kunsturhebergesetz
LG	Landgericht
lit.	litera, Buchstabe
m. w. N.	mit weiteren Nachweisen
MDR	Monatsschrift für Deutsches Recht
MMR	Multimedia Recht
MüKo	Münchner Kommentar
NJW	Neue Juristische Wochenschrift
Nr.	Nummer
NvwZ	Neue Zeitschrift für Verwaltungsrecht
NZV	Neue Zeitschrift für Verkehrsrecht
OBD	On Board Diagnose
OLG	Oberlandesgericht
OTA	Over the Air
PinG	Privacy in Germany
ProdHaftG	Produkthaftungsgesetz
RAW	Recht Automobil Wirtschaft
RDV	Recht der Datenverarbeitung
RL	Richtlinie
Rn.	Randnummer
Rs.	Rechtssache
S.	Seite

Abkürzungsverzeichnis

SIM	Subscriber Identity Module
SSRN	Social Science Research Network
st.	ständig
StPO	Strafprozessordnung
StVG	Straßenverkehrsgesetz
StVO	Straßenverkehrsordnung
SVR	Straßenverkehrsrecht
u. a.	unter anderem
UNECE	United Nations Economic Commission for Europe
Urt.	Urteil
v.	von/vom
V2I	Vehicle to Infrastructure
V2V	Vehicle to Vehicle
V2X	Vehicle to Everything
Var.	Variante
VDA	Verband der Automobilindustrie
VG	Verwaltungsgericht
Vgl.	vergleiche
VIN	Vehicle Identification Number
VO	Verordnung
WLAN	Wireless Local Area Network
WP	Working Paper
z. B.	zum Beispiel
ZD	Zeitschrift für Datenschutz
zfs	Zeitschrift für Schadensrecht
Ziff.	Ziffer
ZUM	Zeitschrift für Urheber- und Medienrecht

1 Einleitung

Das (hoch)automatisierte Fahren ist die Zukunft der Mobilität. Als Primärziel wird dabei die Erhöhung der Verkehrssicherheit verfolgt[1]. Bereits heute sind Vorstufen des automatisierten Fahrsystems verfügbar, wie Fahrerassistenzsysteme (z. B. der Notbremsassistent) oder teilautomatisierte Fahrsysteme (z. B. der Stauassistent). Die Technik schreitet weiter voran und wird diese Systeme weiter automatisieren[2]. Die nächste Stufe wird das hochautomatisierte Fahren sein, bei dem der Fahrer[3] das System nicht mehr dauerhaft überwacht, sondern nur noch im Notfall übernahmebereit sein muss, um wieder „manuell" zu fahren.

Für die Ausführung der automatisierten Fahrmanöver bedarf es vor allem der Umfeldsensorik, die als „Sinne" des Fahrzeugs fungiert. Mittels Kamera-, Lidar-, Radar- und Ultraschallsensoren kann das Fahrzeug seine Umwelt wahrnehmen, Objekte erkennen, analysieren und daraus ein Modell und Verständnis des Umfelds abbilden (sogenannte „Umfelderfassung"). Darauf basierend kann ein Fahrmanöver errechnet, geplant und ausgeführt werden. Die Daten für den operativen Betrieb des Fahrzeugs werden im Fahrzeug verarbeitet und sollen zeitnah gelöscht werden. Daneben werden Daten im Rahmen der Weiterentwicklung auch für die Auswertung und langfristige Speicherung aus dem Fahrzeug auf die Serverinfrastruktur des Automobilherstellers übermittelt. So können unbekannte Szenen neu gelernt und die Sicherheit des hochautomatisierten Fahrsystems verbessert werden.

Die entscheidende Grundlage für alle hochautomatisierten Fahrfunktionen ist eine nahezu vollständige und präzise Umfelderfassung und -interpretation[4]. Je höher dabei der Automatisierungsgrad, desto größer wird der Bedarf an akkuraten Daten[5].

Da sich automatisierte Fahrsysteme derzeit in der Entwicklung befinden, muss bereits in der Entwicklungsphase die Frage aufgeworfen werden, ob die Datenverarbeitung durch die Umfelderfassung mit dem datenschutzrechtlichen Regelungsgefüge vereinbar ist bzw. vereinbart werden kann und ob im Lichte des Grundsatzes Datenschutz durch Technikgestaltung bereits

---

1 Siehe ausführlich zu den Chancen des hochautomatisierten Fahrens in 2.3.
2 Siehe dazu unter 2.1.
3 In dieser Arbeit wird das generische Maskulinum verwendet, womit zugleich Personen aller Geschlechter angesprochen werden.
4 *Grote/Rau* in: Verein Deutscher Ingenieure, Elektronik im Fahrzeug (VDI-Berichte 2188), S. 559.
5 Ausführlich dazu in 2.1.

Datenschutzmaßnahmen in der Entwicklung ergriffen werden können[6]. Denn um das Umfeld des Fahrzeugs zu erfassen und zu analysieren, bedarf es einer Menge an Daten sämtlicher Straßenverkehrsteilnehmer, wie Personenabbildungen oder KFZ-Kennzeichen. Hierbei gilt zu berücksichtigen, dass es sich bei der Umfelderfassung nicht um eine „klassische" Videoüberwachung handelt, sondern um eine Kameratechnologie, die Merkmale extrahiert (Echtzeitverarbeitung) und Rohbilder nur für die Weiterentwicklung speichert. Für solche modernen Kameratechnologien besteht derzeit keine eindeutige Rechtslage hinsichtlich der datenschutzrechtlichen Aspekte.

Daher muss geprüft werden, ob es sich bei der Umfelderfassung um eine Verarbeitung personenbezogener Daten handelt, was in der Konsequenz den datenschutzrechtlichen Anwendungsbereich eröffnet. Ziel dieser Arbeit soll es folglich sein, die Umfeldsensorik in Kundenfahrzeugen[7], insbesondere den Einsatz eines Kamerasensors und damit verbundene Kameraaufnahmen im Straßenverkehr, datenschutzrechtlich zu untersuchen[8] und darauf basierend mögliche weiterführende Maßnahmen und Gestaltungsmöglichkeiten zu erörtern, die fortschrittliche Technik und das Datenschutzrecht in Einklang bringen können.

Bisher bestehen keine wissenschaftlichen Ausarbeitungen zu diesem Thema. In der Literatur wird das Thema zum automatisierten/vernetzten Fahrzeug zwar bereits prominent diskutiert, allerdings liegt der Fokus dieser Ausarbeitungen auf der Datenverarbeitung von Fahrerdaten[9]. In diesem Zusammenhang muss ebenso die Abgrenzung zum vernetzten Fahrzeug berücksichtigt werden. Aufgrund der zunehmenden Vernetzung im und rund um das Fahrzeug kommen hierbei auch vermehrt (datenschutz)rechtliche Fragestellungen auf. Allerdings verfolgen Datenverarbeitungen der vernetzten Komponenten andere Verarbeitungszwecke und verarbeiten andere Datenkategorien als bei der Automatisierung, sodass die Fragestellungen,

---

6 Vgl. auch *Gasser u. a.*, Rechtsfolgen zunehmender Fahrzeugautomatisierung, S. 26 zum Forschungsbedarf von Kameraüberwachung zur Fußgängererkennung aus datenschutzrechtlicher Sicht.
7 Das Kundenfahrzeug ist ein Personenkraftwagen und das Eigentum einer natürlichen Person, die einen Vertrag über den Kauf des Fahrzeugs, sowie, zumindest für diese Arbeit, einen Vertrag zur Bereitstellung und Nutzung eines hochautomatisierten Fahrsystems mit dem Automobilhersteller („Hersteller") abgeschlossen hat. Dies schließt folglich die Betrachtung von Nutzfahrzeugen aus.
8 Das Fahrzeug birgt vielfältige rechtliche Probleme. In dieser Arbeit werden ausgewählte datenschutzrechtliche Aspekte betrachtet. Die im Fahrzeugbereich ebenso bekannten Probleme wie Haftungsfragen, Rechtsfragen zu fehlerhaften Entscheidungen des Fahrzeugs, Datenverarbeitungen im Arbeitsverhältnis, Miet- oder Leasingfahrzeug werden nicht betrachtet.
9 Vgl. dazu die Publikationen unter Fn. 331.

Analysen und Lösungen der Vernetzung nicht automatisch auf das automatisierte Fahrsystem übertragen werden dürfen[10].

Ebenfalls fehlen bei den meisten Literaturveröffentlichungen technische Ausführungen wie die Funktionsweise der Umfelderfassung. Die fehlende technische Betrachtung verleitet dazu, dass Datenverarbeitungen weder in die einzelnen Funktionalitäten klassifiziert, noch die technischen Zwecke berücksichtigt werden. Es bedarf folglich eines interdisziplinären Ansatzes der technischen Funktionsweise und der darauf basierenden datenschutzrechtlichen Einordnung.

Da die DSGVO erst seit 25.5.2018 gilt, sind ihre Regelungen noch relativ neu. Unbestimmte Rechtsbegriffe müssen folglich behutsam ausgelegt werden, da eine Referenz auf bereits etablierte Standards oder (höchstrichterliche) Rechtsprechung nicht immer möglich ist. Aufgrund ihres technologieneutralen Charakters gibt die DSGVO keine konkreten Vorgaben zum Einsatz bestimmter Technologien, wie beispielsweise optoelektronischer Vorrichtungen, also Kamerasystemen. Dies lässt grundsätzlich viel Diskussions- und Abwägungsspielraum.

Um den datenschutzrechtlichen Rahmenbedingungen der Umfelderfassung nachzugehen und Gestaltungsoptionen aufzuzeigen, werden in dieser Arbeit zunächst die (technischen) Grundlagen und Hintergründe in Kapitel 2 erläutert. Sie dienen dazu, die Einzelheiten der Datenverarbeitung und die dadurch resultierenden Datenflüsse im Hinblick auf die datenschutzrechtlichen Ausführungen zu erläutern. Spätestens seit Inkrafttreten der DSGVO ist das Datenschutzrecht ein europäisches Rechtsthema geworden, dessen Wurzeln in den primärrechtlichen Regelungen liegen. Daher wird in Kapitel 3 zunächst auf das datenschutzrechtliche Regelungsgefüge auf primär- und sekundärrechtlicher Ebene eingegangen sowie einem möglichen Anwendungsvorrang des deutschen Bundesdatenschutzgesetzes durch Öffnungs- und Spezifizierungsklauseln. In Kapitel 4 soll eruiert werden, ob es sich bei der Umfelderfassung um eine automatisierte Verarbeitung personenbezogener Daten im Sinne der DSGVO handelt. Im Datenschutzrecht bedarf es eines Verantwortlichen, der für die Umsetzung der datenschutzrechtlichen Pflichten verantwortlich ist. Diese in Frage kommenden Akteure sowie die Zuweisung der Verantwortlichkeit erfolgen in Kapitel 5. Für die Datenverarbeitungsvorgänge, die in den Anwendungsbereich der DSGVO fallen, wird in Kapitel 6 die Rechtmäßigkeit geprüft. In diesem Kapitel liegt der Fokus auf der Frage, ob und unter welchen Voraussetzungen die Umfelderfassung und die zugehörige Weiterentwicklung im Lichte der DSGVO rechtmäßig gestaltet werden können. Im Rahmen einer umfangreichen Interessenabwägung werden neben den datenschutzrechtlichen Aspekten auch

---

10 Ausführlich dazu unter 2.2.

weitere auf die Umfelderfassung bzw. den Automobilbereich ausgerichtete (rechtliche) Aspekte berücksichtigt, wie Anforderungen an die Typgenehmigungen von Fahrzeugen, Produktbeobachtungspflichten oder Erwartungen der Zivilgesellschaft.

Ein wichtiger Aspekt bei Fahrzeugen ist die Umsetzung der Informationspflichten (unter Kapitel 7). Werden die Informationspflichten nicht ausreichend umgesetzt, würden betroffene Personen nicht wissen, dass sie von der Datenverarbeitung durch die Umfelderfassung betroffen sind. Aufgrund begrenzter oder sogar fehlender Möglichkeit, betroffene Personen zu informieren, sowie der Umstand, dass sich Fahrzeuge relativ schnell auf den Straßen fortbewegen, ist fraglich, wie die hohen Transparenzanforderungen der DSGVO umgesetzt werden können und ob dafür neue Konzepte (z. B. ein Zwei-Stufen-Konzept) für die Informationserteilung geeignet sind. In Kapitel 8 wird geprüft, ob und wie die Rechte der betroffenen Personen umgesetzt werden müssen. In Kapitel 9 wird auf weitere Verpflichtungen bzw. freiwillige datenschutzrechtliche Gestaltungsmöglichkeiten, wie Verhaltensregeln oder Zertifizierungen, eingegangen. Schließlich werden die wesentlichen Ergebnisse in Kapitel 10 zusammengefasst und basierend darauf Handlungsvorschläge gegeben.

Der Gang der Arbeit lässt sich wie folgt visualisierend darstellen:

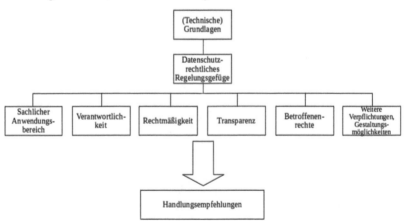

Abb. 1: Gang der Untersuchung

2 Grundlagen des hochautomatisierten Fahrsystems

2.1 Entwicklung des automatisierten Fahrens

Der Begriff der Automatisierung im Fahrzeugkontext beschreibt, dass Teile einer Fahraufgabe bewusst vom Fahrer[11] an das automatisierte Fahrsystem abgegeben werden können[12]. Mit steigendem Automatisierungsgrad kann der Fahrer zunehmend Fahraufgaben an das System abgeben. Das hochautomatisierte Fahren beschreibt als dritte Automatisierungsstufe eine von mehreren Automatisierungsstufen, die die Möglichkeiten der Automatisierung und die Fahraufgabe des Fahrers beschreibt.

Die Automatisierungsgrade können in unterschiedlichen Modellen dargestellt werden[13]. Sie ähneln sich zwar in ihren Automatisierungsstufen, sind aber teilweise unterschiedlich unterteilt[14]. Eine weltweit standardisierte Klassifizierung steht allerdings noch aus[15]. Für diese Arbeit wurde das Modell des Verbandes der Automobilindustrie (VDA) gewählt, auf das bereits die Ethik-Kommission für Automatisiertes und Vernetztes Fahren zurückgegriffen hat[16]. Die einzelnen Stufen des Modells werden vorab in einem Umfang erläutert, der für das Verständnis der Datenverarbeitungsqualität und -quantität notwendig ist[17]:

---

11 Der Fahrer ist eine Person, die das Fahrzeug lenkt und die tatsächliche Gewalt über das Steuer hat, siehe *Heß* in: Burmann/Heß/Hühnermann/Jahnke, Straßenverkehrsrecht, 4. Teil (StVG) § 18 Rn. 3.

12 *Bartels/Eberle/Knapp*, Project AdaptIVe: System Classification and Glossary, S. 39.

13 *SAE International*, Taxonomy and Definitions for Terms Related to Driving Automation Systems for On-Road Motor Vehicles (J3016_201806), https://www.sae.org/standards/content/j3016_201806/ (16.08.23); *Gasser u. a.*, Rechtsfolgen zunehmender Fahrzeugautomatisierung, S. 9; *Verband der Automobilindustrie*, Automatisierung, S. 15; *National Highway Traffic Safety Administration*, Preliminary Statement of Policy Concerning Automated Vehicles, S. 4 f.; *The Society of Motor Manufacturers and Traders Limited*, Connected and Autonomous Vehicles, S. 17, https://www.smmt.co.uk/wp-content/uploads/sites/2/SMMT-CAV-position-paper-final.pdf (16.08.23).

14 *Kunert/Meinl/Stolz* in: Verein Deutscher Ingenieure, 32. VDI/VW-Gemeinschaftstagung Fahrerassistenz und automatisiertes Fahren (VDI-Berichte 2288), S. 171; *Bartels/Eberle/Knapp*, Project AdaptIVe: System Classification and Glossary, S. 49.

15 *Kunert/Meinl/Stolz* in: Verein Deutscher Ingenieure, 32. VDI/VW-Gemeinschaftstagung Fahrerassistenz und automatisiertes Fahren (VDI-Berichte 2288), S. 171.

16 *Ethik-Kommission Automatisiertes und Vernetztes Fahren*, Bericht Juni 2017, S. 14.

17 Einteilung basierend auf dem Modell des VDA, siehe *Verband der Automobilindustrie*, Automatisierung, S. 15.

Stufe	Automatisierung	Qualität und Quantität der Sensordaten
0	Driver only	Keine/wenige Daten
1	Assistiert	
2	Teilautomatisiert	
3	Hochautomatisiert	
4	Vollautomatisiert	
5	Fahrerlos	Datenbasiert

Die Einteilung der einzelnen Automatisierungsstufen zeigt, dass die Fahrzeugautomatisierung stufenweise eingeführt wird[18]. Das „fahrergeprägte" Fahrzeug ohne Automatisierung (Stufe 0) wird folglich nicht übergangslos zum fahrerlosen Fahrzeug (Stufe 5) transformiert werden. In der Konsequenz wird der Fahrer schrittweise zum „Überwacher" der Systeme, bis er letztlich die Fahraufgaben vollkommen an das System abgeben kann (fahrerloses Fahren). Je höher also der Automatisierungsgrad, desto mehr Kontrolle und Verantwortung gibt der Fahrer an das automatisierte Fahrsystem ab. Dies hat ebenfalls zur Folge, dass der Bedarf nach akkuraten Daten mit steigendem Automatisierungsgrad höher wird[19].

Um die einzelnen Stufen besser abzugrenzen, werden sie[20] im Folgenden kurz erläutert:

Stufe 0 – „Driver Only"

Die Automatisierungsstufe 0 beschreibt einen Zustand, bei dem keine automatisierten Fahrfunktionen, sondern nur warnende Systeme aktiv sind[21]. Während der Fahrt muss der Fahrer alle Fahrmanöver selbst ausführen und hat dabei volle Verantwortung und Kontrolle über die Fahraufgabe[22]. Aufgrund der eingeschränkten Funktionalität hält sich auch die Menge an verarbeiteten Daten in Grenzen. Da bei dieser Automatisierungsstufe die alleinige

---

18 Vgl. auch *Kleinschmidt/Wagner* in: Oppermann/Stender-Vorwachs, Autonomes Fahren, Kap. 1.1 Rn. 13.

19 Vgl. auch *Hilgendorf* in: Hilgendorf/Hötitzsch/Lutz, Rechtliche Aspekte automatisierter Fahrzeuge, S. 29.

20 Es handelt sich hierbei um die technische Einordnung. Vergleicht man dazu juristische Einordnungen ergibt sich ein anderes Bild: In Art. 3 Nr. 21 und 22 der Verordnung 2019/2144 über die Typgenehmigung von Kraftfahrzeugen und Kraftfahrzeuganhängern wird in „automatisierte Fahrzeuge", bei denen der Fahrer gegebenenfalls eingreifen muss und „vollautomatisierte Fahrzeuge", die sich ohne Überwachung durch einen Fahrer fortbewegen können, unterschieden. Ähnlich erfolgt dies auch in § 1a StVG, der derzeit in Fahrzeuge mit hoch- oder vollautomatisierter Fahrfunktion unterteilt.

21 *Verband der Automobilindustrie*, Automatisierung, S. 14.

22 *Verband der Automobilindustrie*, Automatisierung, S. 14.

und vollständige Kontrolle über die Fahrzeugsteuerung beim Fahrer liegt, betrifft diese Stufe heute überwiegend Oldtimer[23].

Stufe 1 – Assistiert

In der Stufe 1 kann nur die Längs- *oder* Querführung vom Fahrzeug übernommen werden. Das Fahrsystem übernimmt die jeweils andere Funktion[24]. Die Fahrerassistenzsysteme unterstützen somit den Fahrer, das Fahrzeug zu führen. Sie können ihn aber nicht ersetzen oder eigene Entscheidungen treffen.[25] Manche Fahrerassistenzsysteme sind bereits seit einigen Jahren serienmäßig in Fahrzeugen aktiv und ermöglichen seither das assistierte Fahren. In den letzten Jahren fanden sich vermehrt Fahrerassistenzsysteme, zum Beispiel der Abstandsregeltempomat, serienmäßig in Fahrzeugen wieder.[26]

Stufe 2 – Teilautomatisiert

Durch die weitere Automatisierung des Systems wird die Teilautomatisierung erreicht, zum Beispiel in Form des Stauassistenten bis zu 60 km/h. Hierbei werden Längs- und Querführung für einen bestimmten Fall (zum Beispiel für ein Stauszenario) vom System übernommen.[27] Der Fahrer muss den Verkehr fortlaufend beobachten und jederzeit (ohne Zeitreserve) übernehmen können[28]. Die Qualität und Quantität der Sensordaten sind in dieser Stufe bereits etwas höher als in der Stufe 1, da das System bereits teilweise automatisiert agiert und hierfür Daten benötigt.

Die Teilautomatisierung wird mit zunehmendem Automatisierungsgrad zum hochautomatisierten Fahren ausgebaut. Informationen, die bereits heute durch Assistenzsysteme oder für die Teilautomatisierung benötigt werden, werden auch für das hochautomatisierte Fahren erforderlich sein.

Stufe 3 – Hochautomatisiert

Das hochautomatisierte Fahren ist die 3. Automatisierungsstufe und Gegenstand dieser Arbeit. Auf dieser Stufe übernimmt das Fahrzeug Längs- und Querführung[29] und damit wichtige Teile der Fahraufgabe. Es wird erkannt, wenn das Fahrsystem nicht mehr selbstständig handeln kann und fordert den

---

23 *Kleinschmidt/Wagner* in: Oppermann/Stender-Vorwachs, Autonomes Fahren, Kap. 1.1 Rn. 20.
24 *Verband der Automobilindustrie*, Automatisierung, S. 15.
25 *Gasser* in: Maurer/Gerdes/Lenz/Winner, Autonomes Fahren: Technische, rechtliche und gesellschaftliche Aspekte, S. 549.
26 *Bartels/Eberle/Knapp*, Project AdaptIVe: System Classification and Glossary, S. 40.
27 *Verband der Automobilindustrie*, Automatisierung, S. 15.
28 *Verband der Automobilindustrie*, Automatisierung, S. 14.
29 *Verband der Automobilindustrie*, Automatisierung, S. 15.

Fahrer innerhalb einer gewissen Zeitreserve zur Übernahme auf[30]. Der Fahrer muss das System somit nicht mehr dauerhaft überwachen[31].

Ein Beispiel für eine hochautomatisierte Fahrfunktion ist der Stauassistent: Ähnlich wie beim teilautomatisierten Fahren übernimmt der Stauassistent die Kontrolle über das Fahrzeug bis zu 60 km/h. Beim hochautomatisierten Fahren muss der Fahrer das System nicht mehr permanent überwachen und kann sich abwenden. Bei Bedarf muss er innerhalb der Zeitreserve die Fahrzeugkontrolle übernehmen können.[32] So kann der Fahrer zum Beispiel einer Lesetätigkeit nachgehen, wenn er sie innerhalb der vorgegebenen Zeitreserve unterbrechen und die Fahrzeugsteuerung wieder übernehmen kann.

Für die Realisierung der Automatisierung bedarf es einer Rundumerfassung des gesamten Fahrzeugs über mehrere Meter hinweg, der sog. Umfelderfassung[33]. Diese wird durch die im Fahrzeug verbauten Umfeldsensoren ermöglicht. Mit steigender Automatisierung werden zunehmend Umfeldinformationen redundant erfasst, um das Fahrmanöver ausführen zu können[34]. Mit Redundanzen und Plausibilitätsprüfungen, einer systeminternen Kontrolle, die prüft, ob Umgebungsdaten korrekt erfasst wurden, können fehlerhafte Interpretationen und falsche Fahrmanöver vermieden werden.[35] Da beim hochautomatisierten Fahren bei bestimmten Anwendungsfällen bereits die Längs- und Querführung übernommen werden kann, müssen zahlreiche Informationen des Umfelds erfasst werden. Dies wird im Verlauf dieser Arbeit ausgeführt.

Stufe 4 – Vollautomatisierung

Beim vollautomatisierten Fahren werden spezifische Anwendungsfälle vom Fahrzeug übernommen, für die kein Fahrer mehr erforderlich ist[36]. Der Unterschied zur Hochautomatisierung besteht darin, dass das Fahrsystem im

---

30 Forschungsarbeiten gehen hier von einem Zeitfenster von 6 – 10 Sekunden aus, siehe *Othersen/Petermann-Stock/Vollrath* in: Verein Deutscher Ingenieure, Fahrerassistenz und Integrierte Sicherheit (VDI-Berichte 2223); *Senger/Strauß* in: Verein Deutscher Ingenieure, Elektronik im Fahrzeug (VDI-Berichte 2188), S. 573; *Gleich*, heise online v. 31.08.2020, https://www.heise.de/hintergrund/Teilautonomie-SAE-Level-3-in-der-kommenden-S-Klasse-4874282.html (16.08.23).
31 *Verband der Automobilindustrie*, Automatisierung, S. 15.
32 *Bartels/Eberle/Knapp*, Project AdaptIVe: System Classification and Glossary, S. 42; *Verband der Automobilindustrie*, Automatisierung, S. 15.
33 Siehe ausführlich zu den eingesetzten Sensoren in 2.4 und dem Vorgang der Umfelderfassung in 2.5.
34 Vgl. auch *Karg/Scharfenberger* in: Pedrycz/Chen, Development and Analysis of Deep Learning Architectures, S. 138; *Klink-Straub/Straub*, NJW 2018, 3201 (3201); *Krämer*, Verkehrsjurist 2016, 1 (4); *Straub/Klink-Straub*, ZD 2018, 459 (460).
35 *Verband der Automobilindustrie*, Automatisierung, S. 12.
36 *Verband der Automobilindustrie*, Automatisierung, S. 15.

spezifischen Anwendungsfall alle Situationen eigenständig bewältigen kann und der Fahrer nicht mehr eingreifen muss.[37]

Stufe 5 – Fahrerloses Fahren

Beim fahrerlosen Fahren ist kein Fahrer mehr vorgesehen[38]. Das Fahrzeug bewältigt alle Fahrmanöver ohne nötige Eingriffe eines Fahrers. Die einzige manuelle Tätigkeit besteht darin, das System zu aktivieren und zu deaktivieren sowie Start-/Endpunkte einzugeben[39].

Vor allem in den Medien wird oft über das „autonome Fahren" gesprochen. Dabei handelt es sich um die letzte Stufe mit fahrerlosem System. Es ist autonom, weil das Fahren ohne menschliche Führung oder menschliches Eingreifen möglich ist und damit ungelöst und unabhängig vom Fahrer agiert. Das System übernimmt somit vollständig die Fahraufgabe.[40] Das fahrerlose Fahren braucht folglich auch die größte Menge an Daten: Man geht davon aus, dass vier Terabyte pro Tag generiert werden[41].

2.2 Abgrenzung zu vernetzten Fahrzeugtechnologien

Wie bereits in 2.1 dargelegt, beschreibt das automatisierte Fahren das selbstständige, zielgerichtete Fahren mit eigenen Sensoren[42]. Das vernetzte Fahrzeug kann nochmals in unterschiedliche Kategorien der Vernetzung unterteilt werden[43], die für die Abgrenzung kurz dargestellt werden sollen.

2.2.1 Telematikfunktionen

Die Vernetzung hat bereits mit den sog. Telematiksystemen Einzug in die Fahrzeuge erhalten. Unter Telematik lassen sich allgemein die Maßnahmen zusammenfassen, die mit Hilfe der Übermittlung und Zusammenführung

---

37 *Verband der Automobilindustrie*, Automatisierung, S. 15.
38 In den Vereinigten Staaten werden bereits erste fahrerlose Fahrzeuge zugelassen, siehe *Wilkens*, heise online v. 07.02.2020, https://www.heise.de/newsticker/meldung/ Autonome-Autos-Nuro-darf-ohne-Lenkrad-Pedale-und-Rueckspiegel-auf-die-Strasse-4654959.html (16.08.23).
39 *Bartels/Eberle/Knapp*, Project AdaptIVe: System Classification and Glossary, S. 43.
40 *Bundesministerium für Verkehr und digitale Infrastruktur*, Forschungsprogramm zur Automatisierung und Vernetzung im Straßenverkehr, S. 5; *Hilgendorf* in: Hilgendorf/ Hötitzsch/Lutz, Rechtliche Aspekte automatisierter Fahrzeuge, S. 16.
41 *Burkert*, ATZ 2017, 8 (9).
42 Vgl. auch *Pillath*, Automated vehicles in the EU, S. 2.
43 Vgl. auch *Rebiger/Moraes/López de Vergara*, TechDispatch #3: Connected Cars v. 20.12.2019, https://edps.europa.eu/data-protection/our-work/publications/techdispatch/techdispatch-3-connected-cars_en (16.08.23).

von Daten zu einer Verbesserung der Sicherheit und Umweltverträglichkeit beitragen[44]. Durch das bei der Telematik eingesetzte Kommunikationsmodul („Telematic Control Unit") ist auch die externe Kommunikation beziehungsweise die Vernetzung möglich[45]. Eine bekannte Telematikfunktion ist beispielsweise der automatische Pannenservice, der mittels der Telematikfunktion gerufen wird. Eine ebenfalls bekannte Telematikfunktion ist die Telematikversicherung, die anhand des Fahrstils die Höhe der Fahrzeugversicherung berechnet[46].

2.2.2 (Cooperative) Intelligent Transport Systems – (C-)ITS

Die Vernetzung ermöglicht in Zukunft auch, dass Fahrzeuge untereinander, V2V („Vehicle-to-vehicle"), mit der Infrastruktur, V2I („Vehicle-to-infrastructure"), oder anderen vernetzten Empfängern wie Smartphones oder das vernetzte Eigenheim, V2X („Vehicle-to-anything") kommunizieren können[47]. Diese Vernetzungstechnologien werden zunehmend Bestandteil sog. intelligenter Verkehrssysteme (IVS, *engl.* ITS) beziehungsweise des kooperativen intelligenten Verkehrssystems (C-ITS für „Cooperative Intelligent Transport System").[48] ITS sind die Übermittler verkehrsbezogener Daten mit dem Ziel der Organisation, Information und Lenkung des Verkehrs[49].

Anders als beim hochautomatisierten Fahren ist für das C-ITS eine permanente Konnektivität notwendig[50]. Sie ermöglicht das Senden und Empfangen von Signalen, da die C-ITS kontinuierlich Informationen senden und der Empfänger folglich jederzeit für den Empfang bereit sein muss[51]. Nur wenn sich ein Fahrzeug einem Kommunikationsmodul nähert, wird ein Ad-hoc-Netzwerk aufgebaut, sodass keine dauerhafte Verbindung zwischen

---

44 *Albrecht*, DAR 2005, 186 (187).
45 *Kunnert* in: Eisenberger/Lachmayer/Eisenberger, Autonomes Fahren und Recht, S. 172.
46 Siehe dazu *Klimke*, r+s 2015, 217 (217); *Klink-Straub/Straub*, NJW 2018, 3201 (3203); *Kinast/Kühnl*, NJW 2014, 3057 (3057 f.).
47 Vgl. auch *Rebiger/Moraes/López de Vergara*, TechDispatch #3: Connected Cars v. 20.12.2019, https://edps.europa.eu/data-protection/our-work/publications/techdispatch/techdispatch-3-connected-cars_en (16.08.23); *Kunnert* in: Eisenberger/Lachmayer/Eisenberger, Autonomes Fahren und Recht, S. 172 f.; *Verband der Automobilindustrie*, Automatisierung, S. 19.
48 *Kunnert* in: Eisenberger/Lachmayer/Eisenberger, Autonomes Fahren und Recht, S. 173.
49 *Treitler*, ZVR 2013, 497 (498).
50 *Beutnagel*, car-IT v. 31.01.2017, https://www.automotiveit.eu/technology/autonome-autos-fahren-auch-offline-197.html (16.08.23).
51 *Artikel-29-Datenschutzgruppe*, Opinion 03/2017 on Processing personal data in the context of Cooperative Intelligent Transport Systems (C-ITS) (WP 252), S. 3.

dem Sender und Empfänger besteht.[52] Eines der Kernmerkmale der C-ITS besteht also darin, dass Informationen frühzeitig an andere Fahrzeuge kommuniziert werden können.

Ferner kann das „vernetzte" Fahrzeug Informationen, zum Beispiel Hinweise auf Objekte, bereits aus weiter Entfernung erfassen. Dafür werden Sensorinformationen von vorausfahrenden Fahrzeugen verarbeitet, die eine Route bereits passiert haben. Genauso können fest installierte „C-ITS-Sender" Informationen kommunizieren, sodass Fahrzeuge auch um die Ecke oder weiter vorausschauen können, wodurch die Wegführung stabilisiert werden kann (siehe Abbildung 2).[53] Ebenfalls können Daten des rückwärtigen Verkehrs relevant sein, zum Beispiel wenn sich ein Einsatzfahrzeug nähert.

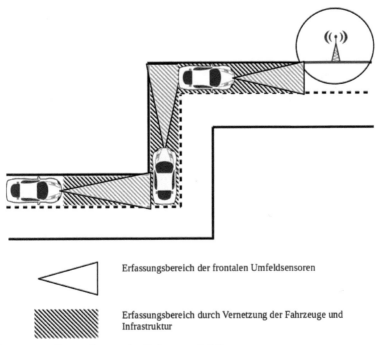

Erfassungsbereich der frontalen Umfeldsensoren

Erfassungsbereich durch Vernetzung der Fahrzeuge und Infrastruktur

Abb. 2: Visuelle Reichweite des Fahrzeugs bei Vernetzung

---

52 *Artikel-29-Datenschutzgruppe*, Opinion 03/2017 on Processing personal data in the context of Cooperative Intelligent Transport Systems (C-ITS) (WP 252), S. 3; *Radusch*, PinG 2015, 109 (111).

53 Vgl. auch *Artikel-29-Datenschutzgruppe*, Opinion 03/2017 on Processing personal data in the context of Cooperative Intelligent Transport Systems (C-ITS) (WP 252), S. 3; *Dang/Hoffmann/Stiller* in: Maurer/Stiller, Fahrerassistenzsysteme mit maschineller Wahrnehmung, S. 16 f.

Durch die Verarbeitung und Übermittlung dieser Daten können zum Beispiel Baustellen, verkehrsabhängig geschaltete Ampelanlagen oder eine Unfallstelle frühzeitig an entfernte Fahrzeuge gemeldet werden. Dadurch können Informationen übermittelt werden, die die Umfeldsensoren nicht erfassen können, zum Beispiel wegen schlechten Wetterbedingungen oder einer zu weiten Entfernung.[54] Diese „Fernkommunikation" über mehrere Kilometer erreicht bis dato kein lokaler Umfeldsensor[55].

Allerdings kann durch vernetzte Komponenten aufgrund einer hohen Latenzzeit keine Echtzeitverarbeitung der Informationen garantiert werden. Deswegen wäre der Einsatz vernetzter Sensorik fatal, da Informationen durch die Datenübermittlung zu lange bräuchten, bis sie in ein Fahrmanöver übersetzt wären[56].

Ebenfalls unterschiedlich zum automatisierten Fahren sind die personenbezogenen Datenkategorien, die durch die C-ITS übertragen werden[57]. Im Grundsatz werden, neben Authentifizierungsdaten, zwei Arten von Nachrichtenformate ausgetauscht:

– „Cooperative Awareness Messages" (CAM): Die CAM-Informationen werden dauerhaft gesendet und enthalten Informationen über Ort, Geschwindigkeit sowie Länge und Breite der ITS-Station[58],
– „Decentralised Environmental Notification Messages" (DENM): Die DENM-Informationen sind ein Zusatz zu CAM-Nachrichten, die bei Eintritt eines speziellen Ereignisses (wie einem Unfall) gesendet werden und Informationen über das spezifische Event enthalten.[59]

2.2.3 Infotainmentanwendungen

Gänzlich davon abzugrenzen sind die Infotainmentanwendungen, wie Audiosysteme, Schnittstellensysteme mit Anbindung an Social Media Platt-

---

54 *Verband der Automobilindustrie*, Automatisierung, S. 19.
55 *Dang/Hoffmann/Stiller* in: Maurer/Stiller, Fahrerassistenzsysteme mit maschineller Wahrnehmung, S. 16; vgl. auch 2.4.1.
56 Das autonome Fahren soll daher nicht von vernetzten Komponenten wie dem Mobilfunk abhängig sein, so *Hart/Hart/Heerwagen*, ATZ 2019, 22 (23).
57 Siehe *Artikel-29-Datenschutzgruppe*, Opinion 03/2017 on Processing personal data in the context of Cooperative Intelligent Transport Systems (C-ITS) (WP 252), S. 4, die beide Nachrichtenformate als personenbezogen einstufen.
58 *Artikel-29-Datenschutzgruppe*, Opinion 03/2017 on Processing personal data in the context of Cooperative Intelligent Transport Systems (C-ITS) (WP 252), S. 3; *Strubbe/ Thenée/Wieschebrink*, DuD 2017, 223 (223).
59 *Artikel-29-Datenschutzgruppe*, Opinion 03/2017 on Processing personal data in the context of Cooperative Intelligent Transport Systems (C-ITS) (WP 252), S. 3; *Strubbe/ Thenée/Wieschebrink*, DuD 2017, 223 (224).

formen oder Sprachassistenten. Diese werden zwar ebenfalls als vernetzte Funktionen kategorisiert[60], sie sind aber kein betriebsnotwendiges Merkmal für das automatisierte oder vernetzte Fahren.[61] Bei diesen Anwendungen liegen vielmehr der Komfort und die Unterhaltung im Vordergrund.

2.2.4 Abgrenzungsmerkmale und Bedeutung für das (hoch) automatisierte Fahren

Durch die eben ausgeführten Erläuterungen werden verschiedene Abgrenzungsmerkmale für das automatisierte und vernetzte Fahren deutlich, die im Folgenden noch einmal kompakt dargestellt werden.

<u>Datenkategorien</u>

Für die Operation des automatisierten bzw. vernetzten Fahrzeugs werden unterschiedliche Datenkategorien verarbeitet, da unterschiedliche Funktionszwecke erreicht werden sollen: Zuvorderst sind die betroffenen Personen zu unterscheiden: Bei der Automatisierung werden Daten anderer Straßenverkehrsteilnehmer erfasst, zum Beispiel Personenabbildungen oder KFZ-Kennzeichen[62]. Bei der Fahrzeugvernetzung handelt es sich vielmehr um Fahrzeugdaten oder Daten zur (aktuellen) Fahrt. Aufgrund der sog. Fahrzeugidentifikationsnummer (FIN) kann das Fahrzeug dem Halter bzw. dem Fahrer zugeordnet werden, weshalb nach herrschender Meinung durch die Verarbeitung der FIN ein Personenbezug entsteht[63]. Personenabbildungen und KFZ-Kennzeichen, die bei der Umfelderfassung die primär verarbeiteten Datenkategorien sind[64], werden, zumindest nach jetzigem Stand der Technik, bei der Vernetzung verarbeitet.

---

60 So *Rebiger/Moraes/López de Vergara*, TechDispatch #3: Connected Cars v. 20.12.2019, https://edps.europa.eu/data-protection/our-work/publications/techdispatch/techdispatch-3-connected-cars_en (16.08.23).

61 *Kunnert* in: Eisenberger/Lachmayer/Eisenberger, Autonomes Fahren und Recht, S. 173.

62 Siehe ausführlich 4.3.5.

63 *Unabhängige Datenschutzbehörden des Bundes und der Länder/Verband der Automobilindustrie*, Datenschutzrechtliche Aspekte bei der Nutzung vernetzter und nicht vernetzter Kraftfahrzeuge, S. 1; *Klink-Straub/Straub*, NJW 2018, 3201 (3202); *Kunnert*, ZVR 2015, 481 (482) m. w. N.; *Kunnert*, CR 2016, 509 (510); *Lüdemann*, ZD 2015, 247 (249 f.); *Rieß/Greß*, DuD 2015, 391 (395); *Roßnagel*, SVR 2014, 281 (283 f.); *Roßnagel*, DuD 2015, 353 (355); *Schwartmann/Jacquemain*, RDV 2018, 247 (248); *Weichert*, NZV 2017, 507 (511); *Weichert*, SVR 2014, 201 (204); *Weisser/Färber*, MMR 2015, 506 (508); für eine differenzierte Ansicht *Buchner*, DuD 2015, 372 (373).

64 Siehe ausführlich in 4.3.5.2.

Zweck der Datenverarbeitung

Auch der technische Zweck ist bei der Automatisierung und der Vernetzung ein anderer: Während bei der Automatisierung die Daten für die Umfelderfassung und somit zur Umsetzung in ein Fahrmanöver notwendig sind, geht es bei der Vernetzung vielmehr darum, Zusatzinformationen über die Verkehrslage zu übermitteln. Letztere sollen vor allem das (derzeitige) Reichweitendefizit[65] der Umfeldsensoren kompensieren.

Separate Technologien

Hochautomatisierte Fahrzeuge müssen nicht zwingend mit anderen Geräten, Fahrzeugen oder ihrer Umgebung vernetzt sein und die Vernetzung setzt grundsätzlich keine Automatisierung voraus.[66] Dennoch wird ein automatisiertes Fahrzeug wohl nicht ohne Anbindung an ein Backend[67] auskommen, da essentielle, gegebenenfalls sogar sicherheitsrelevante, Informationen aus dem Backend übermittelt werden müssen. Ein hochautomatisiertes „Offline-Fahrzeug" wird es voraussichtlich nicht geben[68]. Obwohl das automatisierte Fahrzeug damit nicht vollkommen unvernetzt ist, sind beide Technologien im Grundsatz unterschiedlich[69], ergänzen aber die jeweils andere[70]. Das fahrerlose/autonome Fahrzeug wird beide Technologien miteinander vereinen, sodass das Fahrzeug einerseits durch die lokale Sensorverarbeitung Fahrmanöver ausführen kann und zusätzlich von externen Quellen oder der Infrastruktur Zusatzinformationen aus weiter Entfernung erhält[71].

---

65 Siehe dazu Abb. 2 und zugehörige Ausführungen für die geringere Reichweite der Umfeldsensoren im Vergleich zur Reichweite vernetzter Komponenten.

66 *The Society of Motor Manufacturers and Traders Limited*, Connected and Autonomous Vehicles, S. 10, https://www.smmt.co.uk/wp-content/uploads/sites/2/SMMT-CAV-position-paper-final.pdf (16.08.23).

67 Beim Herstellerbackend handelt es sich um Client-Server-Systeme, bei denen Fahrzeuge (Clients) mittels Internetanbindung an das Serversystem des Herstellers (Server) angeschlossen sind, siehe *Klanner/Ruhhammer* in: Winner/Hakuli/Lotz/Singer, Handbuch Fahrerassistenzsysteme, S. 542.

68 I. d. S. auch *Greß/Springborn* in: Stiftung Datenschutz, Datenschutz im vernetzten Fahrzeug, S. 65.

69 So auch *Vogt*, NZV 2003, 153 (154).

70 So auch *Jakobi/Stevens/Seufert*, DuD 2018, 704 (704).

71 In dieser Arbeit wird das hochautomatisierte Fahrsystem separat von der Datenverarbeitung der vorgenannten vernetzten Komponenten betrachtet.

2.3 Chancen des hochautomatisierten Fahrens

2.3.1 Verkehrssicherheit erhöhen

Statistiken zeigen, dass menschliches Fehlverhalten die häufigste Unfallursache bei Unfällen mit Personenschaden darstellt[72]. Durch die flächendeckende Einführung von Fahrzeugen mit hochautomatisierter Fahrfunktion verspricht man sich vor allem eine unfallfreie Mobilität, die auch unter dem Stichwort „Vision Zero" geführt wird. Vorausgesetzt, dass das hochautomatisierte Fahrsystem ordnungsgemäß funktioniert, entfiele die Fehlerquelle Mensch während der automatisierten Fahrt, denn das System kennt Leistungsschwächen, wie die des Menschen, nicht[73]. Dadurch erhofft man sich eine Reduzierung von Verkehrsunfällen beziehungsweise eine Reduktion der Verkehrsunfälle auf null.[74]

In der Konsequenz schützt das System nicht nur den Fahrer selbst, sondern auch andere Straßenverkehrsteilnehmer. Insbesondere soll dieser Schutz nicht motorisierte Verkehrsteilnehmer, wie Fußgänger, umfassen, die gemäß Art. 4 Nr. 7 der Richtlinie 2010/40/EU[75] als besonders gefährdete Verkehrsteilnehmer eingestuft werden.[76]

Betrachtet man die Statistik von Verkehrsverletzten der letzten 20 Jahre in Deutschland (Abb. 3), zeigt sich, dass die Tendenz zwar sinkend ist, aber trotzdem noch bei ca. 400 000 Verkehrsverletzten pro Jahr liegt.

---

72 Diese betrug im Jahr 2018 88,4%, siehe *Statistisches Bundesamt*, Verkehr 2018, S. 49; *Europäische Kommission*, Rettung von Menschenleben: Mehr Fahrzeugsicherheit in der EU (COM(2016) 787 final), S. 4; vgl. auch Erwägungsgrund 23 der Verordnung 2019/2144/EU.

73 Vgl. auch *Johanning/Mildner*, Car IT kompakt: das Auto der Zukunft – vernetzt und autonom fahren, S. 68.

74 So auch *Ethik-Kommission Automatisiertes und Vernetztes Fahren*, Bericht Juni 2017, S. 15; *Grunwald*, SVR 2019, 81 (82); *Becher/Gerres/Altenburg u. a.*, Automatisiert. Vernetzt. Elektrisch., S. 52. Da das automatisierte Fahren der höheren Stufen (ab Stufe 3) bisher noch nicht eingeführt wurde, muss aber an dieser Stelle erwähnt werden, dass es aufgrund fehlender Daten an Evidenz fehlt, ob das hochautomatisierte Fahrsystem tatsächlich sicherer als der Mensch fährt oder „digitale Fehler" eine ähnliche Unfallstatistik verursachen.

75 Richtlinie 2010/40/EU zum Rahmen für die Einführung intelligenter Verkehrssysteme im Straßenverkehr und für deren Schnittstellen zu anderen Verkehrträgern.

76 Vgl. auch *Europäische Kommission*, Rettung von Menschenleben: Mehr Fahrzeugsicherheit in der EU (COM(2016) 787 final), S. 2 ff.

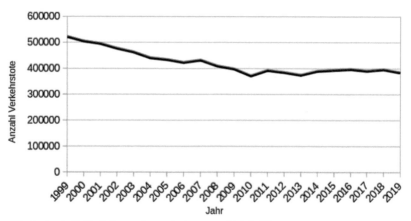

Abb. 3: Statistik Verkehrsverletzte (schwer und leicht)[77]

Ein merklicher Rückgang zeigt sich bei der Statistik der letzten 20 Jahre für Verkehrstote in Deutschland (Abb. 4). Hier hat sich die Zahl aus 1999 (7772 Verkehrstote) zum Jahr 2019 (3046 Verkehrstote) mehr als halbiert. Dies könnte bereits eine Auswirkung der Fahrerassistenzsysteme sein, die grundsätzlich zum Rückgang der Verletzten und Verkehrstoten beitragen können[78].

---

77 Rohdaten basieren auf *Statistisches Bundesamt*, Straßenverkehrsunfälle mit Personenschaden, Getöteten, Schwer- und Leichtverletzten, https://www-genesis.destatis.de/genesis//online?operation=table&code=46241-0003 (16.08.23).
78 *Jourdan/Matschi*, NZV 2015, 26 (26); *Rösener u. a.*, Potenzieller gesellschaftlicher Nutzen durch zunehmende Fahrzeugautomatisierung, S. 88; *Kühn* in: Roßnagel/Hornung, Grundrechtsschutz im Smart Car, S. 46 ff. Hierbei muss relativierend berücksichtigt werden, dass weitere Sicherheitsfaktoren zum Rückgang der Verkehrsverletzten geführt haben können, zum Beispiel Tempolimits oder verbesserte Schutzsysteme wie Airbags.

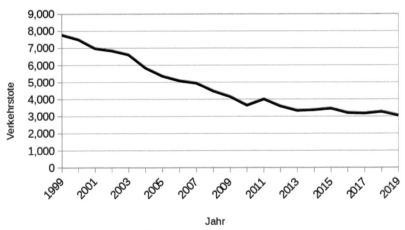

Abb. 4: Statistik Verkehrstote[79]

Obwohl automatisierte Fahrzeuge nie 100 % unfallfrei fahren werden, kann sich die Anzahl an Unfällen zumindest verringern[80], denn die Fahrzeugsysteme der Zukunft werden derart programmiert, dass es in einer kritischen Situation gar nicht erst zum Unfall kommen soll[81]. In diesem Fall trägt die Automatisierung zur Milderung von Verkehrsunfällen bei[82].

2.3.2 Komfort

Insbesondere für Pendler, die täglich längere Wegstrecken zurücklegen, kann das hochautomatisierte Fahren neue Komfortmöglichkeiten bieten. Denn anstatt „manuell" zu fahren, kann das hochautomatisierte Fahrzeug einen Teil der Strecke übernehmen.

---

79 Rohdaten basierend auf *Statistisches Bundesamt*, Straßenverkehrsunfälle mit Personenschaden, Getöteten, Schwer- und Leichtverletzten, https://www-genesis.destatis. de/genesis//online?operation=table&code=46241-0003 (16.08.23).

80 *Bagloee/Tavana/Asadi/Oliver*, J. Mod. Transp. 2016, 284 (288).

81 *Verband der Automobilindustrie*, Automatisierung, S. 11.

82 *Verband der Automobilindustrie*, Automatisierung, S. 8; *Bundesministerium für Verkehr und digitale Infrastruktur*, Strategie automatisiertes und vernetztes Fahren, S. 9; *Howard/Dai*, Public Perceptions of Self-driving Cars: The Case of Berkeley, California, S. 2; vgl. auch *Europäische Kommission*, Advanced driver assistance system 2016, S. 5; vgl. *Grote/Rau* in: Verein Deutscher Ingenieure, Elektronik im Fahrzeug (VDI-Berichte 2188), S. 564.

Ferner kann sich der Fahrer anderen Tätigkeiten zuwenden[83]. Unproduktive Staufahrten können somit reduziert werden, sodass die hochautomatisierte Fahrt ein möglicher Zeitgewinn für den Freizeitausgleich sein kann.

2.3.3 Gesundheit

55% der Deutschen empfinden Stau beziehungsweise „Stop and Go"-Verkehr am stressigsten während einer Autofahrt, gefolgt von stark befahrenen Straßen und Parkplatzsuche (beide circa 50%)[84]. Es verwundert daher nicht, dass 48% der Deutschen ein automatisiertes Fahrsystem für Staufahrten nutzen würden[85]. Etwa bei jedem zweiten Deutschen könnte durch die Entlastung des Fahrers beim hochautomatisierten Fahren der Stressfaktor solcher Situationen reduziert werden, wodurch Lebensqualität gewonnen werden kann[86].

2.3.4 Neue Mobilitätschancen

Vor allem die Bevölkerung der Industrienationen wird aus demografischer Sicht zunehmend älter. Im Jahr 1995 war das durchschnittliche Alter eines Fahrzeugkäufers 46 Jahre. Im Jahr 2018 betrug das Durchschnittsalter von privaten Haltern bei Pkw-Neuzulassungen in Deutschland 52,7 Jahre[87]. Da die Fahrtüchtigkeit im Alter abnimmt[88], kann das hochautomatisierte Fahrsystem ältere Personen bei definierten Fahraufgaben unterstützen. Genauso können davon mobilitätseingeschränkte Personen profitieren[89]. Insbesondere bei langen Autobahnfahrten kann das hochautomatisierte Fahrsystem über einen längeren Zeitraum die Fahraufgabe übernehmen.

---

83 Vgl. *Grote/Rau* in: Verein Deutscher Ingenieure, Elektronik im Fahrzeug (VDI-Berichte 2188), S. 564.

84 *Continental*, Continental Mobilitätsstudie 2013, S. 9, https://cdn.continental.com/fileadmin/__imported/sites/corporate/_international/german/hubpages/10_20presse/studien_und_publikationen/mobiliteatsstudien/2013/mobilitaetsstudie-2013-data.pdf (16.08.23).

85 *Continental*, Continental Mobility Study 2018, S. 22, https://cdn.continental.com/fileadmin/__imported/sites/corporate/_international/english/hubpages/10_20press/03_initiatives_surveys/mobility_20studys/2018/mobistud2018_20studie_20pdf_20_28 en_29.pdf (16.08.23).

86 Siehe auch *Grunwald*, SVR 2019, 81 (82); vgl. *Ethik-Kommission Automatisiertes und Vernetztes Fahren*, Bericht Juni 2017, S. 15.

87 *Kords*, Statista v. Oktober 2019, https://de.statista.com/statistik/daten/studie/215576/umfrage/durchschnittsalter-von-neuwagenkaeufern/ (16.08.23).

88 *Johanning/Mildner*, Car IT kompakt: das Auto der Zukunft – vernetzt und autonom fahren, S. 68 f.

89 *Grunwald*, SVR 2019, 81 (82).

Allerdings muss einschränkend berücksichtigt werden, dass bei der Automatisierungsstufe 3 des hochautomatisierten Fahrens die Mobilität lediglich unterstützt werden kann. Für Menschen, die keine Berechtigung zum Führen eines Fahrzeugs haben oder aus gesundheitlichen Gründen nicht mehr für das Führen eines Fahrzeugs geeignet sind, ist das hochautomatisierte Fahren kein Mobilitätsersatz, da der Fahrer gemäß Definition (siehe Definition der Automatisierungsstufen in 2.1) jederzeit übernahmebereit sein muss.

2.3.5 Hochautomatisierte Fahrtechnologie mit Datenschutz

Das hochautomatisierte Fahren befindet sich derzeit in der Entwicklung. Tendenziell scheinen Automobilhersteller in den Vereinigten Staaten weiter in der Entwicklung zu sein[90]. Allerdings sind US-Unternehmen nicht für ihre datenschutzfreundliche Einstellung bekannt. Daher könnten die Auswertungsmöglichkeiten und die Datenqualität für US-Hersteller um Weiten besser sein, da datenschutzrechtliche Prinzipien, zum Beispiel der Grundsatz der Datenminimierung, außer Acht gelassen werden könnten[91]. Dies mag für den technischen Fortschritt gewinnbringend sein, geht allerdings auf Kosten der Rechte und Freiheiten der betroffenen Personen, insbesondere der Straßenverkehrsteilnehmer und Fahrer.

In der EU wurden durch die DSGVO das Datenschutzbewusstsein und der hohe Standard des Datenschutzes noch einmal bestätigt und bestärkt. Aufgrund dieses ausführlichen Regelwerks zur Wahrung des Datenschutzes könnte die Befürchtung entstehen, weniger Datenauswertungen durchführen zu können. Allerdings sollte man für die Entwicklung den Datenschutz nicht als ein solches Hemmnis verstehen, sondern vielmehr als Chance, die neue Technologie des hochautomatisierten Fahrens und den Datenschutz in Einklang zu bringen. So werden nicht nur die EU-weiten Datenschutzgrundsätze und -vorgaben gewahrt, sondern ein solches Verhalten kann auch ein Wettbewerbsfaktor sein. Denn durch das Bekenntnis zu den datenschutzrechtlichen Prinzipien und -vorgaben wird aufgezeigt, dass die Rechte und Freiheiten der betroffenen Personen ernst genommen werden. Ein solches Verhalten kann Vertrauen schaffen. Europäische Hersteller können sich folg-

---

90 *Linden*, golem.de v. 14.01.2020, https://www.golem.de/news/elon-musk-teslas-vollstaendige-selbstfahrfunktion-bald-fertig-2001-146037.html (16.08.23); *Wilkens*, heise online v. 07.02.2020, https://www.heise.de/newsticker/meldung/Autonome-Autos-Nuro-darf-ohne-Lenkrad-Pedale-und-Rueckspiegel-auf-die-Strasse-4654959.html (16.08.23).

91 Vgl. auch *v. Schönfeld*, DAR 2015, 617 (621).

lich durch neue, datenschutzfreundliche Geschäftsmodelle abheben und so auch profitieren[92].

2.4 Erfassende Umfeldsensoren und ihre Hilfskomponenten

Sensoren haben im Allgemeinen die Aufgabe, physikalische und chemische Größen in digitale Signale umzuwandeln und fungieren demnach als „Sinnesorgan"[93]. In einem Fahrzeug befinden sich bereits heute zahlreiche Sensoren, die unterschiedliche Funktionen übernehmen. Beispielhaft seien hierbei Sensoren genannt, die den Fahrzeugzustand wie etwa den Reifendruck oder den Benzinfüllstand des Fahrzeugs erfassen[94].

Diese Arbeit beschäftigt sich allerdings mit dem Einsatz der sog. Umfeldsensoren, die für das hochautomatisierte Fahren eingesetzt werden. Sie haben zur Aufgabe, das Umfeld des Fahrzeugs zu erkennen und zu analysieren. Hierbei kommen unterschiedliche Sensorarten zum Einsatz, die sich in ihrem Einsatzzweck unterscheiden.

2.4.1 Kamera- und Infrarotkamerasysteme

2.4.1.1 Allgemeine Charakteristika mit datenschutzrechtlicher Relevanz

Für das hochautomatisierte Fahren können, je nach Einsatzbereich, unterschiedliche Kameras mit unterschiedlichen Charakteristika eingesetzt werden. Im Fahrzeugkontext wird beispielsweise der Einsatz sogenannter Mono- oder Stereokameras diskutiert, die sich in ihren technischen Eigenschaften unterscheiden. Die Monokamera hat zwar keinen stereoskopischen Blick, der auch eine räumliche Dimension bietet, dadurch werden aber weniger Daten generiert, sodass eine Bildanalyse und das Extrahieren der Merkmale schneller stattfinden können. Zudem hat sie eine höhere Fernsicht (bis zu 500 m) im Gegensatz zur Stereokamera (bis zu 50 – 60 m)[95]. Wel-

---

92 So auch *Bönninger*, DuD 2015, 388 (390). Vgl. auch *v. Schönfeld*, DAR 2015, 617 (621).

93 *Kunnert* in: Eisenberger/Lachmayer/Eisenberger, Autonomes Fahren und Recht, S. 176; *Skruch* in: Mitkowski/Kacprzyk/Oprzędkiewicz/Skruch, Trends in Advanced Intelligent Control, Optimization and Automation, S. 156.

94 Vgl. auch *Kunnert* in: Eisenberger/Lachmayer/Eisenberger, Autonomes Fahren und Recht, S. 176.

95 *Becher/Gerres/Altenburg u. a.*, Automatisiert. Vernetzt. Elektrisch., S. 10; *Dietmayer* in: Maurer/Gerdes/Lenz/Winner, Autonomes Fahren: Technische, rechtliche und gesellschaftliche Aspekte, S. 422.

che der beiden Kameras sich für das hochautomatisierte Fahren letztendlich durchsetzen wird, ist derzeit noch offen[96].

Im Gegensatz zu Licht- oder Schallsensoren, die erkennen sollen, *ob* sich ein Objekt im Umfeld des Fahrzeugs befindet, kann die Kamera Objektkategorien erkennen und klassifizieren[97]. Da die Kameratechnologie bereits weit fortgeschritten ist, können auch hochauflösende Umfeldbilder mit hohen Bildfrequenzen erstellt werden[98]. Die Auflösung spielt bei datenschutzrechtlichen Überlegungen ebenfalls eine wichtige Rolle, da sie die Anzahl der Informationen (zum Beispiel die Pixelanzahl) bestimmt. Je höher die Auflösung, desto besser ist die Erkennbarkeit von Objekten. Solche hochwertigen Aufnahmen dienen der Objekterkennung und sind somit essentieller Bestandteil des hochautomatisierten Fahrens. Für die datenschutzrechtliche Betrachtung werden die visuellen Aufnahmeeigenschaften eine wichtige Rolle spielen. Denn wenn beispielsweise eine Monokamera mit derselben Auflösung dasselbe (technische) Ziel wie die Stereokamera erreicht, dabei aber weniger Daten verarbeiten muss, muss dies im Rahmen der datenschutzrechtlichen Erforderlichkeit geprüft werden[99].

2.4.1.2 Bedeutung und Verbreitung von Kamerasystemen

Kameras haben sich bereits in der Automobilindustrie etabliert[100] und gelten schon seit einigen Jahren als wichtiger Sensor für viele Fahrerassistenzfunktionen, zum Beispiel bei der Fußgängererkennung, dem Spurhalteassistenten oder der Verkehrszeichenerkennung.

Teilweise werden die Kameras sogar als wichtigster Sensor gesehen, da nur durch ihren hohen Detailgrad eine zuverlässige Bildanalyse durchgeführt werden kann[101]. Darum gilt die Kamerasensorik auch als zukunftssicher, weil diese bereits weit verbreitet ist und schon heute für einen niedrigen

---

96 So sehen *Kleinschmidt/Wagner* in: Oppermann/Stender-Vorwachs, Autonomes Fahren, Kap. 1.1 Rn. 26 überwiegend den Einsatz von Stereokameras gegeben, wohingegen sich *Cacilo u. a.*, Hochautomatisiertes Fahren auf Autobahnen – industriepolitische Schlussfolgerungen, S. 56 ff. für Monokameras aussprechen.

97 *Franke/Gehrig* in: Winner/Hakuli/Lotz/Singer, Handbuch Fahrerassistenzsysteme, S. 416; *Zlocki/Schröder* in: Verein Deutscher Ingenieure, Optische Technologien in der Fahrzeugtechnik (VDI-Berichte 2038), S. 94.

98 *Petrovskaya/Perrollaz/Oliveira/Spinello/Triebel/Makris/Yoder/Laugier/Nunes/Bessiere* in: Eskandarian, Handbook of Intelligent Vehicles, S. 1389.

99 Siehe dazu 6.6.2.

100 *Wahl/Unger/Zeller/Rossberg*, ATZ 2010, 82 (84).

101 Vgl. *Elias*, Vorausschauende Fahrzeugsensorik mit photonic mixer device und Videokamera für den aktiven Fußgängerschutz, S. 59 zu Monokameras; *Berlin*, carIT v. 26.05.2017, https://www.automotiveit.eu/exklusiv/zentralorgan-fuers-auto-286.html (16.08.23).

Preis gute Bildqualität und Erkennungsraten liefert[102]. Und das Potential der Kameras soll nach Expertenansicht weiter genutzt werden, um Kamerasysteme fest im Fahrzeug zu etablieren: Höhere Rechenleistungen ermöglichen Fortschritte in der Bildverarbeitung und bei der Bildqualität, zum Beispiel höhere Bildwiederholungsraten und verbesserte Empfindlichkeiten.[103] Schon heute zeigen Untersuchungen, dass Kameras das größte Datenvolumen in der Rubrik Sensordaten erzeugen werden[104].

Für die Zukunft ist davon auszugehen, dass die Qualität der Sensoren weiter steigen wird, denn die für das hochautomatisierte Fahren erforderliche Perzeptionsleistung muss weiter entwickelt werden, um das hochautomatisierte Fahren zu ermöglichen[105].

2.4.1.3 Überwinden technischer Defizite herkömmlicher Kameras mittels Infrarottechnologie

Obwohl die Kamera als Kernelement für das hochautomatisierte Fahren gesehen wird, hat sie auch ihre Schwächen: Zwar erstellen Kameras im Gegensatz zu anderen Sensoren Aufnahmen mit hohem Detailgrad (insbesondere Stereokameras); solche Bilder haben aber auch den Nachteil, dass sie ein hohes Datenvolumen produzieren. Folglich bedarf die Verarbeitung solcher Bilder hoher Kapazitätsressourcen beziehungsweise dauert länger.[106] Für das hochautomatisierte Fahren sind verzögernde Verarbeitungen kritisch, da die Daten des Umfelds in Echtzeit verarbeitet werden müssen.

Auch bei visuell eingeschränkten Situationen weisen Kameras deutliche Schwächen auf: Starkes Gegenlicht, Verschmutzungen, Vereisungen, sich plötzlich ändernde oder schlechte Lichtverhältnisse, spiegelnde Fahrbahnen beziehungsweise reflektierende Wetterbedingungen und Dunkelheit können dazu führen, dass die Kamerasensoren das Umfeld nicht erfassen können[107].

Bei schlechten Sichtverhältnissen oder Dunkelheit können Infrarotsensoren unterstützen und zu einer verbesserten Wahrnehmung im Nah- und Fern-

---

102 *Cacilo u.a.*, Hochautomatisiertes Fahren auf Autobahnen – industriepolitische Schlussfolgerungen, S. 57 f.

103 *Punke/Menzel/Werthessen/Stache/Höpfl* in: Winner/Hakuli/Lotz/Singer, Handbuch Fahrerassistenzsysteme, S. 367.

104 *Festag u.a.*, Studie Mobilität 2025: Koexistenz oder Konvergenz von IKT für Automotive?, S. A12.

105 Vgl. *Kunert/Meinl/Stolz* in: Verein Deutscher Ingenieure, Elektronik im Fahrzeug (VDI-Berichte 2188), S. 174.

106 *Petrovskaya/Perrollaz/Oliveira/Spinello/Triebel/Makris/Yoder/Laugier/Nunes/Bessiere* in: Eskandarian, Handbook of Intelligent Vehicles, S. 1389.

107 Vgl. auch *Kleinschmidt/Wagner* in: Oppermann/Stender-Vorwachs, Autonomes Fahren, Kap. 1.1 Rn. 26.

bereich beitragen. Dabei kommen Kameras zum Einsatz, die im infraroten Spektralbereich arbeiten, sodass auch dunkle oder schlecht belichtete Bereiche erkennbar werden.[108] Infrarotbilder haben andere Eigenschaften als Kamerabilder[109], denn das Ausgabebild wird „silhouettenhaft" ausgegeben. Details wie Gesicht oder Kleiderfarben erkennt man in der Regel nicht mehr.

Unabhängig von der eingesetzten Technik wird somit deutlich, dass die Erkennung mittels Kamerasystemen auch bei Dunkelheit sichergestellt werden kann.

2.4.1.4 Positionen der Kameras

Um eine Rundumsicht und Umfelderfassung des Nahbereichs durchzuführen, sind mehrere Kameras an verschiedenen Stellen des Fahrzeugs positioniert. Hinsichtlich der Sichtbarkeit der Kameras hat man bereits in einem frühen Stadium der Fahrzeugentwicklung angestrebt, die Kameras quasi unsichtbar in das Fahrzeugdesign zu integrieren.[110] Diese Entscheidung wurde beibehalten, sodass Kameras an Fahrzeugen nicht direkt ersichtlich sind.

Die folgende Abbildung soll einen Überblick über die Positionen und Aufnahmerichtungen der Kameras, die für das hochautomatisierte Fahren genutzt werden, geben.

---

108 *Punke/Menzel/Werthessen/Stache/Höpfl* in: Winner/Hakuli/Lotz/Singer, Handbuch Fahrerassistenzsysteme, S. 351.

109 *Chen u. a.*, Mach. Vis. Appl. 2018, 113 (113); *Punke/Menzel/Werthessen/Stache/Höpfl* in: Winner/Hakuli/Lotz/Singer, Handbuch Fahrerassistenzsysteme, S. 351.

110 *Hock* in: Verein Deutscher Ingenieure, Elektronik im Kraftfahrzeug (VDI-Berichte 2075), S. 506.

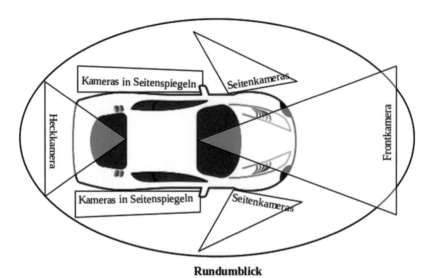

Rundumblick

Abb. 5: Übersicht möglicher Positionen verbauter Kameras

Frontkamera

Die Frontkamera wird in der Regel hinter der Windschutzscheibe auf der Höhe des Rückspiegels beziehungsweise teilweise auch im Rückspiegel eingebaut. An dieser Position kann das Verkehrsgeschehen vor dem Fahrzeug weitwinklig erfasst werden. Gleichzeitig wird die Frontkamera durch die Windschutzscheibe vor den außen wirkenden Faktoren (zum Beispiel schlechte Witterungsbedingungen) geschützt. Ferninfrarotkameras können auch im Scheinwerfer oder Kühlerbereich verbaut sein.[111]

Heckkamera

Die Heckkamera ist in der Regel in der Heckklappe auf Höhe des KFZ-Kennzeichens eingebaut. Um ein möglichst großes Sichtfeld zu garantieren, werden Weitwinkelkameras eingesetzt[112]. Bereits heute wird die Heckkamera aktiv genutzt, um die Sicht im Rückfahrbereich auf einem Fahrzeuginnendisplay anzuzeigen, zum Beispiel, wenn der Fahrer rückwärts fährt oder eine Einparkhilfe nutzt.

---

111 *Punke/Menzel/Werthessen/Stache/Höpfl* in: Winner/Hakuli/Lotz/Singer, Handbuch Fahrerassistenzsysteme, S. 350.
112 *Seiter/Mathony/Knoll* in: Eskandarian, Handbook of Intelligent Vehicles, S. 853 f.

Spiegel-/Seitenkameras

Die Kameras in den Spiegeln eines Fahrzeugs oder an den Fahrzeugseiten ermöglichen eine seitliche Blickrichtung. Ein zukünftiger Ansatz sieht sogar vor, die Außenspiegel durch Kamerasysteme zu ersetzen und in Echtzeit ein Bild der Verkehrssituation seitlich und hinter dem Fahrzeug darzustellen.[113] So könne durch einen geringeren Luftwiderstand nicht nur der Kraftstoffverbrauch reduziert werden, sondern durch einen größeren Blickwinkel auch der tote Winkel, der ebenfalls ein Unfallpotential bietet.[114]

Rundumblick

Durch die Gesamtheit aller am Fahrzeug befindlichen Umfeldkameras kann eine 360°-Umfeldmodellierung errechnet werden.[115]. Diese ist essentiell für das hochautomatisierte Fahren, denn nur so kann das Fahrzeug das eigene Umfeld wahrnehmen, interpretieren und verstehen und darauf basierend ein Fahrmanöver ausführen.

2.4.1.5 Zwischenfazit zur Kameratechnologie

Die obigen Ausführungen zu den Charakteristika des Kamerasensors zeigen auf, dass die Aufnahmemodalitäten der Kamera vielfältig sind. Die Aufnahmequalität bestimmt sich vorwiegend aus den Dimensionen der Kameraart (Mono/Stereo), der Wellenlänge (sichtbarer Bereich oder Infrarottechnologie), der Auflösung und damit Anzahl der Informationen (zum Beispiel Pixelanzahl) sowie der Detailtiefe (Größe der Pixel) und ebenso der Ausrichtung bzw. der Anzahl der eingesetzten Kameras. Daraus folgt, dass bereits der technische Aufbau des hochautomatisierten Fahrzeugs den Grundbaustein für die datenschutzrechtliche Betrachtung legt. Darum kann an dieser Stelle festgehalten werden, dass sich die Fahrzeuge der Hersteller (und die Modelle untereinander) erheblich voneinander unterscheiden werden und es keine standardisierte Kamerasensorik für hochautomatisierte Fahrzeuge geben wird, die alle dieselben Eigenschaften und Funktionsweisen haben werden.

---

113 Siehe *Donath*, Golem v. 04.07.2018, https://www.golem.de/news/oled-audi-verlegt-aussenspiegel-in-die-fahrzeugtuer-1807-135303.html (16.08.23); *Pertschy*, carIT v. 13.02.2020, https://www.automotiveit.eu/technology/lexus-praesentiert-digitale-aussenspiegel-147.html (16.08.23); *Beutnagel*, carIT v. 11.07.2016, https://www.automotiveit.eu/technology/kameras-duerfen-rueckspiegel-ersetzen-268.html (16.08.23).

114 *Beutnagel*, carIT v. 11.07.2016, https://www.automotiveit.eu/technology/kameras-duerfen-rueckspiegel-ersetzen-268.html (16.08.23); *Terzis*, Handbook of Camera Monitor Systems, S. 18.

115 *Dalbah/Wahl* in: Verein Deutscher Ingenieure, Fahrerassistenz und Integrierte Sicherheit (VDI-Berichte 2223), S. 130 ff.

2.4.2 Lidar

Der Lidarsensor („Light Detection And Ranging") arbeitet im Nahbereich[116]. Er dient vor allem zur Erkennung von dynamischen Objekten[117] und Hindernissen mittels Ultraviolett-, Infrarot- oder Strahlen aus dem Bereich des sichtbaren Lichts.[118] Durch die Reflexion der Strahlen kann der Abstand zentimetergenau zu einem bestimmten Gegenstand vermessen werden. Dadurch ist der Einsatz des Lidars auch im Dunkeln möglich[119].

Der Lidarsensor kann neben der Abstandsmessung zusätzlich auch für eine eingeschränkte visuelle Erkennung von Objekten verwendet werden. Je nach Bauart und verwendeten Rotationseinheiten entsteht hierbei eine zwei- oder dreidimensionale sog. Punktewolke[120].

Einschränkungen ergeben sich bei schlechten Sichtverhältnissen wie bei Nebel oder Verschmutzungen[121], da das Laserlicht auch an sehr kleinen Partikeln reflektiert[122].

Obwohl der Lidarsensor hohe Bildraten erreicht, ist das Bild aufgrund der niedrigen Auflösung der Sensoren und des niedrigeren Frequenzbereichs nicht mit einer Kameraaufnahme zu vergleichen.[123] Dennoch ist es möglich, dass der Lidarsensor die Art des Objekts erkennen kann, wenn Daten mit sehr hoher Winkelauflösung aufgenommen werden.[124] Da die Unternehmen in die Lidartechnologie investieren, könnte es in Zukunft auch hochauflösende Lidarsensoren geben[125], die eine solche Erkennung ermöglichen. Den-

---

116 *Kleinschmidt/Wagner* in: Oppermann/Stender-Vorwachs, Autonomes Fahren, Kap. 1.1 Rn. 26.
117 Unter dynamische Objekte fallen bewegliche Objekte. Insbesondere relevant sind hierbei andere Verkehrsteilnehmer oder andere Fahrzeuge und deren KFZ-Kennzeichen, siehe *Matthaei/Reschka/Rieken/Dierkes/Ulbrich/Winkle/Maurer* in: Winner/Hakuli/Lotz/Singer, Handbuch Fahrerassistenzsysteme, S. 1146.
118 *Gotzig/Geduld* in: Winner/Hakuli/Lotz/Singer, Handbuch Fahrerassistenzsysteme, S. 318.
119 *Cacilo u. a.*, Hochautomatisiertes Fahren auf Autobahnen – industriepolitische Schlussfolgerungen, S. 54; *Hart/Hart/Heerwagen*, ATZ 2019, 22 (23).
120 *Kleinschmidt/Wagner* in: Oppermann/Stender-Vorwachs, Autonomes Fahren, Kap. 1.1 Rn. 27.
121 *Felber/Faßbinder/Köhler/Karbownik* in: Verein Deutscher Ingenieure, 17. Internationaler Kongress ELIV 2015 (VDI-Berichte 2249), S. 330.
122 *Kleinschmidt/Wagner* in: Oppermann/Stender-Vorwachs, Autonomes Fahren, Kap. 1.1 Rn. 26.
123 *Gotzig/Geduld* in: Winner/Hakuli/Lotz/Singer, Handbuch Fahrerassistenzsysteme, S. 320.
124 *Gotzig/Geduld* in: Winner/Hakuli/Lotz/Singer, Handbuch Fahrerassistenzsysteme, S. 329 f.; ähnlich, aber mit Einschränkung auch *Cacilo u. a.*, Hochautomatisiertes Fahren auf Autobahnen – industriepolitische Schlussfolgerungen, S. 54.
125 *George/Reutimann/Tamò-Larrieux*, Int. Data Priv. Law 2019, 285 (288).

noch ist der Lidarsensor, insbesondere wegen seiner hohen Kosten, noch nicht weit verbreitet. Die Entwicklung zeigt allerdings, dass sich Lidarsensoren zunehmend günstiger herstellen lassen, sodass der Lidarsensor in Zukunft eine Ergänzung zu den anderen Umfeldsensoren sein könnte.[126]

2.4.3 Radar

Der Radarsensor arbeitet im Nah- und Fernbereich und erkennt Objekte sowie Hindernisse mittels Mikrowellen[127]. Radarmessverfahren ermöglichen damit die genaue Messung von Abständen und der relativen Geschwindigkeit von Objekten, die in der Nähe oder mehrere hundert Meter entfernt sein können.[128] Oft sind sie für die laterale Erkennung angebracht, können aber auch nach vorne ausgerichtet sein, um andere Sensoren zu unterstützen.[129] Das Ausgabeergebnis des Radars reicht nicht an die hochauflösenden und genauen Punktwolken des Lidars heran[130], wodurch sich unschärfere Werte ergeben[131]. Zudem hat der Radarsensor lediglich einen kleinen Erfassungsbereich[132]. Dafür brilliert der Radarsensor bei schwierigen Wetterbedingungen wie Nebel, Regen und Staub[133].

2.4.4 Ultraschall

Ultraschallwellen weisen nur eine geringe Reichweite und Winkelauflösung auf, weshalb sie nur im Nahbereich nutzbar sind.[134] Die typischerweise an den Stoßstangen angebrachten Ultraschallsensoren messen mittels Ultra-

---

126 *Kleinschmidt/Wagner* in: Oppermann/Stender-Vorwachs, Autonomes Fahren, Kap. 1.1 Rn. 26; *Bagloee/Tavana/Asadi/Oliver*, J. Mod. Transp. 2016, 284 (296); *Berlin*, carIT v. 26.05.2017, https://www.automotiveit.eu/exklusiv/zentralorgan-fuers-auto-286. html (16.08.23).

127 *Kleinschmidt/Wagner* in: Oppermann/Stender-Vorwachs, Autonomes Fahren, Kap. 1.1 Rn. 26.

128 *Cacilo u. a.*, Hochautomatisiertes Fahren auf Autobahnen – industriepolitische Schlussfolgerungen, S. 50; *Becher/Gerres/Altenburg u. a.*, Automatisiert. Vernetzt. Elektrisch., S. 10.

129 *Amditis/Lytrivis/Portouli* in: Eskandarian, Handbook of Intelligent Vehicles, S. 37.

130 *Cacilo u. a.*, Hochautomatisiertes Fahren auf Autobahnen – industriepolitische Schlussfolgerungen, S. 50.

131 *Kleinschmidt/Wagner* in: Oppermann/Stender-Vorwachs, Autonomes Fahren, Kap. 1.1 Rn. 26.

132 *Cacilo u. a.*, Hochautomatisiertes Fahren auf Autobahnen – industriepolitische Schlussfolgerungen, S. 50.

133 *Kleinschmidt/Wagner* in: Oppermann/Stender-Vorwachs, Autonomes Fahren, Kap. 1.1 Rn. 26.

134 *Cacilo u. a.*, Hochautomatisiertes Fahren auf Autobahnen – industriepolitische Schlussfolgerungen, S. 55.

schallwellen die Entfernung zu einem Objekt.[135] Dies geschieht mittels einer Ultraschalltechnologie, die zur Informationsgewinnung Schallwellen in die Umgebung aussendet. Das von den Schallwellen produzierte Echo wird von den Sensoren ausgewertet. Bei dieser Auswertung wird das Zeitintervall zwischen dem Senden des Signals und dem Empfangen des Echos berechnet, um so die Entfernung zu einem Objekt zu ermitteln.[136]

Einschränkungen haben Ultraschallsensoren bei Materialien, die die Ultraschallwellen absorbieren (zum Beispiel Pelz). Auch bei Reflexionen kann es zu Messungenauigkeiten kommen.[137]

2.4.5 Audio

Möglich ist auch der Einsatz von Audiosensoren, die das Umfeld mittels Tonaufnahmen erfassen[138]. War dieser Sensor in den letzten Jahren noch nicht prominent vertreten, lassen Medienberichte vermuten, dass das Fahrzeug neben den oben genannten Sensoren in Zukunft auch Außengeräusche wahrnehmen soll[139]. In Testfahrzeugen können Audiosensoren bereits vertreten sein[140], diese Praxis deutet sich aber auch in Serienfahrzeugen an[141]. Durch die Audiosensoren sollen Fahrzeuge befähigt werden, das Martinshorn heranfahrender Einsatzfahrzeuge bereits aus weiter Entfernung erkennen zu können. Daraufhin kann das automatisierte Fahrzeug reagieren und zum Beispiel eine Rettungsgasse bilden oder zur Seite fahren.[142]

---

135 *Kleinschmidt/Wagner* in: Oppermann/Stender-Vorwachs, Autonomes Fahren, Kap. 1.1 Rn. 26.
136 *Amditis/Lytrivis/Portouli* in: Eskandarian, Handbook of Intelligent Vehicles, S. 40 f.
137 *Elias*, Vorausschauende Fahrzeugsensorik mit photonic mixer device und Videokamera für den aktiven Fußgängerschutz, S. 57.
138 *Hansen*, DuD 2015, 367 (368).
139 *Wilkens*, heise online v. 03.02.2020, https://www.heise.de/newsticker/meldung/Sensorik-fuer-autonomes-Fahren-Fraunhofer-verpasst-dem-Auto-Ohren-4652053.html (16.08.23).
140 So zumindest in den Testfahrzeugen von BMW, *BMW*, Datenschutzhinweis (Stand April 2021), https://www.bmw.com/en/footer/data-processing-automated-vehicles/data-processing-automated-vehicles-de.html (16.08.23).
141 *Greis*, golem.de v. 29.08.2020, https://www.golem.de/news/autonomes-fahren-die-neue-s-klasse-uebernimmt-im-stau-das-lenkrad-2008-150544.html (16.08.23).
142 *Wilkens*, heise online v. 03.02.2020, https://www.heise.de/newsticker/meldung/Sensorik-fuer-autonomes-Fahren-Fraunhofer-verpasst-dem-Auto-Ohren-4652053.html (16.08.23); *BMW*, Datenschutzhinweis (Stand April 2021), https://www.bmw.com/en/footer/data-processing-automated-vehicles/data-processing-automated-vehicles-de.html (16.08.23); *Greis*, golem.de v. 29.08.2020, https://www.golem.de/news/autonomes-fahren-die-neue-s-klasse-uebernimmt-im-stau-das-lenkrad-2008-150544.html (16.08.23).

2.4.6 Ortungssysteme

Neben der Erfassung und der Interpretation des Umfeldes muss das Fahrzeug die eigene Position fahrbahngenau kennen. Dies kann (1) durch die eigene Position (Fahrzeugeigenlokalisierung) erfolgen oder (2) mittels einer hochgenauen digitalen Karte beziehungsweise der Kombination aus beiden Varianten.

2.4.6.1 Fahrzeugeigenlokalisierung

Ein bekanntes und bereits für die Eigenlokalisierung eingesetztes Ortungssystem sind die globalen Navigationssatellitensysteme (GNSS)[143], worunter zum Beispiel auch das Global Positioning System (GPS), Galileo oder Glonass zählen.[144] Durch diese Systeme kann das Fahrzeug Signale empfangen, welche die Position des Fahrzeugs errechnen können[145].

Die Eigenlokalisierung des hochautomatisierten Fahrzeugs muss höchst präzise, nämlich fahrbahngenau, sein. Satellitengestützte Lokalisierungssysteme wie GPS können die Eigenlokalisierung unterstützen, sind aber für das hochautomatisierte Fahren zu ungenau[146]. Selbst ergänzende Korrektursysteme wie Differential-GPS[147] haben keinen ausschlaggebenden Effekt, sondern können das Datenmaterial lediglich verbessern.[148]

Die absteigende Relevanz der GNSS, insbesondere GPS, zeigen Forschungsprojekte[149], bei denen die Eigenlokalisierung ohne GPS durchgeführt wird. Beispielhaft ist hier die Berta-Benz-Fahrt zu erwähnen: Hierbei erfolgte die Lokalisierung durch Abgleich der Merkmale mit einer nach hinten gerichte-

---

143 Engl. Global Navigation Satellite System: GNSS.
144 *Cacilo u. a.*, Hochautomatisiertes Fahren auf Autobahnen – industriepolitische Schlussfolgerungen, S. 83; *Europäische Kommission*, Auf dem Weg zur automatisierten Mobilität: eine EU-Strategie für die Mobilität der Zukunft (COM(2018) 283 final), S. 7 f.
145 *Kunnert* in: Eisenberger/Lachmayer/Eisenberger, Autonomes Fahren und Recht, S. 176; *Schulz*, NZV 2017, 548 (549).
146 *Matthaei/Reschka/Rieken/Dierkes/Ulbrich/Winkle/Maurer* in: Winner/Hakuli/Lotz/Singer, Handbuch Fahrerassistenzsysteme, S. 1153 f.; *Schüle/Schweiger/Dietmayer* in: Verein Deutscher Ingenieure, Optische Technologien in der Fahrzeugtechnik (VDI-Berichte 2154), S. 176; *Cacilo u. a.*, Hochautomatisiertes Fahren auf Autobahnen – industriepolitische Schlussfolgerungen, S. 84.
147 Hierbei erhält der Empfänger Korrektursignale über einen weiteren Datenkanal (zum Beispiel über Mobilfunk).
148 *Becher/Gerres/Altenburg u. a.*, Automatisiert. Vernetzt. Elektrisch., S. 17.
149 Siehe bei Fn. 146.

ten Monokamera, die Fahrbahnmarkierungen mit dem vorhandenen Kartenmaterial abglich.[150]

Der deutsche Gesetzgeber scheint die GPS-Technologie bei Fahrzeugen allerdings nicht aufzugeben. Denn in § 63a StVG wird vorgeschrieben, dass Fahrzeuge mit hoch- und vollautomatisierten Fahrfunktionen den Wechsel der Fahrzeugsteuerung mittels Positions- und Zeitangaben eines Satellitennavigationssystems speichern müssen. Aufgrund dieser gesetzlichen Pflicht müssen GNSS ohnehin weiterhin in Deutschland zugelassenen Fahrzeugen verbaut werden, sodass diese voraussichtlich auch für die Fahrzeuglokalisierung mitgenutzt werden.

Neben den GNSS ist die Eigenlokalisation auch durch die fahrzeugeigene Sensorik möglich. Typischerweise kommen dabei fahrzeuginterne Ortungssysteme, die auf der Odometrie (Messung der Radumdrehungen) oder Inertialsensoren (u. a. Beschleunigungssensoren) basieren, in Frage[151]. Diese können den Informationsstand der GNSS präzisieren, insbesondere wenn Positionsdaten aus den GNSS nicht verfügbar sind, zum Beispiel in Tunneln[152].

Ferner kann im unmittelbaren Umfeld des Fahrzeugs mittels Kamerasensor nach sog. Landmarken gesucht werden. Landmarken sind in der Regel spezielle Objekte, die sich signifikant von der Umgebung unterscheiden, zum Beispiel Schachbrett- oder Strichmuster.[153] Diese Landmarken beinhalten Ortsinformationen[154], die für das Fahrzeug als definierte Referenzposition dienen.

Andere Ansätze sehen vor, das Fahrzeug durch fotografische Analyse des Straßenbodens[155] zu lokalisieren oder mittels Radar nach Fahrbahnmerkmalen zu suchen[156]. Der datenminimierende Aspekt hierbei ist, dass lediglich der Fahrbahnboden analysiert wird, der typischerweise keine personenbezogenen Daten beinhaltet. Wie robust solche Methoden sind, beispielsweise bei wetterbedingten Untergrundveränderungen wie Laub auf der Straße oder Nässe, wird die fortentwickelnde Forschung und letztlich Praxis zeigen.

---

150 *Matthaei/Reschka/Rieken/Dierkes/Ulbrich/Winkle/Maurer* in: Winner/Hakuli/Lotz/Singer, Handbuch Fahrerassistenzsysteme, S. 1153 f.

151 *Kunnert* in: Eisenberger/Lachmayer/Eisenberger, Autonomes Fahren und Recht, S. 176.

152 *Kleinschmidt/Wagner* in: Oppermann/Stender-Vorwachs, Autonomes Fahren, Kap. 1.1 Rn. 26.

153 *Krzikalla/Schindler/Wankerl/Wertheimer*, ATZ 2013, 48 (51).

154 *Krzikalla/Schindler/Wankerl/Wertheimer*, ATZ 2013, 48 (51).

155 *Kozak/Alban*, 2016 IEEEION Position Locat. Navig. Symp. PLANS 2016, 170 (170 ff.).

156 *Cornick/Koechling/Stanley/Zhang*, J. Field Robot. 2016, 82 (83 ff.).

2.4.6.2 Hochgenaue digitale Karte

Die hochgenaue digitale Karte darf nicht mit der herkömmlichen Navigationskarte gleichgesetzt werden. Denn Letztere ist nicht für das hochautomatisierte Fahren geeignet[157], da sie nur in Monats- oder Quartalszyklen aktualisiert wird. Dadurch kann nicht sichergestellt werden, dass das Kartenmaterial immer aktuell ist.[158] Für das hochautomatisierte Fahren müssen hochauflösende und aktuelle Karten eingesetzt werden[159].

Um das Kartenmaterial für die hochgenaue digitale Karte zu aktualisieren und zu überprüfen, wird bereits vorhandenes Kartenmaterial mit dem Umfeld abgeglichen[160]. Da eine Vielzahl an Informationen bereits lokal auf der hochgenauen digitalen Karte gespeichert ist, muss die Umfeldsensorik die Objekte des Umfelds nicht selbst erfassen und klassifizieren, sondern nur noch verifizieren[161]. Dadurch entsteht eine aktuelle Karte, die geometrische (Position der Merkmale), semantische (Bedeutung oder Klasse der Merkmale wie Baum, Verkehrsschild, etc.) und topologische (Lagebeziehung zwischen Objekten) Informationen zentimetergenau beinhaltet und lokal speichert.[162] Um jederzeit aktuelles Kartenmaterial für diesen Abgleich bereitzuhalten, beläuft sich das Updateintervall im Minutenbereich[163]. Somit kann die hochgenaue digitale Karte den komplexen und aufwändigen Pro-

---

157 *Aeberhard u. a.*, IEEE Intell. Transp. Syst. Mag. 2015, 42 (47).

158 *Matthaei/Reschka/Rieken/Dierkes/Ulbrich/Winkle/Maurer* in: Winner/Hakuli/Lotz/ Singer, Handbuch Fahrerassistenzsysteme, S. 1148 f.

159 *Kleinschmidt/Wagner* in: Oppermann/Stender-Vorwachs, Autonomes Fahren, Kap. 1.1 Rn. 30.

160 *Giesler/Kunath/Labella/Reichel* in: Verein Deutscher Ingenieure, 17. Internationaler Kongress ELIV 2015 (VDI-Berichte 2249), S. 387; *Grävemeyer*, heise online v. 12.08.2020, https://www.heise.de/hintergrund/Pixelmuster-irritieren-die-KI-autonomer-Fahrzeuge-4852995.html (16.08.23); *Greis*, golem.de v. 29.08.2020, https://www.golem.de/news/autonomes-fahren-die-neue-s-klasse-uebernimmt-im-stau-das-lenkrad-2008-150544.html, S. 4 (16.08.23).

161 *Dietmayer* in: Maurer/Gerdes/Lenz/Winner, Autonomes Fahren: Technische, rechtliche und gesellschaftliche Aspekte, S. 423.

162 *Matthaei/Reschka/Rieken/Dierkes/Ulbrich/Winkle/Maurer* in: Winner/Hakuli/Lotz/ Singer, Handbuch Fahrerassistenzsysteme, S. 1148; *Strijbosch*, ATZ 2018, 28 (32); vgl. auch *Aeberhard u. a.*, IEEE Intell. Transp. Syst. Mag. 2015, 42 (46).

163 *Becher/Gerres/Altenburg u. a.*, Automatisiert. Vernetzt. Elektrisch., S. 15.

zess der Umfelderfassung unterstützen, indem sie unter schlechten Bedingungen als weitere Informationsquelle statischer Daten dient[164].[165] Die hochgenaue digitale Karte liefert somit redundante Informationen zu den anderen Umfeldsensoren. Diese redundante Informationsgrundlage ist insbesondere an den Stellen wichtig, an denen eine rein sensorische Erfassung (vor allem in Echtzeit) nicht möglich ist, zum Beispiel aufgrund unvollständiger respektive undeutlicher Straßenmarkierungen oder verdeckter Verkehrsschilder.[166] Genauso bietet die hochgenaue digitale Karte auch eine sicherheitsrelevante Vorausschau. Denn Sensoren erblicken in der Regel nur das Umfeld in der eigenen möglichen Reichweite. Kurven, schlechte Sichtverhältnisse oder andere erkennungsstörende Zustände verzögern die Sensorerfassung. In der hochgenauen digitalen Karte sind die Daten lokal gespeichert und bieten daher eine Vorausschau.[167] Für das hochautomatisierte Fahren ist dies relevant, denn dem Fahrer muss eine gewisse Zeitreserve für die Übernahme der Fahrzeugführung ermöglicht werden. Das System muss folglich die Funktionsgrenze vor dem Eintritt inklusive der Übernahmezeit berechnen. Durch die zusätzlichen Informationen der hochgenauen digitalen Karte kann sich das Fahrzeug zentimetergenau lokalisieren.[168] Die Satellitenunterstützung, und somit die Einholung von Positions- beziehungsweise GPS-Daten des Fahrzeugs, ist hierbei nicht notwendig. Die Lokalisierung kann aus den Karten- beziehungsweise Sensordaten erfolgen.[169]

---

164 So spricht sich eine Vielzahl von Vertretern der technischen Literatur für den Einsatz hochgenauer digitaler Karten aus, siehe zum Beispiel *Klanner/Ruhhammer* in: Winner/Hakuli/Lotz/Singer, Handbuch Fahrerassistenzsysteme, S. 542; *Grote/Rau* in: Verein Deutscher Ingenieure, Elektronik im Fahrzeug (VDI-Berichte 2188), S. 568; *Lemmer*, Neue autoMobilität. Automatisierter Straßenverkehr der Zukunft, S. 74; *Schüle/ Schweiger/Dietmayer* in: Verein Deutscher Ingenieure, Optische Technologien in der Fahrzeugtechnik (VDI-Berichte 2154), S. 176; *Ertrac*, Automated Driving Roadmap, S. 41; *Greis*, golem.de v. 29.08.2020, https://www.golem.de/news/autonomes-fahren-die-neue-s-klasse-uebernimmt-im-stau-das-lenkrad-2008-150544.html (16.08.23).
165 *Strijbosch*, ATZ 2018, 28 (34).
166 Vgl. *Cacilo u. a.*, Hochautomatisiertes Fahren auf Autobahnen – industriepolitische Schlussfolgerungen, S. 84.
167 Vgl. *Cacilo u. a.*, Hochautomatisiertes Fahren auf Autobahnen – industriepolitische Schlussfolgerungen, S. 84 f.; *Kunnert* in: Eisenberger/Lachmayer/Eisenberger, Autonomes Fahren und Recht, S. 177; *Aeberhard u. a.*, IEEE Intell. Transp. Syst. Mag. 2015, 42 (46).
168 *Matthaei/Reschka/Rieken/Dierkes/Ulbrich/Winkle/Maurer* in: Winner/Hakuli/Lotz/ Singer, Handbuch Fahrerassistenzsysteme, S. 1148; *Aeberhard u. a.*, IEEE Intell. Transp. Syst. Mag. 2015, 42 (47).
169 *Lategahn/Stiller* in: Uni-DAS, 8. Workshop Fahrerassistenzsysteme: 26.09.2012 bis 28.09.2012, S. 40.

2.4.7 Sensorfusion

Wie bereits in den vorherigen Unterkapiteln aufgezeigt, hat jeder Sensor individuelle Stärken und Schwächen. Darum fusioniert man die Informationen der einzelnen Sensoren, um redundante Informationen zu erhalten[170] und Schwächen der Sensoren zu kompensieren[171]. Die Kamera kann beispielsweise Objekte erkennen, wodurch die Objekte klassifiziert werden können. Allerdings ist die Funktionsfähigkeit der Kamera stark von den Sichtverhältnissen abhängig. Ungünstige Wetterbedingungen, Sensorverschmutzungen oder Verwischungen durch Wasser sind beispielhafte Faktoren, die die Sicht der Kamera stark einschränken oder sie gar funktionsunfähig machen[172]. Fällt beispielsweise der Lidarsensor aus, kann das Fahrzeug bedingt mit Kamera oder Radar weiterfahren[173].

Anstatt also die Zuverlässigkeit der Einzelsensoren zu verbessern, setzt man sich mit der Sensorfusion das Ziel, die Stärken der Sensoren zu kombinieren und dadurch deren Schwächen zu reduzieren.[174] Durch diese redundante Informationssammlung verschiedener Sensoren können die Messergebnisse abgeglichen und im Rahmen einer Plausibilitätsprüfung Fehlinformationen identifiziert werden[175].

Um eine zuverlässige redundante Informationsverarbeitung zu gewährleisten, erachten Experten die Kombination verschiedener Sensoren wie zum Beispiel Radar, Kamera und Lidar als notwendig[176].

Ferner hat der Einsatz unterschiedlicher Sensoren den Vorteil, dass eine solch umfassende Sensorik das Umfeld im 360°-Blickwinkel mit unterschiedlichen Sinnen wahrnehmen kann. Dadurch kann das Umfeld auf un-

---

170 *Cacilo u.a.*, Hochautomatisiertes Fahren auf Autobahnen – industriepolitische Schlussfolgerungen, S.58 f.; *Maurer* in: Deutscher Verkehrsgerichtstag, 56. Deutscher Verkehrsgerichtstag 2018, S.45; *Grävemeyer*, heise online v. 12.08.2020, https://www.heise.de/hintergrund/Pixelmuster-irritieren-die-KI-autonomer-Fahrzeuge-4852995.html, S.4 (16.08.23).

171 *Kleinschmidt/Wagner* in: Oppermann/Stender-Vorwachs, Autonomes Fahren, Kap. 1.1 Rn.28.

172 *Tadjine/Anoushirvan/Eugen/Schule* in: SAE-China/FISITA, Proceedings of the FISITA 2012 World Automotive Congress: Volume 9: Automotive Safety Technology, S.508; vgl. auch *Greis*, golem.de v. 29.08.2020, https://www.golem.de/news/autonomes-fahren-die-neue-s-klasse-uebernimmt-im-stau-das-lenkrad-2008-150544.html (16.08.23).

173 *Hart/Hart/Heerwagen*, ATZ 2019, 22 (23).

174 *Darms* in: Winner/Hakuli/Lotz/Singer, Handbuch Fahrerassistenzsysteme, S.440; *Becher/Gerres/Altenburg u.a.*, Automatisiert. Vernetzt. Elektrisch., S.11; vgl. *Maurer* in: Deutscher Verkehrsgerichtstag, 56. Deutscher Verkehrsgerichtstag 2018, S.45.

175 *Meyer/Harland*, CR 2007, 689 (690).

176 *Cacilo u.a.*, Hochautomatisiertes Fahren auf Autobahnen – industriepolitische Schlussfolgerungen, S.60; *Hart/Hart/Heerwagen*, ATZ 2019, 22 (23).

terschiedlichen Wellenlängen des Licht- und akustischen Spektrums überwacht werden.[177]

2.4.8 Steuergeräte

Steuergeräte sind zwar keine Sensoren, aber dennoch eine wichtige Verarbeitungskomponente, die die Sensordaten vereint, aufbereitet und letztlich in eine Handlungsanweisung übersetzt. Steuergeräte sind darauf ausgelegt, die komplizierten und ressourcenverbrauchenden Rechenleistungen, wie die Merkmalsextraktion oder Sensorfusion, durchzuführen. Die auf den Steuergeräten befindliche Software ist die Schnittstelle zwischen Sensor, Steuereinheit und Aktorik und übersetzt die Sensorrohdaten in konkrete Steuermanöver.[178] Die Steuergeräte sind folglich essentieller Bestandteil der Umfeldsensorik und der gesamten Sensorverarbeitung für das hochautomatisierte Fahren.

Aktuell übermitteln Fahrerassistenzsysteme Daten durch die Vernetzung und Kommunikation mehrerer Steuergeräte.[179] Sie kommunizieren über Feldbussysteme (zum Beispiel dem CAN-Bus) miteinander[180]. Für die Zukunft zeichnet sich ab, dass ein zentrales Steuergerät speziell die Verarbeitung von Sensorrohdaten übernehmen wird[181], sodass eine Übermittlung an andere Steuergeräte nicht mehr erfolgt.

Steuergeräte sind mit Mini-Computern vergleichbar, bestehend aus einer Central Processing Unit (CPU), einem Arbeitsspeicher und einem persistenten Langzeitspeicher[182].

Anders als beim persistenten Speicher werden die Daten beim Arbeitsspeicher zunächst nur flüchtig gespeichert. Die Daten werden also gelöscht, sobald die Spannungsversorgung getrennt wird bzw. die Zündung des Fahr-

---

177 *Johanning/Mildner*, Car IT kompakt: das Auto der Zukunft – vernetzt und autonom fahren, S. 63.

178 *Cacilo u. a.*, Hochautomatisiertes Fahren auf Autobahnen – industriepolitische Schlussfolgerungen, S. 47, 71; *Asaj*, Process-oriented Privacy Analysis and Concepts in the Automotive Domain, S. 42.

179 *Cacilo u. a.*, Hochautomatisiertes Fahren auf Autobahnen – industriepolitische Schlussfolgerungen, S. 70 f.; *Asaj*, Process-oriented Privacy Analysis and Concepts in the Automotive Domain, S. 42 f.

180 *Wolf/Osterhues* in: Siebenpfeiffer, Vernetztes Automobil, S. 118; *Punke/Menzel/Werthessen/Stache/Höpfl* in: Winner/Hakuli/Lotz/Singer, Handbuch Fahrerassistenzsysteme, S. 363.

181 *Cacilo u. a.*, Hochautomatisiertes Fahren auf Autobahnen – industriepolitische Schlussfolgerungen, S. 71; *Johanning/Mildner*, Car IT kompakt: das Auto der Zukunft – vernetzt und autonom fahren, S. 63.

182 *Wolf/Osterhues* in: Siebenpfeiffer, Vernetztes Automobil, S. 118.

zeugs ausgeschaltet wird[183] oder die Daten durch vorgegebene Löschzyklen automatisch gelöscht oder überschrieben werden.

Da manche Daten aber nicht nur flüchtig, sondern auf einem persistenten Speicher (zum Beispiel für die Weiterentwicklung) verarbeitet werden sollen, hat der Hersteller die Möglichkeit, für solchen Szenarien eine punktuelle Speicherung zu definieren[184].

2.4.9 Zwischenergebnis

Umfeldsensoren sind die Grundlage für das hochautomatisierte Fahren, da sie ein detailliertes Abbild des Umfelds erfassen. Jeder Sensor hat seine Stärken und Schwächen. Durch die Kombination der Sensoren im Rahmen der Sensorfusion können aber Stärken kombiniert und Schwächen kompensiert werden[185]. Hierbei nehmen die Steuergeräte eine wichtige Funktion ein, denn sie führen die Verarbeitung der Sensorinformation durch und wandeln die Signale in Handlungsanweisungen um. Dadurch wird Datenmaterial in hohem Umfang erhoben.

Bei den Umfeldsensoren spielt der Kamerasensor eine besondere Rolle. Er ist der Sensor, der die Erkennung von Objekten und deren Klassifizierung ermöglicht. Dies macht ihn nicht nur zu dem Sensor, der die höchste Datendichte generiert, sondern auch zu einem unabdingbaren Sensor. Eben diese beiden Eigenschaften machen den Kamerasensor auch für die datenschutzrechtliche Betrachtung besonders: Er hat aufgrund seiner hohen Datendichte das höchste Potential, Menschen des Umfelds zu klassifizieren. Mit Hilfe von anderen Sensordaten, wie dem Standort oder Informationen des Lidarsensors, könnten detaillierte Zusatzinformationen gesammelt werden, die gegebenenfalls auch weitere Rückschlüsse auf eine Person geben können.

Gleichzeitig wird aber auch deutlich, dass der Kamerasensor nicht abgeschafft werden kann, da sonst die Erkennung und Klassifizierung der Objekte nicht mehr funktioniert. Insofern festigt dies den Sachverhalt, dass der Kamerasensor der maßgebliche „Datenlieferant" bei der Umfelderfassung ist.

---

183 *Bönninger* in: Deutscher Verkehrsgerichtstag, 52. Deutscher Verkehrsgerichtstag 2014, S.235f.; *Bönninger*, ZfSch 2014, 184 (187); *Schlamp*, InTer 2018, 116 (122).

184 Dazu ausführlich in 2.6; *Bönninger* in: Deutscher Verkehrsgerichtstag, 52. Deutscher Verkehrsgerichtstag 2014, S.235f.; vgl. *Bönninger*, ZfSch 2014, 184 (187); *Kremer*, RDV 2014, 240 (243); *Krauß/Waidner*, DuD 2015, 383 (385); *Mielchen* in: Deutscher Verkehrsgerichtstag, 52. Deutscher Verkehrsgerichtstag 2014, S.244.

185 *Maurer* in: Deutscher Verkehrsgerichtstag, 56. Deutscher Verkehrsgerichtstag 2018, S.45.

2.5 Vorgang der visuellen Umfelderfassung (Echtzeitverarbeitung)

Um die Reichweite der datenschutzrechtlichen Implikationen beim hochautomatisierten Fahren bestimmen zu können, müssen zunächst die informationstechnischen Grundlagen der Umfelderfassung erläutert werden[186]. Hierbei muss insbesondere betrachtet werden, *wie* das Umfeld visuell erfasst und ausgewertet wird. Primär wird hierbei die Verarbeitung durch den Kamerasensor betrachtet, da dieser die meisten (datenschutzrechtlich relevanten) Informationen in hoher Detailtiefe erfasst. Daneben unterstützen aber auch die vorgenannten Umfeldsensoren. Denn durch sie lässt sich das Umfeld mehrere hundert Meter erfassen.

Vorab muss allerdings angemerkt werden, dass es weder eine ausgereifte, noch einheitliche Gesamtarchitektur der funktionalen Systeme gibt und sich das (hoch)automatisierte Fahrsystem noch in der Entwicklung befindet.[187] Es gibt aber grundlegende Schritte für die Umfelderfassung (siehe Abb. 6): Zunächst werden Bilder erfasst und auf die nächsten Schritte vorbereitet (Schritt 1). Aus diesen erfassten Bildern wird ein Umfeldmodell erstellt, das alle relevanten Verkehrsobjekte um das Fahrzeug repräsentiert. Dadurch kann das Fahrzeug Objekte sehen beziehungsweise erkennen (Schritt 2). In Schritt 3 erfolgt die Interpretation, um ein Situationsverständnis zu erstellen, sodass in Schritt 4 das errechnete Fahrmanöver ausgeführt werden kann.

Bei der Umfelderfassung handelt es sich um eine Echtzeitverarbeitung. Das bedeutet, dass die Verarbeitung ohne Verzögerung stattfinden soll, sodass die Schritte der Umfelderfassung binnen Millisekunden in Fahrmanöver umgesetzt werden können. Charakteristisch für die Umfelderfassung/Echt-

---

186 Da die konkrete Funktionsweise nicht in allen technischen Details veröffentlicht ist beziehungsweise im Detail auch zwischen den Automobilherstellern unterschiedlich ausgestaltet sein kann, wird auf der Grundlage allgemein bekannter Methoden gearbeitet, die im Folgenden näher erläutert werden. Dabei ist es nicht das Ziel, eine technisch detaillierte Abbildung der Funktionsweise wiederzugeben, weshalb bspw. von technischen Details oder technischen Problemen (vgl. dazu zu den Unsicherheitsdomänen bei der Umfeldmodellerstellung von *Dietmayer* in: Maurer/Gerdes/Lenz/ Winner, Autonomes Fahren: Technische, rechtliche und gesellschaftliche Aspekte, S. 425) abgesehen wird.

187 Bei der Echtzeitverarbeitung sind die Schritte fließend, teilweise überschneiden sie sich. Eine „starre" Abgrenzung wie in diesem Abschnitt dient lediglich zur Veranschaulichung. Je nach Datenverarbeitungszweck und Methode können Übersichten zum maschinellen Sehen auch anders beschrieben werden. Die Übersicht für diese Arbeit beschreibt die wichtigsten Punkte, die auch hinsichtlich der datenschutzrechtlichen Bewertung relevant sind; vgl. auch *Karg/Scharfenberger* in: Pedrycz/Chen, Development and Analysis of Deep Learning Architectures, S. 138; *Kunnert* in: Eisenberger/Lachmayer/Eisenberger, Autonomes Fahren und Recht, S. 174.

zeitverarbeitung ist dabei die lokale Verarbeitung bzw. Zwischenspeicherung, bei der keine Übermittlung an das Backend stattfindet und zeitnah gelöscht wird.

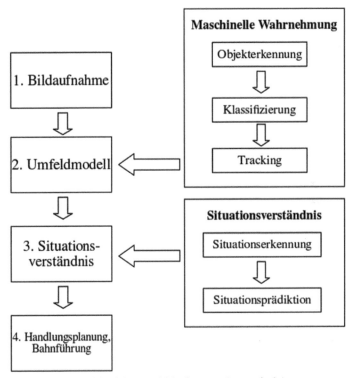

Abb. 6 Schematischer Ablauf der Umfelderfassung (vereinfacht)

2.5.1 Schritt 1: Bildaufnahme mit Bildaufnahmeregelung

Die Bildaufnahme des Fahrzeugumfelds erfolgt durch mehrere Kameramodule, die am Fahrzeug angebracht sind.[188] Dafür wird das abgestrahlte Licht von Objekten in der Umgebung reflektiert[189] und auf den Bildsensor projiziert. Die Pixel des Bildsensors wandeln Photonen in ein elektronisches

---

188 *Punke/Menzel/Werthessen/Stache/Höpfl* in: Winner/Hakuli/Lotz/Singer, Handbuch Fahrerassistenzsysteme, S. 362.

189 *Dalbah/Wahl* in: Verein Deutscher Ingenieure, Fahrerassistenz und Integrierte Sicherheit (VDI-Berichte 2223), S. 125.

Ausgangssignal um, das durch eine Prozessoreinheit verarbeitet wird.[190] Dadurch entsteht das Rohbild, das klar erkennbare Objekte, wie zum Beispiel Straßenverkehrsteilnehmer, abbildet (Abb. 7).

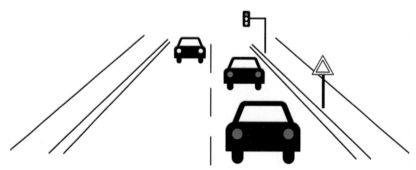

Abb. 7: Abbildung eines Verkehrsszenarios

Die Aufnahmequalität in diesem Schritt ist essentiell, da die erfassten Informationen ausschlaggebend für die weitere Verarbeitung sind.[191] Fehlen wichtige Informationen, können diese nicht in den weiteren Verarbeitungsprozess gelangen und somit unter Umständen zu einer falschen Interpretation und Entscheidung führen[192].

Dieser Prozess wird durch die Bildaufnahmeregelung unterstützt: Sie stellt die für die Umgebung optimalen Bildparameter ein, damit ein auswertbares Bild in allen Szenerien entsteht. Beispielhaft für eine typische Bildaufnahmeregelung ist die Belichtungssteuerung, die dafür sorgt, dass in dunklen Bildbereichen noch Strukturen zu erkennen sind, die hellen Bildbereiche aber nicht gesättigt sind.[193]

2.5.2 Schritt 2: Umfeldmodell (Wahrnehmung)

Das Umfeldmodell wird aus den drei Teilschritten der Objekterkennung, Klassifizierung und des Trackings (dazu sogleich) gebildet. Es besteht unter anderem aus dem Straßenmodell, statischen und dynamischen Objekten, Freiräumen, geokodierten Daten, der Eigenlokalisierung des Fahrzeugs, Positionsdaten und weiteren Informationen, zum Beispiel, ob sich ein Objekt

---

190 *Punke/Menzel/Werthessen/Stache/Höpfl* in: Winner/Hakuli/Lotz/Singer, Handbuch Fahrerassistenzsysteme, S. 352.
191 Vgl. *Papp* in: Eskandarian, Handbook of Intelligent Vehicles, S. 64.
192 Ausführlich dazu unter 2.5.6.
193 *Punke/Menzel/Werthessen/Stache/Höpfl* in: Winner/Hakuli/Lotz/Singer, Handbuch Fahrerassistenzsysteme, S. 362 f.

bewegt oder nicht.[194] Das Modell wird fortlaufend aktualisiert, da es das Umfeld in Echtzeit repräsentieren soll.[195] Die für das hochautomatisierte Fahren relevanten Objekte und Strukturelemente sind abhängig von der zu bewältigenden Fahraufgabe und ihrer Komplexität: Einfache Autobahnszenarien sind weniger komplex als Szenarien des innerstädtischen Verkehrs, bei denen folglich höhere Anforderungen an die Wahrnehmungsleistung gestellt werden müssen.[196]

Das Umfeldmodell dient dabei als eine Zwischenstufe der Signalverarbeitung, mit der aufbereitete Sensordaten in ein Modell überführt werden, auf dem die weiterführenden Schritte aufbauen.

2.5.2.1 Vorverarbeitung und Merkmalsextraktion

Der Merkmalsextraktion geht zuerst noch die sog. Bildvorverarbeitung voraus. Hier werden zunächst unvermeidliche Fehler reduziert und Bildsignale anwendungs- und sensorspezifisch vor- und aufbereitet. Irrelevante und störende Informationen werden entfernt, die relevanten Informationen werden zusätzlich mithilfe verschiedener Operationen verbessert.[197] Das kann zum Beispiel das Entfernen von Schatten, die Ausblendung des Hintergrunds oder das Verstärken der Objektränder sein[198].

Nach Korrektur und Aufbereitung des Bildsignals im Rahmen der Vorverarbeitung können relevante Merkmale extrahiert werden. Merkmale können als „lokal beschränkte, aussagekräftige Teile eines Bildes, die eine symbolische oder empirische Beschreibung von Eigenschaften des Bildes oder eines im Bild enthaltenen Objektes liefern"[199], beschrieben werden. Merkmale sind also abgeleitete Informationen.

Die Extraktion relevanter Merkmale ist kein Zwischenschritt im engeren Sinne, sondern der abstrahierte Begriff unterschiedlicher Methoden zur Da-

---

194 *Giesler/Kunath/Labella/Reichel* in: Verein Deutscher Ingenieure, 17. Internationaler Kongress ELIV 2015 (VDI-Berichte 2249), S. 392; vgl. auch *Dietmayer* in: Maurer/ Gerdes/Lenz/Winner, Autonomes Fahren: Technische, rechtliche und gesellschaftliche Aspekte, S. 424.

195 *Dietmayer* in: Maurer/Gerdes/Lenz/Winner, Autonomes Fahren: Technische, rechtliche und gesellschaftliche Aspekte, S. 424.

196 *Dietmayer* in: Maurer/Gerdes/Lenz/Winner, Autonomes Fahren: Technische, rechtliche und gesellschaftliche Aspekte, S. 424.

197 *Stiller/Bachmann/Geiger* in: Winner/Hakuli/Lotz/Singer, Handbuch Fahrerassistenzsysteme, S. 372 f.

198 *Baran/Rusc/Fornalski*, Multimed. Tools Appl. 2016, 10471 (10473).

199 *Stiller/Bachmann/Geiger* in: Winner/Hakuli/Lotz/Singer, Handbuch Fahrerassistenzsysteme, S. 374.

tenreduktion[200]. Das Ziel jeder Merkmalsextraktion besteht darin, die für die jeweilige Fahraufgabe nötige strukturelle Eigenschaft aus der umfangreichen Bildinformation hervorzuheben. Irrelevante Informationen des Bildes werden herausgefiltert, sodass die Verarbeitungsmenge erheblich reduziert wird.[201] Die Rohdatenrate einer Stereokamera liegt bei über 1 GBit/s, weshalb die Extraktion der Merkmale zwingend notwendig ist, um die Daten weiterzuverarbeiten[202].

Eine geläufige Methode zur Extraktion von Merkmalen besteht zum Beispiel darin, Kanten oder Ecken zu extrahieren[203]. Andere Ansätze sehen eine Segmentierung der Merkmale, zum Beispiel in Farben, vor[204]. Eine solche Diversität der Extraktionsmethoden ist deshalb erforderlich, weil die Merkmale dynamischer Objekte (zum Beispiel Fußgänger) einer anderen „Extraktionsmethodik" als statischer Objekte (zum Beispiel ein Straßenschild) bedürfen.

Sofern mehrere Kameras beziehungsweise weitere Umfeldsensoren eingesetzt werden, können die Informationen der verschiedenen Sensoren an diesem Prozessschritt fusioniert werden. Dazu kann noch weiteres Wissen (zum Beispiel Informationen aus der hochgenauen digitalen Karte) herangezogen werden.[205]

Nach der Merkmalsextraktion wird kein Rohmaterial mehr verarbeitet, sondern nur noch Merkmale[206], die eine Art schematische Repräsentanten der anderen Verkehrsteilnehmer darstellen[207]. Das Rohmaterial soll gelöscht beziehungsweise überschrieben werden[208].

---

200 *Stiller/Bachmann/Geiger* in: Winner/Hakuli/Lotz/Singer, Handbuch Fahrerassistenzsysteme, S. 374; *Elias*, Vorausschauende Fahrzeugsensorik mit photonic mixer device und Videokamera für den aktiven Fußgängerschutz, S. 63.

201 *Stiller/Bachmann/Geiger* in: Winner/Hakuli/Lotz/Singer, Handbuch Fahrerassistenzsysteme, S. 374.

202 *Röder* in: Verein Deutscher Ingenieure, 17. Internationaler Kongress ELIV 2015 (VDI-Berichte 2249), S. 619.

203 *Stiller/Bachmann/Geiger* in: Winner/Hakuli/Lotz/Singer, Handbuch Fahrerassistenzsysteme, S. 374.

204 So bereits *Pla/Sanchiz/Marchant/Brivot*, Image Vis. Comput. 1997, 465 (466).

205 *Cacilo u. a.*, Hochautomatisiertes Fahren auf Autobahnen – industriepolitische Schlussfolgerungen; *Dietmayer* in: Maurer/Gerdes/Lenz/Winner, Autonomes Fahren: Technische, rechtliche und gesellschaftliche Aspekte, S. 420, 424.

206 *Stiller/Bachmann/Geiger* in: Winner/Hakuli/Lotz/Singer, Handbuch Fahrerassistenzsysteme, S. 392.

207 *Roßnagel*, DuD 2015, 353 (354).

208 Siehe auch die technischen Ausführungen in 2.4.8; *Lutz*, DAR 2019, 125 (125); *Schlamp*, InTer 2018, 116 (122).

2.5.2.2 Objekterkennung

Durch die Merkmalsextraktion können die Merkmale dynamischer und statischer Objekte erkannt und physikalisch vermessen werden. Diese physikalischen Messdaten werden oft als Quadermodell mit Länge, Breite, Höhe sowie Relation zum eigenen Fahrzeug dargestellt (siehe Abb. 8). Bei dynamischen Objekten werden im Umfeldmodell die Objektgeschwindigkeiten und -beschleunigungen erfasst.[209]

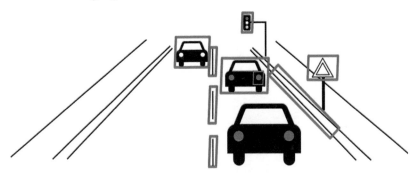

Abb. 8: Verkehrsszenario mit beispielhaftem Quadermodell zur Erkennung von Objekten[210]

Ziel bei der Objekterkennung ist die Suche nach stabilen Gruppen von Merkmalen, die mögliche zu erkennende Objekte beschreiben (Objektkandidaten). Auf Basis der erkannten, physikalischen Größen können anschließend Objekte klassifiziert werden.

2.5.2.3 Klassifizierung

Bei der Klassifizierung wird den Merkmalen eine semantische Bedeutung zugeordnet.[211] Der Mensch interpretiert und klassifiziert Informationen überwiegend durch bereits vorhandenes Wissen. Er kann daher auch ähnliche Objekte wie Felsbrocken oder Grasbüschel voneinander unterscheiden. Das Fahrzeug beziehungsweise die Algorithmen, die für die Klassifizierung eingesetzt werden, können dies nicht ohne vorheriges Training.[212] Schließ-

---

209 *Dietmayer* in: Maurer/Gerdes/Lenz/Winner, Autonomes Fahren: Technische, rechtliche und gesellschaftliche Aspekte, S. 422.

210 Hierbei handelt es sich aber nicht um die Repräsentation des Computermodells, sondern um eine Visualisierung zur Verdeutlichung der Vorgehensweise.

211 *Dietmayer* in: Maurer/Gerdes/Lenz/Winner, Autonomes Fahren: Technische, rechtliche und gesellschaftliche Aspekte, S. 423.

212 *Kleinschmidt/Wagner* in: Oppermann/Stender-Vorwachs, Autonomes Fahren, Kap. 1.1 Rn. 29.

lich müssen Informationen und die daraus resultierende Handlungsplanung je nach Objektklasse anders behandelt werden: Ein Verkehrsschild löst andere Fahrmanöver aus als ein auf die Straße laufendes Kind.

Da die Klassifizierung sehr komplex ist und heute noch nicht zuverlässig arbeitet, können zusätzlich Informationen aus der hochgenauen digitalen Karte verwendet werden. Diese enthält bereits klassifizierte Objekte, deren Vorhandensein durch die Sensoren abgeglichen wird.[213]

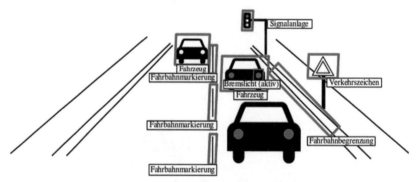

Abb. 9: Verkehrsszenario mit beispielhafter Klassifizierung

2.5.2.4 Tracking (zeitliche Verfolgung von Merkmalen)

Das Tracking (engl. zeitliche Verfolgung) bezeichnet das optische Verfolgen von extrahierten Objektmerkmalen in einer Szenenkonstellation über mehrere Zeitschritte hinweg.[214] Dazu werden Bildinformationen schritthaltend akkumuliert und stabilisiert, ohne vergangene Bilder langfristig zu speichern oder gar verarbeiten zu müssen.[215] Bereits erkannte Merkmale werden auf ihre Veränderungen überprüft und deren zukünftige Positionen eingeschätzt[216].

Ziel dabei ist die Wiedergabe der Objektbewegung und der dadurch entstehende Aufbau einer Merkmalshistorie des Objekts.[217] Diese spielt bei der Prädiktion eine wichtige Rolle. Denn erst durch die Verfolgung der Merk-

---

213 Ausführlich dazu unter 2.4.6.2.
214 *Lindl*, Tracking von Verkehrsteilnehmern im Kontext von Multisensorsystemen, S. 24.
215 *Stiller/Bachmann/Geiger* in: Winner/Hakuli/Lotz/Singer, Handbuch Fahrerassistenz-systeme, S. 392.
216 Vgl. *Lindl*, Tracking von Verkehrsteilnehmern im Kontext von Multisensorsystemen, S. 75.
217 *Lindl*, Tracking von Verkehrsteilnehmern im Kontext von Multisensorsystemen, S. 75; vgl. *Dietmayer* in: Maurer/Gerdes/Lenz/Winner, Autonomes Fahren: Technische, rechtliche und gesellschaftliche Aspekte, S. 421.

male über einen bestimmten Zeitraum werden Verhaltensweisen erkennbar, woraus Abschätzungen vorgenommen werden können[218]. Beziehungsweise kann durch die gezielte Merkmalsvorhersage auch auf störende Faktoren (zum Beispiel Verdeckungen) entsprechend reagiert werden[219]. Detektierte Merkmale werden folglich nicht nur extrahiert, sondern unter ständiger Beobachtung auf Veränderungen verfolgt.

2.5.3 Schritt 3: Situationsverständnis (Interpretation)

Der dritte Schritt bei der Verarbeitung der Sensorinformation ist die Erstellung eines Situationsverständnisses beziehungsweise eines Situationsmodells. Das Umfeldmodell (Schritt 2) stellt lediglich dar, *welche* Objekte inklusive ihrer Klassifizierung sich im Umfeld befinden. Das Situationsmodell stellt Zusammenhänge und Relation der im Umfeldmodell wahrgenommenen Objekte her.[220] Erst in diesem Schritt kann zum Beispiel ein Fahrzeug einer Fahrspur zugeordnet werden oder eine Kollisionsgefahr zwischen zwei Objekten errechnet werden.[221]

Beim Szenenverständnis müssen folglich Informationen interpretiert werden, um der Aktorik bei der Handlungsausführung die richtigen Informationen zu übermitteln.

Die Bewertung des Situationsverständnisses erfolgt in den zwei Teilschritten der Situationserkennung und -prädiktion[222].

Bei der *Situationserkennung* werden die Einzelkomponenten aus dem Umfeldmodell in Beziehung zueinander gesetzt, woraus ein maschinelles Szenenverständnis errechnet wird.[223]

Nach der *Situationserkennung* werden zeitliche Entwicklungen der Szene im Rahmen der *Situationsprädiktion* und die Eintrittswahrscheinlichkeit vorausberechnet.[224] Bei dieser Prädiktion werden Abschätzungen vorge-

---

218 *Cacilo u.a.*, Hochautomatisiertes Fahren auf Autobahnen – industriepolitische Schlussfolgerungen, S. 70.

219 *Dickmanns* in: Maurer/Stiller, Fahrerassistenzsysteme mit maschineller Wahrnehmung, S. 214; *Lindl*, Tracking von Verkehrsteilnehmern im Kontext von Multisensorsystemen, S. 75.

220 *Dietmayer* in: Maurer/Gerdes/Lenz/Winner, Autonomes Fahren: Technische, rechtliche und gesellschaftliche Aspekte, S. 421.

221 *Schubert* in: Siebenpfeiffer, Vernetztes Automobil, S. 48.

222 *Dietmayer* in: Maurer/Gerdes/Lenz/Winner, Autonomes Fahren: Technische, rechtliche und gesellschaftliche Aspekte, S. 420 f.

223 *Dietmayer* in: Maurer/Gerdes/Lenz/Winner, Autonomes Fahren: Technische, rechtliche und gesellschaftliche Aspekte, S. 421.

224 *Dietmayer* in: Maurer/Gerdes/Lenz/Winner, Autonomes Fahren: Technische, rechtliche und gesellschaftliche Aspekte, S. 421, 434.

nommen, wie sich die vorliegende Situation in Zukunft möglicherweise verändern kann, wobei diese Voraussicht aufgrund nicht vorhersehbarer Ereignisse im Straßenverkehr ca. bis zu 2-3 Sekunden möglich ist[225]. Daraus wird aus den möglichen Handlungen die für die Situation Sicherste und Effizienteste ausgewählt.[226] Respektive soll das Fahrzeug mittels der Prädiktion bereits einen (möglichen) Unfall errechnen können und entsprechend handeln[227]. Die vom Fahrzeug ausgeführten Entscheidungen beruhen folglich nicht nur auf präsenten Echtzeitinformationen, sondern auch auf zukünftig eintretenden Möglichkeiten[228]. Darum ist auch das Tracking aus dem vorherigen Schritt essentiell: Es ist Voraussetzung zur Bildung der Merkmalshistorie und damit eine Voraussetzung der Prädiktion. Denn eine akkurate Situationsprädiktion erfordert die Bildung einer Merkmalshistorie und die ständige Aktualisierung durch das Tracking.

Nach Erstellung des Umfeldmodells und Erwerb eines ausreichenden Szenenverständnisses kann das System entscheiden, welche Handlung ausgeführt werden soll (siehe Schritt 4).

2.5.4 Schritt 4: Handlungsplanung und Bahnführung

Basierend auf den Informationen aus dem ermittelten Situationsverständnis kann eine Entscheidung beziehungsweise Handlungsplanung, zum Beispiel das Ausweichen eines Hindernisses, ausgeführt werden.[229] Die Komplexität der Handlungsplanungsentscheidung hängt von der Fahraufgabe ab: Bei einer Autobahnfahrt müssen in der Regel weniger komplexe Entscheidungen getroffen werden als in der Stadt, wo unter anderem ein hohes Verkehrsaufkommen, eine uneinheitliche Straßenführung und verschiedene Straßenverkehrsteilnehmer die Komplexität der Entscheidungen erhöhen.[230] Zusätzlich ergeben sich im urbanen Gebiet zahlreiche Sonderfälle, die einer spezifi-

---

225 *Dietmayer* in: Maurer/Gerdes/Lenz/Winner, Autonomes Fahren: Technische, rechtliche und gesellschaftliche Aspekte, S. 421, 434.

226 *Cacilo u. a.*, Hochautomatisiertes Fahren auf Autobahnen – industriepolitische Schlussfolgerungen, S. 70.

227 *Schramm/Roth/Stoll/Widmann* in: Eskandarian, Handbook of Intelligent Vehicles, S. 802; *Johanning/Mildner*, Car IT kompakt: das Auto der Zukunft – vernetzt und autonom fahren, S. 66.

228 Vgl. *Papp* in: Eskandarian, Handbook of Intelligent Vehicles, S. 65.

229 *Dietmayer* in: Maurer/Gerdes/Lenz/Winner, Autonomes Fahren: Technische, rechtliche und gesellschaftliche Aspekte, S. 421.

230 *Johanning/Mildner*, Car IT kompakt: das Auto der Zukunft – vernetzt und autonom fahren, S. 66.

schen Trajektorie bedürfen, zum Beispiel eine plötzliche Straßenverengung oder auf der Straße parkende Fahrzeuge.[231]

Ist die Entscheidung getroffen und die Handlung geplant, wird dies an das Steuergerät mit dem für die Ausführung relevanten System geleitet, welches das Manöver einleitet[232].

2.5.5 Zwischenergebnis

Für die Umfelderfassung soll das Umfeld lückenlos erfasst werden. Dazu werden zunächst Rohinformationen erfasst. Um ein Umfeldmodell zu erstellen, werden Merkmale extrahiert, erkannt und klassifiziert. Als Informationsquellen können dafür die Umfeldsensoren, aber auch die Daten aus den Ortungssystemen dienen. Alle Informationen werden im Umfeldmodell fusioniert, sodass das Fahrzeug das aktuelle Verkehrsgeschehen „sieht". Wie auch der menschliche Fahrer interpretiert das Fahrzeug im Rahmen des Szenenverständnisses die Verkehrslage. Anders als der menschliche Fahrer prädiziert das Fahrzeug die Fahrsituation für wenige Sekunden im Voraus und plant damit das Fahrmanöver. Diese Planung wird intern an die Fahrzeugaktorik übermittelt, die das Fahrmanöver ausführt.

2.5.6 Anforderungen an das Sensordatenmaterial

Weder in der juristischen noch in der technischen Literatur gibt es bisher regulierte Vorgaben, welchen Anforderungen die Datenqualität für das hochautomatisierte Fahren entsprechen soll.

Zwar gibt § 1a Abs. 2 StVG Vorgaben über die technische Ausrüstung hoch- und vollautomatisierter Fahrzeuge, allerdings beziehen sich diese nicht auf die Datenqualität. Die Vorgaben des § 1a Satz 2 StVG beziehen sich vielmehr auf Systemfunktionalitäten, zum Beispiel, dass die Quer- und Längsführung übernommen werden muss oder die Notwendigkeit einer ausreichenden Zeitreserve für die Übernahme besteht.

In der technischen Literatur gilt hinsichtlich der Anforderungen an verwertbares Datenmaterial von (Kamera)Sensoren[233], dass es idealerweise quali-

---

231 *Johanning/Mildner*, Car IT kompakt: das Auto der Zukunft – vernetzt und autonom fahren, S. 66; *Lapoehn/Foupi/Löper/Knake-Lanhorst/Hesse* in: Verein Deutscher Ingenieure, 32. VDI/VW-Gemeinschaftstagung Fahrerassistenz und automatisiertes Fahren (VDI-Berichte 2288), S. 185 f.

232 Vgl. *Dietmayer* in: Maurer/Gerdes/Lenz/Winner, Autonomes Fahren: Technische, rechtliche und gesellschaftliche Aspekte, S. 420.

233 Da der Schwerpunkt dieser Arbeit auf der datenschutzrechtlichen Analyse liegt, werden im Folgenden die dafür ausgewählten relevanten Faktoren erläutert. Technische

tativ hochwertig, also hochauflösend ist[234] und in großer Menge vorhanden sein soll[235]. Gleichzeitig muss das Material aber auch verwertbar sein, denn nur durch verwertbares Datenmaterial können Objekte erkannt und klassifiziert werden[236]. Um diese Ziele zu erreichen, muss folglich eine Vielzahl an Daten verarbeitet werden. Aus datenschutzrechtlicher Sicht ist fraglich, ob diese Fülle an benötigten Informationen, insbesondere im Lichte des Grundsatzes der Datenminimierung nach Art. 5 Abs. 1 lit. c DSGVO, legitim ist. Dennoch muss auch berücksichtigt werden, dass sich in der Vergangenheit bereits Unfälle ereigneten, die auf eine fehlerhafte Sensorinformation zurückzuführen waren[237]. Darum soll, auch in Vorbereitung auf die datenschutzrechtliche Würdigung der Umfelderfassung, erläutert werden, wozu die Vielzahl an Daten benötigt wird.

2.5.6.1 Erkennbarkeit

Der Algorithmus muss in der Lage sein, relevante Objekte für das Umfeldmodell zu erkennen, um die Merkmale extrahieren zu können. Dies kann nur dann geschehen, wenn die zur Extraktion erforderlichen Merkmale erkennbar sind[238]. Auch visuelle Beeinträchtigungen oder Verdeckungen (zum Beispiel Bekleidung) erschweren die Erkennung von Objekten[239]. Ebenfalls müssen die Informationen derart akkurat erfasst werden, dass die Pose eines Fußgängers erkannt werden kann, um die Bewegungsrichtung bestimmen zu können[240].

Betrachtungen, zum Beispiel optimale Temperaturbereiche für eine hochwertige Bildqualität, Anforderungen der Hardware, zum Beispiel Kompaktheit, Zuverlässigkeit oder Energieverbrauch von Kamerasensoren, oder wirtschaftliche Ausführungen, zum Beispiel Kosten-Nutzen-Bilanz der eingesetzten Sensoren, haben aber keine Auswirkungen auf die datenschutzrechtliche Analyse. Ausführlich dazu *Tadjine/Wehner/ Schule* in: Verein Deutscher Ingenieure, Optische Technologien in der Fahrzeugtechnik (VDI-Berichte 2154), S. 140 ff.

234 *Punke/Menzel/Werthessen/Stache/Höpfl* in: Winner/Hakuli/Lotz/Singer, Handbuch Fahrerassistenzsysteme, S. 351.

235 *Wollschläger*, Auto Tech Rev. 2016, 30 (32).

236 Ausführlich in 2.5.2.

237 Vgl. dazu den Überblick von *Kleinschmidt/Wagner* in: Oppermann/Stender-Vorwachs, Autonomes Fahren, Kap. 1.1 Rn. 7 ff.

238 *Schiele/Wojek* in: Winner/Hakuli/Lotz/Singer, Handbuch Fahrerassistenzsysteme, S. 422 für die Fußgängerdetektion.

239 *Schiele/Wojek* in: Winner/Hakuli/Lotz/Singer, Handbuch Fahrerassistenzsysteme, S. 422.

240 *Schiele/Wojek* in: Winner/Hakuli/Lotz/Singer, Handbuch Fahrerassistenzsysteme, S. 422. Vgl. auch *BMW*, Datenschutzhinweis (Stand April 2021), https://www.bmw. com/en/footer/data-processing-automated-vehicles/data-processing-automated-vehicles-de.html (16.08.23).

Bei der digitalen Bildverarbeitung im Straßenverkehr sind die Belichtungs-verhältnisse aufgrund des heterogenen Verkehrs nicht vorhersehbar oder beeinflussbar, obwohl insbesondere die Kamera auf optimale Beleuchtungs-verhältnisse angewiesen ist. Schlechte Belichtungsverhältnisse stellen somit weitere Hindernisse für die Datenverarbeitung dar, beziehungsweise auch weitere Qualitätsanforderungen für das Datenmaterial.

Beispielhaft zählen zu den Belichtungshindernissen:

– Dunkelheit: Bei zunehmender Dunkelheit sinkt auch die Bildqualität. Denn je kleiner die Pixel des Bildsensors werden, desto weniger Photonen werden absorbiert und desto schlechter ist das Signal-Rausch-Verhält-nis.[241]

– Große Helligkeitsunterschiede, die zum Beispiel bei Ein- und Ausfahrten von Tunneln auftreten. Dafür sind hohe Dynamikumfänge notwendig.[242]

– Schlechtes Wetter (Starkregen, Nebel, Schnee) verursacht auch für das menschliche Auge visuelle Beeinträchtigungen. Für Kameras gilt dassel-be, sodass sie robust gegen schlechte Wetter- und Sichtbedingungen sein müssen.[243]

Insbesondere bei beweglichen Kameraaufnahmen ergibt sich ferner die Schwierigkeit, dass die Objektvarianz sehr hoch ist und die Aufnahmen durch die Bewegung unpräzise sein können (zum Beispiel durch Verwi-schungen). Auch mit diesen Schwierigkeiten muss der Kamerasensor zu-rechtkommen, ggf. auch mittels weiterer Daten aus der Sensorfusion (siehe dazu in 2.4.7).

2.5.6.2 Hohe Reichweite und weiter Winkel

Um so früh wie möglich Vorhersagen über das Verkehrsgeschehen treffen zu können oder Fahrmanöver zu planen, müssen Sensoren eine hohe Reichwei-te erreichen[244]. In 10 Sekunden legt ein Fahrzeug bei einer Geschwindigkeit von 120 km/h ca. 333 Meter[245] zurück. Das heißt, die Umfeldsensoren, ins-

---

241 *Tadjine/Wehner/Schulze* in: Verein Deutscher Ingenieure, Optische Technologien in der Fahrzeugtechnik (VDI-Berichte 2154), S. 146.

242 *Punke/Menzel/Werthessen/Stache/Höpfl* in: Winner/Hakuli/Lotz/Singer, Handbuch Fahrerassistenzsysteme, S. 354 f.

243 *Schiele/Wojek* in: Winner/Hakuli/Lotz/Singer, Handbuch Fahrerassistenzsysteme, S. 422; vgl. auch *Kleinschmidt/Wagner* in: Oppermann/Stender-Vorwachs, Autonomes Fahren, Kap. 1.1 Rn. 28.

244 So zumindest für die Objekterkennung auf der Autobahn, siehe *Punke/Menzel/Wer-thessen/Stache/Höpfl* in: Winner/Hakuli/Lotz/Singer, Handbuch Fahrerassistenzsys-teme, S. 351.

245 Dies bemisst sich nach der Formel Strecke (in m) = Durchschnittsgeschwindigkeit in m/s × Zeit (in Sekunden). Strecke = 33,33 m/s × 10s = 333 m.

besondere die Frontsensoren, müssen 333 Meter vorausschauen können, um das Fahrmanöver in den nächsten 10 Sekunden planen zu können. Derzeitige Kameras erreichen für Nahaufnahmen, die für das hochautomatisierte Fahren erforderlich sind, etwa eine Reichweite von bis zu 50 – 60 Meter[246], Radarsensoren (mit der weitesten Reichweite) bis zu 250 Meter[247].

Andere Aufgaben, zum Beispiel die Fußgängerdetektion, benötigen nicht unbedingt Reichweite, sondern eine weiträumige, also weitwinklige, Erfassung[248]. Dadurch werden zwar mehr Daten erfasst, das Fahrzeug erhält aber auch mehr Informationen über die Situation.

2.5.6.3 Verarbeitung in Echtzeit

Grundsätzlich gilt, dass mit höherer Pixeldichte Objekte besser zu erkennen sind[249]. Allerdings ist eine zu hohe Qualität nicht zielführend, denn das Datenmaterial muss in Echtzeit verarbeitet werden können. Je höher die Auflösung eines Bildes, desto länger dauert die Extraktion[250]. Es müssen also nicht nur qualitativ hochwertige und quantitativ viele Daten verarbeitet werden; diese müssen zusätzlich auch in Echtzeit verarbeitet werden können.[251] Folglich ist eine hohe und zukünftig zunehmende Rechenleistung für die Bildverarbeitung notwendig[252].

2.5.6.4 Konsequenzen durch mangelhaftes Sensordatenmaterial

Aus den obigen Ausführungen wird deutlich, dass sehr unterschiedliche Szenarien vom hochautomatisierten Fahrzeug bewältigt werden müssen[253]. Die entscheidende Grundlage für alle hochautomatisierten Fahrfunktionen ist also eine vollständige und präzise Umfelderfassung und -interpretation[254].

---

246 *Becher/Gerres/Altenburg u. a.*, Automatisiert. Vernetzt. Elektrisch., S. 10; *Dietmayer* in: Maurer/Gerdes/Lenz/Winner, Autonomes Fahren: Technische, rechtliche und gesellschaftliche Aspekte, S. 422.

247 *Becher/Gerres/Altenburg u. a.*, Automatisiert. Vernetzt. Elektrisch., S. 10.

248 *Punke/Menzel/Werthessen/Stache/Höpfl* in: Winner/Hakuli/Lotz/Singer, Handbuch Fahrerassistenzsysteme, S. 351.

249 Vgl. für die Fußgängerdetektion *Schiele/Wojek* in: Winner/Hakuli/Lotz/Singer, Handbuch Fahrerassistenzsysteme, S. 422.

250 Siehe 2.5.2.1.

251 Dazu auch *Kleinschmidt/Wagner* in: Oppermann/Stender-Vorwachs, Autonomes Fahren, Kap. 1.1 Rn. 29.

252 *Lemmer*, Neue autoMobilität. Automatisierter Straßenverkehr der Zukunft, S. 48.

253 Vgl. auch *Marsiske*, heise online v. 12.06.2019, https://www.heise.de/newsticker/meldung/Intelligent-Vehicles-Fahre-automatisch-aber-vorsichtig-4444495.html (16.08.23).

254 *Grote/Rau* in: Verein Deutscher Ingenieure, Elektronik im Fahrzeug (VDI-Berichte 2188), S. 559.

Werden die Voraussetzungen eines akkuraten, detaillierten und verwertbaren Datenmaterials nicht erfüllt, können sich gravierende Konsequenzen daraus ergeben, zum Beispiel:

- Die fehlerhafte Umfelderfassung mit der Folge einer falschen Manöverplanung und -führung mit verschiedenen möglichen Unfallszenarien,
- der Fahrer wird zu spät zur Übernahme aufgefordert und kann nicht rechtzeitig mit einem manuellen Fahrmanöver reagieren,
- durch zu wenig redundantes Datenmaterial könnte eine Manipulation stattfinden. Forschungsprojekte zeigen, dass bspw. Verkehrszeichen manipuliert werden können, sodass die Bilderkennung Objekte falsch interpretiert[255].

Alle diese Folgen bergen auch Sicherheitsrisiken, die die Sicherheit des gesamten Straßenverkehrs beeinträchtigen können[256].

2.6 Weiterentwicklung nach Markteinführung

Bereits heute fahren Testfahrzeuge der Automobilhersteller auf den Straßen, um die Umgebung zu kartografieren und ferner, um Testmaterial für das (hoch)automatisierte Fahren zu sammeln[257]. Durch diese Testfahrten haben die Automobilhersteller bereits einige Daten, die für das Erlernen der Fahrmanöver genutzt werden, gespeichert.[258] Allerdings wird das bereits gesam-

---

255 Siehe beispielhaft *Pluta*, golem.de v. 07.08.2017, https://www.golem.de/news/maschinensehen-us-wissenschaftler-narren-autonom-fahrende-autos-1708-129349.html (16.08.23); *Donath*, golem.de v. 13.10.2020, https://www.golem.de/news/verkehrszeichen-eingeblendet-teslas-mit-digitalen-werbetafeln-ausgetrickst-2010-151478. html (16.08.23); *Grävemeyer*, heise online v. 12.08.2020, https://www.heise.de/hintergrund/Pixelmuster-irritieren-die-KI-autonomer-Fahrzeuge-4852995.html, S. 4 (16.08.23).

256 *Grävemeyer*, heise online v. 12.08.2020, https://www.heise.de/hintergrund/Pixelmuster-irritieren-die-KI-autonomer-Fahrzeuge-4852995.html, S. 4 (16.08.23).

257 Vgl. zum Beispiel *Deutsche Presse-Agentur*, t3n v. 04.04.2019, https://t3n.de/news/autonom-durch-die-city-vw-testet-selbstfahrende-autos-in-hamburg-1154447/ (16.08.23); *BMW*, Datenschutzhinweis (Stand April 2021), https://www.bmw.com/en/footer/data-processing-automated-vehicles/data-processing-automated-vehicles-de.html (16.08.23).

258 Laut Medienberichten soll der Automobilhersteller BMW jeden Tag 1,5 Petabyte durch die Testfahrzeuge erzeugen, siehe *Kunde*, golem.de v. 24.04.2019, https://www.golem.de/news/autonomes-fahren-nicht-ganz-allein-unterwegs-1904-140640.html (16.08.23); vgl. auch *Windpassinger/Voigt/Kraemer* in: Verein Deutscher Ingenieure, 32. VDI/VW-Gemeinschaftstagung Fahrerassistenz und automatisiertes Fahren (VDI-Berichte 2288), S. 374, die allgemein von „Petabytes an Videodaten" sprechen; vgl. auch *Volkswagen*, Datenschutzerklärung zur Videodatenaufzeichnung (Stand April 2021), https://www.volkswagen.de/de/mehr/rechtliches/datenschutz-erprobungsfahr-

melte Material und die dadurch bereits erlernten Szenarien nie alle Realsituationen des Straßenverkehrs abdecken[259]. Um diese Lücken zu füllen, sollen ausgewählte Szenarien aus den Kundenfahrzeugen für die Weiterentwicklung genutzt werden.[260] Denn je mehr Fahrsituationen das System kennt, desto sicherer bewegt sich das hochautomatisierte Fahrzeug[261].

Bei der hier vorgestellten Weiterentwicklung soll es sich folglich um eine funktionale Weiterentwicklung (der Sicherheit) handeln. Sie kann sich auf die Algorithmen respektive Software beziehen, aber auch auf die eingesetzte Hardware (zum Beispiel Verbesserung von Kamerasensoren, die durch eine bestimmte Lichtstrahlung zu empfindlich reagieren).

Produkte oder Dienstleistungen, die durch eine Datenauswertung mehr Komfort bieten oder dadurch personalisiert werden können, sind nicht Gegenstand dieser Betrachtung. Ebenfalls abzugrenzen ist die Datenspeicherung durch einen Unfalldaten- oder Ereignisspeicher. Hier erfolgt die Speicherung gesetzlich vorgegebener Daten, unter anderem nach § 63a StVG, die aus beweisrechtlichen Gründen erhoben werden, um zum Beispiel einen Unfall zu rekonstruieren oder nachzuweisen, dass (k)ein Fehler vom automatisierten Fahrsystem ausging.

Beim Vorgang der Weiterentwicklung ist es wahrscheinlich, dass das hochautomatisierte Fahrsystem nicht automatisiert weiterentwickelt wird, zum Beispiel durch künstliche Intelligenz, sondern vielmehr (menschliche) Entwickler die Daten auswerten[262]. Schließlich kommt bisher kein Algorithmus zum Einsatz, der das übermittelte Szenario bewältigen konnte, denn sonst müsste dieses Szenario nicht funktional weiterentwickelt werden. Bevor also automatische Lernsysteme in der Weiterentwicklung eingesetzt werden können, muss voraussichtlich zunächst ein Mensch die Situation verstehen, um einem automatischen Lernsystem, angenommen es funktioniert zuverlässig, das Szenario erlernen zu lassen.

---

ten.html (16.08.23) und *BMW*, Datenschutzhinweis (Stand April 2021), https://www.bmw.com/en/footer/data-processing-automated-vehicles/data-processing-automated-vehicles-de.html (16.08.23); *Audi*, Datenschutzhinweis Produktentwicklung und Erprobungen (Stand April 2021), https://www.audi.com/de/test-vehicle.html (16.08.23), in denen allgemein über die Datensammlung von Entwicklungsfahrzeugen informiert wird.

259 *Skruch/Długosz/Markiewicz*, A Formal Approach for the Verification of Control Systems in Autonomous Driving Applications, S. 179.

260 *Rannenberg* in: Maurer/Gerdes/Lenz/Winner, Autonomes Fahren: Technische, rechtliche und gesellschaftliche Aspekte, S. 523; vgl. auch *Hornung*, DuD 2015, 359 (360).

261 *Müller*, Tages-Anzeiger v. 30.04.2019, https://www.tagesanzeiger.ch/was-autos-ueber-ihre-fahrer-wissen-630850946827 (16.08.23).

262 Vgl. *Windpassinger/Voigt/Kraemer* in: Verein Deutscher Ingenieure, 32. VDI/VW-Gemeinschaftstagung Fahrerassistenz und automatisiertes Fahren (VDI-Berichte 2288), S. 374 für Testfahrzeuge.

Im Rahmen der Weiterentwicklung ist es wahrscheinlich, dass nicht die gesamte Fahrt aufgezeichnet und in das Backend übermittelt wird, sondern nur sequentielles Rohmaterial einer Fahrt[263]. Die Aufzeichnung und Übermittlung gesamter Fahrten erscheint zum jetzigen Zeitpunkt als unpraktikabel, da solche Aufnahmen oftmals über den Mobilfunk an den Automobilhersteller übertragen werden müssten. Zumindest das deutsche Mobilfunknetz scheint für diese Anforderung (immer noch) nicht bereit[264]. Dies deckt sich auch mit der aktuellen Praxis: Ein Automobilhersteller erfasst laut eigener Datenschutzerklärung, „kurze Videoaufnahmen" durch die Außenkameras, um das Umfeld (Straßenmarkierungen, Straßenschilder oder Ampelstellungen) zu erkennen.[265]

Im Lichte dieser Ausführungen wird daher als Arbeitshypothese angenommen, dass für die Weiterentwicklung sicherheitsrelevanter Funktionen zweckbezogene Sequenzen übermittelt und ausgewertet werden.

2.7 Fazit

Die Entwicklung der Fahrzeugautomatisierung zeigt, dass das hochautomatisierte Fahren in mehreren Entwicklungsschritten kommen wird. Bevor ein Fahrzeug zuverlässig hochautomatisiert fahren kann, müssen die Vorstufen gemeistert werden – das gilt insbesondere für die Informationsverarbeitung, die durch die Umfeldsensorik notwendig ist. In dieser Arbeit wird die 3. Automatisierungsstufe, die Hochautomatisierung, näher betrachtet. Sie zeichnet sich dadurch aus, dass das System die Längs- und Querführung in einem spezifischen Anwendungsfall übernimmt. Der Fahrer muss das System zwar nicht dauerhaft überwachen, aber er muss in der Lage sein, innerhalb einer ausreichenden Zeitreserve die Steuerung wieder zu übernehmen. Betrachtet man die Stufen der Automatisierung, kann man auch erkennen, dass die

---

263 Siehe dazu auch die Datenschutzerklärung von Tesla, nach der „Bilder oder kurze Videoaufnahmen" für die Weiterentwicklung genutzt werden, *Tesla*, Datenschutzerklärung (Stand April 2021), https://www.tesla.com/de_DE/about/legal#from-vehicle (16.08.23). Ebenso wird aus der Auswertung eines Unfalls mit einem selbstfahrenden Fahrzeug deutlich, dass das Sensorrohmaterial eine wichtige Rolle bei der Analyse eines Unfalls spielen kann, siehe dazu *National Transportation Safety Board*, Preliminary Report Highway: HWY18MH010 – Executive Summary, https://www.ntsb.gov/ investigations/Pages/HWY18MH010.aspx (16.08.23).

264 *Bleses*, Pflege 2019, 291 (291); *Forkel/Seidenberg/Pabst*, 5G National Roaming, S. 6; *Lobo*, Spiegel Netzwelt, https://www.spiegel.de/netzwelt/web/deutschland-warum-unsere-handynetze-so-schlecht-sind-kolumne-a-1297362.html (16.08.23).

265 *Tesla*, Datenschutzerklärung (Stand April 2021), https://www.tesla.com/de_DE/about/ legal#from-vehicle (16.08.23).

Quantität der benötigten Daten, die für ein automatisiertes Fahrmanöver erhoben und verarbeitet werden muss, zunimmt.

Wenn von einem hochautomatisierten Fahrzeug die Rede ist, darf dieses nicht mit einem vernetzten Fahrzeug gleichgesetzt werden. Zwar wird das Fahrzeug der Zukunft beide Technologien vereinen, aus (datenschutz)rechtlicher Sicht müssen sie allerdings separat betrachtet werden. Die Vernetzung umfasst die Kommunikation zur Infrastruktur und weiteren Fahrzeugen (Telematikfunktionen und C-ITS), sowie Vernetzungsmöglichkeiten mit dem eigenen Fahrzeug, die primär zur Unterhaltung dienen. Die Vernetzung von Komponenten ermöglicht es insbesondere, Informationen über eine weitere Reichweite zu transportieren. Hier hat die Sensorik deutliche Schwächen, da sie lediglich das weiträumige Umfeld des Fahrzeugs wahrnehmen kann. Die vernetzten Komponenten können die Umfeldsensorik aber nicht ersetzen, weil eine Kommunikation nicht immer möglich ist und die Daten darum nicht immer in Echtzeit verarbeitet werden können.

Zwar kann man dem hochautomatisierten Fahren und seinen Risiken kritisch entgegenstehen, allerdings birgt es auch vielfältige Chancen. So zeigen Statistiken, dass die Automatisierung das Potential hat, die Verkehrssicherheit signifikant zu erhöhen. Dies gilt für alle Straßenverkehrsteilnehmer, also nicht nur für den Fahrer eines hochautomatisierten Fahrzeugs, sondern auch für Fußgänger oder Fahrradfahrer. Ebenso kann die hochautomatisierte Fahrfunktion den Komfort erhöhen und für mehr Entspannung für Pendler sorgen, deren Gesundheit davon profitieren kann. Durch diese Neuerungen entstehen neue Mobilitätschancen, die Fahrer in manchen Fahraufgaben unterstützen können. Auch der Datenschutz und seine verordnungskonforme Implementierung kann als chancenreicher Wettbewerbsfaktor verstanden werden, der neben einer hohen Fahrzeugsicherheit auch die Rechte und Freiheiten der Straßenverkehrsteilnehmer wahrt.

Die Umfelderfassung erfolgt durch unterschiedliche Sensorarten. Der Kamerasensor nimmt aufgrund seiner Verbreitung und geeigneten Eigenschaften für die Umfelderfassung eine bedeutende Stellung unter den Umfeldsensoren ein. Er ist folglich maßgebliche Informationsquelle für die Umfelderfassung. Datenschutzrechtlich kann dies aber auch kritisch betrachtet werden, da der Kamerasensor quantitativ und qualitativ am meisten Daten erhebt und verarbeitet. Dies verstärkt sich noch einmal, da es am Fahrzeug nicht nur einen Kamerasensor gibt, sondern mehrere Kamerasensoren rund um das Fahrzeug. Hinzu kommt noch das Datenmaterial des Lidar-, Radar-, Ultraschall- und ggf. Audiosensors. Orten kann sich das Fahrzeug durch Ortungssysteme, damit das Fahrzeug hochgenau lokalisiert werden kann. Die Umfeldsensorik bietet folglich unterschiedliche Informationsquellen, die in Kombination redundante Informationen errechnen sollen, damit die Richtigkeit der Daten gewährleistet wird und eine falsche Handlungsplanung vermieden wird.

Der Vorgang der Umfelderfassung durch die Umfeldsensorik lässt sich in vier grundlegende Schritte unterteilen. Zunächst werden Bilder erfasst und vorbereitet (Schritt 1). Nach der Objekterkennung, der Klassifizierung der Merkmale und dem Tracking der Merkmale entsteht ein Umfeldmodell. Dieses repräsentiert alle relevanten Verkehrsobjekte um das Fahrzeug (Schritt 2). Insbesondere signifikant ist die im Schritt 2 einhergehende Merkmalsextraktion. Denn in diesem Schritt wird die Datenmenge reduziert, indem die für die jeweilige Fahraufgabe nötige Bildinformation extrahiert und weiter verarbeitet wird. In Schritt 3 erfolgt die Interpretation, die es ermöglicht, dass das Fahrzeug einerseits ein Szenenverständnis erlangt und andererseits sogar noch das Szenario ca. 2 – 3 Sekunden vorausberechnen kann. Auf Grundlage der Informationen der vorgenannten Schritte wird in Schritt 4 die Bahnführung berechnet und ausgeführt.

Bei der Beschreibung der Umfelderfassung wird deutlich, dass der Vorgang komplex ist und zahlreiche Fehlerquellen zwischen den Schritten der Bildaufnahme und der Bahnführung geschehen können. Darum ist es umso wichtiger, die Berechnung durch zuverlässige Informationen des Umfelds abzusichern. Dabei muss das Datenmaterial nicht nur eine hohe Erkennbarkeit, Reichweite und einen weiten Winkel aufweisen, sondern muss auch in Echtzeit verarbeitet werden können, damit innerhalb weniger Millisekunden ein Fahrmanöver ausgeführt werden kann. Dies erfordert hohe Anforderungen an das Datenmaterial unterschiedlicher Sensoren, was insofern im Lichte der Grundsätze der Zweckbindung und Datenminimierung in der sich anschließenden datenschutzrechtlichen Würdigung kritisch betrachtet werden muss.

Von der Umfelderfassung, die in Echtzeit abläuft, ist die funktionale beziehungsweise sicherheitsrelevante Weiterentwicklung abzugrenzen. Ziel dabei ist es, unbekannte Szenarien, die das hochautomatisierte Fahrzeug nicht beherrscht, zu erlernen und somit die Sicherheit bzw. das Produkt zu verbessern. Dazu werden sequenzielle Aufnahmen an den Automobilhersteller übermittelt, um das hochautomatisierte Fahrsystem entsprechend abzusichern. Diese Aufnahmen werden, anders als bei der Echtzeiterfassung, langfristig gespeichert und nicht sofort gelöscht.

3 Primärrechtliche Vorgaben und vorrangige Spezialvorschriften

3.1 Datenschutz im EU-Primärrecht

3.1.1 Zusammenwirken der Datenschutzgrundrechte auf EU-Ebene

Mit dem Inkrafttreten des Vertrags von Lissabon trat auch die Grundrechtecharta in Kraft und gilt gemäß Art. 6 Abs. 1 EUV als verbindliches Regelwerk.[266] Mit der Aufnahme in das EU-Primärrecht ist die Grundrechtecharta mit den Verträgen nach Art. 6 Abs. 2 UAbs. 1 a. E. gleichrangig[267].

Der Schutz personenbezogener Daten als ein Teilbereich für den Schutz des Privatlebens wird in einer sich digitalisierenden Informationsgesellschaft immer wichtiger. Darum wurde der zuvor im Sekundärrecht konkretisierte Schutz personenbezogener Daten auf die Ebene des Primärrechts gehoben, sodass auch auf primärrechtlicher Ebene ein Abwehrrecht gegen Grundrechtseingriffe besteht.[268] Obwohl die Judikatur des EuGH den Schutzbereich, etwaige Eingriffe und die Eingriffsintensität der Art. 7 und 8 GRCh in der Regel gemeinsam betrachtet[269] und es zwischen diesen beiden Grundrechten Überschneidungen gibt, sind sie dennoch nicht identisch[270]. Denn Art. 8 GRCh regelt einen speziellen Aspekt des Schutzes der Privatsphäre[271]. Sofern personenbezogene Daten mit Bezug zum Privatleben verarbeitet werden, sind Art. 7 und 8 GRCh anwendbar, bei anderen personenbezogenen Daten ohne Bezug zum Privatleben kommt allein Art. 8 GRCh zur Anwendung[272], der damit als eigenständiges Grundrecht gilt[273].

---

266 *Kühling/Raab* in: Kühling/Buchner, DS-GVO/BDSG, Einführung DS-GVO Rn. 23.
267 *Kingreen* in: Calliess/Ruffert, EUV/AEUV, Art. 6 EUV Rn. 12.
268 *Jarass*, Charta der Grundrechte der Europäischen Union, Art. 8 Rn. 2; *Bernsdorff* in: *Meyer/Hölscheidt*, Charta der Grundrechte der Europäischen Union, Art. 8 Rn. 1.
269 U. a. EuGH, Urt. v. 09.11.2010 – C-92/09 und C-93/09 (Volker und Markus Schecke Eifert) Rn. 47; EuGH, Urt. v. 06.10.2015 – C-362/14 (Schrems) Rn. 39; EuGH, Urt. v. 08.04.2014 – C-293/12, C-594/12 (Digital Rights Ireland, Seitlinger u. a.) Rn. 53.
270 *Jarass*, Charta der Grundrechte der Europäischen Union, Art. 8 Rn. 4; ausführlich zur Abgrenzung beider Grundrechtsgarantien *Marsch*, Das europäische Datenschutzgrundrecht, S. 203 ff.
271 *Streinz*, EUV/AEUV, Art. 8 GRCh Rn. 7.
272 *Jarass*, Charta der Grundrechte der Europäischen Union, Art. 8 Rn. 4.
273 So *Albrecht/Janson*, CR 2016, 500 (502).

Daneben ist der Schutz personenbezogener Daten auch in Art. 16 AEUV verankert. Art. 16 Abs. 1 AEUV ist identisch mit Art. 8 GRCh, weshalb auf die Ausführungen desselben verwiesen werden kann[274].

3.1.2 Schutzbereich

Art. 7 GRCh schützt unter anderem das Recht auf Privatleben. Im Grundsatz fällt in den Schutzbereich der Teilbereich des Privatlebens, der die freie Entscheidung des Einzelnen über seine persönliche Lebensführung sowie darüber, ob er diese zum Gegenstand öffentlicher Kenntnis macht, schützt[275]. Unter Umständen kann darunter auch das Handeln im öffentlichen Raum fallen, wie das Zusammentreffen mit Vertrauten im öffentlichen Raum.[276]

Soweit personenbezogene Daten, also alle Informationen über eine identifizierte oder identifizierbare Person, verarbeitet werden, kommt Art. 8 als lex specialis-Regelung zur Anwendung[277]. Im Vordergrund sollen aber der Schutz der betroffenen Person und weniger die Daten selbst stehen[278].

Wie auch in der DSGVO bedarf es der *Verarbeitung*[279] personenbezogener Daten, wodurch bereits die weite Definition des Verarbeitungsbegriffs zum Tragen kommt[280].

3.1.3 Eingriffsmöglichkeiten und Bedeutung für die Auslegung der DSGVO

Grundrechtseinschränkungen erfolgen durch die Verarbeitung personenbezogener Daten[281]. Solche sind grundsätzlich gemäß Art. 52 Abs. 1 GRCh

---

274 *Bernsdorff* in: Meyer/Hölscheidt, Charta der Grundrechte der Europäischen Union, Art. 8 Rn. 9.

275 *Kingreen* in: Calliess/Ruffert, EUV/AEUV, Art. 7 GRCh Rn. 3.

276 *Jarass*, Charta der Grundrechte der Europäischen Union, Art. 7 Rn. 13; EGMR, Urt. v. 28.01.2003 – 44647/98 Rn. 59 ff. EGMR, Urt. v. 24.06.2004 – 59320/00 Rn. 50 ff. *Bernsdorff* in: Meyer/Hölscheidt, Charta der Grundrechte der Europäischen Union, Art. 7 Rn. 15.

277 *Bernsdorff* in: Meyer/Hölscheidt, Charta der Grundrechte der Europäischen Union Art. 8 Rn. 13 m. w. N.; *Augsberg* in: von der Groeben/Schwarze/Hatje, von der/ Schwarze/Hatje, Europäisches Unionsrecht, Art. 8 GRCh Rn. 1 m. w. N.

278 So *Albrecht/Janson*, CR 2016, 500 (502).

279 Siehe dazu ausführlich in 4.2.

280 *Bernsdorff* in: Meyer/Hölscheidt, Charta der Grundrechte der Europäischen Union, Art. 8 Rn. 22.

281 EuGH, Urt. v. 08.04.2014 – C-293/12, C-594/12 (Digital Rights Ireland, Seitlinger u. a.) Rn. 36; *Kühling/Raab* in: Kühling/Buchner, DS-GVO/BDSG, Einführung Rn. 28; *Jarass*, Charta der Grundrechte der Europäischen Union, Art. 8 Rn. 9;

möglich, bedürfen aber einer gesetzlichen Grundlage[282] und müssen verhältnismäßig sein[283]. Gleichzeitig müssen sie gemäß Art. 52 Abs. 1 GRCh aber den Wesensgehalt der Rechte und Freiheiten des Grundrechts wahren. Jedweder Eingriff in die Grundrechte muss nach ständiger Rechtsprechung des EuGH auf das absolut Notwendige beschränkt sein[284].

Soweit eine Verarbeitung von personenbezogenen Daten im Sekundärrecht zu einer Beeinträchtigung der Grundfreiheiten führt, müssen diese Bestimmungen nach ständiger Rechtsprechung des EuGH im Lichte der Grundrechte ausgelegt werden[285]. Diese Linie verfolgt auch die DSGVO: In Art. 1 Abs. 2 DSGVO wird explizit der Schutz der Grundrechte und Grundfreiheiten natürlicher Personen, insbesondere das Recht auf Schutz personenbezogener Daten (Art. 8 GRCh), angesprochen. Erwägungsgrund 4 Satz 3 DSGVO erweitert, dass die DSGVO auch im Einklang mit dem Recht auf Achtung des Privatlebens (Art. 7 GRCh) stehen soll. Die DSGVO regelt folglich die konkrete Anwendung der Datenschutzgrundrechte und deren Durchsetzung[286]. Die eben statuierten Grundsätze der primärrechtlichen Vorgaben werden daher vor allem bei auslegungsbedürftigen Begriffen der DSGVO in die Auslegung hineinstrahlen.

3.2 Möglicher Vorrang (nationaler) Spezialvorschriften

Bevor die Vorschriften der DSGVO untersucht werden, soll zuvor geprüft werden, ob spezielle Gesetze der DSGVO vorgehen.

Kingreen in: Calliess/Ruffert, EUV/AEUV, Art. 8 GRCh Rn. 12; *Gersdorf* in: Gersdorf/Paal, BeckOK Informations- und Medienrecht, 31. Edition, Art. 8 GRCh Rn. 18.

282 *Jarass*, Charta der Grundrechte der Europäischen Union, Art. 8 Rn. 14 m. w. N.

283 *Jarass*, Charta der Grundrechte der Europäischen Union, Art. 8 Rn. 17; *Bernsdorff* in: Meyer/Hölscheidt, Charta der Grundrechte der Europäischen Union, Art. 8 Rn. 24; *Forgó* in: Forgó/Helfrich/Schneider, Betrieblicher Datenschutz, Teil I, Kapitel 2 Rn. 12.

284 U. a. EuGH, Urt. v. 16.12.2008 – C-73/07 (Satakunnan Markkinapörssi und Satamedia) Rn. 56; EuGH, Urt. v. 08.04.2014 – C-293/12, C-594/12 (Digital Rights Ireland, Seitlinger u. a.) Rn. 52; EuGH, Urt. v. 06.10.2015 – C-362/14 (Schrems) Rn. 92; EuGH, Urt. v. 07.11.2013 – C-473/12 (IPI) Rn. 39, ausführlicher dazu im Prüfungsschritt der Erforderlichkeit in 6.6.2.

285 U. a. EuGH, Urt. v. 20.05.2003 – verb. Rs. C-465/00, C-138/01 und C-139/01 (Österreichischer Rundfunk) Rn. 68; EuGH, Urt. v. 13.05.2014 – C-131/12 (Google Spain) Rn. 68; EuGH, Urt. v. 11.12.2014 – C-212/13 (Ryneš) Rn. 29.

286 *Albrecht*, CR 2016, 88 (89).

3.2.1 E-Privacy-Richtlinie (e-Privacy-RL)

Zuvorderst kommt die e-Privacy-RL[287] in Betracht. Ursprünglich war die e-Privacy-RL gemäß Art. 1 Abs. 2 e-Privacy-RL eine Detaillierung und Ergänzung der DSRL und hätte gemäß dem Grundsatz *lex specialis derogat legi generali* als speziellere Regelung Vorrang.

Schutzzweck der e-Privacy-RL sind gemäß Art. 1 Abs. 1 e-Privacy-RL die Grundrechte und Grundfreiheiten, insbesondere das Recht auf Privatsphäre, in Bezug auf die Verarbeitung personenbezogener Daten im Bereich der elektronischen Kommunikation sowie der freie Verkehr dieser Daten und von elektronischen Kommunikationsgeräten und -diensten. Art. 3 Abs. 1 e-Privacy-RL konkretisiert, dass die Richtlinie für die Verarbeitung personenbezogener Daten in Verbindung mit der Bereitstellung öffentlich zugänglicher elektronischer Kommunikationsdienste in öffentlichen Kommunikationsnetzen gilt. Insofern muss für die Umfelderfassung bereits einschränkend festgestellt werden, dass darunter lediglich ein Kommunikationsvorgang fallen kann. Dies kann demnach den Vorgang der Übermittlung in das Hersteller-Backend für die Weiterentwicklung betreffen. Denn der vorgelagerte Teil der Datenverarbeitung findet im Fahrzeug statt und wird durch lokale Sensoren durchgeführt.

Obwohl sich die meisten Vorschriften der e-Privacy-RL (Art. 6 oder 9 e-Privacy-RL) an Betreiber eines öffentlichen Kommunikationsnetzes oder eines öffentlich zugänglichen Kommunikationsdienstes richten, findet sich in Art. 5 Abs. 3 e-Privacy-RL eine Generalklausel. Diese adressiert jede öffentliche und nicht-öffentliche Stelle, die Informationen auf einem Endgerät eines Nutzers oder Teilnehmers speichert oder den Zugriff auf Informationen, die im Endgerät des Teilnehmers oder Nutzers gespeichert sind, ermöglicht.[288] Die Rechtsfolge der Vorschrift besteht darin, dass der betroffene Teilnehmer oder Nutzer des Endgeräts der Speicherung oder dem Zugriff einwilligen muss.

Das bedeutet, dass, sofern alle Voraussetzungen des Art. 5 Abs. 3 e-Privacy-RL erfüllt sind, der Fahrer oder Halter einwilligen muss, bevor Daten auf seinem Endgerät, also im Fahrzeug, gespeichert werden oder darauf zugegriffen wird[289]. Der Schutzbereich von Art. 5 Abs. 3 e-Privacy-RL schützt

---

287 Richtlinie 2002/58/EG des Europäischen Parlaments und des Rates vom 12. Juli 2002 über die Verarbeitung personenbezogener Daten und den Schutz der Privatsphäre in der elektronischen Kommunikation (Datenschutzrichtlinie für elektronische Kommunikation), im Folgenden mit e-Privacy-RL abgekürzt.

288 *Europäischer Datenschutzausschuss*, Guidelines 1/2020 on processing personal data in the context of connected vehicles and mobility related applications, Rn. 11.

289 Vgl. *Europäischer Datenschutzausschuss*, Guidelines 1/2020 on processing personal data in the context of connected vehicles and mobility related applications, Rn. 13 ff.

demnach die Privatsphäre des Fahrers oder Halters des Fahrzeugs. Bei der Umfelderfassung ist aber das Umfeld des Fahrzeugs betroffen, also die durch das Endgerät erfassten Dritten, deren Schutz nicht von Art. 5 Abs. 3 e-Privacy-RL umfasst ist, weil sie nicht Teilnehmer oder Nutzer dieses Endgeräts sind.

Anders sieht der Sachverhalt bei einem vernetzten Fahrzeug aus, bei dem die Anwendung des Art. 5 Abs. 3 e-Privacy-RL als Spezialregelung angenommen wird[290]. Dies zeigt erneut, dass es essentiell ist, die Unterschiede der automatisierten und vernetzten Technologie präzise voneinander abzugrenzen (siehe ausführlicher in 2.2). Denn die Umfeldsensoren sollen gerade nicht von den öffentlich zugänglichen Infrastrukturkomponenten abhängig sein und autark das Umfeld wahrnehmen können. Somit kann geschlussfolgert werden, dass die e-Privacy-RL nicht für die Umfelderfassung anwendbar ist.

Selbst wenn Art. 5 Abs. 3 e-Privacy-RL einschlägig wäre, bedürfte es ohnehin zusätzlich einer Rechtsgrundlage unter Art. 6 DSGVO[291].

3.2.2 Spezialregelung für intelligente Verkehrssysteme

Die Richtlinie 2010/40/EU[292] (IVS-RL) regelt die Spezifikationen und Normen in Bezug auf intelligente Verkehrssysteme. Sie gilt gemäß Art. 1 Abs. 3 IVS-RL für IVS-Anwendungen und -Dienste im Straßenverkehr und für deren Schnittstellen zu anderen Verkehrsträgern. Intelligente Verkehrssysteme sind gemäß Art. 4 Nr. 1 IVS-RL Systeme, bei denen Informations- und Kommunikationstechnologien im Straßenverkehr, einschließlich seiner Infrastrukturen, Fahrzeuge und Nutzer, sowie beim Verkehrs- und Mobilitätsmanagement und für Schnittstellen zu anderen Verkehrsträgern eingesetzt werden. Anhand dieser Definition wird deutlich, dass sich die IVS-RL vor allem auf die Kommunikation der Verkehrsinfrastruktur bezieht, beziehungsweise deren Schnittstellen regelt. Insofern ist dies weder auf die Verarbeitung der Umfeldsensorik, noch auf die Kommunikation in das OEM-Backend anwendbar.

Selbst wenn die IVS-RL anwendbar wäre, wäre sie ohnehin keine eigenständige datenschutzrechtliche Erlaubnisvorschrift. Denn Art. 10 Abs. 1 IVS-RL

---

290 *Europäischer Datenschutzausschuss*, Guidelines 1/2020 on processing personal data in the context of connected vehicles and mobility related applications, Rn. 13.
291 *Europäischer Datenschutzausschuss*, Guidelines 1/2020 on processing personal data in the context of connected vehicles and mobility related applications, Rn. 14.
292 Richtlinie 2010/40/EU vom 7. Juli 2010 zum Rahmen für die Einführung intelligenter Verkehrssysteme im Straßenverkehr und für deren Schnittstellen zu anderen Verkehrsträgern.

verweist hinsichtlich der Verarbeitung von personenbezogenen Daten auf die Bestimmungen der DSRL beziehungsweise der e-Privacy-RL. Somit kommt auch die IVS-RL nicht als vorrangige Spezialvorschrift in Betracht.

3.2.3 Spezifizierungsklausel im deutschen BDSG bei Einsatz von Kamerasystemen

Der Einsatz optoelektronischer Vorrichtungen wird in der DSGVO nicht explizit geregelt[293], wie es zum Beispiel in § 6b BDSG a.F. der Fall war. Die Norm ist mit der DSGVO allerdings nicht abgeschafft worden, denn der deutsche Gesetzgeber hat mit § 4 BDSG den ehemaligen § 6b BDSG a.F. für die Regelung zur Videoüberwachung fast wortgleich übernommen[294].

Bevor auf die Tatbestandsmerkmale der DSGVO näher eingegangen wird, muss vorab geprüft werden, ob nationale Gesetzgebungen, in diesem Fall deutsches Recht, aufgrund einer einschlägigen Öffnungsklausel berücksichtigt werden müssen.

Für diese Arbeit ist die Prüfung des Vorrangs der Norm einerseits wichtig, um die Rechtsgrundlage (hier: § 4 Abs. 1 Satz 1 Nr. 3, Satz 2 Nr. 2 BDSG) zu bestimmen. Ferner muss bei einer möglichen Prüfung nach § 4 BDSG berücksichtigt werden, dass die Tatbestandsmerkmale des § 4 BDSG andere Prüfungsvoraussetzungen haben. Im Anwendungsfall des § 4 BDSG ist die Prüfung des personenbezogenen Datums nicht gefragt, da hier die Beobachtung öffentlich zugänglicher Räume Prüfmerkmal ist. Der Tatbestand der „Beobachtung" setzte unter der Vorgängerregelung des § 6b BDSG a.F. nicht unbedingt eine Verarbeitung personenbezogener Daten voraus[295].

Gemäß Art. 6 Abs. 1 lit. c und lit. e DSGVO, Abs. 2, Abs. 3 DSGVO ist zwar eine Spezifizierung der Datenverarbeitungen im nationalen Recht möglich, allerdings überschneiden sich § 4 Abs. 1 Satz 1 Nr. 3, Satz 2 Nr. 2 BDSG mit Art. 6 Abs. 1 lit. f DSGVO (berechtigtes Interesse). Kollidieren die DSGVO

---

293 Lediglich Art. 35 Abs. 3 lit. c i. V. m. Erwägungsgrund 91 DSGVO erwähnt den Einsatz, der zu einer Datenschutz-Folgenabschätzung verpflichtet. Weitere datenschutzrechtliche Aspekte, wie die Rechtmäßigkeit, werden dort nicht geregelt.

294 Auch andere Mitgliedstaaten haben Regelungen für die Videoüberwachung in die nationale Gesetzgebung aufgenommen: das österreichische Datenschutzgesetz (DSG) regelt in § 12 DSG spezifisch die Zulässigkeit von Bildaufnahmen. Die folgenden Ausführungen sollen sich aber auf die deutsche Umsetzung beziehen.

295 *Brink* in: Wolff/Brink, BeckOK Datenschutzrecht, 23. Edition, § 6b Rn. 18, 37; *Taeger*, ZD 2013, 571 (574). Es wurde aber auch eine andere Auffassung vertreten, die den Personenbezug bei § 6b BDSG a.F. voraussetzt: *Gola/Klug/Körffer* in: Gola/Schomerus, Bundesdatenschutzgesetz, § 6b Rn. 11; vgl. *Scholz* in: Simitis, BDSG, § 6b Rn. 66; *Fuchs*, ZD 2015, 212 (214);

und eine nationale Norm, hat die DSGVO Anwendungsvorrang[296], denn sie ist gemäß Art. 288 AEUV in allen ihren Teilen verbindlich und gilt daher unmittelbar in jedem Mitgliedsstaat.

In der deutschen Judikatur und Literatur ist derzeit die Meinung vorherrschend, dass für den Einsatz optoelektronischer Vorrichtungen, die nicht unter Art. 6 Abs. 1 lit. c und lit. e DSGVO fallen, also auch für die Verarbeitung zur Wahrung berechtigter Interessen nicht-öffentlicher Stellen, § 4 Abs. 1 Nr. 3 BDSG nicht anwendbar ist. Denn die Rechtmäßigkeit bei Verarbeitungen zur Wahrnehmung eines berechtigten Interesses ist bereits in Art. 6 Abs. 1 lit. f DSGVO geregelt.[297] Hierbei kann das berechtigte Interesse auch nicht einem öffentlichen Interesse (zum Beispiel Datenverarbeitung durch hochautomatisierte Systeme für die Erhöhung der öffentlichen Verkehrssicherheit) zugerechnet werden, da eine solche Aufgabe des öffentlichen Interesses dem Verantwortlichen übertragen werden muss, was mit dem Anbieten der hochautomatisierten Fahrfunktion nicht erfüllt wird[298]. Insofern kann konkludiert werden, dass die Anwendung des § 4 BDSG für berechtigte Interessen nicht-öffentlicher Stellen nicht unionsrechtskonform wäre[299].

Ferner ist fraglich, ob § 4 Abs. 1 Nr. 3 BDSG, wäre er denn unionsrechtskonform, materiellrechtlich für das hochautomatisierte Fahren überhaupt anwendbar wäre. Denn zu Zeiten des § 6b BDSG a. F. wurde vertreten, dass die Norm lediglich für die Beobachtung von öffentlichen Räumen gelte. Die gezielte Beobachtung von Menschen, zum Beispiel das Verfolgen von menschlichen Bewegungen mittels Kamera, wurde nicht von § 6b BDSG a. F. gedeckt.[300] Beim hochautomatisierten Fahren wird zwar das Verkehrsgeschehen im öffentlich zugänglichen Raum beobachtet, bei diesem Vorgang werden allerdings explizit Bewegungen und Verhaltensmuster anderer Verkehrsteilnehmer visuell erfasst und analysiert. Dies kann als visuelle Analyse von Menschen und deren Merkmalen gewertet werden, sodass hier keine *Beobachtung* des öffentlich zugänglichen Raums mehr stattfindet. So-

---

296 *Scholz* in: Simitis/Hornung/Döhmann, Datenschutzrecht, Anhang 1 zu Artikel 6 DSGVO Rn. 19.

297 BVerwG, Urt. v. 27.03.2019 – 6 C 2/18, Rn. 47; *Scholz* in: Simitis/Hornung/Döhmann, Datenschutzrecht, Anhang 1 zu Artikel 6 DSGVO Rn. 24; *Frenzel* in: Paal/Pauly, DS-GVO/BDSG, § 4 BDSG Rn. 5; *Lachenmann*, ZD 2017, 407 (410); *Schlamp*, InTer 2018, 116 (118).

298 *Scholz* in: Simitis/Hornung/Döhmann, Datenschutzrecht, Anhang 1 zu Artikel 6 DSGVO Rn. 23; *Schlamp*, InTer 2018, 116 (118 f.); ausführlich in 6.5.

299 *Lachenmann*, ZD 2017, 407 (410); *Scholz* in: Simitis/Hornung/Döhmann, Datenschutzrecht, Anhang 1 zu Artikel 6 DSGVO Rn. 23. Zweifel gibt es auch hinsichtlich des § 12 des Datenschutzgesetzes in Österreich, weil die Vorschrift nur Bildaufnahmen zu privaten Zwecken betrifft, so *Buchner/Petri* in: Kühling/Buchner, DS-GVO/BDSG, Art. 6 DS-GVO Rn. 172.

300 So *Brink* in: Wolff/Brink, BeckOK Datenschutzrecht, 23. Edition, § 6b BDSG Rn. 39.

mit wäre die Umfelderfassung, die das Verfolgen von menschlichen Bewegungen zum Gegenstand hat, auch im materiellrechtlichen Sinne nicht durch § 4 Abs. 1 Nr. 3 BDSG gedeckt. Dies ist ein weiterer Grund dafür, dass die datenschutzrechtliche Bewertung des Kamerasensors in den Anwendungsbereich der DSGVO fällt[301].

3.3 Fazit

Es bleibt festzuhalten, dass das Datenschutzrecht seine Wurzeln in den Art. 7 und 8 GRCh findet, die sich zwar in ihren Schutzgütern überschneiden, aber dennoch eigenständige Grundrechte sind. Einschränkungen der beiden Grundrechte sind gemäß Art. 52 Abs. 1 GRCh nur aufgrund einer gesetzlichen Grundlage möglich und müssen verhältnismäßig sein. Gleichzeitig müssen sie gemäß Art. 52 Abs. 1 GRCh den Wesensgehalt der Rechte und Freiheiten des Grundrechts wahren. Soweit also eine Verarbeitung von personenbezogenen Daten im Sekundärrecht zu einer Beeinträchtigung der Grundfreiheiten führt, müssen diese Bestimmungen im Lichte der Grundrechte ausgelegt werden. Dies wird vor allem dort relevant, wo Argumentationsspielraum vorhanden ist, wie beispielsweise bei der Interessenabwägung nach Art. 6 Abs. 1 lit. f DSGVO.

Ebenfalls kann geschlussfolgert werden, dass für den Sachverhalt der Umfelderfassung keine (nationale) Spezialvorschriften vorrangig zur DSGVO Anwendung finden. Die e-Privacy-RL adressiert öffentlich zugängliche Kommunikationsdienste oder öffentliche Kommunikationsnetze, die beide nicht auf das hochautomatisierte Fahrsystem zutreffen, da dieses nur mit dem Backend des Automobilherstellers kommuniziert, aber nicht mit öffentlichen Kommunikationsdiensten oder -netzen. Die IVS-RL ist ebenfalls nicht anwendbar, weil sich die Richtlinie vor allem auf die Kommunikation der Verkehrsinfrastruktur bezieht, beziehungsweise deren Schnittstellen regelt. Das hochautomatisierte Fahrsystem fällt nicht unter diese Anwendungsfälle. Und schließlich ist auch § 4 BDSG nicht vorrangig anzuwenden, weil er mit Art. 6 Abs. 1 lit f. DSGVO kollidiert und die DSGVO in diesen Fällen Vorrang hat.

---

301 Für die Videoüberwachung auch *Scholz* in: Simitis/Hornung/Döhmann, Datenschutzrecht, Anhang 1 zu Artikel 6 DSGVO Rn. 24; auch die Artikel-29-Datenschutzgruppe sah bereits unter der Datenschutzrichtlinie die Prinzipien der Richtlinie für die Videoüberwachung für anwendbar (siehe *Artikel-29-Datenschutzgruppe*, Stellungnahme 4/2004 zur Verarbeitung personenbezogener Daten durch Videoüberwachung (WP 89), S. 6 f.

4 Sachlicher Anwendungsbereich der DSGVO

Da keine bereichsspezifischen Regelungen anwendbar sind, muss die DSGVO als datenschutzrechtliche Grundlage herangezogen werden. Waren die Rechtsgrundlagen unter der DSRL noch in nationalen Regelungen verteilt, gilt die DSGVO unmittelbar in allen Mitgliedsstaaten, ist somit zentrale Kodifikation des Datenschutzrechts und vorrangig der nationalen Datenschutzgesetze anzuwenden[302].

Der weit zu betrachtende[303] Anwendungsbereich der DSGVO ist gemäß Art. 2 Abs. 1 DSGVO dann eröffnet, wenn personenbezogene Daten (teilweise) automatisiert verarbeitet werden. Zuvorderst wird aber geprüft, ob ein Ausnahmetatbestand, insbesondere die Verarbeitung für persönliche oder familiäre Tätigkeiten, greift (4.1). Eine solche Verarbeitung fiele insgesamt aus dem Anwendungsbereich der DSGVO. Danach wird ausgeführt, ob es sich um eine (teilweise) automatisierte Verarbeitung (4.2) handelt. Sodann wird geprüft, ob es sich bei den aus dem Umfeld verarbeiteten Daten um personenbezogene Daten (4.3) handelt und diese den Tatbestand der automatisierten Einzelfallentscheidung einschließlich Profiling erfüllen (4.4).

4.1 Ausnahmetatbestand: Persönliche oder familiäre Tätigkeiten

Der Ausnahmetatbestand der persönlichen oder familiären Tätigkeiten in Art. 2 Abs. 2 lit. c DSGVO ist eine der vier Ausnahmetatbestände des Art. 2 Abs. 2 DSGVO. Sie ist die einzige der vier Ausnahmen, die als Ausnahme für die Umfelderfassung in Betracht kommt.

Die anderen Ausnahmen des Art. 2 Abs. 2 DSGVO kommen nicht in Betracht, denn bei der Umfelderfassung handelt es sich um eine Tätigkeit, die in den Anwendungsbereich des Unionsrechts fällt (Ausschluss von Art. 2 Abs. 2 lit. a DSGVO), es werden keine Daten für Tätigkeiten nach Titel V Kapitel 2 EUV[304] verarbeitet (Ausschluss von Art. 2 Abs. 2 lit. b DSGVO) und drittens werden die Daten nicht für die Zwecke der Verhütung, Ermittlung, Aufdeckung oder Verfolgung von Straftaten oder der Strafvollstreckung, einschließlich des Schutzes vor und der Abwehr von Gefahren für die öffentliche Sicherheit, genutzt (Ausschluss von Art. 2 Abs. 2 lit. d DSGVO).

---

302 *Kühling/Raab* in: Kühling/Buchner, DS-GVO/BDSG, Einführung Rn. 3a.
303 *Roßnagel* in: Simitis/Hornung/Döhmann, Datenschutzrecht, Art. 2 DSGVO Rn. 13.
304 Darunter fallen Besondere Bestimmungen über die gemeinsame Außen- und Sicherheitspolitik.

Wie auch bereits unter der DSRL ist die Datenverarbeitung gemäß Art. 2 Abs. 2 lit. c DSGVO von den Regelungen der DSGVO ausgenommen, wenn die Verarbeitung ausschließlich persönlicher oder familiärer Zwecke dient (sog. „Haushaltsausnahme"). Inhaltlich bleibt die Formulierung der DSGVO nahezu identisch zur DSRL. Lediglich Erwägungsgrund 18 DSGVO wurde an die aktuellen Gegebenheiten angepasst[305].

Bereits durch die Wortwahl in der Norm („ausschließlich") wird deutlich, dass der Tatbestand der persönlichen und familiären Tätigkeiten durch ihre „ausschließliche" Verwendung restriktiv auszulegen ist[306]. Sobald folglich auch Zwecke verfolgt werden, die nicht mehr persönlicher oder familiärer Natur sind, findet die DSGVO Anwendung.

Gegen die Anwendbarkeit der Haushaltsausnahme spricht die Judikatur des EuGH[307]: Grundsätzlich bestätigt der EuGH in Bezug auf die Videoüberwachung, dass die Haushaltsausnahme bei einem Einsatz von Kamerasystemen, die den öffentlichen Raum erfassen, eng auszulegen sei[308]. Schließlich kommt er zu dem Schluss, dass Kamerasysteme, die den öffentlichen Raum erfassen, nicht unter die Haushaltsausnahme fallen[309]. Denn sobald sich eine Videoüberwachung auch nur teilweise auf den öffentlichen Raum erstrecke und dadurch auf einen Bereich außerhalb der privaten Sphäre desjenigen gerichtet sei, der die Daten auf diese Weise verarbeite, könne die Datenverarbeitung nicht als eine ausschließlich persönliche oder familiäre Tätigkeit verstanden werden[310].

Ferner kann die Haushaltsausnahme auch in den Fällen ausgeschlossen werden, in denen eine juristische Person die Daten verarbeitet, beispielsweise der Automobilhersteller. Eine juristische Person kann sich nicht auf die Haushaltsausnahme berufen, da Art. 2 Abs. 2 lit. c DSGVO ausdrücklich vorgibt, dass diese Ausnahme lediglich für *natürliche* Personen gilt. Juristische Personen, und damit auch Automobilhersteller, sind somit nicht von der Ausnahme umfasst, da diese keine persönlichen oder familiären Tätig-

---

305 *Klein*, Personenbilder im Spannungsfeld von Datenschutzgrundverordnung und Kunsturhebergesetz, S. 59.

306 EuGH, Urt. v. 11.12.2014 – C-212/13 (Ryneš) Rn. 30; *Europäischer Datenschutzausschuss*, Leitlinien 3/2019 zur Verarbeitung personenbezogener Daten durch Videogeräte, Rn. 12; *Kühling/Raab* in: Kühling/Buchner, DS-GVO/BDSG, Art. 2 DS-GVO Rn. 23; *Ernst* in: Paal/Pauly, DS-GVO/BDSG, Art. 2 DS-GVO Rn. 21; *Scholz* in: Simitis/Hornung/Döhmann, Datenschutzrecht, Anhang 1 zu Artikel 6 DSGVO Rn. 49.

307 So auch *Stoklas/Wendt*, Das vernetzte und autonome Fahrzeug – Datenschutzrechtliche Herausforderungen, S. 47 ebenso mit Verweis auf *Ryneš*.

308 EuGH, Urt. v. 11.12.2014 – C-212/13 (Ryneš) Rn. 29 f.

309 EuGH, Urt. v. 11.12.2014 – C-212/13 (Ryneš) Rn. 33.

310 EuGH, Urt. v. 11.12.2014 – C-212/13 (Ryneš) Rn. 33.

keiten ausüben können[311]. Ferner schließt Erwägungsgrund 18 ausdrücklich wirtschaftliche Tätigkeiten aus, denn die Privilegierung kommt nur im privaten Aktionskreis zum Tragen[312]. Da das hochautomatisierte Fahren darauf abzielt, Gewinn zu erzielen, wäre dies ein zweiter Ausschlussgrund, dass sich der Automobilhersteller nicht auf die Ausnahme berufen kann.

4.2 Automatisierte Verarbeitungen

Eine Datenverarbeitung personenbezogener Daten fällt in den sachlichen Anwendungsbereich der DSGVO, sofern sie ganz oder teilweise *automatisiert* erfolgt. Der Begriff der Automatisierung soll weit verstanden werden[313]. Ihr wird zugerechnet, zumindest einen Teil eines Datenverarbeitungsprozesses anhand eines vorgegebenen Programms ohne menschliches Zutun selbstständig durchzuführen[314] bzw. rechnergestützt zu arbeiten[315]. Die Art und Form der Daten spielen dabei keine Rolle[316]. Auch auf die eingesetzte Technik soll es dabei im Lichte der in Erwägungsgrund 15 statuierten Technologieneutralität nicht ankommen[317].

Die Vorgänge bei der Umfelderfassung lassen sich in einem solchen automatisierten Szenario, das ohne menschliches Zutun durchgeführt wird, abbilden: Denn die Signale des (Kamera-)Sensors werden umgewandelt und (temporär) auf einem Speichermedium gespeichert. Es erfolgt eine automatisierte Analyse, Extraktion, Interpretation und Bahnführung durch das automatisierte System. Ferner werden bei der Sensorfusion die einzelnen Sensordaten miteinander fusioniert, mit einer Positionsangabe sowie mit weiteren Fahr- und Metadaten versehen.

Zusammenfassend handelt es sich bei der Umfelderfassung um einen automatisierten Ablauf. Dieser Ablauf muss aber auch die gesetzlichen Vor-

---

311 *Ernst* in: Paal/Pauly, DS-GVO/BDSG, Art. 2 DS-GVO Rn. 15; *Kühling/Raab* in: Kühling/Buchner, DS-GVO/BDSG, Art. 2 DS-GVO Rn. 23; *Taeger* in: Taeger/Gabel, DSGVO – BDSG, Art. 2 DS-GVO Rn. 17.
312 *Scholz* in: Simitis/Hornung/Döhmann, Datenschutzrecht, Anhang 1 zu Artikel 6 DSGVO Rn. 49.
313 *Bäcker* in: Wolff/Brink, BeckOK Datenschutzrecht, 35. Edition, Art. 2 DS-GVO Rn. 2; i. d. S. *Ernst* in: Paal/Pauly, DS-GVO/BDSG, Art. 2 DS-GVO Rn. 5.
314 *Bäcker* in: Wolff/Brink, BeckOK Datenschutzrecht, 35. Edition, Art. 2 DS-GVO Rn. 2; ähnlich auch *Schild* in: Wolff/Brink, BeckOK Datenschutzrecht, 35. Edition, Art. 4 DS-GVO Rn. 34.
315 *Zerdick* in: Ehmann/Selmayr, Datenschutz-Grundverordnung, Art. 2 Rn. 3.
316 *Roßnagel* in: Simitis/Hornung/Döhmann, Datenschutzrecht, Art. 2 DSGVO Rn. 14; i. d. S. *Ernst* in: Paal/Pauly, DS-GVO/BDSG, Art. 2 DS-GVO Rn. 5.
317 *Scholz* in: Simitis/Hornung/Döhmann, Datenschutzrecht, Anhang 1 zu Artikel 6 DSGVO Rn. 45; *Ernst* in: Paal/Pauly, DS-GVO/BDSG, Art. 2 DS-GVO Rn. 5.

aussetzungen einer Verarbeitung gemäß Art. 4 Nr. 2 DSGVO erfüllen. Der Begriff der Verarbeitung ist nahezu identisch mit der Legaldefinition aus Art. 2 lit. b DSRL und führt den weiten Verarbeitungsbegriff fort[318]. Einziger Unterschied ist, dass die DSGVO das „Erfassen" in den beispielhaften Katalog aufnimmt. Durch den Beispielkatalog in Art. 4 Nr. 2 DSGVO wird verdeutlicht, dass es aktiver Vorgänge bedarf, um den Verarbeitungsbegriff zu erfüllen. Kameraattrappen fallen daher nicht in den Anwendungsbereich der DSGVO, können aber Gegenstand nationalen Rechts sein.[319] In der Konsequenz fällt ein hochautomatisiertes Fahrsystem mit inaktiver Umfeldsensorik nicht in den datenschutzrechtlichen Anwendungsbereich.

Grundsätzlich muss jeder Verarbeitungsvorgang im Sinne des Art. 4 Nr. 2 DSGVO für sich beurteilt werden[320]. Bei dem hier in Frage stehenden hochautomatisierten Fahrsystem ergeben sich zwei separate Verarbeitungsvorgänge, die im Folgenden näher betrachtet werden:

1. Die Echtzeitverarbeitung durch die Umfelderfassung und

2. die Weiterentwicklung.

4.2.1 Echtzeitverarbeitung

Unter den Verarbeitungsbegriff fallen alle Formen der Verkörperung von Signalen, einschließlich optischer und akustischer Signale[321]. Bei der Umfelderfassung bildet diesen Vorgang zum Beispiel die Umwandlung von Photonen in elektrische Ausgangssignale ab. Ferner werden bei der Bildaufnahmeregelung Bildparameter eingestellt, sodass ein auswertbares Bild entsteht.[322] Bereits im Rahmen der Vorverarbeitung werden folglich Daten in Signale umgewandelt und das Bild für die weitere Auswertung verändert. Anschließend werden bei der Umfelderfassung Methoden eingesetzt, um Objekte des Umfelds zu erkennen, vordefinierte Merkmale werden extrahiert und mit einer Objektliste abgeglichen, um das erkannte Objekt zu klassifizieren. Zwar werden viele dieser Vorgänge nicht explizit in Art. 4 Nr. 2 DSGVO erwähnt, können sich aber aus dem Beispielkatalog ableiten lassen. So ist die Vorverarbeitung eine Art Anpassung bzw. Veränderung, um das Rohbild für den Extraktionsvorgang vorzubereiten. Die Extraktion ist ein

---

318 *Ehmann/Helfrich*, EG-Datenschutzrichtlinie, Art. 2 Rn. 28; *Herbst* in: Kühling/Buchner, DS-GVO/BDSG, Art. 4 Nr. 2 DS-GVO Rn. 4; *Oostveen*, Int. Data Priv. Law 2016, 299 (304).

319 *Europäischer Datenschutzausschuss*, Leitlinien 3/2019 zur Verarbeitung personenbezogener Daten durch Videogeräte, Rn. 9.

320 *Schwenke*, NJW 2018, 823 (824); vgl. auch EuGH, Urt. v. 29.07.2019 – C-40/17 (Fashion ID) Rn. 72.

321 *Schild* in: Wolff/Brink, BeckOK Datenschutzrecht, 35. Edition, Art. 4 DS-GVO Rn. 42.

322 Siehe 2.5.

Auslesen von Merkmalen mit anschließendem Abgleich, der sogar Erwähnung im Beispielkatalog des Art. 4 Nr. 2 DSGVO findet. Ebenfalls wird das Beispiel des Löschens in Art. 4 Nr. 2 DSGVO genannt, welches durch das Löschen des Rohmaterials nach der Extraktion relevant ist.

Da die Merkmale extrahiert werden und das Rohmaterial bei der Echtzeitverarbeitung nach der Extraktion verworfen wird, handelt es sich in diesem Fall um eine Zwischenspeicherung. In der Literatur wurde bereits die Frage aufgeworfen, ob flüchtige Vorgänge eine Verarbeitung im Sinne des Art. 4 Nr. 2 DSGVO sein können[323]. Dafür spricht, dass die DSGVO die Speicherung explizit in Art. 4 Nr. 2 DSGVO erwähnt. Die Dauer der Speicherung wird dabei nicht als ausschlaggebender Faktor gesehen, sodass auch kurze Zwischenspeicherungen unter den Begriff der Speicherung fallen[324]. Selbst wenn die Zwischenspeicherung nicht als Verarbeitung gewertet wird, wurde eben bereits ausgeführt, dass im Rahmen der Vorverarbeitung, Merkmalsextraktion und des Trackings ebenfalls Verarbeitungen im Sinne des Art. 4 Nr. 2 DSGVO stattfinden.

Hinsichtlich dieser Ausführungen der Vorschriften der DSGVO muss ferner noch hinzugefügt werden, dass eine Unterteilung in Erhebung, Verarbeitung und Nutzung, wie sie das BDSG a. F. vornahm, nicht von der DSGVO fortgeführt wird.[325]. Dies muss an dieser Stelle klargestellt werden, weil unter dem Statut des BDSG a. F. der VDA und die Aufsichtsbehörden eine Erhebung im Sinne des § 3 Abs. 3 BDSG a. F. verneinten bzw. erst zum Zeitpunkt der Datenkommunikation sahen[326]. Das würde bedeuten, dass aufgrund fehlender Erhebung gemäß des § 3 Abs. 3 BDSG a. F. die lokale Verarbeitung im Fahrzeug keine Verarbeitung wäre und erst bei der Übermittlung in den datenschutzrechtlichen Anwendungsbereich fallen würde. Wie eben ausgeführt, bedarf es unter dem Regelungsgefüge der DSGVO keiner Erhebung für eigene Zwecke. Danach gilt bereits das Erfassen/die Anfertigung einer Kameraaufnahme als Verarbeitung, unabhängig davon, ob sie jemand „für sich" erhebt[327]. Die Verarbeitung durch die Sensorik sowie die (Zwischen-) Speicherung im Fahrzeug erfüllt bereits das Tatbestandsmerkmal der Ver-

---

323 *Klink-Straub/Straub*, NJW 2018, 3201 (3202).
324 *Schwartmann/Hermann* in: Schwartmann/Jaspers/Thüsing/Kugelmann, DS-GVO/ BDSG, Art. 4 DS-GVO Rn. 56; *Scholz* in: Simitis/Hornung/Döhmann, Datenschutzrecht Anhang 1 zu Artikel 6 DSGVO Rn. 46; in diesem Sinne auch für Personenbilder *Klein*, Personenbilder im Spannungsfeld von Datenschutzgrundverordnung und Kunsturhebergesetz, S. 48, der fast jede Verwendungsform von der DSGVO erfasst sieht, sofern die Daten personenbezogen sind.
325 *Kühling/Raab* in: Kühling/Buchner, DS-GVO/BDSG, Art. 4 Nr. 2 DS-GVO Rn. 3.
326 *Unabhängige Datenschutzbehörden des Bundes und der Länder/Verband der Automobilindustrie*, Datenschutzrechtliche Aspekte bei der Nutzung vernetzter und nicht vernetzter Kraftfahrzeuge, S. 1 f.
327 *Schneider/Schindler*, PinG 2018, 247 (249); *Schlamp*, InTer 2018, 116 (118).

arbeitung. In diesem Sinne ist es nur konsequent, bereits bei Beginn der Sensorerfassung im Rahmen der Vorverarbeitung die datenschutzrechtlichen Regelungen anzuwenden.

4.2.2 Die Weiterentwicklung

Der EuGH hat bereits für den Vorgang der Videoüberwachung judiziert, dass eine kontinuierlich speichernde Vorrichtung eine automatisierte Verarbeitung darstelle[328]. Auch die Rechtsliteratur und Aufsichtsbehörden schließen sich dieser Auffassung an[329]. Daher gibt es bei der Datenverarbeitung im Rahmen der Weiterentwicklung wenig Diskussionsbedarf, da es sich hierbei um eine Speicherung mit anschließender Übermittlung an den Automobilhersteller handelt, was dem Vorgang der klassischen Videoüberwachung gleich ist.[330]

Ferner sind die beiden Vorgänge bei der Weiterentwicklung (Speicherung und Übermittlung) explizit im beispielhaften Katalog in Art. 4 Nr. 2 lit. b DSGVO als Verarbeitung definiert.

4.2.3 Zwischenergebnis

Der Begriff der automatisierten Verarbeitung muss weit verstanden werden. Darum gibt es kaum Datenverarbeitungen, die nicht unter die von der DSGVO erfassten Verarbeitungsformen fallen. Dies hat zur Folge, dass der Prozess der Echtzeitverarbeitung und Weiterentwicklung ebenfalls als automatisierte Verarbeitung zu betrachten ist.

4.3 Personenbezogene Daten

Personenbezogene Daten sind die Essenz des Datenschutzrechts. Denn die DSGVO findet nur dann Anwendung, wenn personenbezogene Daten verarbeitet werden. Handelt es sich bei der Datenverarbeitung nicht um personenbezogene Daten, weil die betroffenen Personen nicht identifizierbar sind, ist

---

328 EuGH, Urt. v. 11.12.2014 – C-212/13 (Ryneš) Rn. 25.
329 *Scholz* in: Simitis/Hornung/Döhmann, Datenschutzrecht, Anhang 1 zu Artikel 6 DSGVO Rn. 45; *Artikel-29-Datenschutzgruppe*, Arbeitsdokument zum Thema Verarbeitung personenbezogener Daten aus der Videoüberwachung (WP 67), S. 13; *Datenschutzkonferenz*, Kurzpapier Nr. 15. Videoüberwachung nach der Datenschutz-Grundverordnung, S. 1.
330 So auch *Stoklas/Wendt*, Das vernetzte und autonome Fahrzeug – Datenschutzrechtliche Herausforderungen, S. 23 in Bezug auf die Übermittlung in das Backend des Herstellers.

die DSGVO nicht anwendbar. Darum muss geprüft werden, ob und welche Daten(kategorien) bei der Umfelderfassung verarbeitet werden.

4.3.1 Bestehende Aussagen zum Personenbezug bei automatisierten und vernetzten Fahrzeugen und ihre Relevanz für die Umfelderfassung

Das automatisierte und vernetzte Fahren ist schon seit einigen Jahren Gegenstand der datenschutzrechtlichen Literatur. Eine häufige Debatte dabei ist der Personenbezug bei Daten aus Fahrzeugen. Hierbei wird aber in der Regel Bezug auf das Fahrzeug genommen, sodass bei der Frage nach dem Personenbezug Einstimmigkeit herrscht: Da eine Fahrzeugidentifikationsnummer (FIN), ein KFZ-Kennzeichen oder der Standort durch den Verantwortlichen oder Dritten verarbeitet wird, kann damit eine Verbindung zum Halter oder Fahrer hergestellt werden, wodurch eine Person identifizierbar wird. Darum wird allgemein vertreten, dass personenbezogene Daten im Fahrzeug verarbeitet werden[331].

In der Gesamtschau über das Fahrzeug der Zukunft sind die Aussagen begründet, allerdings können diese Argumente nicht uneingeschränkt auf die Datenkategorien der Umfelderfassung übertragen werden. Erstens beziehen sich obige Debatten auf das Fahrzeug. Dies schließt nicht die Frage nach dem Personenbezug von Umfelddaten ein, denn bei der Umfelderfassung muss der Personenbezug der Umfelddaten, insbesondere ein möglicher Personenbezug anderer Straßenverkehrsteilnehmer, geprüft werden. Der Kreis der betroffenen Personen ist somit also das Umfeld, nicht der Fahrer.

Zweitens wird häufig nicht zwischen Datenkategorien und deren Verarbeitungszweck für die jeweiligen Fahrzeugfunktionen differenziert, sondern generell auf Daten verwiesen, die im Gesamtprozess der (fahrzeuginternen)

---

331 So zum Beispiel *Europäischer Datenschutzausschuss*, Guidelines 1/2020 on processing personal data in the context of connected vehicles and mobility related applications, Rn. 29; *Konferenz der Datenschutzbeauftragten des Bundes und der Länder*, Entschließung zu Datenschutz im Kraftfahrzeug – Automobilindustrie ist gefordert; *Buchner*, DuD 2015, 372 (373); *Hansen* in: Roßnagel/Hornung, Grundrechtsschutz im Smart Car, DuD 2015, 359 (361); *Kinast/Kühnl*, NJW 2014, 3057 (3058); *Kremer*, PinG 2015, 134 (135); *Lüdemann*, ZD 2015, 247 (247), die sogar pauschal einen Personenbezug bei allen Sensordaten als gegeben sieht; *Metzger*, GRUR 2019, 129 (131); *Roßnagel*, SVR 2014, 281 (284); *Straub/Klink-Straub*, ZD 2018, 459 (461); *Weichert*, SVR 2014, 201 (204); *Weisser/Färber*, MMR 2015, 506 (508); *Verband der Automobilindustrie*, VDA Mustertext zur Datenverarbeitung im Fahrzeug, S. 1, https://www.datenschutzkonferenz-online.de/media/ah/201802_ah_vda_mustertext.pdf (16.08.23).

Datenverarbeitung anfallen, ohne dabei auf die individuellen technischen Vorgehensweisen oder Fahrzeugfunktionen einzugehen.

Insofern können die meistens Argumente zum Personenbezug bei einem „autonomen", „vernetzten", „automatisierten" oder „modernen" Fahrzeug nicht ohne eine weitere Einzelfallprüfung für jede Fahrzeugfunktion übernommen werden.

4.3.2 Allgemeine Überlegungen

Der Schutz personenbezogener Daten in der DSGVO ist Ausfluss des primärrechtlichen Schutzes aus Art. 16 AEUV und Art. 8 GRCh. Schutzgut des Art. 8 GRCh und der DSGVO sind nicht die Daten als solche, sondern die betroffenen Personen dieser Daten[332].[333] In beiden Statuten wird das personenbezogene Datum nicht definiert und lässt Art. 4 Nr. 1 DSGVO als einzige Quelle einer Legaldefinition der personenbezogenen Daten. Gemäß Art. 4 Nr. 1 DSGVO handelt es sich dabei um

alle Informationen, die sich auf eine identifizierte oder identifizierbare natürliche Person (im Folgenden „betroffene Person") beziehen; als identifizierbar wird eine natürliche Person angesehen, die direkt oder indirekt, insbesondere mittels Zuordnung zu einer Kennung wie einem Namen, zu einer Kennnummer, zu Standortdaten, zu einer Online-Kennung oder zu einem oder mehreren besonderen Merkmalen identifiziert werden kann, die Ausdruck der physischen, physiologischen, genetischen, psychischen, wirtschaftlichen, kulturellen oder sozialen Identität dieser natürlichen Person sind.

Trotz dieser Legaldefinition sowie Judikatur des EuGH und nationaler Gerichte, gibt es bisher keine einheitliche Auslegung des Begriffs. Die Einzelheiten des Begriffs sind darum bis heute unklar und für den Einzelfall zu prüfen. Einigkeit herrscht lediglich bei der Tatsache, dass der Begriff des personenbezogenen Datums weit auszulegen ist[334].

---

332 *Albrecht/Jotzo*, Das neue Datenschutzrecht der EU, Teil 3 Rn. 3; *Gola* in: Gola, DS-GVO, Art. 4 Rn. 4; *Klabunde* in: Ehmann/Selmayr, Datenschutz-Grundverordnung, Art. 4 Rn. 7.

333 Ausführlich dazu in 3.1.

334 Vgl. die Rechtsprechung des EuGH, u. a. EuGH, Urt. v. 20.12.2017 – C-434/16 (Nowak) Rn. 33; EuGH, Urt. v. 06.11.2003 – Rs. C-101/01 (Lindqvist) Rn. 88; *Klabunde* in: Ehmann/Selmayr, Datenschutz-Grundverordnung, Art. 4 Rn. 7; *Artikel-29-Datenschutzgruppe*, Stellungnahme 4/2007 zum Begriff „personenbezogene Daten" (WP 136), S. 4; *Datenethikkommission*, Gutachten der Datenethikkommission, S. 141.

Vom Begriff des personenbezogenen Datums wurden die zentralen Elemente der DSRL in der DSGVO übernommen[335]. Für die Prüfung des personenbezogenen Datums bedarf es gemäß Art. 4 Nr. 1 DSGVO der Betrachtung der folgenden Tatbestandsmerkmale:

- Alle Informationen
- Bezug zu einer natürlichen Person
- Identifizierung/Identifizierbarkeit einer Person

Folglich ist nicht nur das prominent diskutierte Tatbestandsmerkmal der „Identifizierbarkeit" (in der DSRL und dem deutschen BDSG „Bestimmbarkeit") einziges Kriterium, sondern dazu müssen alle Tatbestandsmerkmale erfüllt sein. Eine Abstufung in diesem System oder einen Bagatellvorbehalt[336] gibt es in der DSGVO nicht[337]. Das bedeutet gleichzeitig, dass bei Fehlen eines der Tatbestandsmerkmale automatisch keine personenbezogenen Daten vorliegen.

4.3.3 Alle Informationen

Wie bereits in Art. 2 lit. a DSRL umfasst Art. 4 Nr. 1 DSGVO *alle* Informationen, die sich auf eine natürliche Person beziehen (betroffene Person). Somit ist der Schutzumfang grundsätzlich weit zu sehen[338].[339] Der Begriff ist unabhängig von Art und Inhalt der Information auszulegen. Es fallen folglich objektive und subjektive Informationen über eine Person unter das personenbezogene Datum.[340]

Datenart, Format und Speichermedium sind ebenfalls unabhängig von der Beurteilung der Information (vgl. auch Erwägungsgrund 15 DSGVO). Vielfach wird vertreten, dass Informationen auch in fotografischer Form

---

335 *Klar/Kühling* in: Kühling/Buchner, DS-GVO/BDSG, Art. 4 Nr. 1 DS-GVO Rn. 2; *Karg*, DuD 2015, 520 (521).

336 *Hornung*, DuD 2015, 359 (361).

337 *Schneider/Härting*, ZD 2012, 199 (200); *Härting*, BB 2012, 459 (463); *Schätzle*, PinG 2015, 85 (88).

338 *Dammann/Simitis*, EG-Datenschutzrichtlinie Art. 2 Rn. 2; *Artikel-29-Datenschutzgruppe*, Stellungnahme 4/2007 zum Begriff „personenbezogene Daten" (WP 136), S. 7; *Oostveen*, Int. Data Priv. Law 2016, 299 (304); *Purtova*, Law Innov. Technol. 2018, 40 (50); EuGH, Urt. v. 20.12.2017 – C-434/16 (Nowak) Rn. 34; *Klar/Kühling* in: Kühling/Buchner, DS-GVO/BDSG, Art. 4 Nr. 1 DS-GVO Rn. 8; *Karg* in: Simitis/Hornung/Döhmann, Datenschutzrecht, Art. 4 Nr. 1 DSGVO Rn. 28.

339 Weitergehende Ausführungen zum Datenbegriff, auch aus zivil- und strafrechtlicher Sicht, die allerdings nicht Gegenstand dieser datenschutzrechtlichen Betrachtung sind, gibt *Karikari*, Big Data in der Automobilindustrie, S. 36 ff.

340 EuGH, Urt. v. 20.12.2017 – C-434/16 (Nowak) Rn. 34.

vorliegen können[341]. Letzteres ist, anders als in Erwägungsgrund 17 der DSRL, nicht ausdrücklich in der DSGVO erwähnt. Allerdings inkludiert die DSGVO sogenannte „optoelektronische Vorrichtungen" in Art. 35 i. V. m. Erwägungsgrund 91 DSGVO, da bei deren Einsatz eine Datenschutz-Folgenabschätzung verpflichtend sein kann. Folglich ist davon auszugehen, dass grundsätzlich auch Videoaufnahmen und Bilder unter den Begriff der Information und dadurch in den Schutzbereich der DSGVO fallen[342]. Bei der Umfelderfassung werden die Informationen des Kamerasensors voraussichtlich den Großteil an Informationen umfassen, die als Identifikationsmerkmale vom Begriff der Information umfasst sind[343]. Genauso fallen darunter die Informationen anderer Umfeldsensoren.

Hinsichtlich der Unterscheidung zwischen Daten und Informationen wird bereits aus dem Wortlaut deutlich, dass es Unterschiede zwischen den beiden Begriffen gibt. Im Grundsatz sind Daten Abfolgen zunächst interpretationsfreier Zeichen, aus denen mit Kontext oder Interpretation Informationen werden können[344]. Diese Unterscheidung bringt aber keine Errungenschaft im wissenschaftlichen Diskurs, denn sowohl die DSRL als auch die DSGVO verwenden beide Begriffe als synonym und unterscheiden sie nicht[345]. Deshalb werden in dieser Arbeit Daten und Informationen als äquivalent betrachtet.

4.3.4 Bezug zu einer natürlichen Person

Grundsätzlich ist der Bezug zu einer natürlichen Person gegeben, „wenn es sich um Informationen *über* diese Person handelt"[346]. Bei der Umfelderfassung werden zahlreiche Straßenverkehrsteilnehmer aufgenommen. Das bedeutet, dass hierbei das Bild einer durch die Kamerasensoren erfassten natürlichen Person ein Bezug zur Person sein kann[347]. Genauso wird von einem Bezug zu einer natürlichen Person gesprochen, wenn sich Daten auf

---

341 *Artikel-29-Datenschutzgruppe*, Stellungnahme 4/2007 zum Begriff „personenbezogene Daten" (WP 136), S. 8; *Klein*, Personenbilder im Spannungsfeld von Datenschutzgrundverordnung und Kunsturhebergesetz, S. 6; *Klabunde* in: Ehmann/Selmayr, Datenschutz-Grundverordnung, Art. 4 Rn. 9.
342 So auch im Ergebnis zur Videoüberwachung EuGH, Urt. v. 11.12.2014 – C-212/13 (Ryneš) Rn. 22.
343 *Klar/Kühling* in: Kühling/Buchner, DS-GVO/BDSG, Art. 4 Nr. 1 DS-GVO, Rn. 8.
344 *Oermann*, Individualdatenschutz im europäischen Datenschutzrecht, S. 7; *Schmitz*, ZD 2018, 5 (6).
345 *Oermann*, Individualdatenschutz im europäischen Datenschutzrecht, S. 50.
346 *Artikel-29-Datenschutzgruppe*, Stellungnahme 4/2007 zum Begriff „personenbezogene Daten" (WP 136), S. 10.
347 *Artikel-29-Datenschutzgruppe*, Stellungnahme 4/2007 zum Begriff „personenbezogene Daten" (WP 136), S. 10.

die Identität, die Merkmale oder das Verhalten einer Person beziehen[348]. Auch diese Merkmale werden von den Straßenverkehrsteilnehmern durch die Umfeldsensoren erfasst.

Keinen Bezug zu einer natürlichen Person haben sog. Sachdaten. Sie beziehen sich nicht auf eine Person, sondern auf eine Sache und beschreiben sie.[349] Hier muss für den Einzelfall begutachtet werden, ob ein Datum als Sachdatum in Frage käme[350]. Dabei wird geprüft, ob der durchschnittliche Betrachter die Information über die Sache gleichzeitig als Angabe über eine Person sieht[351]. Weisen Daten keinen Bezug zu einer natürlichen Person auf, sondern beziehen sich auf Sachen, fallen sie nicht in den Anwendungsbereich der DSGVO.[352] Solche Sachdaten werden sich oftmals bei den statischen Umfeldelementen befinden: Die statischen Umgebungselemente beschreiben nicht bewegliche Objekte, zum Beispiel Straßenverkehrsschilder, Fahrbahnmarkierungen oder Lichtsignalanlagen. Dies gilt ebenfalls für die Kategorie der Freiräume, die sich nicht auf eine Person beziehen, diese beurteilen oder die sich auf die Rechte und Interessen einer Person auswirken.

Beide Kategorien dieser statischen Objekte fallen daher wegen fehlenden Bezugs zu einer Person nicht in den Anwendungsbereich der DSGVO.

Bei der Bestimmung des Elements „Bezug zu einer natürlichen Person" wird auch oft der Bezug zu einer Person bei Gebäuden und Gebäudefassaden diskutiert[353]. Gebäude können Personenbezug aufweisen, wenn sie mit einer Adresse versehen oder georeferenziert sind[354]. Allerdings wird die Adresse in der Regel nicht bei der Umfelderfassung benötigt. Lediglich der Standort des Fahrzeugs und die für das hochautomatisierte Fahren erforderlichen Daten, die im Rahmen des Szenenverständnisses zum Gebäude benötigt werden, werden gleichzeitig verarbeitet. Folglich steht nicht die

---

348 *Artikel-29-Datenschutzgruppe*, Datenschutzfragen im Zusammenhang mit der RFID-Technik (WP 105), S. 9.

349 *Forgó/Krügel*, MMR 2010, 17 (20); *Schild* in: Wolff/Brink, BeckOK Datenschutzrecht, 35. Edition, Art. 4 DS-GVO Rn. 22.

350 Beispiele hierfür in *Artikel-29-Datenschutzgruppe*, Stellungnahme 4/2007 zum Begriff „personenbezogene Daten" (WP 136), S. 10 f.

351 *Klar*, Datenschutzrecht und die Visualisierung des öffentlichen Raums, S. 142 f.; ausführlich zum möglichen Personenbezug bei Sachdaten *Krügel*, ZD 2017, 455 (457).

352 *Forgó/Krügel*, MMR 2010, 17 (20); *Klar/Kühling* in: Kühling/Buchner, DS-GVO/BDSG, Art. 4 Nr. 1 DS-GVO Rn. 12.

353 Zum Beispiel *Klar*, Datenschutzrecht und die Visualisierung des öffentlichen Raums, S. 129 ff.; *Forgó/Krügel/Müllenbach*, CR 2010, 616 (618 f.); *Krügel*, ZD 2017, 455 (457 f.); *Lindner*, ZUM 2010, 292 (294).

354 Ausführlich *Klar*, Datenschutzrecht und die Visualisierung des öffentlichen Raums, S. 129 ff., 148 m. w. N.; *Klar*, MMR 2012, 788 (792).

Verknüpfung zwischen dem Gebäude und dem Standort im Vordergrund[355]. Sofern davon auszugehen ist, dass die Verarbeitung dieser Daten in keinen Zusammenhang mit einer Person gebracht wird, handelt es sich um Sachdaten[356].

Ferner ist in der Literatur zum hochautomatisierten Fahren zum jetzigen Stand der Technik nicht ersichtlich, dass Objekte georeferenziert werden sollen. Deshalb wird an dieser Stelle auch nicht von einer Georeferenzierung ausgegangen, sodass auch keine Grundlage für eine weitere Diskussion zum Personenbezug von Gebäuden durch hochautomatisierte Fahrzeuge gegeben ist.

4.3.5 Identifizierung und Identifizierbarkeit

Bevor auf die Einzelheiten der Identifizierung und Identifizierbarkeit eingegangen wird, erfolgt an dieser Stelle eine Klarstellung zum Begriff und zur Auslegung der Identifizierbarkeit nach Art. 4 Nr. 1 DSGVO, die in der DSRL noch „Bestimmbarkeit" genannt wurde. Denn wenn ein inhaltlicher Unterschied zwischen den Begrifflichkeiten bestünde, könnten die auf der DSRL basierende Rechtsprechung, (behördlichen) Stellungnahmen und Literatur nicht übernommen werden.

Ausführungen zum Begriff der „Identifizierbarkeit" befanden sich bereits in Erwägungsgrund 26 DSRL und wurden in Erwägungsgrund 26 DSGVO mit geringfügigen Änderungen fortgeführt. Die erste Änderung besteht darin, dass in Erwägungsgrund 26 DSGVO nicht mehr vom Kriterium der „Bestimmbarkeit"[357] ausgegangen wird, sondern von dem der „Identifizierbarkeit". Allerdings ist dieser Wortwechsel eine Eigenheit der deutschen Fassungen. In der englischen Fassung wurde der Begriff des Erwägungsgrundes 26 DSRL („identifiable") übernommen. Zweitens sollen nun alle Mittel berücksichtigt werden, die nach *allgemeinem Ermessen wahrscheinlich* genutzt werden, um eine natürliche Person zu identifizieren. In der DSRL stellte man noch auf Mittel ab, die *vernünftigerweise* eingesetzt werden, um die betroffene Person zu bestimmen. Der Verordnungsgeber hat an dieser Stelle zwar eine geringfügige wörtliche Änderung vorgenommen, diese hat allerdings keine Auswirkung auf die grundlegenden Prinzipien der Identifizierbarkeit. Denn der Grundsatz, dass die zur Verfügung ste-

---

355 Es ist sogar davon auszugehen, dass diese Verknüpfung zum jetzigen Stand der Technik nicht vorgenommen wird, weil dieser Vorgang Ressourcen verbrauchen würde, obwohl er keinen ersichtlichen Nutzen bringt und folglich nicht für den (technischen) Zweck dienlich ist.

356 *Forgó/Krügel*, MMR 2010, 17 (20); *Krügel*, ZD 2017, 455 (457).

357 Der Begriff der „Bestimmbarkeit" wurde in Erwägungsgrund 26 DSRL sowie in § 3 Abs. 1 BDSG a. F. genutzt.

henden Mittel berücksichtigt werden müssen, wird beibehalten. Die dritte Änderung bezieht sich auf die Frage, von wem die Mittel des Erwägungsgrundes 26 DSGVO genutzt werden, um eine Person zu identifizieren. Dies umfasst, unverändert, den Verantwortlichen, aber gemäß Erwägungsgrund 26 DSGVO auch „andere Personen"[358]. Diese Änderung tangiert aber nicht die grundsätzliche Auslegung des Begriffs der Identifizierbarkeit und wird näher in 4.3.5.4 ausgeführt.

Da also die Auslegungen des Erwägungsgrundes 26 DSRL auf Erwägungsgrund 26 DSGVO übertragen werden können, wird im Folgenden auch auf die Rechtsprechung, (behördliche) Stellungnahmen und Literatur unter der DSRL referenziert, die, trotz der abweichenden Begrifflichkeiten, auch für die DSGVO anzuwenden sind.[359]

4.3.5.1 Möglichkeiten einer Auslegungsrichtung unter Berücksichtigung der Theorien des absoluten und relativen Personenbezugs

Grundsätzlich unterscheidet die DSGVO zwischen identifizierten und identifizierbaren Daten. Den Begriff der *identifizierten* Person erläutert die DSGVO nicht weiter. Der EuGH führt aber aus, dass aus identifizierten Informationen unmittelbar die Identität einer Person festgestellt werden kann[360]. Das Aufkommen identifizierter Informationen ist gering, denn in der Regel wird eine Person durch Zuordnung einer Information unter Hinzuziehung weiterer Informationen identifiziert[361]. Aufgrund ihrer niedrigen Verbreitung wird der Fokus nicht auf die identifizierten Informationen gelegt werden, sondern auf jene Informationen, die eine Person durch weitere Mittel bzw. Zusatzwissen identifizieren können. Letztgenannte Informationen sind sogenannte *identifizierbare* Informationen.

Über die Frage, wann und unter welchen Umständen eine Person identifizierbar ist, herrscht seit Jahren Uneinigkeit und dies stellt damit das Kernproblem bei der Bestimmung des Personenbezugs dar.[362] Bereits unter der

---

358 In Erwägungsgrund 26 DSRL waren „Dritte" umfasst.
359 So auch die herrschende Meinung: *Klar/Kühling* in: Kühling/Buchner, DS-GVO/BDSG, Art. 4 Nr. 1 DS-GVO Rn. 20; *Karg* in: Simitis/Hornung/Döhmann, Datenschutzrecht, Art. 4 Nr. 1 DSGVO Rn. 6; *Klein*, Personenbilder im Spannungsfeld von Datenschutzgrundverordnung und Kunsturhebergesetz, S. 6; *Eckhardt*, CR 2016, 786 (789); *Karg*, DuD 2015, 520 (523); zur inhaltlichen Gleichsetzung der Begriffe „bestimmbar"/ „identifizierbar" *Ernst*, in: Paal/Pauly, DS-GVO/BDSG, Art. 4 DS-GVO Rn. 3; *Krügel*, ZD 2017, 455 (455).
360 EuGH, Urt. v. 19.10.2016 – C-582/14 (Breyer) Rn. 38.
361 *Karg* in: Simitis/Hornung/Döhmann, Datenschutzrecht, Art. 4 Nr. 1 DSGVO Rn. 56.
362 Für eine Zusammenfassung des Meinungsstands und Kriterien: *Haase*, Datenschutzrechtliche Fragen des Personenbezugs, S. 270 ff. m. w. N.; *Bergt*, ZD 2015, 365

DSRL und dem BDSG war der rechtliche Maßstab für die Bestimmbarkeit höchst umstritten. Insbesondere im deutschen Recht gab es bereits zahlreiche Diskussionen darüber, ob man dem relativen oder absoluten Begriff des Personenbezugs folgen soll[363]. Für Vertreter des *absoluten Personenbezugs* ist die Identifizierbarkeit gegeben, sobald irgendjemand anhand eines Datums eine konkrete Person identifizieren kann. Beim *relativen Personenbezug* zählt hingegen, ob der Verantwortliche mit geeigneten Mitteln eine konkrete Person identifizieren kann respektive Zusatzwissen eingebracht werden kann, das eine Person wahrscheinlich identifizieren kann.[364] Zwischen diesen Extrempositionen befinden sich vermittelnde Mischformen[365]. Die vermittelnden Ansichten zeigen auf, dass weder das Konzept des absoluten, noch des relativen Personenbezugs für die Bewertung des Personenbezugs angemessen erscheint, sondern die Lösung dazwischen liegt und letzten Endes für den Einzelfall getroffen werden muss.

Für die Auslegung der DSGVO wird einerseits die Ansicht vertreten, dass der Wortlaut der DSGVO, wie bereits die DSRL, den absoluten Personenbezug vertritt, da gemäß Erwägungsgrund 26 DSGVO alle Mittel berücksichtigt werden sollen, die vom Verantwortlichen oder einer anderen Person nach allgemeinem Ermessen wahrscheinlich genutzt werden[366]. Andererseits wird auch vertreten, dass sich neben absoluten Elementen auch relative aus der DSGVO entnehmen lassen, wie zum Beispiel, dass gemäß Erwägungsgrund 26 DSGVO nur solche Mittel berücksichtigt werden sollen, die von dem Verantwortlichen oder einer anderen Person nach allgemeinem Ermessen wahrscheinlich zur Identifizierung genutzt werden[367]. In der DSGVO findet man folglich Formulierungen, die auf einen absoluten Personenbezug hinweisen, aber gleichzeitig relativierend sind[368].

(365 ff.); *Eckhardt*, CR 2011, 339 (340 ff.); *Herbst*, NVwZ 2016, 902 (903 ff.); *Brink/Eckhardt*, ZD 2015, 1 (1 f.); *Nink/Pohle*, MMR 2015, 563 (564 ff.); *Karg* in: Simitis/Hornung/Döhmann, Datenschutzrecht, Art. 4 Nr. 1 DSGVO Rn. 57 ff; *Arning/Rothkegel* in: Taeger/Gabel, DSGVO – BDSG, Art. 4 DSGVO Rn. 33 ff.

363 Siehe dazu ebenfalls die Ausführungen der Autoren in Fn. 362.

364 Überblick des Meinungsstands unter dem BDSG a. F.: *Bergt*, ZD 2015, 365, darunter auch eine Übersicht zu den Ansichten deutscher Gerichte (S. 367) und deutscher Aufsichtsbehörden (S. 368), *Bretthauer*, Intelligente Videoüberwachung, S. 110 ff.; *Eckhardt*, CR 2016, 786 (786) m.w.N.; *Keppeler*, CR 2016, 360 (361); *Klar*, Datenschutzrecht und die Visualisierung des öffentlichen Raums, S. 144 ff.; *Krüger/Maucher*, MMR 2011, 433 (434) m.w.N.; *Nink/Pohle*, MMR 2015, 563 (564) m.w.N.; *Sachs*, CR 2010, 547 (548 f.).

365 Näher dazu *Bergt*, ZD 2015, 365 (366).

366 So *Albrecht/Jotzo*, Das neue Datenschutzrecht der EU, Teil 3 Rn. 3.

367 *Klar/Kühling* in: Kühling/Buchner, DS-GVO/BDSG, Art. 4 Nr. 1 DS-GVO Rn. 26; Eckhardt, CR 2016, 786 (789).

368 So auch *Haustein* in: Hilgendorf/Hötitzsch, Das Recht vor den Herausforderungen der modernen Technik, S. 105.

Trotz einschlägiger Judikatur zur Auslegung personenbezogener Daten[369] gibt auch der EuGH bisher keine konkretisierende Antwort auf die Frage nach dem absoluten oder relativen Personenbezug[370]. In *Breyer* judiziert der EuGH, dass sich alle zur Identifizierung erforderlichen Informationen nicht in den Händen einer einzigen Person befinden müssen[371]. Somit stellt der EuGH klar, dass auch Identifizierungsmöglichkeiten Dritter in die Prüfung einbezogen werden müssen, was auf einen absoluten Begriff des Personenbezugs hinweist. Gleichzeitig relativiert der EuGH aber Anforderungen in Bezug auf die Mittel Dritter, dass diese auch vernünftigerweise zur Identifizierung der betroffenen Person eingesetzt werden können[372]. Konkreter wird der EuGH an dieser Stelle aber nicht und lässt eine Positionierung für den absoluten oder relativen Begriff offen.

Somit geben weder die Judikatur, noch die normativen Grundlagen deutliche Hinweise auf eine Einteilung oder Festlegung einer absoluten oder relativen Theorie. Denkt man die Theorie des absoluten/relativen Personenbezugs weiter, muss ebenfalls die Frage aufgeworfen werden, ob eine solche Einteilung oder eine Positionierung in eine der beiden Richtungen sinnvoll ist: Sieht man in fast jedem Datum einen Personenbezug (absolute Theorie), wird fast jedes Datum datenschutzrechtlich relevant sein. Da der Anwendungsbereich des Datenschutzrechts fast immer bei der Verarbeitung von Daten eröffnet wäre, wäre auch eine Legaldefinition obsolet[373]. Auch die mögliche Bejahung der relativen Theorie bringt nicht die Lösung des Problems. Denn die Folgefrage wird dann lauten, „wie relativ" die Identifizierbarkeit einzustufen ist. Die Beantwortung dieser Frage wird ebenfalls anhand individueller Sachverhaltsmerkmale erfolgen müssen und in der Abwägung der zur Verfügung stehenden Mittel für den Einzelfall münden.

Somit bleiben zwei Kernergebnisse in Bezug auf die absolute/relative Theorie des Personenbezugs festzuhalten: Erstens finden sich für beide Theorien Hinweise in der DSRL, DSGVO und in der Judikatur des EuGH. Darum muss auch die Möglichkeit in den Raum gestellt werden, dass sich weder

---

369 EuGH, Urt. v. 19.10.2016 – C-582/14 (Breyer); EuGH, Urt. v. 24.11.2011 – C-70/10 (Scarlet Extended).

370 Siehe dazu die Ausführungen von *Ziebarth* in: Sydow, DSGVO, Art. 4 Rn. 37. Selbst nach dem Urteil gibt es weiterhin gespaltene Meinungen, die die Theorie des relativen Personenbezugs herauslesen (so *Eckhardt*, CR 2016, 786 (787), *Kartheuser/Gilsdorf*, MMR-Aktuell 2016, 382533), respektive auch den absoluten Personenbezug (*Zuiderveen Borgesius*, Breyer Case of the Court of Justice of the European Union: IP Addresses and the Personal Data Definition (Case Note) (via SSRN), S. 12, wobei auch ein Mittelweg interpretiert wird (*Kühling/Klar*, ZD 2017, 24 (28), *Moos/Rothkegel*, MMR 2016, 842 (845), *Mantz/Spittka*, NJW 2016, 3579 (3582), Schmitz, ZD 2018, 5 (7))).

371 EuGH, Urt. v. 19.10.2016 – C-582/14 (Breyer) Rn. 43.

372 EuGH, Urt. v. 19.10.2016 – C-582/14 (Breyer) Rn. 45.

373 *Eckhardt*, CR 2011, 339 (342).

der Verordnungsgeber noch der EuGH auf eine Auslegungsrichtung festlegen wollen[374]. Gegebenenfalls will man die Auslegung des Personenbezugs nicht in ein festgelegtes Konstrukt einbetten, sondern die Möglichkeit einer individuellen Auslegung lassen. Zweitens bringt die Debatte über einen absoluten oder relativen Personenbezug mangels eindeutiger Abgrenzungsmerkmale keine Ergebnisse hinsichtlich der Auslegung des personenbezogenen Datums[375]. Vielmehr zeigt sich, dass die einzelnen Tatbestandsmerkmale individuell für den vorliegenden Sachverhalt geprüft werden müssen, um den Einzelfall zu bewerten.

4.3.5.2 Relevante Datenkategorien bei der Umfelderfassung und ihre datenschutzrechtliche Relevanz

Bevor auf mögliche Identifizierungsmöglichkeiten eingegangen wird, soll vorab untersucht werden, welche Datenkategorien bei der Umfelderfassung primär erhoben werden.

4.3.5.2.1 Äußeres Erscheinungsbild einer Person

Obwohl der EuGH bereits in *Ryneš* zu datenschutzrechtlichen Fragen bei der Videoüberwachung geurteilt hat, gibt es bisher keine eindeutige Aussage hinsichtlich des Personenbezugs von Personenabbildungen bei optoelektronischen Vorrichtungen. Denn der EuGH stellt lediglich fest, dass die von einer Kamera aufgezeichneten Bilder einer Person unter den Begriff der personenbezogenen Daten gemäß Art. 2 lit. a DSRL fallen, wenn sie die Identifikation der betroffenen Person ermöglichen.[376] Weitere Ausführungen, unter welchen Umständen eine Identifikation möglich ist, bleiben aber offen. Darum müssen die einzelnen Komponenten der Personenerkennung bei der Umfelderfassung näher betrachtet werden.

Beim Einsatz optoelektronischer Vorrichtungen ergibt sich bei der Frage nach der Identifizierbarkeit die besondere Schwierigkeit, dass „nur" eine Person auf einem Bild abgebildet ist, die kein Namensschild trägt oder ihren Namen ausspricht[377]. Deshalb ist anhand der Abbildung der Person nicht automatisch eine Zuordnung zu einer natürlichen Person möglich. Allerdings

---

374 Auch der BGH, der zunächst die Streitfrage des absoluten/ relativen Personenbezugs aufgreift (BGH, Beschl. v. 28.10.2014 – VI ZR 135/13 Rn. 23 ff.), hält von einer Kategorisierung in eine absolute/ relative Ansichtsweise nach Beantwortung durch den EuGH letztlich Abstand (BGH, Urt. v. 16.05.2017 – VI ZR 135/13 Rn. 19 ff.)

375 Im Ergebnis auch *Wójtowicz/Cebulla*, PinG 2017, 186 (191); vgl. auch *Hornung/Wagner*, CR 2019, 565 (565 f.).

376 EuGH, Urt. v. 11.12.2014 – C-212/13 (Ryneš) Rn. 22; EuGH, Urt. v. 14.02.2019 – C-345/17 (Buivids) Rn. 31.

377 *Saeltzer*, DuD 2000, 194 (196).

kann auch anhand des äußeren Erscheinungsbilds eines Straßenverkehrsteilnehmers eine Identifizierbarkeit gegeben sein[378]. Ein Name ist für die Identifizierbarkeit nicht notwendig, solange Informationen eine bestimmte Person aussondern[379]. Auf welche Weise eine Person identifiziert werden kann, ist unerheblich[380]. Abbildungen von Personen bieten sogar die Möglichkeit einer einfacheren Identifizierbarkeit, denn sie haben eine höhere Informationsfülle, was bei einer Verarbeitung eine besondere Eingriffstiefe zur Folge haben kann[381]. Keine andere Methode bietet die Möglichkeit, innerhalb kurzer Zeit so viele personenbezogene Daten bzw. Zusatzinformationen zu sammeln wie durch das Erstellen einer Bildaufnahme[382]. Der EGMR sieht zum Beispiel das Bild des Einzelnen als eines der wichtigsten Hauptmerkmale der Persönlichkeit einer Person an, da ein Lichtbild die Besonderheit der Person zum Ausdruck bringt und ihr ermöglicht, sich von anderen Mitmenschen zu unterscheiden. Das Recht der Person auf Schutz des eigenen Bildes stelle daher eine der wesentlichen Bedingungen für ihre persönliche Entfaltung dar.[383]

Individualisierende Merkmale eines Menschen sind ein erkennbares Gesicht und Gesichtszüge[384]. Denn anhand des Gesichts wird eine Person häufig wiedererkannt bzw. ist von anderen unterscheidbar[385]. Dies gilt insbesondere für „Zoomaufnahmen", die bei der Umfelderfassung aufgrund der Erkennung detaillierter Gesichtsbewegungen (zum Beispiel die Blickrichtung) durchgeführt werden könnten, um die Bewegungsintention zu erkennen[386].

---

378 *Europäischer Datenschutzausschuss*, Leitlinien 3/2019 zur Verarbeitung personenbezogener Daten durch Videogeräte, Rn. 7.

379 *Artikel-29-Datenschutzgruppe*, Stellungnahme 4/2007 zum Begriff „personenbezogene Daten" (WP 136), S. 16; *Borgesius*, Comput. Law Secur. Rev. 2016, 256 (265).

380 VG Göttingen, Beschl. v. 12.10.2016 – 1 B 171/16 Rn. 33.

381 *Rose*, ZD 2017, 64 (66); *Smoltczyk* in: Taeger, Chancen und Risiken von Smart Cams im öffentlichen Raum, S. 132; *Rose*, RDV 2019, 123 (128); *Klein*, Personenbilder im Spannungsfeld von Datenschutzgrundverordnung und Kunsturhebergesetz, S. 6, 20.

382 *Rose*, DSRITB 2016, 75 (80).

383 EGMR, Urt. v. 15.01.2009 – 1234/05 Rn. 40; EGMR, Urt. v. 07.02.2012 – 40660/08 – von Hannover Nr. 2 Rn. 96; EGMR, Urt. v. 09.01.2018 – 1874/13 Rn. 56.

384 *Klein*, Personenbilder im Spannungsfeld von Datenschutzgrundverordnung und Kunsturhebergesetz, S. 21; *Der Hamburgische Beauftragte für Datenschutz und Informationsfreiheit*, Vermerk: Rechtliche Bewertung von Fotografien einer unüberschaubaren Anzahl von Menschen nach der DSGVO außerhalb des Journalismus, S. 2; *Datenschutzkonferenz*, Orientierungshilfe Videoüberwachung durch nicht-öffentliche Stellen, S. 5; *Scholz* in: Simitis/Hornung/Döhmann, Datenschutzrecht, Anhang 1 zu Artikel 6 DSGVO Rn. 40.

385 *Klein*, Personenbilder im Spannungsfeld von Datenschutzgrundverordnung und Kunsturhebergesetz, S. 21.

386 So zumindest im Rahmen der Datenerfassung von Testfahrzeugen *BMW*, Datenschutzhinweis (Stand April 2021), https://www.bmw.com/en/footer/data-processing-automated-vehicles/data-processing-automated-vehicles-de.html (16.08.23).

Für die Identifizierung eines Gesichts mittels optoelektronischer Vorrichtungen ist keine spezielle Position der Person notwendig, denn für eine Personenerkennung soll es bereits ausreichen, wenn die Person für wenige Sekunden den Kopf aufrecht hält[387]. Angesichts der Tatsache, dass die Umfeldsensorik Personen aus unterschiedlichen Blickwinkeln erfasst, kann die Person in diesem Fall noch besser erkannt werden. In der Konsequenz könnte mit einem optimalen Winkel theoretisch ein mehrdimensionales Bild einer Person erstellt werden. Diese Kombination unterschiedlicher Perspektiven oder Kameras könnte eine Identifizierungsmöglichkeit sein[388].

Aber selbst wenn das Gesicht nicht aufgenommen wird, können auch die körperliche Konstitution, das äußere Erscheinungsbild (Haare, Körpergröße, etc.), Bewegungsverhalten und individualisierende Merkmale (zum Beispiel Größe, Muttermale, etc.) Rückschlüsse auf eine Person geben und damit Identifizierungsmerkmal sein[389]. Es soll sogar mit einschlägigen Algorithmen möglich sein, Personen von hinten zu erkennen[390].

Darum können auch die durch die Infrarotkamera gewonnenen Daten[391] personenbezogen sein: Durch die bestehenden Konturen können individualisierende Merkmale (Größe, Silhouette, Haare) erfasst werden. Mildernd muss allerdings festgehalten werden, dass eine Identifizierbarkeit in solchen Fällen weitaus unwahrscheinlicher sein wird.

Beim Einsatz visueller Umfeldsensorik muss auch beachtet werden, dass Verkehrsteilnehmer nicht nur anhand ihres äußerlichen Erscheinungsbilds analysiert werden, sondern auch anhand möglicher nonverbaler Kommunikationssignale. Spätestens dann, wenn hilfsweise Verkehrspolizisten den Verkehr regeln, muss das hochautomatisierte Fahrsystem die „nonverbale Verkehrssprache" verstehen oder zumindest erkennen, dass eine nonverbale Kommunikation stattfindet, um notfalls an den Fahrer übergeben zu können. Hierbei bedarf es einer sehr präzisen Erfassung und Merkmalserkennung. Denn es müssen kleinste Details erkannt werden, zum Beispiel Gesichtsausdruck und Augenkontakt, Hand- und Kopfgesten, Körperbewegungen.[392]

---

387 *Drahanský/Goldmann/Spurný*, DuD 2017, 415 (419).
388 *Ernst* in: Paal/Pauly, DS-GVO/BDSG, Art. 4 DS-GVO Rn. 12; *Fuchs*, ZD 2015, 212 (213).
389 *Artikel-29-Datenschutzgruppe*, Stellungnahme 4/2007 zum Begriff „personenbezogene Daten" (WP 136), S. 15; *Bretthauer*, Intelligente Videoüberwachung, S. 109; *Scholz* in: Simitis/Hornung/Döhmann, Datenschutzrecht, Anhang 1 zu Artikel 6 DSGVO Rn. 40.
390 *Haak*, golem.de v. 23.06.2015, https://www.golem.de/news/gesichtserkennung-facebook-erkennt-personen-sogar-von-hinten-1506-114829.html (16.08.23).
391 Siehe 2.4.1.3.
392 Vgl. *Färber* in: Maurer/Gerdes/Lenz/Winner, Autonomes Fahren: Technische, rechtliche und gesellschaftliche Aspekte, S. 130.

Daneben können Gesten aber auch noch anderweitig relevant sein: Untersuchungen zeigen, dass diese Bewegungsmuster das Verhalten eines Straßenverkehrsteilnehmers indizieren können. So wurde beispielsweise bereits festgestellt, dass sich aus der Kopfbewegung eines Fußgängers dessen Querungsabsicht ableiten lassen kann.[393]

4.3.5.2.2 (Kombinierbare) Begleitumstände

Ferner kann eine Person auch indirekt durch die Kombination weiterer Begleitumstände identifizierbar sein[394]. Im Allgemeinen könnte dies zum Beispiel durch Kombination mit anderen Referenzdaten (bspw. Vor- und Nachnamen, Adresse, Geburtsdatum und -ort) geschehen[395]. Insbesondere datenlastige Verarbeitungsvorgänge, in denen große Datenbestände in Sekunden miteinander verknüpft werden, führen dazu, dass immer weniger Informationen verknüpft werden müssen, damit eine Person identifizierbar ist[396].

Bereits in *Lindqvist* stellt der EuGH fest, dass eine „ganz oder teilweise automatisierte Verarbeitung personenbezogener Daten" durch Angabe einer Telefonnummer oder durch Informationen über ein Arbeitsverhältnis oder eine Freizeitbeschäftigung erfüllt ist. Der Name der betroffenen Personen in *Lindqvist* war folglich nicht das einzige Identifizierungsmerkmal.[397] Die indirekte Identifizierung bezieht sich darum auch auf einzigartige Kombinationen, die durch ihre Verknüpfung die Unterscheidung einer bestimmten Person von anderen Personen ermöglicht.[398]

Bei der Umfelderfassung werden zahlreiche Eigenschaften einer Person erfasst, die kombiniert werden können und dadurch eine Identifizierungsmöglichkeit eröffnen könnten[399]. Dazu müssen unterschiedlichste Merkmale verarbeitet werden, denn die Straßenverkehrsteilnehmer müssen in vielfältigen

---

393 *Witzlack/Beggiato/Krems* in: Verein Deutscher Ingenieure, 32. VDI/VW-Gemeinschaftstagung Fahrerassistenz und automatisiertes Fahren (VDI-Berichte 2288), S. 325 m. w. N.

394 *Artikel-29-Datenschutzgruppe*, Stellungnahme 4/2007 zum Begriff „personenbezogene Daten" (WP 136), S. 15 f.; *Datenschutzkonferenz*, Orientierungshilfe Videoüberwachung durch nicht-öffentliche Stellen, S. 5.

395 Vgl. *Ernst* in: Paal/Pauly, DS-GVO/BDSG, Art. 4 DS-GVO Rn. 8.

396 *Krügel*, ZD 2017, 455 (456), die aber auch gleichzeitig anmerkt, dass diese Auffassung nicht dazu führen dürfe, dass deswegen jedes Datum personenbezogen werden würde.

397 EuGH, Urt. v. 06.11.2003 – Rs. C-101/01 (Lindqvist) Rn. 24, 27.

398 *Artikel-29-Datenschutzgruppe*, Stellungnahme 4/2007 zum Begriff „personenbezogene Daten" (WP 136), S. 16.

399 Vgl. auch *Artikel-29-Datenschutzgruppe*, Stellungnahme 4/2007 zum Begriff „personenbezogene Daten" (WP 136), S. 16; in diesem Sinne *Europäischer Datenschutz-*

Positionen und Bewegungsmöglichkeiten detektiert werden, z. B. stehend oder laufend[400]. Dabei müssen alle Altersstufen und Körpergrößen sowie ein weites Spektrum an Kleidungsstücken erkannt werden.[401]

Diese vielfältigen Detektionsmöglichkeiten werden durch die bereits vorgestellten (Umfeld-)Sensoren und deren Fusion (siehe 2.4) umgesetzt. Der Kamerasensor spielt dabei die primäre Datenquelle, die mit den Informationen der anderen Umfeldsensoren ergänzt wird. Theoretisch sind dabei auch Kombinationen mit sehr detaillierter Information möglich, zum Beispiel, wenn Informationen des Kamera- und Audiosensors fusioniert werden. Bei einer solchen Kombination hätte man einerseits das visuelle Abbild einer Person sowie die Stimme, Stimmhöhe, Intonation und ggf. sogar Inhalte eines Gesprächs.

Aber auch bei weniger „invasiven" Sensorkombinationen kann eine Person durch indirekte Informationen identifizierbar werden. Das könnte beispielsweise mit Zusatzinformationen wie dem Standort einer Person und der Uhrzeit verbunden werden. Da ein hochautomatisiertes Fahrzeug fast jederzeit die eigene Position kennen muss und an diesen Standorten Objekte beziehungsweise andere Straßenverkehrsteilnehmer erfasst, sind andere Straßenverkehrsteilnehmer mit einem Standort verknüpft. Mittels GNSS wird dabei auch immer die Uhrzeit verarbeitet. Das bedeutet, dass mittels GNSS der Aufenthaltsort und der Zeitpunkt einer Person aufgezeichnet werden. Insbesondere dort, wo der Standort einer Person regelmäßig verarbeitet wird (zum Beispiel das Wohnhaus einer Person), wird argumentiert, dass Rückschlüsse auf die Identität einer Person gezogen werden und wie diese Person zu einer gewissen Zeit ausgesehen hat und wo sie sich aufhielt[402]. Durch die Verbindung mit den Standortdaten einer Person könnte sie im schlimmsten Fall lückenlos getrackt werden[403]. Für die Umfelderfassung muss allerdings berücksichtigt werden, dass die Teilnehmer des Umfelds in der Regel nicht dauerhaft von den Fahrzeugen erfasst werden. Denn das würde voraussetzen, dass ein Fahrzeug einen anderen Verkehrsteilnehmer dauerhaft beobachtet oder gar verfolgt. Die obigen Ausführungen sind somit

---

ausschuss, Leitlinien 3/2019 zur Verarbeitung personenbezogener Daten durch Videogeräte, Rn. 7.

400 *Dickmanns* in: Maurer/Stiller, Fahrerassistenzsysteme mit maschineller Wahrnehmung, S. 216; vgl. auch *BMW*, Datenschutzhinweis (Stand April 2021), https://www.bmw.com/en/footer/data-processing-automated-vehicles/data-processing-automated-vehicles-de.html (16.08.23).

401 *Dickmanns* in: Maurer/Stiller, Fahrerassistenzsysteme mit maschineller Wahrnehmung, S. 215 f.

402 *Klar*, Datenschutzrecht und die Visualisierung des öffentlichen Raums, S. 149.

403 *Institut für Technikfolgenabschätzung*, Vernetzte Automobile – Datensammeln beim Fahren, S. 48 m. w. N.

für die „Momentaufnahmen" relevant, beziehungsweise sehen Entwickler in ausgewählten Szenen der Weiterentwicklung, wo sich eine Person an einem bestimmten Datum aufgehalten hat (dazu in 4.3.5.4).

Es bleibt somit festzuhalten, dass neben Personenabbildungen auch noch zahlreiche weitere Informationen, die mit den Personenabbildungen verknüpft werden können, durch die Umfelderfassung verarbeitet werden. Wenn zahlreiche Daten kombiniert werden, kann dies zum Personenbezug führen[404]. Oft genügt bereits eine einmalige Kombination von einer gewissen Anzahl an Merkmalen, die eine Person identifizieren könnten[405].

4.3.5.2.3 KFZ-Kennzeichen

Gemäß § 45 Satz 2 StVG zählt das KFZ-Kennzeichen zu den bestimmbaren[406] Daten, sodass das KFZ-Kennzeichen als personenbezogen betrachtet werden kann.

Auch Gerichte, Aufsichtsbehörden und die Rechtsliteratur sind sich einig, dass, zumindest in Deutschland, ein KFZ-Kennzeichen als bestimmbar (unter dem BDSG a. F.) gilt, weil das KFZ-Kennzeichen durch eine Registerauskunft gemäß § 39 Abs. 1 StVG mit wenig Aufwand für den Anfragenden einem Fahrzeughalter zugeordnet werden kann[407]. Neben der Fahrzeugregisterauskunft können ferner auch Haftpflichtversicherer oder andere abgeschlossene Versicherungen das KFZ-Kennzeichen mit einer natürlichen Person verknüpfen.

Da der Personenbezug des KFZ-Kennzeichens bejaht wird, können weitere Begleitumstände mit dem KFZ-Kennzeichen eines anderen Fahrers verknüpft werden und so ein detailliertes Bild des Fahrers oder Halters erstel-

---

404 Vor allem durch Fortschritte von „Big Data"-Analysen können vermeintlich anonyme Daten de-anonymisiert werden, *Roßnagel/Hornung* in: Roßnagel/Hornung, Grundrechtsschutz im Smart Car, S. 478. Vergleiche ebenso die Ausführungen von Kombinationsmöglichkeiten im Rahmen von „Big Data"-Anwendungen, u. a.: *Sarunski*, DuD 2016, 424 (427); *Schütze/Hänold/Forgó* in: Kolany-Raiser/Heil/Orwat/Hoeren, Big Data und Gesellschaft: Eine multidisziplinäre Annäherung, S. 238.
405 *Roßnagel*, ZD 2013, 562 (563).
406 § 45 Satz 2 StVG nutzt noch die Begrifflichkeit des „bestimmbaren Datums". Wie in 4.3.2 ausgeführt, können zentrale Elemente der DSRL in der DSGVO übernommen werden und die Bestimmbarkeit mit der Identifizierbarkeit gleichgesetzt werden.
407 Ausführlich VG Köln, Urt. v. 16.02.2017 – 13 K 6093/15, Rn. 46; BVerfG, Beschl. v. 18.12.2018 – 1 BvR 142/15 Rn. 40; ausführlich *Haase*, Datenschutzrechtliche Fragen des Personenbezugs, S. 409 f.; *Weichert*, SVR 2014, 201 (204); *Roßnagel*, NZV 2006, 281 (282); *Balzer/Nugel*, NJW 2014, 1622 (1625); *Dammann* in: Simitis, BDSG, § 3 Rn. 28 m. w. N.; *Schild* in: Wolff/Brink, BeckOK Datenschutzrecht 23. Edition, § 3 BDSG Rn. 19; a. A. AG Kassel, Urt. v. 07.05.2013 – 435 C 584/13 = AG Kassel openJur 2013, 22539 Rn. 17.

len. Das bedeutet, dass alles, was mit dem Fahrzeug verknüpft werden kann (Art, Marke, Ausstattung des Fahrzeugs) identifizierbare Daten darstellt, die auch ein Persönlichkeitsbild des Halters eines Fahrzeugs abbilden können.

Aufgrund dieser eindeutigen Bestimmung wird auf eine ausführliche Diskussion über den Personenbezug von KFZ-Kennzeichen verzichtet und es kann an dieser Stelle bejaht werden.

4.3.5.2.4 Besondere Kategorien personenbezogener Daten

Notwendigkeit der Differenzierung

Ferner muss geprüft werden, ob Personenabbildungen neben „normalen" personenbezogenen Daten auch unter die besonderen Kategorien personenbezogener Daten fallen könnten. Art. 9 Abs. 1 DSGVO könnte beispielsweise anwendbar sein, wenn ein politisch bezeichnendes Plakat eines Demonstranten auf die Zugehörigkeit einer Gewerkschaft hinweist oder eine Kopfbedeckung Merkmal für eine bestimmte religiöse Zugehörigkeit ist[408]. Darum muss geprüft werden, ob bereits das Ablichten dieser Informationen als Verarbeitung i. S. d. Art. 9 Abs. 1 DSGVO führt.

Wie bereits in Art. 8 DSRL finden für besondere Kategorien personenbezogener Daten[409] die strengeren Regelungen des Art. 9 Abs. 1 DSGVO Anwendung, was den Einsatz optoelektronischer Vorrichtungen einschränken würde[410]. Denn nach Erwägungsgrund 51 Satz 1 DSGVO stellt die Verarbeitung besonderer Kategorien personenbezogener Daten ein erhebliches Risiko für die Rechte und Freiheiten der betroffenen Personen dar, weshalb sie besonderen Schutz verdienen[411]. Dieser erhöhte Schutz spiegelt sich gemäß Art. 9 Abs. 1 DSGVO in einem grundsätzlichen Verarbeitungsverbot wider und darf nur im Rahmen der Ausnahmen in Art. 9 Abs. 2 DSGVO eingeschränkt werden.

---

408 *Scholz* in: Simitis/Hornung/Döhmann, Datenschutzrecht, Anhang 1 zu Artikel 6 DSGVO Rn. 101; ausführlicher Beispielkatalog *Schneider/Schindler*, ZD 2018, 463 (465 f.).

409 Im Folgenden wird auch der Begriff der „sensiblen" Daten genutzt, den der Verordnungsgeber z. B. in Erwägungsgrund 10 und 51 DSGVO ausdrücklich im Zusammenhang besonderer Kategorien personenbezogener Daten verwendet.

410 *Drucksache Landtag Schleswig-Holstein*, Entwurf eines Gesetzes zur Anpassung des Datenschutzrechts an die Verordnung (EU) 2016/679 und zur Umsetzung der Richtlinie (EU) 2016/680 (Drucksache 19/429), S. 144, in dem eine Videoüberwachung ohne das gleichzeitige Erfassen von Daten gemäß Art. 9 DSGVO als „denklogisch nicht möglich" bezeichnet wird.

411 EuGH, Urt. v. 24.09.2019 – C-136/17 (GC u. a.) Rn. 67 f.

Teleologische Auslegung des Art. 9 DSGVO

Würde man einer strengen Auslegung des Art. 9 Abs. 1 DSGVO folgen und abgelichtete Informationen, die Daten des Art. 9 Abs. 1 DSGVO enthalten, verarbeiten, würde dies dazu führen, dass jede Videoüberwachung an Art. 9 Abs. 1 DSGVO gemessen werden müsste. Denn theoretisch könnte auf jeder Videoaufnahme ein politisch motiviertes Plakat zu erkennen sein. Dies würde zu einer sehr restriktiven Datenverarbeitung für optoelektronische Vorrichtungen führen, weil der Rechtfertigungskatalog des Art. 9 Abs. 2 DSGVO im Hinblick auf Datenverarbeitungen durch optoelektronische Vorrichtungen restriktiv ist. Eine Interessenabwägung wie in Art. 6 Abs. 1 lit. f DSGVO ist nicht vorgesehen.

Hierbei ist fraglich, ob dies der Zweck des Verordnungsgebers war, weshalb im Folgenden der *telos* der Norm näher betrachtet wird. Da die DSGVO keine Vorgaben zur Videoüberwachung gibt, bleibt offen, wie ein möglicher Normsinn aussehen könnte und wie mit besonderen Datenkategorien bei der Umfelderfassung umgegangen werden soll. Das spezielle Problem beim Einsatz optoelektronischer Vorrichtungen besteht für den Verantwortlichen darin, dass er nicht vorhersagen kann, ob „triviale" oder sensible Daten verarbeitet werden[412]. Ferner kommt hinzu, dass Videoaufzeichnungen einen hohen Informationsgehalt aufweisen, allerdings auch Spielraum für Interpretation geben[413]. Darum kann es zu Abgrenzungsschwierigkeiten kommen[414].

Judikatur des EuGH, nationaler Rechtsprechung und Aufsichtsbehörden

Gegen die Annahme, Datenverarbeitungen durch optoelektronische Vorrichtungen per se als sensibel zu klassifizieren, spricht die Judikatur des EuGH. In *Ryneš* ging es um datenschutzrechtliche Fragestellungen beim Einsatz einer Kamera, die unter anderem auch den öffentlichen Bereich erfasste, wo theoretisch die oben erwähnten besonderen Kategorien personenbezogener Daten relevant sein könnten. Der EuGH merkte noch unter dem Statut der DSRL an, dass die Zulässigkeit anhand Art. 7 lit. f DSRL zu messen sei, womit er auf die Rechtsgrundlage für „normale" personenbezogene Daten verweist[415]. Ein Vermerk auf Art. 8 DSRL (Rechtmäßigkeit für besondere Ka-

---

412 *Nguyen*, DuD 2011, 715 (715); ausführlich unter dem BDSG a. F. *Bretthauer*, Intelligente Videoüberwachung, S. 188 f.
413 So auch *Schneider/Schindler*, ZD 2018, 463 (467).
414 *Bretthauer*, Intelligente Videoüberwachung, S. 254 ff.; *Europäisches Parlament – Ausschuss für bürgerliche Freiheiten, Justiz und Inneres*, Bericht über die Folgen von Massendaten für die Grundrechte: Privatsphäre, Datenschutz, Nichtdiskriminierung, Sicherheit und Rechtsdurchsetzung (2016/2225(INI)), A8-0044/2017, Rn. 3.
415 EuGH, Urt. v. 11.12.2014 – C-212/13 (Ryneš) Rn. 34. Siehe auch die zugehörigen Schlussanträge des Generalanwalts vom 10. Juli 2014 – C-212/13 Rn. 23, 44, in denen ebenfalls Art. 7 lit. f DSRL als Rechtsgrundlage herangezogen wird.

tegorien personenbezogener Daten) ist in dem Urteil nicht zu finden. Somit kann konkludiert werden, dass die Videoüberwachung mittels optoelektronischer Vorrichtungen im Lichte der Rechtsprechung des EuGH nicht per se als besondere personenbezogene Daten eingestuft werden muss. Dies deckt sich auch mit der Ansicht des Bundesverwaltungsgerichts und deutscher Aufsichtsbehörden, die alle die Rechtmäßigkeit kamerabasierter Technologien an Art. 6 Abs. 1 DSGVO messen[416].

Meinungsverschiedenheiten in der Literatur

In der Literatur ist die Reichweite der Auslegung des Art. 9 Abs. 1 DSGVO strittig[417]. Darum gibt es in der deutschen Kommentarliteratur unterschiedliche Interpretationsansätze hinsichtlich des Normzwecks von Art. 9 DSGVO, der eine Auseinandersetzung mit der Datenverarbeitung und der Verarbeitungsabsicht erfordert.

Ein Interpretationsansatz ist die Feststellung einer kontextbezogenen Auswertungsabsicht des Verarbeiters: Solange der Verarbeiter die Information (zum Beispiel das Tragen einer Brille eines Fußgängers) nicht auswertet, ist der Schutzbereich des Art. 9 Abs. 1 DSGVO nicht eröffnet[418]. Ebenfalls wird die Ansicht vertreten, dass eine solche Auswerteabsicht für Überwachungen in öffentlich zugänglichen Bereichen nicht gegeben sei. Die Sensitivität ergebe sich in diesen Fällen nur mittelbar und ist für den Verantwortlichen zufällig.[419] Die Gegenmeinung lehnt diesen Ansatz wegen unzuverlässiger Messbarkeit und fehlender normativer Verankerung im Wortlaut des Art. 9

---

416 BVerwG, Urt. v. 27.03.2019 – 6 C 2/18 Rn. 44 ff., dessen Ausführungen sich sogar auf eine Kamera in einer Zahnarztpraxis beziehen, also einem Ort, an dem besondere Kategorien personenbezogener Daten häufig verarbeitet werden; die Aufsichtsbehörden positionieren sich bei verschiedenen Fällen der Videoüberwachung auf die Anwendung des Art. 6 Abs. 1 lit. f DSGVO, siehe *Datenschutzkonferenz*, Orientierungshilfe Videoüberwachung in Schwimmbädern, S. 1 f.; *Datenschutzkonferenz*, Positionspapier zur Nutzung von Kameradrohnen durch nicht-öffentliche Stellen, S. 2; *Datenschutzkonferenz*, Positionspapier zur Unzulässigkeit von Videoüberwachung aus Fahrzeugen (sog. Dashcams), S. 1; *Der Landesbeauftragte für Datenschutz und Informationsfreiheit Mecklenburg-Vorpommern*, Vierzehnter Tätigkeitsbericht zum Datenschutz, S. 38.

417 Siehe zum Meinungsstreit *Petri* in: Simitis/Hornung/Döhmann, Datenschutzrecht, Art. 9 DSGVO Rn. 12 sowie *Schulz* in: Gola, DS-GVO, Art. 9 Rn. 13.

418 So *Schulz* in: Gola, DS-GVO, Art. 9 Rn. 13; *Schneider/Schindler*, ZD 2018, 463 (467); *Schwenke*, NJW 2018, 823 (825); *Europäischer Datenschutzausschuss*, Leitlinien 3/2019 zur Verarbeitung personenbezogener Daten durch Videogeräte, Rn. 64; *Matejek/Mäusezahl*, ZD 2019, 551 (553).

419 *Scholz* in: Simitis/Hornung/Döhmann, Datenschutzrecht, Anhang 1 zu Artikel 6 DSGVO Rn. 101.

Abs. 1 DSGVO ab[420]. Ein weiterer Auslegungsansatz stellt auf den vermittelten Informationsgehalt ab: Als Maßstab gelte der Verständnis- und Interpretationshorizont des durchschnittlichen Empfängers im jeweiligen Verarbeitungskontext[421], unter den auch die Auswertungsabsicht zählen könne.[422]

Bedeutung für die Umfelderfassung

Basierend auf der Rechtsprechung des EuGH in *Ryneš,* kann konkludiert werden, dass die Aufzeichnung durch eine optoelektronische Vorrichtung nicht per se sensible Daten erfasst. Für die Umfelderfassung kann dieses Ergebnis aber nicht uneingeschränkt übernommen werden, weil bei der Umfelderfassung noch andere Vorgänge durchgeführt werden, die in *Ryneš* nicht Gegenstand des Urteils waren. Bei der Erfassung des Umfelds muss berücksichtigt werden, dass mittels Algorithmen Objekte erkannt und deren Merkmale extrahiert werden, um die Objekte zu erkennen und Handlungen zu verfolgen und vorherzusagen. Hierbei kommen verschiedene Algorithmen zum Einsatz, deren Erkennungs- und Extraktionsparameter unterschiedlich sind. Um diese Vorgänge in Bezug auf besondere Kategorien personenbezogener Daten einzuordnen, müssen die individuellen Begebenheiten der Umfelderfassung betrachtet werden. Diese hängen von der Funktionsweise des Algorithmus ab. Der Algorithmus hat grundsätzlich die Aufgabe, Objekte des Umfelds zu erkennen, zu klassifizieren und zu verfolgen. Dafür werden Merkmale extrahiert, die einzelne Objektklassen unterscheiden sollen. Es handelt sich hierbei also um „objektspezifische" Merkmale, die erkannt und extrahiert werden. Dies kann, sehr einfach dargestellt, zum Beispiel die Erkennung der Statur eines Menschen sein, der sich auf einem Bürgersteig in Laufgeschwindigkeit bewegt. Daraufhin kann dieser Mensch als Fußgänger klassifiziert werden.

Sensible Daten, wie sie von Art. 9 Abs. 1 DSGVO umfasst sind, könnten für die Erkennung, Klassifizierung und Verfolgung sogar ungeeignet sein, weil sie erstens nicht jeder Mensch besitzt und weil sie nicht markant genug für die Erkennung sind. Eine Brille ist beispielsweise ein deutlicher Hinweis auf einen Menschen, aber nicht jeder Mensch trägt eine Brille. Die Brille als primäres Merkmal zur Klassifizierung eines Menschen zu nutzen wäre also fatal, weil diejenigen, die keine Brille tragen, nicht als Mensch klassifiziert werden würden. Das Beispiel einer Brille als Unterscheidungsmerkmal zeigt auch, dass die Erkennung der Brille aufgrund ihrer Größe schwieriger ist, als die Erkennung von zwei Armen und Beinen eines Menschen. Eine Bril-

---

420 *Petri* in: Simitis/Hornung/Döhmann, Datenschutzrecht, Art. 9 DSGVO Rn. 12; vgl. auch *Reuter*, ZD 2018, 564 (566) m. w. N.
421 *Weichert* in: Kühling/Buchner, DS-GVO/BDSG, Art. 9 DS-GVO Rn. 22; *Dammann/Simitis*, EG-Datenschutzrichtlinie, Art. 8 Rn. 7.
422 *Weichert* in: Kühling/Buchner, DS-GVO/BDSG, Art. 9 DS-GVO Rn. 22.

le wäre beispielsweise kein geeignetes Kriterium, um einen Menschen zu klassifizieren. Kumuliert man diese beiden Voraussetzungen, werden viele Datenkategorien als Extraktionsparameter bereits im Vorhinein ausscheiden, weil sie für die Erkennung von Straßenverkehrsteilnehmern nicht geeignet sind bzw. andere Merkmale eine höhere Unterscheidungskraft besitzen und dazu nicht unter die Datenkategorien des Art. 9 Abs. 1 DSGVO fallen.

Anders muss der Sachverhalt bewertet werden, wenn Merkmale i. S. d. Art. 9 Abs. 1 DSGVO extrahiert werden, um bestimmte Personen aus einer Menge herauszufiltern[423]. Bei einem solchen Vorgang findet keine neutrale, auf die Objekte bezogene Analyse statt, sondern eine auf sensible Merkmale ausgerichtete Analyse. Dabei ist es nicht abwegig, wenn bei solchen Vorgängen eine Auswertungsabsicht bejaht wird, die den Anwendungsbereich des Art. 9 Abs. 1 DSGVO eröffnet[424].

Ebenfalls kann eine Auswertung von Datenkategorien des Art. 9 Abs. 1 DSGVO bejaht werden, wenn die Aufnahmen im Nachhinein auf besondere Kategorien personenbezogener Daten ausgewertet werden[425].

Somit wird die Frage, ob besondere Kategorien personenbezogener Daten bei der Umfelderfassung erfasst werden, vor allem im Stadium der Trainingsphase/Entwicklung des Algorithmus bzw. des Tagging/Labelling[426] bestimmt. Denn in diesen Stadien wird bestimmt, welche Trainingsdaten verwendet werden und welche Merkmale für die Erkennung und nachfolgenden Verarbeitungsprozesse relevant sind. Sofern hierbei keine Auswertungen zu den Datenkategorien des Art. 9 Abs. 1 DSGVO durch den Algorithmus durchgeführt werden, sondern neutrale Informationen für die Erkennung genutzt werden, liegt keine Auswerteabsicht und damit keine Verarbeitung des Art. 9 Abs. 1 DSGVO vor. Anderenfalls müsste der datenschutzrechtlich Verantwortliche auf die Verarbeitungsausnahmen des Art. 9 Abs. 2 DSGVO zurückgreifen.

Da derzeit aber nicht erkennbar ist, dass Auswertungsabsichten sensibler Daten intendiert werden, wird davon ausgegangen, dass die geplante Daten-

---

423 *Scholz* in: Simitis/Hornung/Döhmann, Datenschutzrecht, Anhang 1 zu Artikel 6 DSGVO Rn. 101.
424 Siehe bei Fn. 418.
425 So auch *Schneider/Schindler*, ZD 2018, 463 (468).
426 Nach *Windpassinger/Voigt/Kraemer* in: Verein Deutscher Ingenieure, 32. VDI/VW-Gemeinschaftstagung Fahrerassistenz und automatisiertes Fahren (VDI-Berichte 2288), S. 374 versteht man in der Automobilindustrie unter „Tagging" die Annotation einfacher Objektbeschreibung und unter „Labelling" die Annotation von komplexen Beschreibungen gesamter Szenen und Fahrmanöver.

verarbeitung der Umfelderfassung keine besonderen Kategorien personenbezogener Daten verarbeiten wird[427].

4.3.5.3 Identifizierbarkeit durch den Automobilhersteller
4.3.5.3.1 Mittel zur Identifizierung in der DSGVO

Die obigen Ausführungen zeigen, dass Personen bzw. Personenabbildungen anhand unterschiedlicher Merkmale identifizierbar sein können. Letztlich ist dies von unterschiedlichen Einflussfaktoren abhängig, zum Beispiel von der eingesetzten Technik, der Qualität der Aufnahmen oder der Quantität der eingesetzten Kamerasensoren. Ob also eine Person identifizierbar ist, hängt folglich von den kontextualen Umständen ab[428] beziehungsweise um in den Worten der DSGVO zu sprechen, von den Mitteln des Verantwortlichen oder anderen Personen. Auch die Judikatur des EuGH zum Personenbezug bei IP-Adressen zeigt die Notwendigkeit der Kontextbetrachtung: Obwohl der EuGH in *Scarlet Extended* bereits entschied, dass es sich bei IP-Adressen um personenbezogene Daten handelt[429], musste die Frage des Personenbezugs bei IP-Adressen in *Breyer* in einem anderen Kontext erneut geklärt werden[430]. Das heißt, der EuGH sollte in beiden Fällen zum Personenbezug einer IP-Adresse entscheiden, musste dafür aber separate Prüfungen durchführen, da die kontextualen Umstände der beiden Fälle unterschiedlich waren.

Darum soll im Folgenden näher betrachtet werden, welche Mittel für die Akteure, die in Berührung mit der Datenverarbeitung der Umfelderfassung kommen könnten, zur Verfügung stehen könnten.

4.3.5.3.2 Möglichkeiten bei der Echtzeitverarbeitung

Eine wichtige Eigenschaft der Umfelderfassung besteht darin, dass die Daten nur temporär zwischengespeichert werden. Denn nach der Erstellung

---

427 Im Ergebnis auch für Testfahrzeuge *Volkswagen*, Datenschutzerklärung zur Videodatenaufzeichnung (Stand April 2021), https://www.volkswagen.de/de/mehr/rechtliches/datenschutz-erprobungsfahrten.html (16.08.23) sowie *BMW*, Datenschutzhinweis (Stand April 2021), https://www.bmw.com/en/footer/data-processing-automated-vehicles/data-processing-automated-vehicles-de.html (16.08.23); *Audi*, Datenschutzhinweis Produktentwicklung und Erprobungen (Stand April 2021), https://www.audi.com/de/test-vehicle.html (16.08.23).
428 So auch bereits *Artikel-29-Datenschutzgruppe*, Stellungnahme 4/2007 zum Begriff „personenbezogene Daten" (WP 136), S. 15; *Forgó/Krügel*, MMR 2010, 17 (22); *Karikari*, Big Data in der Automobilindustrie, S. 227; *Karg* in: Simitis/Hornung/Döhmann, Datenschutzrecht, Art. 4 Nr. 1 DSGVO Rn. 22 f.
429 EuGH, Urt. v. 24.11.2011 – C-70/10 (Scarlet Extended) Rn. 51.
430 EuGH, Urt. v. 19.10.2016 – C-582/14 (Breyer) Rn. 31 ff.

des Umfeldmodells und des Szenenverständnisses soll das Rohbild gelöscht werden. Das bedeutet, dass das Rohbild bis zur Übermittlung der Handlungsplanung an die Aktuatoren nur temporär im Zwischenspeicher des Steuergeräts bzw. des Fahrzeugs verbleiben soll[431].

Dies wirft wichtige Fragen zum Personenbezug auf, weil dadurch die Auffassung vertreten wird, dass durch eine kurze Speicherung kein Personenbezug hergestellt werden könne. Bereits unter dem Statut des BDSG a. F. haben Stimmen in der Literatur die Bestimmung des Personenbezugs von im Fahrzeug generierten Daten auf die Speicherdauer der Daten gestützt. So wird vertreten, dass Bild- und Videoaufnahmen der Umgebung nicht hochauflösend gespeichert, sondern direkt extrahiert[432] werden und deswegen keine Menschen mehr identifizierbar seien[433]. Ebenso wird die Möglichkeit angedacht, dass der datenschutzrechtliche Anwendungsbereich bei Zwischenspeicherungen nicht als eröffnet gilt, sondern erst, wenn Daten dauerhaft gespeichert werden[434]. Grund für diese These sei die fortlaufende Löschung und das Überschreiben von Daten, sodass kein Personenbezug hergestellt werden könne[435].[436]

---

431 Abzugrenzen hiervon sind die längerfristig gespeicherten Daten, die vor allem für die Weiterentwicklung erforderlich sind.

432 Die Autorin spricht von „umwandeln", was im Zusammenhang ihrer Ausführungen für diese Arbeit als Extraktion aufgefasst wird.

433 *Hansen*, DuD 2015, 367 (368).

434 *Lutz*, Automatisiertes Fahren, Dashcams und die Speicherung beweisrelevanter Daten, S. 83 ff. Allerdings greift *Lutz* regelmäßig die Möglichkeit auf, dass eine Zwischenspeicherung trotzdem datenschutzrechtlich relevant sein könnte, vgl. u. a. *ebd.*, S. 113, 127.

435 *Buchner*, DuD 2015, 372 (374). Wobei an dieser Stelle angemerkt werden muss, dass sich die Herleitung auf die Rechtsprechung des BVerfG stützt, deren Grundannahmen später revidiert wurden, indem bereits die Erfassung und damit auch die Zwischenspeicherung einen Grundrechtseingriff darstellt, siehe BVerfG, Beschl. v. 18.12.2018 – 1 BvR 142/15, Rn. 43. Ggf. würde die neue Rechtsprechung des BVerfG zu einer anderen Auffassung des Autors führen.

436 Vgl. dazu auch die Debatte um Datenverarbeitungen durch Kamera-Analyse-Systeme für Werbezwecke, die bspw. anhand des Alters und Geschlechts entsprechende Werbung anzeigen. Dazu argumentiert der Bundesbeauftragte für den Datenschutz und die Informationsfreiheit, dass „[d]ie Zeitdauer, nach der die jeweiligen Zwischenprodukte der Verarbeitung wieder verworfen werden, ebenfalls einen erheblichen Einfluss darauf [hat], wie ein Gesamtsystem aus Sicht des Datenschutzes zu bewerten ist.", *Der Bundesbeauftragte für den Datenschutz und die Informationsfreiheit*, 27. Tätigkeitsbericht zum Datenschutz 2017–2018, S. 113. Eine Begründung dieses Ergebnisses unterbleibt. Eine ähnliche Technologie wurde zur Gesichtserkennung für Werbezwecke in Supermärkten eingesetzt, siehe dazu die Beschreibung von *Wentland/Schindler*, ZD-Aktuell 2017, 05855. Aus Presseberichten ist zu entnehmen, dass nach Aussagen der zuständigen Aufsichtsbehörde in Bayern (Bayerisches Landesamt für Datenschutzaufsicht) bei diesem Vorgang keine personenbezogenen Daten erhoben werden

Die Vertreter obiger These gehen, teilweise ohne Begründung, davon aus, dass die Identifizierbarkeit von einer „kurzen Speicherdauer" bzw. einer „sofortigen Löschung" abhängt, die an keiner Stelle definiert werden. Es bleibt folglich offen, welche Zeitspanne diese „kurze Speicherdauer" oder „sofortige Löschung" umfasst. Das könnte theoretisch wenige Millisekunden nach der Extraktion möglich sein[437]. Wie oben ausgeführt, kann die Löschung des Fahrzeugzwischenspeichers auch erst dann erfolgen, wenn der Speicherplatz benötigt wird und alte Daten überschrieben werden müssen. In diesem Fall würden die Speicherzeiten nach Speicherkapazität variieren und wären theoretisch auch mehrere Stunden möglich.

Ebenso geht die obige These davon aus, dass während einer „kurzen" Zwischenspeicherung im Fahrzeug niemand auf die Daten zugreift oder zugreifen kann. Sobald auf das Rohmaterial zugegriffen werden kann, ist auch eine (Weiter-)Verarbeitung grundsätzlich möglich.

Der ausschlaggebende Faktor für die Identifizierbarkeit beim hochautomatisierten Fahrzeug ist folglich nicht die Speicherdauer[438], sondern vielmehr die Wahrscheinlichkeit des *Zugriffs* bzw. die Möglichkeit einer Weiterverarbeitung.

Für den Automobilhersteller kann eine solche Zugriffsmöglichkeit zum Beispiel durch „Over-the-Air" (OTA)-Updates oder andere Fernzugriffsmöglichkeiten bestehen[439]. Updates müssen ermöglicht werden, beispielsweise

---

(*Anger*, Handelsblatt v. 12.06.2017, https://www.handelsblatt.com/politik/deutschland/datenschuetzer-zu-real-werbebildschirm-gesichtsscan-im-supermarkt-ist-unbedenklich/19921456.html (16.08.23)). Eine Begründung für diese Aussage fehlt. Sogar im Tätigkeitsbericht des Berichtzeitraums 2017 wurde keine Begründung genannt. Aufgrund der Ähnlichkeit der Datenverarbeitung zum hochautomatisierten Fahren sollen diese Ergebnisse der beiden Aufsichtsbehörden an dieser Stelle erwähnt werden, können aber mangels Begründungen nicht in die argumentativen Ausführungen dieser Arbeit übernommen werden.

437 Vgl. hierzu das bereits genannte Beispiel der Extraktion für Werbezwecke, Fn. 436.
438 So auch *Schwenke*, NJW 2018, 823 (824), der generell den Personenbezug auch bei der Löschung innerhalb weniger Millisekunden als gegeben sieht.
439 Vgl. dazu die Möglichkeiten des Fernzugriffs auf Fahrsicherheits-Analysedaten bei *Tesla*, Datenschutzerklärung (Stand April 2021), https://www.tesla.com/de_DE/about/legal#from-vehicle (16.08.23); vgl. auch die Position des *VDA*, in welcher der Verband verdeutlicht, dass der Zugriff durch die steigende Konnektivität theoretisch immer möglich ist und sogar notwendig ist, Position Zugang zum Fahrzeug und zu im Fahrzeug generierten Daten (Stand 2016), S. 1, 5, https://www.vda.de//vda/Medien/DE/Themen/Innovation-und-Technik/Vernetzung/Position/VDA-Position-Zugang-zum-Fahrzeug-und-zu-im-Fahrzeug-generierten-Daten/VDA%20Position%20Zugang%20zum%20Fahrzeug%20und%20zu%20im%20Fahrzeug%20generierten%20Daten.pdf (09.06.21); *Karikari*, Big Data in der Automobilindustrie, S. 30, der davon ausgeht, dass der Automobilhersteller jederzeit flüchtige und permanent gespeicherte Daten in vernetzten Fahrzeugen auslesen kann; *Deutsche Presse-Agentur*, heise on-

als Reaktionspflicht nach Feststellung einer vom Produkt ausgehenden Gefahr[440].

Updates können zum Beispiel Programmierfehler beheben und tragen daher beträchtlich zur Fahrzeugsicherheit und folglich auch zur Funktionalität des hochautomatisierten Fahrzeugs bei. Anders als Updates, die über physischen Kontakt eingespielt werden, reduziert das OTA-Update die Reaktionszeit, um die Fehler zu beseitigen[441]. Durch das Update einer Fahrzeugkomponente hätte der Automobilhersteller die Möglichkeit, Programmcode auf dieser Komponente zu schreiben.

Bei modernen Fahrzeugen ist ebenso die Möglichkeit eines Fernzugriffs bei Telematik- oder Komfortdiensten vorgesehen, um Funktionen aus der Ferne auszulösen[442]. Ein Automobilhersteller legt beispielsweise in der Datenschutzerklärung offen, dass ausgewählte Mitarbeiter zur Diagnose und Problembehebung Zugriff auf persönliche Fahrzeugeinstellungen erhalten können[443]. Solche Funktionen erweitern die Zugriffsmöglichkeit durch den Automobilhersteller. Aufgrund fehlender Transparenz ist aber nicht flächendeckend nachvollziehbar, welche Daten verarbeitet werden und ob oder unter welchen Umständen ein Zugriff auf das Fahrzeug erfolgt[444].

Über die technische Ausgestaltung und darüber, ob auch die Möglichkeit bestünde, auf die Umfelddaten mittels Fernzugriff zuzugreifen, kann zu diesem Zeitpunkt keine Aussage getroffen werden. Die obigen Ausführungen zeigen jedoch eine deutliche Tendenz, dass moderne Fahrzeuge zunehmend mit Schnittstellen für Fernzugriffe ausgestattet werden, weshalb auch eine Schnittstelle auf die Daten des hochautomatisierten Fahrsystems nicht ausgeschlossen werden kann. Selbst wenn man der Identifizierbarkeit von Daten bei der Echtzeitverarbeitung aufgrund der flüchtigen Speicherung eine Absage erteilen würde, muss bei der datenschutzrechtlichen Betrachtung ebenfalls berücksichtigt werden, dass Daten auch langfristig gespeichert werden können[445].

---

line v. 01.05.2020, https://www.heise.de/newsticker/meldung/BMW-startet-Software-Upgrade-per-Download-fuer-500-000-Fahrzeuge-4713180.html (16.08.23).

440 *Schrader*, DAR 2018, 314 (317).

441 *Schrader*, DAR 2018, 314 (317); ausf. zu OTA-Updates *May/Gaden*, InTer 2018, 110 (112).

442 *Krauß/Waidner*, DuD 2015, 383 (386); *Statt*, The Verge v. 06.02.2020, https://www.theverge.com/2020/2/6/21127243/tesla-model-s-autopilot-disabled-remotely-used-car-update (16.08.23).

443 *Tesla*, Datenschutzerklärung (Stand April 2021), https://www.tesla.com/de_DE/about/legal#from-vehicle (16.08.23).

444 *Müller*, Tages-Anzeiger v. 30.04.2019, https://www.tagesanzeiger.ch/was-autos-ueber-ihre-fahrer-wissen-630850946827 (16.08.23).

445 Z. B. für die Weiterentwicklung (siehe dazu in 4.3.5.3.3) oder für die Produktbeobachtung (siehe dazu in 6.6.1.5).

Ferner spricht gegen die Auffassung, temporär gespeicherte Daten seien keine identifizierbaren Informationen, dass bereits bei der Erfassung der Daten, nicht erst mit deren Auslesen oder Übermitteln, eine Gefährdungslage bestehen kann[446]. Folgt man dieser Ansicht für die Umfelderfassung, muss der Personenbezug folglich bei der Erfassung durch die Umfeldsensoren geprüft werden und nicht erst nach den datenverarbeitenden Prozessen.

Für die Annahme des Personenbezugs bei Umfeldsensoren spricht auch die Liste verpflichtender Datenschutz-Folgenabschätzungen der deutschen Aufsichtsbehörden: Danach muss bei der Verarbeitung von „Bilderzeugnisse[n] von Umgebungssensoren" eine Datenschutz-Folgenabschätzung durchgeführt werden[447]. Gemäß Art. 35 Abs. 1 DSGVO dient die Datenschutz-Folgenabschätzung dem Schutz personenbezogener Daten. Die Notwendigkeit einer Datenschutz-Folgenabschätzung ist demnach nur bei personenbezogenen Daten gegeben, worunter nach Ansicht der Datenschutzkonferenz ebenfalls Bilderzeugnisse von Umgebungssensoren fallen.

Somit ist die Identifizierbarkeit von Daten bei der Echtzeitverarbeitung nicht per se ausgeschlossen[448]. Die Möglichkeiten für eine Identifizierung temporär gespeicherter Daten werden von den Maßnahmen abhängen, die

---

446 So bereits allgemein BVerfG, Urt. v. 27.02.2008 – 1 BvR 370/07, BvR 595/07, Rn. 198. Auch die Aufsichtsbehörden sprechen in einer gemeinsamen Erklärung zum Datenschutz im Fahrzeug von einer Gefährdungslage, die bereits zum „Zeitpunkt des Erfassens von Daten in den im Auto integrierten Steuergeräten und nicht erst mit deren Auslesen oder Übermitteln" besteht, siehe *Konferenz der Datenschutzbeauftragten des Bundes und der Länder*, Entschließung zu Datenschutz im Kraftfahrzeug – Automobilindustrie ist gefordert, S. 1; in diesem Sinne auch *Lüdemann*, ZD 2015, 247 (250), der ein Datum als personenbezogen qualifiziert, wenn zum Zeitpunkt der Erhebung objektiv die Gefahr eines Personenbezugs besteht, auch wenn sich die Gefahr später nicht realisiert; vgl. auch *Der Bundesbeauftragte für den Datenschutz und die Informationsfreiheit*, 28. Tätigkeitsbericht zum Datenschutz 2019, S. 67, der irrelevante Daten beim Betrieb eines Fahrzeugs ausschließt.

447 *Datenschutzkonferenz*, Liste der Verarbeitungstätigkeiten, für die eine DSFA durchzuführen ist, S. 2; dem zustimmend für Sensoren und insbesondere Kamerasysteme *Stoklas/Wendt*, Das vernetzte und autonome Fahrzeug – Datenschutzrechtliche Herausforderungen, S. 38.

448 I. E. auch *Stoklas/Wendt*, Das vernetzte und autonome Fahrzeug – Datenschutzrechtliche Herausforderungen, S. 21 f., die aufgrund der Erfassung von Gesichtern auf Foto- und Videoaufnahmen bei der Umfeldanalyse solche Daten als personenbezogen einstufen und Sensor- und Kameradaten für den Fahrbetrieb nach Art. 6 Abs. 1 lit. f DSGVO bewerten (S. 62, 67). I. E. auch *Wendt*, ZD-Aktuell 2018, 06034, der zwar nicht den Personenbezug flüchtiger Umfelddaten betrachtet, diese aber nach Art. 6 Abs. 1 lit. f. DSGVO rechtfertigt, was zunächst den Personenbezug dieser flüchtigen Daten voraussetzt; ähnlich auch *Schlamp*, InTer 2018, 116 (118), die den Anwendungsbereich der DSGVO auch bei kurzzeitiger Speicherung für Unfallereignisse als eröffnet sieht.

zur Vermeidung des Personenbezugs getroffen werden können. In der Theorie müsste folglich der Zugriff jeglicher Art während der Zwischenspeicherung unterbunden werden, was sich nach den jetzigen Entwicklungen aber nicht abzeichnet. Daher kann man schlussfolgern: Je kürzer die Daten im Zwischenspeicher verbleiben, desto geringer ist die Wahrscheinlichkeit eines Zugriffs und somit der Identifizierbarkeit.

Neben den temporär gespeicherten Rohbildern werden auch Merkmalsdaten verarbeitet, die aus dem Rohmaterial durch die Merkmalsextraktion entstehen. Merkmalsdaten haben die Eigenschaft, dass sie nur noch reduzierte Informationen des Rohbilds enthalten[449]. Welche Teile extrahiert werden, ist vom eingesetzten Algorithmus abhängig. Ob der nach der Extraktion entstandene Wert personenbezogen ist, muss also anhand der Einzelfallumstände, insbesondere der eingesetzten Sensoren und Algorithmen, betrachtet werden. Darum kann auch nicht pauschal festgestellt werden, ob tatsächlich Mittel für die Identifizierung i. S. d. Erwägungsgrund 26 DSGVO zur Verfügung stünden[450]. Folglich bleibt auch unklar, ob sich extrahierte Merkmale lediglich aus nicht mehr zurückrechenbaren Hash-Werten oder Kanten/Linien zusammensetzen oder Teile des Rohbildes mit der Silhouette einer Person beinhalten.

Bei der Betrachtung nach einer möglichen Identifizierbarkeit von Merkmalsdaten muss berücksichtigt werden, dass das hochautomatisierte Fahrsystem darauf ausgelegt ist, unterschiedliche Einzelinformationen zu kombinieren. Dies ist einerseits auf inhaltlicher Ebene erkennbar (Personenabbildungen oder KFZ-Kennzeichen mit kombinierbaren Zusatzinformationen[451]) sowie auf der technischen Ebene durch den Einsatz unterschiedlicher Sensoren, deren Informationen fusioniert werden. Durch die Kombination unterschiedlicher Merkmale kann es auch möglich sein, dass die Person indirekt identifizierbar wird. Das bedeutet, dass die Person nicht unmittelbar identifiziert wird, aber das Datum mit der Person verknüpft ist und somit eine Unterscheidung von anderen Personen möglich ist.[452] Ebenfalls muss bei Merkmalsdaten beachtet werden, dass die Daten durch das Tracking von Merkmalen fortlaufend aktualisiert werden. Das heißt, dass die Merkmalsdaten auch Bewegungen oder eine Bewegungsart und deren Historie (für eine relevante Szene) beinhalten.

---

449 Vgl. 2.5.2.1.

450 Vgl. auch für die intelligente Videoüberwachung *Bretthauer*, Intelligente Videoüberwachung, S. 147 f.

451 Siehe in 4.3.5.2.2.

452 *Stoklas/Wendt*, Das vernetzte und autonome Fahrzeug – Datenschutzrechtliche Herausforderungen, S. 14; *Schild* in: Wolff/Brink, BeckOK Datenschutzrecht, 35. Edition, Art. 4 DS-GVO Rn. 17.

Gegen die Identifizierbarkeit von Merkmalsdaten spricht, dass die extrahierten Merkmale reduzierte (inhaltliche) Informationen beinhalten, beispielsweise ein deutlich zu erkennendes Gesicht als Rohbild. Da das Rohmaterial gelöscht werden soll, ist es fraglich, ob die Merkmale zurückgerechnet werden können. Somit bestünde für die Merkmalsdaten nur so lange ein potentieller Personenbezug, wie das Rohmaterial verfügbar wäre. Es kommt folglich darauf an, welche Algorithmen vom Verantwortlichen für die Bilderkennung eingesetzt werden und ob die daraus extrahierten Merkmale einen für den Personenbezug kritischen Wert liefern, der einer natürliche Person innerhalb der Zwischenspeicherung des Rohmaterials zugeordnet werden kann oder ob die Merkmale derart abstrahiert sind, dass keine Zuordnung mehr möglich ist.

Ebenfalls spricht gegen eine Identifizierbarkeit von Merkmalsdaten, dass der Zweck dieser Daten nicht darin besteht, eine Person zu identifizieren. Das bedeutet, dass grundsätzlich die Möglichkeit besteht, dass keine identifizierenden Merkmale verarbeitet werden.

In Fällen, in denen betroffene Personen nicht oder nicht mehr identifiziert werden können, gelten Daten gemäß Erwägungsgrund 26 Satz 5 DSGVO als anonymisiert. In der Konsequenz fallen diese Daten nicht mehr in den Anwendungsbereich der DSGVO (siehe ebenfalls Erwägungsgrund 26 Satz 5 DSGVO). Bei der Anonymisierung bzw. anonymisierten Daten gilt es allerdings, zu beachten, dass eine valide Anonymisierung eine Herausforderung darstellen kann und sorgfältig geprüft werden muss[453].

Für diese Arbeit wird ein hypothetischer Personenbezug von Merkmalsdaten dennoch weitergeführt, weil der Personenbezug des extrahierten Ergebnisses aufgrund fehlender Evidenz nicht zweifellos ausgeschlossen werden kann. Dennoch erfolgt dies unter dem Hinweis, dass der Personenbezug mit der Löschung und einem Algorithmus, der die Merkmale ausreichend abstrahiert, obsolet wird. Durch diese zwei beispielhaften Maßnahmen könnte der Personenbezug mit hoher Wahrscheinlichkeit ausgeschlossen werden. Dennoch muss klargestellt werden, dass sich dieses Ergebnis lediglich auf die Merkmalsdaten bezieht. Aufnahmen des Rohmaterials beinhalten, wie oben ausgeführt, voraussichtlich personenbezogene Daten. Ferner muss auch die Anonymisierung als Verarbeitungsvorgang i. S. d. Art. 4 Nr. 2 DSGVO gewertet werden[454]. Das bedeutet für die datenschutzrechtliche Betrachtung,

---

453 *Der Bundesbeauftragte für den Datenschutz und die Informationsfreiheit*, Positionspapier zur Anonymisierung unter der DSGVO unter besonderer Berücksichtigung der TK-Branche, S. 4.

454 *Der Bundesbeauftragte für den Datenschutz und die Informationsfreiheit*, Positionspapier zur Anonymisierung unter der DSGVO unter besonderer Berücksichtigung der TK-Branche, S. 5.

dass mindestens der Vorgang von der Erfassung des Sensors bis zur Fertigstellung der Anonymisierung datenschutzrechtlich betrachtet werden muss.

4.3.5.3.3 Möglichkeiten bei der Weiterentwicklung

Selbst wenn man annähme, dass die Daten des Zwischenspeichers und die Merkmalsdaten nicht personenbezogen seien, muss ebenso berücksichtigt werden, dass manche dieser von den Umfeldsensoren erfassten Daten langfristig für die Weiterentwicklung gespeichert werden. Denn um die automatisierten Fahrfunktionen zu verbessern, werden Daten der Umfeldsensoren gespeichert und in das Backend des Automobilherstellers übermittelt, der diese dann auswertet[455]. Diese Daten für die Weiterentwicklung, die vorwiegend Personenabbildungen und KFZ-Kennzeichen enthalten werden, sind für den Automobilhersteller zunächst nicht direkt identifizierbar. Solange aber die Person oder das KFZ-Kennzeichen wiedererkannt werden kann, ist die Person dennoch identifizierbar[456].

Der Erfolg des Wiedererkennens durch Abbildungen zeigt sich beispielsweise durch Fahndungsfotos, anhand derer Täter oder Tatverdächtige mit Hilfe der Bevölkerung gesucht (und gefunden) werden[457] oder Lichtbilder eines Fahrers für die Ahndung von Geschwindigkeitsverstößen. Dadurch, dass für die Weiterentwicklung des hochautomatisierten Fahrsystems zahlreiche Aufnahmen ausgewertet werden müssen, ist die Wahrscheinlichkeit gegeben, dass auf den Aufnahmen eine Person von einem der Auswertenden wiedererkannt werden kann. Das gilt insbesondere vor dem Hintergrund, dass auch noch Dritte das Rohmaterial einsehen könnten (dazu sogleich in 4.3.5.4). Somit wäre auch eine Auswertung ex post möglich, wodurch ein potentieller Personenbezug gegeben sein kann[458].

Für den Personenbezug der Rohdaten für die Weiterentwicklung spricht auch, dass Automobilhersteller in Bezug auf ihre Testfahrzeuge, die ebenfalls das Rohmaterial durch Umfeldsensoren verarbeiten, Datenschutzhinweise veröffentlichen. Diese adressieren Straßenverkehrsteilnehmer, die von einem solchen Testfahrzeug erfasst wurden. Gegenstand der Datenschutzerklärungen sind die Verarbeitung der Umfelddaten zum Zweck der (Weiter-)Entwicklung für das automatisierte Fahren, was der Weiterentwicklung

---

455 Ausführlicher dazu in 2.6.
456 *Klein*, Personenbilder im Spannungsfeld von Datenschutzgrundverordnung und Kunsturhebergesetz, S. 20.
457 Vgl. *Klein*, Personenbilder im Spannungsfeld von Datenschutzgrundverordnung und Kunsturhebergesetz, S. 24.
458 *Scholz* in: Simitis/Hornung/Döhmann, Datenschutzrecht, Artikel 6 DSGVO Rn. 40.

durch Datenmaterial in Kundenfahrzeugen vom Datenmaterial ähnelt.[459] Insofern spiegelt die Annahme, dass das Rohmaterial der Umfeldsensoren personenbezogen ist, die gängige Praxis wider.

4.3.5.4 Identifizierbarkeit durch andere Personen

Gemäß Erwägungsgrund 26 Satz 3 DSGVO muss ebenfalls geprüft werden, ob andere Personen als der Verantwortliche Mittel besitzen, die eine Person identifizieren könnten[460]. Das heißt, selbst wenn der Verantwortliche keine Möglichkeiten für die Identifizierung besitzen sollte, müssen auch die Mittel anderer Personen betrachtet werden[461].

Wer unter den Begriff der „anderen Person" fällt, ist in der DSGVO nicht definiert. Verglichen zur DSRL fand hinsichtlich der Legaldefinition eine Änderung statt. Waren unter der DSRL in diesem Zusammenhang die Möglichkeiten „Dritter" adressiert, erweitert die DSGVO den Adressatenkreis bereits durch die Wortwahl der „anderen Personen"[462]. Hierbei fand nicht nur durch den Wortwechsel eine Erweiterung statt. Denn die Legaldefinition der „Dritten" in Art. 2 lit. f DSRL/Art. 4 Nr. 10 DSGVO umfasst nicht die betroffene Person, den Verantwortlichen, den Auftragsverarbeiter und Personen, die unter der unmittelbaren Verantwortung des Verantwortlichen oder des Auftragsverarbeiters stehen. Durch die Adressierung „anderer Personen" können darunter die in Art. 2 lit. f DSRL/Art. 4 Nr. 10 DSGVO ausgeschlossenen Personengruppen, wie zum Beispiel Auftragsverarbeiter sowie deren Subdienstleister, fallen. Folglich erweitert dies den Personenkreis der „anderen Personen", was auch ein Hinweis darauf sein könnte, dass der Verordnungsgeber einen weiten Adressatenkreis schaffen wollte.

---

459 *BMW*, Datenschutzhinweis (Stand April 2021), https://www.bmw.com/en/footer/data-processing-automated-vehicles/data-processing-automated-vehicles-de.html (16.08.23); *Volkswagen*, Datenschutzerklärung zur Videodatenaufzeichnung (Stand April 2021), https://www.volkswagen.de/de/mehr/rechtliches/datenschutz-erprobungsfahrten.html (16.08.23); *Audi*, Datenschutzhinweis Produktentwicklung und Erprobungen (Stand April 2021), https://www.audi.com/de/test-vehicle.html (16.08.23).

460 Wie bereits in 5.4 ausgeführt, wird eine gemeinsame Verantwortlichkeit mit Dritten oder anderen Personen für diese Arbeit nicht betrachtet, da die Bestimmung einer solchen auf den individuellen Konstellationen der Vertragsparteien basiert. Dennoch müssen die Möglichkeiten einer Identifizierungsmöglichkeit berücksichtigt werden, da Art. 4 Nr. 1 i. V. m. Erwägungsgrund 26 DSGVO ausdrücklich danach verlangt, auch die Mittel zur Identifizierung anderer Personen zu berücksichtigen. Dies soll unabhängig davon erfolgen, ob eine gemeinsame Verantwortlichkeit besteht.

461 EuGH, Urt. v. 19.10.2016 – C-582/14 (Breyer) Rn. 43.

462 In der englischen Fassung ging man schon immer von „any other person" aus. Insofern hat der Gesetzgeber hier einen signifikanten Übersetzungsfehler korrigiert.

In dieser Arbeit werden solche Akteure näher betrachtet, die mit der Datenverarbeitung der Umfelderfassung in Kontakt treten könnten und daher Möglichkeiten zur Identifizierung offen stünden. Dies kann auch dann der Fall sein, wenn andere Personen Mittel zur Identifizierung besitzen, zum Beispiel, indem (anonyme) Daten zusammengeführt werden, was ebenfalls einen Personenbezug begründen kann[463]. Denn weitere (gegebenenfalls noch unbekannte) Akteure könnten Daten mit ihren eigenen Datenpools verknüpfen[464]. Mit technischem Fortschritt und wachsenden Verknüpfungsmöglichkeiten können Personen ggf. auch später re-identifiziert werden[465]. Hier gilt es, zu berücksichtigen, dass sich mittlerweile Unternehmen auf die Auswertung und Identifizierung von vermeintlich anonymisierten Daten spezialisieren bzw. sich ökonomische Vorteile versprechen[466]. Die Re-Identifizierung wird darum als besonders schwere Beeinträchtigung betrachtet, da betroffene Personen nicht mit einer Identifikation rechnen mussten[467].

Im Folgenden werden die *Möglichkeiten* anderer Personen aufgezeigt. Dabei muss berücksichtigt werden, dass die Prüfung des Einzelfalls gilt, weil individuelle Konstellationen (in der Praxis) zu einem anderen Ergebnis führen können.

4.3.5.4.1 Dienstleister und Dritte bei der Weiterentwicklung

Setzt ein Automobilhersteller Dienstleister oder Dritte ein, zum Beispiel um die algorithmischen Systeme im Rahmen der Weiterentwicklung zu verbessern, sind in diesem Prozess voraussichtlich Dienstleister oder Dritte involviert[468]. Da die Daten ab diesem Zeitpunkt nicht mehr nur durch den Verant-

---

463 *Bolognini/Bistolfi*, Comput. Law Secur. Rev. 2017, 171 (176); *Jäschke u. a.*, Für immer anonym: wie kann De-Anonymisierung verhindert werden?, S. 23; ausführlich mit Beispielen zu vermeintlich anonymen Datensätzen, die betroffene Personen dennoch identifizieren konnten *Aldhouse*, Comput. Law Secur. Rev. 2014, 403 (415 f.); allgemein dazu *Hornung/Wagner*, CR 2019, 565 (566 ff.).
464 Vgl. dazu ähnliche datenschutzrechtliche Probleme in Bezug auf Big Data Auswertungen, u. a. *Sarunski*, DuD 2016, 424 (427); *Schütze/Hänold/Forgó* in: Kolany-Raiser/ Heil/Orwat/Hoeren, Big Data und Gesellschaft: Eine multidisziplinäre Annäherung, S. 233 ff.; vgl. dazu die dargestellten Beispiele zu Verknüpfungsmöglichkeiten von *Christl/Spiekermann*, Networks of Control, S. 11 ff.; siehe dazu auch die Möglichkeit kombinierbarer Begleitumstände für die Umfelderfassung in 4.3.5.2.
465 *Marnau*, DuD 2016, 428 (429).
466 Vgl. auch *Klabunde* in: Ehmann/Selmayr, Datenschutz-Grundverordnung, Art. 4 Rn. 17; *Hornung/Wagner*, CR 2019, 565 (572).
467 *Schantz/Wolff*, Das neue Datenschutzrecht, Rn. 306; *Jäschke u. a.*, Für immer anonym: wie kann De-Anonymisierung verhindert werden?, S. 26.
468 Vgl. *Volkswagen*, Datenschutzerklärung zur Videodatenaufzeichnung (Stand April 2021), https://www.volkswagen.de/de/mehr/rechtliches/datenschutz-erprobungsfahrten.html (16.08.23), *BMW*, Datenschutzhinweis (Stand April 2021),

wortlichen verarbeitet werden, erweitert sich der Kreis von Personen, denen die Möglichkeit einer Identifizierung der betroffenen Person eröffnet wird. Daneben besteht auch die Möglichkeit, dass (personenbezogene) Daten an die Zulieferer, die Automobilhersteller mit Fahrzeugkomponenten beliefern, übermittelt werden. Auch sie können ein wirtschaftliches Interesse an den Daten haben, Daten auszuwerten, um die eigenen Produkte zu verbessern.

Ein weiteres Szenario, das mit einer Datenübermittlung verbunden sein kann, sind Kooperationen im Automobilbereich. Sofern Kooperationen zwischen Automobilherstellern und anderen Kooperationspartnern existieren und die Umfelddaten als „Kooperationsmasse" überlassen werden[469], erhöht sich folglich das Risiko der Identifizierbarkeit. Denn je mehr Kooperationspartnern die Daten überlassen werden, desto höher ist die Wahrscheinlichkeit der Identifizierung, da jeder Akteur neues Datenmaterial mit dem bestehenden Datenmaterial verknüpfen könnte.

Als Quintessenz soll an dieser Stelle festgehalten werden, dass sich durch die Übermittlung an weitere Personen auch die Möglichkeiten einer Identifizierung und damit die Wahrscheinlichkeit derselben erhöhen. Hierbei müssen auch insbesondere die verbessernden Verknüpfungs- und Kombinationsmöglichkeiten berücksichtigt werden, die anderen Personen zur Verfügung stehen könnten. Letztlich müssen aber die Gesamtumstände (z. B. Anzahl der eingesetzten Dienstleister/Dritte, vertragliche Vereinbarung hinsichtlich der Verarbeitung von Daten, Branchenumfeld des Dienstleisters/Dritten) in concreto betrachtet werden, um die tatsächlichen Möglichkeiten abwägen zu können.

4.3.5.4.2 Beweissicherung durch (Ermittlungs-)Behörden

Das hochautomatisierte Fahrzeug wird in Unfälle verwickelt sein, weshalb auch die Möglichkeiten von Ermittlungsbehörden, z. B. zur Sicherstellung von Beweismaterial, berücksichtigt werden müssen. In Bezug auf das automatisierte Fahrzeug werden die Ermittlungsbehörden primär Fahrerdaten auslesen, allerdings könnten auch die Daten des Umfelds für die Aufklärung relevant sein.

---

https://www.bmw.com/en/footer/data-processing-automated-vehicles/data-processing-automated-vehicles-de.html (16.08.23), *Audi*, Datenschutzhinweis Produktentwicklung und Erprobung (Stand April 2021), https://www.audi.com/de/test-vehicle.html (16.08.23) für Entwicklungsfahrzeuge. In vorgenannten Quellen wird darüber informiert, dass auch identifizierbare Datensätze an Dritte bzw. Dienstleister übermittelt werden.

469 So soll über den Kartendienst Here eine Plattform mit Sensordaten entstehen, an der mehrere Automobilhersteller teilnehmen, siehe *Beutnagel*, carIT v. 07.03.2017, https://www.automotiveit.eu/mobility/bmw-nutzt-open-location-platform-von-here-123.html (16.08.23). Derzeit ist unbekannt, von welchen Sensordaten gesprochen wird; theoretisch könnten darüber auch Umfeldsensordaten ausgetauscht werden.

In § 63a Abs. 1 StVG besteht bereits die Verpflichtung für hoch- und vollautomatisierte Fahrzeuge, einige Daten in einem separaten Fahrzeugdatenspeicher[470] zu speichern. Derzeit sind davon aber keine Umfeldsensordaten umfasst[471]. Daneben bestehen aber auch staatliche Zugriffsmöglichkeiten im Rahmen der Sicherstellung und Beschlagnahme von Gegenständen zu Beweiszwecken (§§ 94 ff. StPO) für im Fahrzeug gespeicherte Daten[472] sowie die Möglichkeit einer Durchsuchung elektronischer Datenspeicher in Fahrzeugen, die sich nach den §§ 102 ff. StPO richtet[473]. Zwar sieht letztere Vorschrift nicht explizit elektronische Geräte vor, jedoch sind die rechtlichen Wertungen auf ein Fahrzeug mit Datenspeicher übertragbar[474]. Anderenfalls kann auch eine Durchsuchung beim Automobilhersteller, beispielsweise auf den Servern, durchgeführt werden[475]. Da diese Daten als Rohmaterial vorliegen, können auch Personen und KFZ-Kennzeichen erkennbar sein. Gegebenenfalls könnte die Identifizierung dieser Personen für die Unfallaufklärung notwendig sein. Die Identifizierung dieser Person kann dann unter Zuhilfenahme der Werkzeuge der Ermittlungsbehörden (zum Beispiel Bilddatenbanken) durchgeführt werden.

Somit wird deutlich, dass Ermittlungsbehörden strafprozessuale Mittel haben, um (lokal) auf Fahrzeugspeicher zuzugreifen. Nach dem EuGH sind die Möglichkeiten des behördlichen Zugriffs als Mittel, das vernünftigerweise zur Identifizierung eingesetzt werden kann, zu werten.[476] Dabei muss die Herstellung des Personenbezugs nicht tatsächlich erfolgt sein, das Potential reicht bereits aus[477].

4.3.5.4.3 Export durch Fahrzeugnutzer

Je nach Gestaltung des internen Fahrzeugspeichers könnte auch der Fahrer die Aufnahmen der Umfeldsensorik exportieren und anschließend mit Bilddatenbanken abgleichen oder sie auf Videoportalen veröffentlichen. Letztere sind für jeden zugänglich und können daher zu einer Identifizierung führen[478]. Ob diese Möglichkeit im Sinne des Erwägungsgrundes 26 DSGVO

---

470 Dies umfasst einen fahrzeuginternen Speicher, der Fahrdaten aufzeichnet, die in der Regel für die Unfallrekonstruktion benötigt werden, siehe zum Beispiel *Dietrich/Nugel*, zfs 2017, 664 (664 ff.); *Brockmann/Nugel*, ZfSch 2016, 64 (64 ff.).
471 Derzeit müssen die Positions- und Zeitangabe, der Wechsel der Fahrzeugsteuerung zwischen Fahrzeugführer und dem automatisierten Fahrsystem gespeichert werden.
472 *Lutz*, DAR 2019, 125 (127 f.); *Blechschmitt*, MMR 2018, 361 (363 f.).
473 *Berndt*, SVR 2018, 361 (361 f.); *Lutz*, DAR 2019, 125 (128).
474 *Berndt*, SVR 2018, 361 (362); *Lutz*, DAR 2019, 125 (128).
475 *Lutz*, DAR 2019, 125 (128).
476 EuGH, Urt. v. 19.10.2016 – C-582/14 (Breyer) Rn. 47.
477 *Karg* in: Simitis/Hornung/Döhmann, Datenschutzrecht, Art. 4 Nr. 1 DSGVO Rn. 61.
478 Vgl. *Haase*, Datenschutzrechtliche Fragen des Personenbezugs, S. 371.

„wahrscheinlich" ist, hängt von der zukünftigen Exportmöglichkeit solcher Aufnahmen ab. Hier gilt es, zu berücksichtigen, dass ein Export zwar theoretisch möglich sein kann, es aber technischen Wissens, zusätzlichen Equipments sowie eines gewissen Maßes an Zeitaufwand bedarf.[479] Sofern der dafür erforderliche Aufwand unverhältnismäßig ist, kann das Risiko einer Identifizierung de facto vernachlässigt werden[480]. Sofern ein Halter oder Fahrer tatsächlich Kameraaufnahmen speichern will, erscheint das Anbringen einer Dashcam wesentlich einfacher und nutzerfreundlicher.

Es gibt allerdings bereits Dashcam-Modelle, die an die Umfeldsensorik angeschlossen sind und deren Bilder mittels USB-Schnittstelle exportiert werden können[481]. Aufgrund dieser nutzerorientierten Exportmöglichkeit besteht grundsätzlich auch die Möglichkeit der Verwendung der Kameraaufnahmen außerhalb des Fahrzeugs.

4.3.5.4.4 Weitere Akteure

Ebenfalls besteht die Möglichkeit, dass weitere Akteure Zugriff auf sicherheits- und umweltrelevante Daten haben werden. Als Begründung für den Zugriff wird angegeben, dass nur durch einen Zugriff der ordnungsgemäße Zustand und die Sicherheit der Fahrzeuge in Zukunft garantiert sei.[482]

Bereits heute gibt es in der Verordnung 2018/858/EU (VO 2018/858/EU)[483] eine gesetzliche Regelung für den Zugriff auf die Daten durch Dritte. Nach Art. 61 Abs. 1 VO 2018/858/EU muss der Hersteller unabhängigen Wirtschaftsakteuren uneingeschränkten, standardisierten und diskriminierungsfreien Zugang zu Fahrzeug-OBD-Informationen, Diagnose- und anderen Geräten und Instrumenten einschließlich der vollständigen Referenzinformationen und verfügbaren Downloads für die zu verwendende Software sowie zu Fahrzeugreparatur- und -wartungsinformationen geben. Art. 3 Nr. 48

---

479 Siehe dazu die Software „Software Scout", die den Datenstrom der Kameras von Teslafahrzeugen speichern und auswerten kann, *Ries*, heise online v. 10.08.2019, https://www.heise.de/security/meldung/Open-Source-Projekt-Teslas-zu-rollenden-Ueberwachungsstationen-machen-4493443.html (16.08.23).

480 EuGH, Urt. v. 19.10.2016 – C-582/14 (Breyer) Rn. 46.

481 So beispielsweise bei Tesla-Fahrzeugen, *Tesla*, Software-Version 9.0 entdecken v. 05.10.2018, https://www.tesla.com/support/software-v9 (16.08.23).

482 *Deutsche Presse-Agentur*, heise online v. 29.04.2019, https://www.heise.de/newsticker/meldung/Dekra-Pruefer-fordern-ungefilterten-Zugang-zu-Fahrzeugdaten-4409559. html (16.08.23); Transparenz und Sicherheit bei Kraftfahrzeugen mit hoch- oder vollautomatisierter Fahrfunktion (BT-Drs. 19/9544), S. 1.

483 Verordnung über die Genehmigung und die Marktüberwachung von Kraftfahrzeugen und Kraftfahrzeuganhängern sowie von Systemen, Bauteilen und selbstständigen technischen Einheiten für diese Fahrzeuge, zur Änderung der Verordnungen (EG) Nr. 715/2007 und (EG) Nr. 595/2009 und zur Aufhebung der Richtlinie 2007/46/EG.

VO 2018/858/EU definiert Reparatur- und Wartungsinformationen[484], Art. 3 Nr. 49 VO 2018/858/EU[485] definiert Fahrzeug-OBD-Informationen, die Umfelddaten aber nicht explizit adressieren. Für die Zukunft kann aber nicht ausgeschlossen werden, dass der Zugriff gewährt werden muss, zum Beispiel für Reparaturzwecke oder für die Fahrzeuginspektion[486].

Um Zugriffe auf das Fahrzeug kontrollieren zu können, bedarf es eines Zugriffskonzepts bzw. eines Konzepts zur Datenweitergabe und -nutzung. Ein solches Konzept hat die deutsche Automobilindustrie entwickelt, das die sichere Weitergabe von im Fahrzeug generierten Daten ermöglicht. Je nach Berechtigung können Dritte die im Fahrzeug generierten Daten über eine standardisierte Schnittstelle erhalten.[487] Sofern Daten zur Verfügung gestellt werden sollen, werden diese zunächst an das OEM-Backend und dann an einen neutralen Server übertragen. Auf diesen neutralen Server sollen auch weitere Akteure bei Bedarf Zugriff erhalten.[488]

---

484 Konkret handelt es sich gemäß Art. 3 Nr. 48 VO 2018/858/EU um „sämtliche Informationen, die für Diagnose, Instandhaltung und Inspektion eines Fahrzeugs, seiner Vorbereitung auf Straßenverkehrssicherheitsprüfungen, Reparatur, Neuprogrammierung oder Neuinitialisierung des Fahrzeugs oder für Ferndiagnoseleistungen für das Fahrzeug sowie für die Anbringung von Teilen und Ausrüstungen an Fahrzeugen erforderlich sind – einschließlich aller nachfolgenden Ergänzungen und Aktualisierungen dieser Informationen —, die der Hersteller seinen Vertragspartnern, -händlern und -reparaturbetrieben zur Verfügung stellt oder die vom Hersteller für Reparatur- und Wartungszwecke verwendet werden".

485 Darunter fallen gemäß Art. 3 Nr. 49 VO 2018/858/EU „Informationen, die von einem On-Board- Diagnosesystem (OBD-System) generiert werden, das sich in einem Fahrzeug befindet oder an einen Motor angeschlossen und in der Lage ist, eine Fehlfunktion festzustellen und deren Auftreten gegebenenfalls durch ein Warnsystem anzuzeigen und mithilfe rechnergespeicherter Informationen den wahrscheinlichen Bereich von Fehlfunktionen anzuzeigen sowie diese Informationen nach außen zu übermitteln".

486 Vgl. dazu auch den Vorstoß der Bundesregierung (Gesetzesinitiative zum autonomen Fahren (BT-Drs. 19/25626), S. 7 f.), die Funktion und Kalibrierung von Kameras und Sensoren autonom fahrender Fahrzeuge bei der Hauptuntersuchung prüfen zu lassen.

487 *Verband der Automobilindustrie*, Was ist „NEVADA-Share & Secure"?, https://www.vda.de/de/themen/innovation-und-technik/datensicherheit/was-ist (09.06.21). Vgl. dazu auch weitere Alternativen von Schnittstellen für Fahrzeugdaten, wie das „Trust Center" (abrufbar unter https://www.tuv.com/landingpage/de/smart-mobility/themen/trusted-data-center.html) (16.08.23) oder das Car-Pass-Projekt, https://car-pass.de/carpass.php (16.08.23).

488 *Verband der Automobilindustrie*, Was ist „NEVADA-Share & Secure"?, https://www.vda.de/de/themen/innovation-und-technik/datensicherheit/was-ist (09.06.21); *Verband der Automobilindustrie*, Position Zugang zum Fahrzeug und zu im Fahrzeug generierten Daten (Stand 2016), S. 2, https://www.vda.de/dam/vda/Medien/DE/Themen/Innovation-und-Technik/Vernetzung/Position/VDA-Position-Zugang-zum-Fahrzeug-und-zu-im-Fahrzeug-generierten-Daten/VDA%20Position%20Zugang%20zum%20Fahrzeug%20und%20zu%20im%20Fahrzeug%20generierten%20Daten.pdf (09.06.21).

Hinsichtlich möglicher Datenkategorien hat der VDA unter Berücksichtigung von Sicherheits- und Datenschutzkonzepten vier Datenkategorien bestimmt.[489] In Kategorie 4 fallen sämtliche „persönliche Daten"[490] und sollen nur durch den Kunden autorisierten Drittanbietern oder für eine Verarbeitung nach Gesetz, Vertrag oder Einwilligung zur Verfügung gestellt werden[491].

Das Konzept zur Datenweitergabe auf einen für Dritte zugänglichen Server zeigt folglich auf, dass Daten gezielt auf externe Server für weitere Akteure übermittelt werden sollen. Dies erweitert somit potentiell den Kreis derjenigen, die (personenbezogene) Daten erhalten und gegebenenfalls Mittel besitzen, um einen Personenbezug herzustellen. Sofern die Daten der Umfeldsensordaten darunter fallen und diese nicht vorab anonymisiert wurden, muss für diese Zugriffsmöglichkeit und ihre konkrete Ausgestaltung die Identifizierbarkeit geprüft werden.

Ebenfalls muss beachtet werden, dass sich die verfügbaren Technologien weiterentwickeln und sich mit stetiger Verbesserung auch die Mittel zur Identifizierung ändern können[492]. Dies gilt insbesondere für das hochautomatisierte Fahren, das eine stark zukunftsgerichtete Technologie ist. Auch Zulieferer und Technologiefirmen investieren hohe Summen, um die Sensortechnik voranzubringen[493]. Die Kameratechnologie, bzw. im Allgemei-

---

489 *Verband der Automobilindustrie*, Position Zugang zum Fahrzeug und zu im Fahrzeug generierten Daten (Stand 2016), S. 2 f., https://www.vda.de/dam/vda/Medien/DE/Themen/Innovation-und-Technik/Vernetzung/Position/VDA-Position-Zugang-zum-Fahrzeug-und-zu-im-Fahrzeug-generierten-Daten/VDA%20Position%20Zugang%20zum%20Fahrzeug%20und%20zu%20im%20Fahrzeug%20generierten%20Daten.pdf (09.06.21).

490 Der Begriff stammt aus dem Positionspapier des VDA (Kategorie 4). Darunter fallen „Services, die eine Identifikation des Kunden oder des Fahrzeugs erfordern, oder aber, die die Nutzung personenbezogener Daten einschließen". Beispielhaft wird die FIN genannt, siehe *Verband der Automobilindustrie*, Position: Zugang zum Fahrzeug und zu im Fahrzeug generierten Daten (Stand 2016), S. 7, https://www.vda.de/dam/vda/Medien/DE/Themen/Innovation-und-Technik/Vernetzung/Position/VDA-Position-Zugang-zum-Fahrzeug-und-zu-im-Fahrzeug-generierten-Daten/VDA%20Position%20Zugang%20zum%20Fahrzeug%20und%20zu%20im%20Fahrzeug%20generierten%20Daten.pdf (09.06.21).

491 *Verband der Automobilindustrie*, Position: Zugang zum Fahrzeug und zu im Fahrzeug generierten Daten (Stand 2016), S. 7, https://www.vda.de/dam/vda/Medien/DE/Themen/Innovation-und-Technik/Vernetzung/Position/VDA-Position-Zugang-zum-Fahrzeug-und-zu-im-Fahrzeug-generierten-Daten/VDA%20Position%20Zugang%20zum%20Fahrzeug%20und%20zu%20im%20Fahrzeug%20generierten%20Daten.pdf (09.06.21).

492 So auch *Marnau*, DuD 2016, 428 (429).

493 *Kallweit*, Automobil Produktion v. 14.02.2017, https://www.automobil-produktion.de/hersteller/wirtschaft/vw-kooperiert-mit-mobileye-343.html (16.08.23); *Deutsche*

nen die Sensortechnologie, soll sich stetig verbessern[494], um die Sicherheit des Fahrzeugs zu erhöhen. In der Konsequenz könnten sich auch die Identifizierungsmöglichkeiten mitentwickeln.

Somit kann für die Identifizierbarkeit durch andere Personen festgehalten werden, dass unterschiedliche Akteure Interesse an den Daten besitzen und grundsätzlich die Möglichkeit besteht, diesen Akteuren Zugriff auf die im Fahrzeug generierten Daten zu geben. Die Möglichkeiten für die einzelnen Akteure werden aber einzelfallabhängig sein und bedürfen einer konkreten Betrachtung des jeweiligen Fahrzeugs bzw. der angebundenen Systeme (zum Beispiel einer externen Datenplattform). Somit treffen die hier vorgestellten Optionen gegebenenfalls nicht auf jedes hochautomatisierte Fahrsystem zu, dennoch zeigen die obigen Ausführungen auf, dass es vielfältige (technische) Möglichkeiten anderer Akteure geben kann, auf die Umfelddaten zuzugreifen oder diese exportieren zu können.

4.3.6 Fazit

Das Konzept des personenbezogenen Datums wurde in fast identischer Weise aus der DSRL übernommen, sodass die allgemeinen Grundsätze der DSRL auch auf die DSGVO anwendbar sind. Trotzdem ist festzustellen, dass die Legaldefinition des personenbezogenen Datums weiterhin viele Fragen aufwirft, da es im Einzelfall zu Abgrenzungsschwierigkeiten kommt[495]. Der EuGH hat zwar bereits mehrfach zum Thema der Identifizierbarkeit geurteilt und hat dadurch bereits wichtige Aspekte konkretisiert, trotzdem verbleiben ungeklärte Fragen. Somit bleibt das Thema der Identifizierbarkeit sogar nach mehreren Jahrzehnten seit Inkrafttreten der DSRL unpräzise.

Bei der Auslegung der Bedingung, welche Mittel nach allgemeinem Ermessen wahrscheinlich zur Identifizierung eingesetzt werden, kann kein einheitlicher Ansatz gefunden werden. Einerseits sollen alle objektiven Faktoren einbezogen werden, andererseits wird diese offene Formulierung eingeschränkt, indem nur solche Mittel berücksichtigt werden sollen, die nach allgemeinem Ermessen wahrscheinlich zur (indirekten) Identifikation genutzt werden. Es bedarf folglich einer Prüfung unter Berücksichtigung der individuellen Gesamtumstände.

Presse-Agentur, heise online v. 04.01.2017, https://www.heise.de/newsticker/meldung/BMW-will-40-autonome-Autos-mit-Intel-und-Mobileye-testen-3588416.html (16.08.23).

494 Vgl. *Scholz* in: Simitis/Hornung/Döhmann, Datenschutzrecht, Anhang 1 zu Artikel 6 DSGVO Rn. 13.

495 So auch *Klein*, Personenbilder im Spannungsfeld von Datenschutzgrundverordnung und Kunsturhebergesetz, S. 7 f.

Bei der Auslegung der Identifizierbarkeit im Kontext der Umfelderfassung müssen, neben der unklaren Definition des personenbezogenen Datums, noch weitere Parameter berücksichtigt werden. Erstens ist der Vorgang der Umfelderfassung ein komplexer Vorgang, bei dem unterschiedliche Datenkategorien betrachtet werden müssen (z. B. der Unterschied zwischen dem Rohmaterial und den Merkmalsdaten). Zweitens ist nicht immer vorhersehbar, welche Komponenten und Algorithmen eingesetzt und welche Informationen auf welche Art verarbeitet werden. Trotzdem können die allgemeinen Vorgänge der Umfelderfassung in Bezug auf die Identifizierbarkeit untersucht werden. Bei der Umfelderfassung werden vorwiegend Personenabbildungen erfasst und gegebenenfalls mit weiteren Daten individueller Begleitumstände wie Standortdaten kombiniert. Als primär eingesetzter Sensor kommt der Kamerasensor zum Einsatz. Neben dem Kamerasensor sind auch die weiteren Umfeldsensoren dienlich, die durch ihre individuellen Funktionen weitere Eigenschaften einer Person verarbeiten können, wie zum Beispiel die Geschwindigkeit eines Fußgängers. Wenig Diskussion herrscht bei der Frage nach dem Personenbezug von KFZ-Kennzeichen: § 45 Satz 2 StVG zählt das KFZ-Kennzeichen zu den bestimmbaren Daten, die somit als personenbezogene Daten zu betrachten sind. Diese Datenkategorien offenbaren demnach auch den Kreis der betroffenen Personen: Dieser umfasst alle Straßenverkehrsteilnehmer, die durch die Umfeldsensorik erfasst werden und auch identifizierbar sind. Für die Identifizierbarkeit müssen die Aufnahmen zunächst einmal die technischen Grundvoraussetzungen aufweisen. Dies wird aufgrund der Detailtiefe der Aufnahmen aber in der Regel gegeben sein. Ausnahmen, zum Beispiel wenn die Auflösung zu gering ist, um eine Person zu erkennen, werden aufgrund der hohen Anforderungen an das Datenmaterial der Umfeldsensoren selten vorkommen.

Neben den personenbezogenen Daten gibt es aber auch zahlreiche Datenkategorien, die keinen Personenbezug aufweisen, weil ihnen der Bezug zu einer Person fehlt. Dabei handelt es sich um statische Objekte des Straßenverkehrs wie Fahrbahnmarkierungen, Straßenverkehrsschilder oder Leitplanken. Solche Sachdaten fallen nicht in den Anwendungsbereich der DSGVO. Aber selbst wenn ein großer Teil der Daten, die zur Erstellung eines Umfeldmodells verarbeitet werden, keinen Personenbezug hat, reicht es bereits aus, wenn eine einzige Person identifiziert werden könnte[496].

Bei der Frage, ob besondere Kategorien personenbezogener Daten nach Art. 9 Abs. 1 DSGVO verarbeitet werden, kann in dem hier betrachteten Szenario davon ausgegangen werden, dass keine besonderen Kategorien personenbezogener Daten verarbeitet werden. Denn bei dem Vorgang wer-

---

496 *Fuchs*, ZD 2015, 212 (213).

den „objektspezifische Merkmale", die in der Regel keine Auswerteabsicht für die Daten aus Art. 9 Abs. 1 DSGVO verfolgen, verarbeitet.

Obwohl aufgrund der oben festgestellten Informationsfülle der genannten Datenkategorien eine Identifizierbarkeit grundsätzlich möglich ist, muss dennoch geprüft werden, ob der Verantwortliche oder andere Personen Mittel einsetzen, die nach allgemeinem Ermessen für die Identifizierung genutzt werden. Grundsätzlich muss dies kontextbezogen hinsichtlich der Mittel der involvierten Akteure geprüft werden. Darum werden die Akteure in die Verantwortlichen sowie Möglichkeiten anderer Personen unterteilt:

Abb. 10: Grafische Zusammenfassung der Akteure für die Umfelderfassung

Die Möglichkeiten des Verantwortlichen müssen für den Vorgang der Echtzeitverarbeitung und der Weiterentwicklung separat betrachtet werden (siehe Abb. 10). Bei der Echtzeitverarbeitung stellt sich vor allem die Frage, ob der Verantwortliche flüchtige (Roh-)Daten aufgrund ihrer kurzen Speicherdauer in einem Zwischenspeicher identifizieren könnte. Diese Frage kann resümiert werden, dass auch flüchtig gespeicherte Daten im Zwischenspeicher des Steuergeräts identifizierbar sein können. Bei der Bewertung spielt insbesondere die Zugriffsmöglichkeit durch den Verantwortlichen eine wichtige Rolle. Somit kann die Identifizierbarkeit für das temporär gespeicherte

Rohmaterial nicht bereits wegen einer kurzen Speicherdauer vorab verneint werden, weshalb die Identifizierbarkeit bei der Echtzeitverarbeitung für den weiteren Verlauf dieser Arbeit nicht ausgeschlossen wird.

Hinsichtlich des Personenbezugs von Merkmalsdaten muss der individuelle Einzelfall betrachtet werden: Aufgrund fehlender Evidenz kann nicht festgestellt werden, wie die Ausgabeinformationen, also die Merkmale, aussehen. Diese können theoretisch von abstrakten Strichen bis hin zu erkennbaren Silhouetten reichen. Sie werden für den Fortgang dieser Arbeit darum als hypothetisch personenbezogen betrachtet.

Im Rahmen der Weiterentwicklung gelangt das Rohmaterial in das Backend des Automobilherstellers. Betroffene Personen können wiedererkannt werden, sodass der Personenbezug voraussichtlich gegeben sein wird.

Neben dem Verantwortlichen gibt es weitere Akteure, die bei der Umfelderfassung involviert sein können. Dabei besteht grundsätzlich die Möglichkeit des Zugriffs auf die Daten durch andere, zum Beispiel durch Ermittlungsbehörden. Die einzelnen Optionen bedürfen aber einer Einzelfallbetrachtung. Dies gilt insbesondere für den Vorgang der Echtzeitverarbeitung, bei der Daten nach kurzer Zeit gelöscht werden sollen. Sofern diesen anderen Personen keine Mittel zur Verfügung stehen, die eine Person direkt oder indirekt identifizieren können, ist die Identifizierbarkeit für diese Person auszuschließen.

4.4 Automatisierte Einzelfallentscheidungen

Gemäß Art. 22 Abs. 1 DSGVO hat die betroffene Person das Recht, nicht einer ausschließlich auf einer automatisierten Verarbeitung – einschließlich Profiling – beruhenden Entscheidung unterworfen zu werden, die sie erheblich beeinträchtigt. Bei der Umfelderfassung werden Daten anderer Straßenverkehrsteilnehmer erfasst, analysiert und anhand dessen Entscheidungen (hier: ein Fahrmanöver) getroffen. Aufgrund dieser Entscheidung können Straßenverkehrsteilnehmer in erheblicher Weise beeinträchtigt werden, zum Beispiel, wenn das hochautomatisierte Fahrsystem ein Manöver ausführen würde, das den betroffenen Straßenverkehrsteilnehmer in seinem Recht auf körperliche Unversehrtheit beeinträchtigt. Darum soll geprüft werden, um der in dieser Arbeit untersuchte Vorgang der Umfelderfassung eine automatisierte Einzelfallentscheidung gemäß Art. 22 DSGVO darstellt.

Obwohl die automatisierten Einzelfallentscheidungen in Art. 22 DSGVO geregelt sind und somit auch Gegenstand der Betroffenenrechte sein könnten, muss deren Anwendungsbereich noch vor der Rechtmäßigkeitsprüfung betrachtet werden. Denn sofern die Umfelderfassung ein Fall des Art. 22

DSGVO wäre, müsste der Vorgang nach den Vorgaben des Art. 6 DSGVO geprüft werden.[497]

4.4.1 Automatisierte Einzelfallentscheidung

Bevor eine mögliche wörtliche Auslegung der automatisierten Einzelfallentscheidung betrachtet wird, soll der Begriff zunächst in den Gesamtkontext der DSGVO, sowie ihren Unterfall des Profilings, gebracht werden.

Obwohl der Verordnungsgeber den Begriff der automatisierten Einzelfallentscheidung nicht definiert hat, hat er diesen in deutlichen Kontext zum Profiling gesetzt. Der Begriff des Profilings wird in Art. 4 Nr. 4 DSGVO definiert. Eine Bedingung des Profilings besteht darin, bestimmte persönliche Aspekte vorherzusagen. Darum muss zunächst die Frage gestellt werden, ob bei einer automatisierten Einzelfallentscheidung ebenfalls persönliche Aspekte involviert sein müssen. Liest man Art. 22 Abs. 1 i. V. m. Erwägungsgrund 71 DSGVO wird die Intention des Verordnungsgebers deutlicher. Dort wird vorgeschrieben, dass die betroffene Person das Recht haben soll, keiner Entscheidung zur Bewertung von persönlichen Aspekten unterworfen zu werden. In Erwägungsgrund 71 verknüpft der Verordnungsgeber somit die Bedingung der Bewertung von persönlichen Aspekten. Insofern besteht die Voraussetzung, dass bei einer automatisierten Einzelfallentscheidung auch persönliche Aspekte bewertet werden[498]. Hierbei darf eine einfache Einteilung von Personenmerkmalen nicht zu weit verstanden werden: Die Artikel-29-Datenschutzgruppe[499] vertritt, dass eine Einteilung von Merkma-

---

497 *Schwartmann/Mühlenbeck* in: Schwartmann/Jaspers/Thüsing/Kugelmann, DS-GVO/BDSG, Art. 4 DS-GVO Rn. 70.

498 So auch *Buchner* in: Kühling/Buchner, DS-GVO/BDSG, Art. 22 DS-GVO Rn. 19; *von Lewinksi* in: Wolff/Brink, BeckOK Datenschutzrecht, 35. Edition, Art. 22 DS-GVO Rn. 9; a. A. *Dammann*, ZD 2016, 307 (312).

499 Die Artikel-29-Datenschutzgruppe war unter der DSRL eine nach Art. 29 DSRL unabhängige Gruppe mit beratender Funktion. Sie wurde am 25. Mai 2018 durch den Europäischen Datenschutzausschuss (EDSA) ersetzt. Zwar ist der EDSA hinsichtlich der Kompetenzen und Aufgaben nicht mit der Artikel-29-Datenschutzgruppe gleichzusetzen, die Inhalte vergangener Stellungnahmen verlieren aber nicht ihre Bedeutung, insbesondere für identische Regelungen der DSRL und DSGVO. Dies wird insbesondere dadurch deutlich, dass der EDSA selbst auf die von der Artikel-29-Datenschutzgruppe veröffentlichten Stellungnahmen referenziert, vgl. bspw. *Europäischer Datenschutzausschuss*, Stellungnahme 23/2018 zu den Vorschlägen der Kommission über Europäische Herausgabe- und Sicherungsanordnungen für elektronische Beweismittel in Strafsachen (Artikel 70 Absatz 1 Buchstabe b), S. 3; *Europäischer Datenschutzausschuss*, Stellungnahme 3/2019 zu den Fragen und Antworten zum Zusammenspiel der Verordnung über klinische Prüfungen und der Datenschutz-Grundverordnung (DSGVO) (Artikel 70 Absatz 1 Buchstabe b), Rn. 11.

len wie Alter, Geschlecht und Größe nicht unbedingt als Bewertung persönlicher Aspekte zu verstehen ist.[500]

Betrachtet man die automatisierte Einzelfallentscheidung als Vorgang, bei dem auch persönliche Aspekte bewertet werden müssen, ist fraglich, ob dies bei der Umfelderfassung eintritt. Denn bei der Umfelderfassung werden Merkmale extrahiert, die eine Objektkategorie beschreiben. Die Erkennung von zwei Armen, zwei Beinen und einem Rumpf wird dazu führen, dass das Objekt als Fußgänger klassifiziert wird. Diese Merkmale beziehen sich nicht auf persönliche Merkmale einer Person, sondern können im Allgemeinen bei Fußgängern festgestellt werden.

Ziel der Umfelderfassung ist nach jetzigem Stand der technischen Literaturausführungen die Unterscheidung von Objekten mittels persönlichkeitsneutraler Merkmale. Eine abweichende Entwicklung ist auch derzeit nicht in der technischen Literatur ersichtlich.

Ohnehin würden Entscheidungen, die auf persönlichen Aspekten basieren, auch ethische Fragen, mit denen sich die Entwickler beschäftigen müssen, hervorrufen. Zu diesem Thema hat sich bereits die Ethik-Kommission für automatisiertes und vernetztes Fahren geäußert und einer „Qualifizierung nach persönlichen Merkmalen (Alter, Geschlecht, körperliche oder geistige Konstitution)" bei unausweichlichen Unfallsituationen eine eindeutige Absage erteilt[501].

Somit gilt festzuhalten, dass bei der automatisierten Einzelfallentscheidung auch persönliche Merkmale berücksichtigt werden müssen. Diese werden bei der Umfelderfassung, zumindest zum jetzigen technischen Stand, nicht erhoben. Somit kann das Vorliegen einer automatisierten Einzelfallentscheidung verneint werden.

4.4.2 Profiling

Ferner muss auch geprüft werden, ob die Tatbestandsmerkmale des Profiling erfüllt sind. In Bezug auf die Umfelderfassung ist dafür relevant, dass nach der Merkmalsextraktion ein Umfeldmodell mit Merkmalen der betroffenen Personen erstellt wird. Um das Umfeldmodell zu erstellen und in Echtzeit aktuell zu halten, werden die extrahierten Merkmale einer Person getrackt und dadurch auch vorhergesagt.[502] Das bedeutet, dass die Bewe-

---

500 *Artikel-29-Datenschutzgruppe*, Leitlinien zu automatisierten Entscheidungen im Einzelfall einschließlich Profiling für die Zwecke der Verordnung 2016/679 (WP 251rev.01), S. 7 in Bezug auf die Bewertung persönlicher Aspekte beim Profiling.
501 *Ethik-Kommission Automatisiertes und Vernetztes Fahren*, Bericht Juni 2017, Regel 9, S. 11.
502 Siehe ausführlich in 2.5.

gungsmerkmale als Historie zumindest temporär gespeichert werden, damit der Algorithmus ein Bewegungsmuster vorhersagen und damit ein Fahrmanöver berechnen kann. Durch die wiederholte Analyse und das Tracking der Merkmale könnte ein Profil einer Person entstehen, weshalb das Vorliegen des Profiling gemäß Art. 4 Nr. 4 DSGVO geprüft werden muss. Dabei muss berücksichtigt werden, dass zahlreiche Verarbeitungsmethoden unter den Begriff des Profiling fallen können, denn die für das Profiling eingesetzte Technologie ist unerheblich und kann in unterschiedlichen technischen Varianten durchgeführt werden[503].

Aber auch beim Profiling gilt gemäß Art. 4 Nr. 4 DSGVO, dass eine Bewertung *persönlicher* Aspekte vorliegen muss, die sich auf eine natürliche Person beziehen. Dies setzt beim Profiling voraus, dass eine Einschätzung beziehungsweise Beurteilung/ Wertung der Persönlichkeit der betroffenen Personen zielgerichtet vorgenommen wird[504]. Wie bereits bei den automatisierten Einzelfallentscheidungen ausgeführt, werden bei der Umfelderfassung nach jetzigem Kenntnisstand persönlichkeitsneutrale Analysen und Entscheidungen durchgeführt.[505] Somit ist auch die Erstellung einer Historie im Rahmen des Umfeldmodells nicht als Profiling zu werten.

---

503 *Arning/Rothkegel* in: Taeger/Gabel, DSGVO – BDSG, Art. 4 DSGVO Rn. 114; *Buchner* in: Kühling/Buchner, DS-GVO/BDSG, Art. 4 Nr. 4 DS-GVO Rn. 6.

504 *Artikel-29-Datenschutzgruppe,* Leitlinien zu automatisierten Entscheidungen im Einzelfall einschließlich Profiling für die Zwecke der Verordnung 2016/679 (WP 251rev.01), S. 7; *Scholz* in: Simitis/Hornung/Döhmann, Datenschutzrecht, Art. 4 Nr. 4 DSGVO Rn. 4, 6.

505 Siehe ausführlich in 4.4.1.

5 Verantwortlichkeit für die Datenverarbeitung

Im Allgemeinen wirken bei den Datenverarbeitungen im Fahrzeug eine Vielzahl von Akteuren mit, insbesondere, wenn vernetzte Dienste genutzt werden. Darum muss die Frage nach der datenschutzrechtlichen Verantwortlichkeit in concreto geprüft werden[506]. Für diese Arbeit werden die Begebenheiten des hochautomatisierten Fahrsystems untersucht. Da das hochautomatisierte Fahrsystem vor allem durch die lokalen Sensoren Daten erfasst und im Fahrzeug verarbeitet, stehen die datenschutzrechtlichen Fragestellungen der lokalen Verarbeitung im Vordergrund. Angrenzende Technologien, wie beispielsweise die Vernetzung, können aufgrund ihrer (technischen) Unterschiede nur als mögliche analoge Rechtsargumentation dienen. Darum wird zunächst geprüft, ob und inwieweit bereits aufgestellte datenschutzrechtliche Thesen in Bezug auf vernetzte Fahrzeuge für das hochautomatisierte Fahrsystem übernommen werden können (5.1). Nach allgemeinen Überlegungen zur datenschutzrechtlichen Verantwortlichkeit (5.2) soll näher auf die Tatbestandsmerkmale des datenschutzrechtlich Verantwortlichen im Kontext des hochautomatisierten Fahrens eingegangen werden (5.3) sowie auf die Voraussetzungen einer gemeinsamen Verantwortlichkeit (5.4).

5.1 Bestehende Stellungnahmen für vernetzte Fahrzeuge

In der Vergangenheit wurden bereits Stellungnahmen zu den datenschutzrechtlichen Aspekten bei vernetzten Fahrzeugen veröffentlicht. Da Schnittpunkte hinsichtlich der vernetzten und automatisierten Technologie bestehen[507], soll geprüft werden, ob die Annahmen bezüglich der Verantwortlichkeit[508] auch für hochautomatisierte Fahrzeuge übernommen werden können. Hierzu werden die für die Verantwortlichkeit relevanten Aspekte der einzelnen Stellungnahmen vorgestellt, um anschließend die daraus resultierenden Schlussfolgerungen ziehen zu können.

---

506 So auch Datenschutz im Auto (BT-Drs. 18/1362), S. 4; *Klink-Straub/Straub*, NJW 2018, 3201 (3202).
507 Siehe ausführlich in 2.2.
508 Teilweise gibt es bei den folgenden Stellungnahmen Überschneidungen mit dem Anwendungsbereich bzw. der Haushaltsausnahme, die für das Szenario dieser Arbeit in Kapitel 4 betrachtet wird.

Deutsche Aufsichtsbehörden und Verband deutscher Automobilindustrie

Bereits unter dem BDSG a. F., haben der VDA und die Aufsichtsbehörden eine gemeinsame Erklärung zu den datenschutzrechtlichen Aspekten bei der Nutzung vernetzter und nicht vernetzter Kraftfahrzeuge veröffentlicht[509]. Die Erklärung unterscheidet zwischen Online- und Offline-Fahrzeugen. Bei „Offline-Fahrzeugen" werden die Daten innerhalb des Fahrzeugs abgespeichert. „Online-Fahrzeuge" können die Daten an Backend-Server übermitteln.[510] Hinsichtlich der Verantwortlichkeit wird in der Erklärung vertreten, dass bei Online-Fahrzeugen derjenige verantwortlich ist, der personenbezogene Daten erhält. In der Regel erfolge dies nach Übertragung auf den Backend-Server des Automobilherstellers oder von dritten Dienstleistern. Bei Offline-Fahrzeugen kann nach der Erklärung nur dann eine datenschutzrechtliche Verantwortlichkeit entstehen, wenn die Daten gemäß § 3 Abs. 7 BDSG a. F. erhoben werden.[511] Die Erhebung wurde in § 3 Abs. 3 BDSG a. F. als die Beschaffung von Daten über die betroffene Person definiert. In der Konsequenz bedeutet dies für Offline-Fahrzeuge, dass eine (lokale) Datenspeicherung ohne vorherige Erhebung stattfinde. Somit sei nur diejenige Stelle verantwortlich, die Daten auslese.[512]

Hinsichtlich dieser Ausführungen und der weiteren Schlussfolgerung für die Verantwortlichkeit unter der DSGVO muss berücksichtigt werden, dass die Legaldefinitionen des BDSG a. F. Unterschiede zu jenen der DSRL und der DSGVO aufweisen. In § 3 Abs. 7 BDSG a. F. war die verantwortliche Stelle „jede Person oder Stelle, die personenbezogene Daten für sich selbst erhebt, verarbeitet oder nutzt oder dies durch andere im Auftrag vornehmen lässt". Das entscheidende Kriterium lag in den Wörtern „für sich erhebt".[513] Dadurch wurde vertreten, dass die lokale Datenverarbeitung keine Verarbeitung im datenschutzrechtlichen Sinne sei, da keine Erhebung für den eigenen Datenbestand stattfände.[514]

---

509 *Unabhängige Datenschutzbehörden des Bundes und der Länder/Verband der Automobilindustrie*, Datenschutzrechtliche Aspekte bei der Nutzung vernetzter und nicht vernetzter Kraftfahrzeuge.

510 *Unabhängige Datenschutzbehörden des Bundes und der Länder/Verband der Automobilindustrie*, Datenschutzrechtliche Aspekte bei der Nutzung vernetzter und nicht vernetzter Kraftfahrzeuge, S. 1.

511 *Unabhängige Datenschutzbehörden des Bundes und der Länder/Verband der Automobilindustrie*, Datenschutzrechtliche Aspekte bei der Nutzung vernetzter und nicht vernetzter Kraftfahrzeuge, S. 2.

512 *Unabhängige Datenschutzbehörden des Bundes und der Länder/Verband der Automobilindustrie*, Datenschutzrechtliche Aspekte bei der Nutzung vernetzter und nicht vernetzter Kraftfahrzeuge, S. 2.

513 *Hartung* in: Kühling/Buchner, DS-GVO/BDSG, Art. 4 Nr. 7 DS-GVO Rn. 3.

514 *Unabhängige Datenschutzbehörden des Bundes und der Länder/Verband der Automobilindustrie*, Datenschutzrechtliche Aspekte bei der Nutzung vernetzter und nicht

Ob dieser Interpretationsansatz für das hochautomatisierte Fahren unter der DSGVO ebenfalls Stand halten würde, ist zu diesem Zeitpunkt nicht mehr entscheidend, da die Definition des BDSG a. F. überholt ist. Denn spätestens seit der DSGVO findet die Legaldefinition zum Verantwortlichen gemäß Art. 4 Nr. 7 DSGVO Anwendung. Wie bereits unter der DSRL muss auch nach Art. 4 Nr. 7 DSGVO geprüft werden, wer über Zweck und Mittel entscheidet. Insofern handelt es sich um andere Prüfkriterien als in § 3 Abs. 7 BDSG a. F[515]. Diese Abweichungen zwischen den Legaldefinitionen des BDSG a. F. und der DSRL (und jetzt auch der DSGVO) sind sogar derart gravierend, dass eine richtlinienkonforme Auslegung des § 3 Abs. 7 BDSG a. F. bezweifelt wird.[516]

Angesichts dieser materiellrechtlichen Unterschiede können daher die Ansichten zur verantwortlichen Stelle in Fahrzeugen unter dem Status des BDSG a. F. nicht weitergeführt werden, sodass eine neue Prüfung nach den Abgrenzungsmerkmalen der DSGVO erfolgen muss und die Thesen dieser Stellungnahme in Bezug auf die datenschutzrechtliche Verantwortlichkeit nicht übernommen werden können.

„Commission Nationale Informatique & Libertés" (CNIL): „Connected Vehicles and Personal Data"

Die Stellungnahme[517] der französischen Datenschutzaufsichtsbehörde ist in verschiedene Anwendungsfälle unterteilt. Die lokale Verarbeitung, die Überschneidungen zum hochautomatisierten Fahren aufweist, wird im Szenario 1, bei dem die Daten nicht zum Service Provider übermittelt werden („In – In"), behandelt[518]. Dieses Szenario hat ausschließlich Fahrerdaten zum Gegenstand, die im Fahrzeug verarbeitet werden. Ausnahme hiervon besteht für Netzwerke, die vom Nutzer kontrolliert werden können (z. B. WLAN) oder Telekommunikationsnetzwerke, die öffentlich zugänglich sind (z. B. das Mobilfunknetz).[519]

---

vernetzter Kraftfahrzeuge, S. 2, die eine Erhebung erst ab dem Auslesen (Offline-Fahrzeuge) bzw. nach der Übermittlung an das Backend (Online-Fahrzeuge) sehen. Danach können Daten im Fahrzeug gespeichert werden, ohne dass dadurch eine Erhebung stattfindet. Deutlich widersprechend *Weichert*, NZV 2017, 507 (512).

515 *Hartung* in: Kühling/Buchner, DS-GVO/BDSG, Art. 4 Nr. 7 DS-GVO Rn. 13; *Petri* in: Simitis/Hornung/Döhmann, Datenschutzrecht, Art. 4 Nr. 7 DSGVO Rn. 9

516 *Hartung* in: Kühling/Buchner, DS-GVO/BDSG, Art. 4 Nr. 7 DS-GVO Rn. 3; *Petri* in: Simitis/Hornung/Döhmann, Datenschutzrecht, Art. 4 Nr. 7 DSGVO Rn. 9

517 Original „Véhicules Connectés et Données Personnelles". Für diese Arbeit wurde die englische Übersetzung der CNIL „Connected Vehicles and Personal Data" verwendet.

518 Siehe *Commission Nationale Informatique & Libertés (CNIL)*, Connected Vehicles and Personal Data, S. 19 f.

519 *Commission Nationale Informatique & Libertés (CNIL)*, Connected Vehicles and Personal Data, S. 19.

Diese Anwendungsfälle sieht die CNIL durch die Haushaltsausnahme gedeckt, solange die Daten nicht übermittelt werden und die Nutzer uneingeschränkte Kontrolle über ihre Daten haben.[520] Die Haushaltsausnahme gilt aber nur bei privater Nutzung des Fahrzeugs. Sofern das Fahrzeug vom Arbeitgeber bereitgestellt wurde, findet die Haushaltsausnahme, auch bei lokaler Speicherung, keine Anwendung[521]. Wer in einem solchen Fall dann (gemeinsam) verantwortlich ist, lässt die Stellungnahme offen.

Europäischer Datenschutzausschuss: „Guidelines on processing personal data in the context of connected vehicles and mobility related applications"

In der Stellungnahme „Guidelines on processing personal data in the context of connected vehicles and mobility related applications"[522] vertritt der Europäische Datenschutzausschuss (EDSA), dass lokale Datenverarbeitungen in vernetzten Fahrzeugen[523], die durch den Nutzer initiiert werden, der Haushaltsausnahme unterfallen[524]. Darunter fallen zum Beispiel Eco-Driving-Funktionen, die Hinweise für einen emissionsarmen Verbrauch geben[525]. Wie auch bereits bei der Stellungnahme der CNIL betont der EDSA die Umstände, dass der Fahrer die Datenverarbeitung eigenständig aktivieren bzw. deaktivieren könne und, dass personenbezogene Daten im Fahrzeug verbleiben und nicht aus dem Fahrzeug übermittelt werden[526]. Gleichzeitig merkt der EDSA an, dass die DSGVO, trotz Anwendung der Haushaltsausnahme für natürliche Personen, dennoch anwendbar sei, wenn Verantwortliche oder Auftragsverarbeiter über die Zwecke und Mittel dieser Verarbeitung entscheiden.[527] Inwiefern gewisse Applikati-

---

520 *Commission Nationale Informatique & Libertés (CNIL)*, Connected Vehicles and Personal Data, S. 20.

521 *Commission Nationale Informatique & Libertés (CNIL)*, Connected Vehicles and Personal Data, S. 20.

522 *Europäischer Datenschutzausschuss*, Guidelines 1/2020 on processing personal data in the context of connected vehicles and mobility related applications.

523 Siehe *Europäischer Datenschutzausschuss*, Guidelines 1/2020 on processing personal data in the context of connected vehicles and mobility related applications, Rn. 20 für die Definition/Umfang des vernetzten Fahrzeugs und Rn. 73 für Beispiele in Bezug auf die Verantwortlichkeit

524 *Europäischer Datenschutzausschuss*, Guidelines 1/2020 on processing personal data in the context of connected vehicles and mobility related applications, Rn. 74.

525 *Europäischer Datenschutzausschuss*, Guidelines 1/2020 on processing personal data in the context of connected vehicles and mobility related applications, Rn. 73.

526 *Europäischer Datenschutzausschuss*, Guidelines 1/2020 on processing personal data in the context of connected vehicles and mobility related applications, Rn. 73 f.

527 *Europäischer Datenschutzausschuss*, Guidelines 1/2020 on processing personal data in the context of connected vehicles and mobility related applications, Rn. 75.

onen[528] einerseits unter die Haushaltsausnahme fallen, es daneben aber auch noch datenschutzrechtlich Verantwortliche gibt, bleibt unklar. Dieser unklaren Position folgt noch der Zusatz, dass datenschutzrechtlich Verantwortliche gemäß der Prinzipien „privacy by design and by default" sichere, fahrzeuginterne Applikationen entwickeln sollen. Mit Referenz auf Erwägungsgrund 78 DSGVO vermittelt der EDSA den Eindruck, dass Verantwortliche und Auftragsverarbeiter in dieser Situation lediglich die Verpflichtungen des Erwägungsgrundes 78 DSGVO hätten.[529] Inwiefern in dieser Konstellation also doch noch eine datenschutzrechtliche Verantwortlichkeit zu begründen ist und wann lediglich die Pflichten des Erwägungsgrundes 78 DSGVO zum Tragen kommen, ist aus dieser Stellungnahme nicht deutlich zu entnehmen.

Schlussfolgerungen für das hochautomatisierte Fahrsystem

Bei den Stellungnahmen ist festzustellen, dass sie hinsichtlich ihrer Aussagen in Bezug auf das vernetzte Fahren nicht abschließend sein müssen. Anhand der teilweise vagen Formulierungen und stellenweise unvollständigen Begründungen wird deutlich, dass die Fahrzeugvernetzung und der Datenschutz noch keine etablierten und final diskutierten Themenbereiche sind und deren Wechselwirkung Präzisierung bedürfen. Grundsätzlich muss man auch feststellen, dass sich die Technologien der vernetzten oder automatisierten Mobilität noch in der Entwicklung befinden, weswegen die obigen Stellungnahmen Richtungsweiser, aber keine etablierten Standards für die vernetzte Mobilität sind.

Ferner kann festgehalten werden, dass fast alle Stellungnahmen die These vertreten, dass bestimmte lokal verarbeitete Fahrzeugfunktionen oder sogar alle lokalen Verarbeitungen bei vernetzten Fahrzeugen unter das Haushaltsprivileg fallen können. Diese Schlussfolgerung kann aber nicht analog auf die lokalen Datenverarbeitungen der automatisierten Fahrzeugfunktionen übertragen werden, da die Umstände der Datenverarbeitung beider Technologien unterschiedlich sind und somit von anderen Voraussetzungen ausgehen: Erstens handelt es sich bei den Ausführungen zum vernetzten Fahren um *Fahrerdaten*, die im Fahrzeug des Fahrers lokal verarbeitet werden. Für manche Funktionen hat der Fahrer (in diesem Fall als betroffene Person) die Wahl, diese zu aktivieren oder deaktivieren zu lassen. Zweitens hat der Fahrer jederzeit vollständige Kontrolle über die Daten und hat beispielsweise die

---

528 Siehe die beispielhaften Applikationen in *Europäischer Datenschutzausschuss*, Guidelines 1/2020 on processing personal data in the context of connected vehicles and mobility related applications, Rn. 73.

529 *Europäischer Datenschutzausschuss*, Guidelines 1/2020 on processing personal data in the context of connected vehicles and mobility related applications, Rn. 75.

Möglichkeit, diese zu löschen.[530] Diese beiden Aussagen sind die ausschlaggebenden Voraussetzungen dafür, dass sich die CNIL und der EDSA gegen die Eröffnung des Anwendungsbereiches der DSGVO aussprechen[531]. Diese Umstände sind für die Verarbeitung durch Umfeldsensoren nicht zutreffend, da die betroffenen Personen des Umfelds keine Kontrolle über die Verarbeitung der *eigenen* Daten haben. Im Gegenteil: Aufgrund der Fülle der verarbeitenden Fahrzeuge mit unterschiedlichsten Sensoren, die zahlreiche Informationen des Umfeldes und damit auch der Straßenverkehrsteilnehmer verarbeiten, können Straßenverkehrsteilnehmer nicht mehr nachverfolgen, ob und wer die Daten verarbeitet. Ebenfalls sind sie nicht diejenigen, die die Kontrolle über die Aktivierung oder Deaktivierung der Datenverarbeitung haben. Denn bei zahlreichen Aufnahmen werden sie nicht einmal wissen, dass sie von einer Datenverarbeitung betroffen sind.

Ferner spricht auch die Judikatur des EuGH gegen die Anwendung der Haushaltsausnahme beim Einsatz von Kamerasystemen, die den öffentlichen Raum erfassen[532]. Denn in *Ryneš* judiziert der EuGH, dass Videoüberwachungen, die sich auch nur teilweise auf den öffentlichen Raum erstrecken und dadurch auf einen Bereich außerhalb der privaten Sphäre des Verantwortlichen gerichtet sind, nicht unter die Haushaltsausnahme fallen[533]. Da die Umfeldsensoren, insbesondere Kameras, ebenfalls den öffentlichen Raum erfassen (öffentliche Straßen), findet die Haushaltsausnahme gemäß der Rechtsprechung in *Ryneš* keine Anwendung. Im Lichte der Judikatur des EuGH muss folglich berücksichtigt werden, dass Kameraaufnahmen nicht danach bewertet werden dürfen, wo die Daten gespeichert werden, sondern unter welchen Umständen sie erfasst werden.

Im Sinne dieser deutlichen Unterschiede von lokalen Verarbeitungen des hochautomatisierten Fahrsystems und vernetzten Fahrzeugen können die bereits veröffentlichten Stellungnahmen zu vernetzten Fahrzeugen nicht analog für die Umfelderfassung übernommen werden. Dies basiert auf der Tatsache, dass Umstände der Datenverarbeitungen des automatisierten und vernetzten Fahrens unterschiedlich sind. Zusammenfassend zu erwähnen

---

530 Vgl. *Commission Nationale Informatique & Libertés (CNIL)*, Connected Vehicles and Personal Data, S. 20, wo die Bedingung aufgestellt wird, dass Fahrer (und in diesem Fall die betroffene Person) jederzeit Kontrolle über ihre Daten haben müssen. Für die Umfelddaten, bei denen die Straßenverkehrsteilnehmer betroffene Personen sind, ist dies nicht der Fall.

531 Wobei bei der Stellungnahme des EDSA unklar bleibt, ob eine Benennung eines datenschutzrechtlich Verantwortlichen doch möglich ist, vgl. *Europäischer Datenschutzausschuss*, Guidelines 1/2020 on processing personal data in the context of connected vehicles and mobility related applications, Rn. 75.

532 Dazu ausführlicher unter 4.1.

533 EuGH, Urt. v. 11.12.2014 – C-212/13 (Ryneš) Rn. 33.

sind dabei insbesondere die Unterschiede, dass bei der Datenverarbeitung beim hochautomatisierten Fahren keine Kontrollmöglichkeit über die Daten der betroffenen Personen besteht und Kamerasysteme eingesetzt werden, die den öffentlichen Raum erfassen und darum im Lichte der Rechtsprechung des EuGH nicht unter das Haushaltsprivileg fallen können.

5.2 Allgemeine Überlegungen

Bereits 2010 merkte die Artikel-29-Datenschutzgruppe unter dem Statut der DSRL[534] an, dass die konkrete Anwendung des Begriffs des Verantwortlichen aufgrund von Entwicklungen dringender und komplexer wird[535]. Die Notwendigkeit der Bestimmung des Verantwortlichen ergibt sich aus Art. 4 Nr. 7 DSGVO, der vorschreibt, dass der Verantwortliche die Aufgabe hat, die Datenschutzbestimmungen einzuhalten und als Anlaufstelle für betroffene Personen fungiert, die dadurch ihre Rechte ausüben können[536]. Der Verantwortliche muss folglich Maßnahmen ergreifen, die erforderlich sind, um den Schutz natürlicher Personen bei der Verarbeitung personenbezogener Daten sicherzustellen[537]. Nicht zuletzt ist auch der Verantwortliche gemäß Art. 5 Abs. 2 DSGVO dazu verpflichtet, die Einhaltung der Datenschutzgrundsätze aus Art. 5 Abs. 1 DSGVO nachweisen zu können[538]. Im Umkehrschluss bedeutet dies: Sofern kein Verantwortlicher bestimmt wird, unterbleibt auch die Zuweisung der datenschutzrechtlichen Pflichten. Um diesen Anforderungen der DSGVO nachzukommen, muss die Verantwortung einer Datenverarbeitung also deutlich festgelegt sein.

Gemäß Art. 4 Nr. 7 DSGVO ist diejenige Person Verantwortlicher, die über die Zwecke und Mittel der Verarbeitung von personenbezogenen Daten entscheidet. Bei der Umfelderfassung kommen vier mögliche Zuweisungen der datenschutzrechtlichen Verantwortlichkeit in Betracht: Der Fahrer, der Fahr-

---

534 Da der für diese Arbeit relevante erste Halbsatz der Definition in Art. 2 lit. d DSRL und Art. 4 Nr. 7 DSGVO inhaltlich gleich geblieben ist, wird auf die Stellungnahme der *Artikel-29-Datenschutzgruppe*, Stellungnahme 1/2010 zu den Begriffen „für die Verarbeitung Verantwortlicher" und „Auftragsverarbeiter" (WP 169) referenziert; so begründend auch *Arning/Rothkegel* in: Taeger/Gabel, DSGVO – BDSG, Art. 4 DSGVO Rn. 159.

535 *Artikel-29-Datenschutzgruppe*, Stellungnahme 1/2010 zu den Begriffen „für die Verarbeitung Verantwortlicher" und „Auftragsverarbeiter" (WP 169), S. 8.

536 *Artikel-29-Datenschutzgruppe*, Stellungnahme 1/2010 zu den Begriffen „für die Verarbeitung Verantwortlicher" und „Auftragsverarbeiter" (WP 169), S. 6; *Petri* in: Simitis/Hornung/Döhmann, Datenschutzrecht, Art. 4 Nr. 7 DSGVO Rn. 23.

537 *Artikel-29-Datenschutzgruppe*, Stellungnahme 1/2010 zu den Begriffen „für die Verarbeitung Verantwortlicher" und „Auftragsverarbeiter" (WP 169), S. 6.

538 *Klabunde* in: Ehmann/Selmayr, Datenschutz-Grundverordnung, Art. 4 Rn. 38.

zeughalter, der Automobilhersteller und eine Datenverarbeitung ohne Verantwortlichen[539]. Umfasst sind alle natürlichen oder juristischen Personen, die sich gemäß der Definition des Art. 4 Nr. 7 DSGVO als (gemeinsame) datenschutzrechtlich Verantwortliche qualifizieren können[540].

Die Verantwortlichkeit anderer Straßenverkehrsteilnehmer wird an dieser Stelle bereits ausgeschlossen, da sie mit dem hochautomatisierten Fahrsystem nicht in direkten Kontakt treten und oftmals sogar kein Wissen über das System, seinen Einsatz und die Datenverarbeitung haben. Ferner wären sie bei der Datenverarbeitung von Umfelddaten gleichzeitig Verantwortliche und betroffene Personen. Eine solche Konstellation wird im Datenschutzrecht grundsätzlich ausgeschlossen, da die Ratio des Datenschutzrechts nicht den Schutz der betroffenen Person vor sich selbst umfassen soll.[541]

5.3 Kriterien des (alleinigen) Verantwortlichen

5.3.1 Automobilhersteller

Zuvorderst wird eine mögliche Zuweisung der datenschutzrechtlichen Verantwortlichkeit des Automobilherstellers untersucht. In der Literatur sprechen sich zahlreiche Vertreter dafür aus, dass der Automobilhersteller im Fahrzeugkontext die Entscheidung über Zwecke und Mittel bestimmt und damit der datenschutzrechtlich Verantwortliche sein kann[542]. Die Begründungen der Literaturvertreter sind unterschiedlich: So wird die Auffassung vertreten, dass derjenige, der die Datenherrschaft ausübe, Verantwortlicher

---

539 Dies ist nach der *Artikel-29-Datenschutzgruppe* grundsätzlich möglich, wenn kein rechtlicher oder tatsächlicher Einfluss besteht, *Artikel-29-Datenschutzgruppe*, Stellungnahme 1/2010 zu den Begriffen „für die Verarbeitung Verantwortlicher" und „Auftragsverarbeiter" (WP 169), S. 15.

540 Art. 4 Nr. 7 DSGVO umfasst hierbei „jede natürliche oder juristische Person, Behörde, Einrichtung oder andere Stelle". Eine formale Benennung ist dafür nicht erforderlich, siehe *Artikel-29-Datenschutzgruppe*, Stellungnahme 1/2010 zu den Begriffen „für die Verarbeitung Verantwortlicher" und „Auftragsverarbeiter" (WP 169), S. 19.

541 Vgl. *Dammann/Simitis*, EG-Datenschutzrichtlinie, Art. 3 Rn. 8 unter der DSRL; *Dammann* in: Simitis, BDSG, § 3 BDSG Rn. 226 unter dem BDSG a. F.

542 Hierbei muss angemerkt werden, dass einige der Beiträge noch auf dem BDSG a. F. basieren. Die materiellrechtliche Begründung basiert aber auf der inhaltsgleichen Regelung des Art. 2 lit. d DSRL: So zum Beispiel *Rieß/Greß*, DuD 2015, 391 (395); *Weichert* in: Deutscher Verkehrsgerichtstag, 52. Deutscher Verkehrsgerichtstag 2014, S. 293 f.; *Weichert*, SVR 2014, 201 (205); *Weichert*, NZV 2017, 507 (512); *Schwartmann/Ohr*, RDV 2015, 59 (61); vgl. auch *Kremer*, PinG 2015, 134 (136) für vernetzte Fahrzeuge.

sei[543]. Dies sei der Automobilhersteller, weil, im Gegensatz zu Fahrzeughalter oder Fahrzeugnutzer, ihm die Gerätschaften und die Kenntnisse darüber zur Verfügung stehen[544]. Dies kann ebenso der Fall sein, wenn der Verantwortliche die Systeme beherrschen und über den Umgang mit den Daten entscheiden könne. Dies sei bei physischem oder Remotezugriff der Fall, wobei letztere Möglichkeit auch für den Automobilhersteller möglich ist[545].

Eine weitere Argumentationslinie weitet die Begründung auf die technische Komponente aus und sieht denjenigen als datenschutzrechtlich verantwortlich, der Veränderungen an den Systemen vornehmen kann.[546]

Ferner wird vertreten, dass bei der Datenverarbeitung in Fahrzeugen bereits jede Zweckveranlassung zur datenschutzrechtlichen Verantwortlichkeit führe. Dies geschehe durch die ausgelieferte Hard- und Software.[547] Denn der Automobilhersteller könne bereits bei der Programmierung über Mittel und Zwecke entscheiden[548].

Dieser vorherrschenden Meinung, dass der Automobilhersteller für die Datenverarbeitung im Fahrzeug datenschutzrechtlich verantwortlich sei, wird entgegengebracht, dass der Automobilhersteller bei der technischen Ausgestaltung lediglich einen abstrakten Rahmen vorgeben würde und damit auf die eigentliche Datenverarbeitung keinen Einfluss habe. Auf den Einsatz des Produkts und damit die Datenverarbeitung habe der Automobilhersteller keinen Einfluss. Anderenfalls wäre jeder Hardwareproduzent für sein Produkt datenschutzrechtlich verantwortlich.[549]

Da sich die obigen Aussagen auf Fahrzeuge im Allgemeinen oder vernetzte Fahrzeuge beziehen, ist im weiteren Verlauf zu untersuchen, ob die argumentativen Elemente der Literatur auch für das in dieser Arbeit fokussierende hochautomatisierte Fahrsystem einschlägig sind.

Dazu müssen zunächst die Zwecke und Mittel festgelegt werden. Für das hochautomatisierte Fahrsystem und dessen Umfelderfassung liegt der Zweck der Datenverarbeitung, der von der Artikel-29-Datenschutzgruppe als „erwartetes Ergebnis, das beabsichtigt ist oder die geplanten Aktionen

---

543 Datenschutz im Auto (BT-Drs. 18/1362), S. 4; *Kremer*, PinG 2015, 134 (136), der zwar nicht das Wort „Datenherrschaft" nutzt, aber von der Beherrschbarkeit der Daten ausgeht.

544 Datenschutz im Auto (BT-Drs. 18/1362), S. 4.

545 *Kremer*, PinG 2015, 134 (136).

546 *Roßnagel* in: Roßnagel/Hornung, Grundrechtsschutz im Smart Car, S. 29 f.

547 *Weichert* in: Deutscher Verkehrsgerichtstag, 52. Deutscher Verkehrsgerichtstag 2014, S. 293 f.; *Weichert*, SVR 2014, 201 (205).

548 *Rieß/Greß*, DuD 2015, 391 (395); *Schwartmann/Ohr*, RDV 2015, 59 (61).

549 *Lutz*, Automatisiertes Fahren, Dashcams und die Speicherung beweisrelevanter Daten, S. 74.

leitet"[550] definiert wird, in der Funktionalität des hochautomatisierten Fahrsystems und der Weiterentwicklung zur Verbesserung des Fahrsystems. Im Ergebnis wird die Datenverarbeitung also durchgeführt, damit das Fahrzeug hochautomatisiert fahren kann. Mittel werden von der Artikel-29-Datenschutzgruppe als „Art und Weise, wie ein Ergebnis oder Ziel erreicht wird" definiert[551]. Dies ist bei der Umfelderfassung das hochautomatisierte Fahrsystem, das mittels unterschiedlicher Sensoren und Algorithmen das Umfeld erfasst, interpretiert und dadurch ein Fahrmanöver ableitet.

Für die Entscheidungsträgerschaft des Automobilherstellers beim hochautomatisierten Fahrsystem spricht zunächst, dass der Automobilhersteller bestimmt, wozu die Verarbeitung durchgeführt wird. Er bestimmt nicht nur, welche Daten verarbeitet werden sollen, sondern auch die technischen Modalitäten, zum Beispiel über den Algorithmus und die dadurch genutzten Daten, ob eine Szene langfristig für die Weiterentwicklung gespeichert werden muss oder wie lange sie temporär gespeichert wird. Sofern proaktive Auswertungen von Daten für die Einhaltung von Produktbeobachtungspflichten vorgenommen werden[552], ist dies auch ein Beispiel dafür, dass der Automobilhersteller festlegt, welche Daten (in diesem Fall für die Erfüllung der Produktbeobachtungspflicht) gespeichert werden. Ebenso ist es der Automobilhersteller, der über die eingesetzte Umfeldsensorik bestimmt, das heißt, die Art und Modelle der Sensoren, aber auch die Kombination der unterschiedlichen Umfeldsensoren.

Ebenso spricht ein möglicher Fernzugriff für die datenschutzrechtliche Verantwortlichkeit des Automobilherstellers[553], was auch bei der Umfelderfassung zutrifft: Bei der Echtzeitverarbeitung werden die Daten zwar lokal im Fahrzeug verwendet, dennoch besteht, zum Beispiel aufgrund von Updatefunktionen, die Möglichkeit eines Remotezugriffs in das Fahrzeug[554].

---

550 *Artikel-29-Datenschutzgruppe*, Stellungnahme 1/2010 zu den Begriffen „für die Verarbeitung Verantwortlicher" und „Auftragsverarbeiter" (WP 169), S. 16.
551 *Artikel-29-Datenschutzgruppe*, Stellungnahme 1/2010 zu den Begriffen „für die Verarbeitung Verantwortlicher" und „Auftragsverarbeiter" (WP 169), S. 16.
552 Siehe 6.6.1.5.
553 *Kremer*, PinG 2015, 134 (136).
554 Vgl. auch *Verband der Automobilindustrie*, Position Zugang zum Fahrzeug und zu im Fahrzeug generierten Daten (Stand 2016), S. 1, 5, https://www.vda.de/dam/vda/ Medien/DE/Themen/Innovation-und-Technik/Vernetzung/Position/VDA-Position-Zugang-zum-Fahrzeug-und-zu-im-Fahrzeug-generierten-Daten/VDA%20Positi-on%20Zugang%20zum%20Fahrzeug%20und%20zu%20im%20Fahrzeug%20gene-rierten%20Daten.pdf (09.06.21); *Tesla*, Datenschutzerklärung (Stand April 2021), https://www.tesla.com/de_DE/about/legal#from-vehicle (16.08.23); *Deutsche Presse-Agentur*, heise online v. 01.05.2020, https://www.heise.de/newsticker/meldung/ BMW-startet-Software-Upgrade-per-Download-fuer-500-000-Fahrzeuge-4713180. html (16.08.23). Ausführlich dazu unter 4.3.5.3.2.

Dadurch hat der Automobilhersteller die Möglichkeit, seinen eigenen Code zu ändern und damit Funktionsänderungen zu forcieren. Durch die Zugriffs-möglichkeit auf die Systeme hat folglich der Automobilhersteller auch die Verfügungsmacht über die für andere unzugänglichen Daten, was ebenfalls für seine datenschutzrechtliche Verantwortlichkeit spricht[555]. Aufgrund von sicherheitsrelevanten und kompetitiven Gründen will der Automobilhersteller sogar Dritte explizit vom Zugriff ausschließen, was auch als Argument für die datenschutzrechtliche Verantwortlichkeit vertreten werden kann[556]. Somit verfolgt der Automobilhersteller vorwiegend ein Eigeninteresse, den Zugriff auf das System durch Dritte zu verhindern.

Das mögliche Argument, dass der Automobilhersteller nicht verantwortlich sei, weil das Fahrzeug bzw. der Fahrzeugspeicher nicht im (dauerhaften) Verfügungsbereich des Automobilherstellers liege, bedeutet nicht unbe-dingt, dass der Automobilhersteller nie eine Wirkungskraft auf die Daten-verarbeitung hatte und damit nicht über die auf der Fahrzeugkomponente relevanten Verarbeitungen entscheiden konnte. Denn auch die Möglichkeit des Automobilherstellers, den Zweck und die Mittel der operierenden Sys-teme bereits vor der Inbetriebnahme im Rahmen der Konzipierung, Ent-wicklung und Programmierung bestimmen zu können, kann für seine daten-schutzrechtliche Verantwortlichkeit sprechen[557].

Diesen Ausführungen steht das Argument entgegen, dass der Hardwarepro-duzent von Dashcams[558] ebenfalls nicht der datenschutzrechtlich Verant-wortliche wäre[559]. Eine Analogie zu Dashcams liegt zunächst nahe, weil bei Dashcams und der Umfeldsensorik das Straßengeschehen mittels Kamera-sensoren erfasst wird. Anders als bei Dashcams nutzt der Automobilherstel-ler aber die Umfelddaten für den Betrieb und die Verbesserung des eigenen Fahrsystems und tritt damit nicht allein als „klassischer" Produzent eines Produkts auf. Insofern sind Dashcams und das hochautomatisierte Fahrsys-tem nicht vergleichbar.

---

555 In diesem Sinne auch *Weichert*, NZV 2017, 507 (512), der gleichzeitig anmerkt, dass eine tatsächliche Verfügungsmacht für eine datenschutzrechtliche Verantwortlichkeit nicht erforderlich ist; vgl. auch *Kremer*, PinG 2015, 134 (136), der aufgrund der Zu-griffsmöglichkeit die datenschutzrechtliche Verantwortlichkeit unter anderen beim Automobilhersteller sieht; i. d. S. Datenschutz im Auto (BT-Drs. 18/1362), S. 4.
556 Vgl. *Roßnagel* in: Roßnagel/Hornung, Grundrechtsschutz im Smart Car, S. 29 f.
557 *Rieß/Greß*, DuD 2015, 391 (395); *Schwartmann/Ohr*, RDV 2015, 59 (61).
558 Dashcams sind kleine Kameras, die im Fahrzeuginneren vor der Windschutzscheibe befestigt werden und das Straßengeschehen auf einem exportierbaren Festspeicher (zum Beispiel auf einer Mini-SD-Karte) aufzeichnen.
559 *Lutz*, Automatisiertes Fahren, Dashcams und die Speicherung beweisrelevanter Daten, S. 74.

Im Lichte dieser Ausführungen wird deutlich, dass der Automobilhersteller zahlreiche Möglichkeiten besitzt, über die Datenverarbeitung zu entscheiden bzw. Einfluss auf sie zu nehmen. Allerdings muss auch berücksichtigt werden, dass sich jedes hochautomatisierte Fahrsystem individuell unterscheiden kann. Insbesondere gilt es in Einzelfällen hierbei abzugrenzen, inwiefern der Automobilhersteller nur als Produkthersteller betrachtet werden kann. Hierbei muss individuell eruiert werden, wie viel Entscheidungs-, Einfluss- oder Bestimmungsmöglichkeiten dem potentiellen Verantwortlichen bei der Datenverarbeitung durch die Hardware verbleiben. Für das hochautomatisierte Fahrsystem bleibt aber festzuhalten, dass die dargelegten Entscheidungsmöglichkeiten des Automobilherstellers grundsätzlich dafür sprechen, dass der Automobilhersteller die Kriterien des Verantwortlichen im Sinne des Art. 4 Nr. 7 DSGVO erfüllen kann.

Somit kann festgehalten werden, dass, wie auch bereits in der vorherrschenden Meinung der Literatur ausgeführt, Möglichkeiten bestehen, wie der Automobilhersteller[560] über die Mittel und Zwecke bei einem hochautomatisierten Fahrsystem entscheiden kann. Diese Möglichkeiten beziehen sich nicht nur auf den Vorgang der Umfelderfassung, sondern beginnen bereits bei der Ausgestaltung der Fahrzeugkomponenten für das hochautomatisierte Fahrsystem[561].

Eine Ausnahme gilt es allerdings noch abzugrenzen: Denn die datenschutzrechtliche Verantwortlichkeit kann in solchen Fällen ausgeschlossen werden, in denen der Automobilhersteller nicht über die Verarbeitung der Daten entscheiden kann. Ein solcher Fall kann zum Beispiel eintreten, wenn der Automobilhersteller unter keinen Umständen die Datenverarbeitung einer fremden Komponente steuern kann und die Entscheidungsmacht und damit die datenschutzrechtliche Verantwortlichkeit nicht dem Automobilhersteller zugerechnet werden können[562]. Solche fremden Komponenten können beispielsweise von Drittanbietern in Software-Modulen als Blackbox eingebaut werden. Hierbei bleibt der Programmcode unkenntlich.[563]

---

560 Obwohl der Begriff des „Herstellers" vermitteln könnte, dass lediglich ein Produkt hergestellt werde und dadurch womöglich keine datenschutzrechtliche Verantwortlichkeit bestünde, wird der Begriff des Automobilherstellers aufgrund der eindeutigen Adressierung dennoch weitergeführt. Denn erstens wurde dargelegt, dass der Automobilhersteller in dem in dieser Arbeit behandelten Szenario datenschutzrechtlich verantwortlich ist und zweitens bezieht sich die „Herstellung" auf das Produkt „Fahrzeug" und nicht automatisch auf das hochautomatisierte Fahrsystem.

561 I.E. auch explizit für Sensor- und Kameradaten *Stoklas/Wendt*, Das vernetzte und autonome Fahrzeug – Datenschutzrechtliche Herausforderungen, S. 48.

562 *Rieß/Greß*, DuD 2015, 391 (395); *von Bodungen* in: Specht/Mantz, Handbuch Europäisches und deutsches Datenschutzrecht, § 16 Rn. 22.

563 *Krekels/Loeffert* in: Siebenpfeiffer, Fahrerassistenzsysteme und Effiziente Antriebe, S. 64.

Abgesehen von der Echtzeitverarbeitung mit lokaler Datenverarbeitung gibt es ferner noch die Weiterentwicklung, bei der Daten in das Backend des Automobilherstellers gesendet werden. Bei diesem Szenario verbleibt wenig Diskussionsbedarf hinsichtlich der Verantwortlichkeit, da die Daten nach der Übermittlung allein dem Automobilhersteller auf seiner eigenen Serverinfrastruktur vorliegen und er die alleinige Entscheidung über die Details der Speicherung trifft, was ihn somit zum Verantwortlichen der Datenverarbeitung macht[564]. Selbst wenn man also zu dem Ergebnis käme, dass der Automobilhersteller für die Echtzeitverarbeitung nicht über die Zwecke und Mittel bestimmt, so wird aber die Verantwortlichkeit aufgrund der Aufnahmen für die Weiterentwicklung zugesprochen werden.

5.3.2 Fahrer

Neben dem Automobilhersteller muss auch noch die Rolle des Fahrers betrachtet werden. Schließlich initiiert er die Datenverarbeitung und hat somit zumindest Kontrolle darüber, ob Daten verarbeitet werden oder nicht. Daher wird die Frage aufgeworfen, ob der Fahrer durch die Aktivierung des Systems als weiterer Verantwortlicher (i. S. e. eigenständigen Verantwortlichkeit, bei der er unabhängig vom Automobilhersteller Mittel und Zwecke festlegt[565]) auftritt.

Da der Fahrer eine natürliche Person ist, könnten die von ihm durchgeführten Datenverarbeitungen grundsätzlich unter die Haushaltsausnahme i. S. d. Art. 2 Abs. 2 lit. c DSGVO fallen. Für die Datenverarbeitung durch das hochautomatisierte Fahrsystem ist diese Ausnahme allerdings nicht einschlägig. Wie bereits in 5.1 ausgeführt, fallen Datenverarbeitungen durch Kamerasysteme, die den öffentlichen Raum erfassen, nicht unter die Haushaltsausnahme[566]. Denn nach der Rechtsprechung des EuGH kann eine Videoüberwachung, die sich auch nur teilweise auf den öffentlichen Raum erstreckt und dadurch auf einen Bereich außerhalb der privaten Sphäre des Verantwortlichen gerichtet ist, nicht als eine ausschließlich „persönliche oder familiäre" Tätigkeit verstanden werden[567].

---

564 So auch *Lutz*, Automatisiertes Fahren, Dashcams und die Speicherung beweisrelevanter Daten, S. 78; *Unabhängige Datenschutzbehörden des Bundes und der Länder/ Verband der Automobilindustrie*, Datenschutzrechtliche Aspekte bei der Nutzung vernetzter und nicht vernetzter Kraftfahrzeuge, S. 2.

565 Siehe auch *Artikel-29-Datenschutzgruppe*, Stellungnahme 1/2010 zu den Begriffen „für die Verarbeitung Verantwortlicher" und „Auftragsverarbeiter" (WP 169), S. 25.

566 EuGH, Urt. v. 11.12.2014 – C-212/13 (Ryneš) Rn. 33.

567 EuGH, Urt. v. 11.12.2014 – C-212/13 (Ryneš) Rn. 33; vgl. auch die Ausführungen zur Haushaltsausnahme in 5.1.

Wie bereits in 5.3.1 ausgeführt, kann die Begründung der datenschutzrechtlichen Verantwortlichkeit im Kontext der Umfelderfassung vielfältig sein. Unter anderem kann sie demjenigen zugerechnet werden, der die Datenherrschaft effektiv ausüben kann, zum Beispiel indem er Kenntnisse über die notwendigen Gerätschaften besitzt[568] oder demjenigen, der die Zwecke und Mittel durch die Programmierung und Entwicklung der Systeme festlegt[569]. Ebenso kann die datenschutzrechtliche Verantwortlichkeit auch bei demjenigen liegen, der Veränderungen am technischen System vornehmen kann[570]. Zusammengefasst setzen alle Ansichten voraus, dass der Entscheidungsträger zumindest Kenntnisse über die technische Ausgestaltung und die Eigenschaften der Datenverarbeitung haben muss. Diese Voraussetzungen können schon aufgrund der fachlichen Expertise des durchschnittlichen Fahrers angezweifelt werden. Denn die eingesetzte Technik ist komplex und wurde von spezialisierten Fachkräften programmiert. Der durchschnittliche Fahrer wird demnach nicht die technische Expertise über das hochautomatisierte Fahrsystem haben. Des Weiteren wird das hochautomatisierte Fahrsystem aufgrund sicherheitstechnischer Gründe abgesichert und für den Fahrer unzugänglich sein, damit zum Beispiel Manipulationen oder andere Modifikationen, die die Sicherheit gefährden, verhindert werden können[571]. Außerdem könnte ein Zugriff auch die Gefahr bedeuten, Einblicke in die konkrete technische Ausgestaltung zu erhalten, was das Risiko des Verlusts von Geschäftsgeheimnissen erhöht. Der Automobilhersteller verfolgt also aus unterschiedlichen Gründen das Interesse, dem Fahrer den Zugriff auf die technischen Komponenten des hochautomatisierten Fahrsystems zu verwehren.

Diese Ausführungen zeigen auf, dass dem Fahrer erstens das Wissen darüber fehlt, Zwecke und Mittel festzulegen. Zweitens können auch durch die Restriktionen des Automobilherstellers keine eigenständigen Entscheidungen durch den Fahrer getroffen werden, selbst wenn die technische Expertise seitens des Fahrers vorhanden wäre. Dies bekräftigt nochmals die Verantwortlichkeit des Automobilherstellers[572] und spricht gegen die eigenständige Verantwortlichkeit des Fahrers.

Abgrenzend dazu und als Beispiel für die Möglichkeit einer Entscheidungsmöglichkeit des Fahrers sind Dashcams, bei denen die Nutzer der Dashcams als datenschutzrechtlich Verantwortliche gesehen werden[573]. Bei der Dash-

---

568 Siehe Datenschutz im Auto (BT-Drs. 18/1362), S. 4.
569 *Rieß/Greß*, DuD 2015, 391 (395); *Schwartmann/Ohr*, RDV 2015, 59 (61).
570 *Roßnagel* in: Roßnagel/Hornung, Grundrechtsschutz im Smart Car, S. 29 f.
571 Vgl. auch *Weichert*, NZV 2017, 507 (512).
572 So auch *Roßnagel* in: Roßnagel/Hornung, Grundrechtsschutz im Smart Car, S. 29 f.
573 So zum Beispiel VG Göttingen, Beschl. v. 12.10.2016 – 1 B 171/16 Rn. 24 = VG Göttingen NJW 2017, 1336; *Datenschutzkonferenz*, Positionspapier zur Unzulässigkeit

cam hat der Nutzer Einstellungsmöglichkeiten, die er auf seine individuelle Verarbeitungssituation anpassen kann, zum Beispiel die Speicherdauer. Er hat jederzeit Zugriff auf die Aufnahmen, die er auf einem externen Speichergerät seiner Wahl speichern, auslesen und löschen kann. Solche Einstellungen kann er bei den Aufnahmen hochautomatisierter Fahrten nicht vornehmen.

In Zukunft kann es sein, dass der Fahrer noch weitere Einstellungsmöglichkeiten der Fahrfunktion, zum Beispiel zum Fahrstil, haben könnte. Durch solche Einstellungen kann zwar der Fahrer das System personalisieren, hat dadurch aber voraussichtlich keine Entscheidungs- oder Zugriffsmöglichkeit auf das hochautomatisierte Fahrsystem, seine technischen Komponenten oder seine Datenverarbeitung. Darum wird voraussichtlich auch im Falle einer solchen Funktionserweiterung keine datenschutzrechtliche Verantwortlichkeit zugesprochen werden können.

Somit bleibt festzuhalten, dass dem Fahrer bzw. Nutzer des hochautomatisierten Fahrsystems die Kenntnis über die Gerätschaften fehlt, er keinen Zugriff auf die hochautomatisierten Fahrkomponenten haben soll und er auch nicht im Rahmen der Programmierung Zwecke und Mittel bestimmt. Er könnte daher den datenschutzrechtlichen Pflichten für die technischen Komponenten gar nicht nachkommen[574]. Somit kann die reine Aktivierung des hochautomatisierten Fahrsystems keine *alleinige* Verantwortlichkeit auslösen. Die Möglichkeit einer gemeinsamen Verantwortlichkeit wird in 5.4.1 betrachtet.

5.3.3 Fahrzeughalter

Der Fahrzeughalter[575] ist gemäß § 31 StVZO für den ordnungsgemäßen Zustand des Fahrzeugs verantwortlich, auch wenn er nicht selbst am Verkehr teilnimmt[576]. Er ist im zivilrechtlichen Sinne vom Fahrer zu unterscheiden, denn ihn treffen als Halter des Fahrzeugs andere Pflichten als den Fahrer (so zum Beispiel die Haftungspflichten des § 7 StVG). Sofern der Fall eintritt, dass der Fahrzeughalter eine andere Person als der Fahrer ist, besteht darin der Unterschied, dass der Halter das hochautomatisierte Fahrsystem nicht aktiviert, es aber durch die Fahrzeugüberlassung zur Verfügung stellt. Das bedeutet, dass die Umfelderfassung nur deswegen stattfinden kann, weil das Fahrzeug des Fahrzeughalters eine solche Funktion ermöglicht. In Bezug auf die Entscheidung der Zwecke und Mittel des hochautomatisierten Fahr-

---

von Videoüberwachung aus Fahrzeugen (sog. Dashcams), S. 2.

574 *Conrad*, K&R 2018, 741 (744) für Anwendungen der künstlichen Intelligenz.

575 In dieser Arbeit wird nicht zwischen Eigentümer und Fahrzeughalter unterschieden, weil sie zumeist identisch sind, siehe auch *Weichert*, NZV 2017, 507 (509); *Weichert*, Datenverarbeitung und Datenschutz bei Tesla-Fahrzeugen, S. 20.

576 *Heß* in: Burmann/Heß/Hühnermann/Jahnke, Straßenverkehrsrecht, 1. Teil (StVO) § 23 Rn. 31.

systems hat der Fahrzeughalter dennoch dieselben (technischen) Kenntnisse, Einstellungs- und Zugriffsmöglichkeiten wie der Fahrer. Insofern kann der Fahrzeughalter, aus datenschutzrechtlicher Sicht, dem Fahrer gleichgesetzt werden, sodass eine alleinige Verantwortlichkeit ausgeschlossen wird.

5.4 Möglichkeiten einer gemeinsamen Verantwortlichkeit

Art. 4 Nr. 7 i. V. m. Art. 26 Abs. 1 DSGVO sehen vor, dass auch eine gemeinsame Verantwortlichkeit bestehen kann, wenn mehrere Akteure gemeinsam die Zwecke und Mittel der Datenverarbeitung festlegen. Demnach bezieht sich die gemeinsame Verantwortlichkeit nicht zwingend auf eine einzige natürliche oder juristische Person, sondern kann mehrere an dieser Verarbeitung beteiligte Akteure betreffen.[577] Das Ziel dieser Bestimmung besteht gemäß Erwägungsgrund 79 DSGVO darin, einen wirksamen und umfassenden Schutz der Rechte und Freiheiten der betroffenen Personen zu gewährleisten und die Verantwortung und Haftung der Verantwortlichen klar zuzuteilen. Dabei können die Akteure in verschiedenen Phasen und in unterschiedlichem Ausmaß in die Datenverarbeitung einbezogen sein.[578]

Im Gegensatz zur alleinigen Verantwortlichkeit reicht es nach dem EuGH für eine gemeinsame Verantwortlichkeit bereits aus, wenn der Fahrer an der Entscheidung über Mittel und Zwecke mitwirkt[579] oder beeinflusst[580]. Der Grad der Verantwortlichkeit muss demnach nicht gleich verteilt sein, sondern kann variieren[581]. Ebenfalls ist für die Feststellung der gemeinsamen Verantwortlichkeit kein Zugang zu den Daten erforderlich[582]. Das Argument der mangelnden Zugangsmöglichkeit seitens des Fahrers und Fahrzeughalters, das eine alleinige Verantwortlichkeit ausschließt (siehe 5.3.2 und 5.3.3), gilt folglich nicht automatisch bei der gemeinsamen Verantwortlichkeit. Das bedeutet also, dass Fahrer und Fahrzeughalter, denen der Zugang

---

577 EuGH, Urt. v. 05.06.2018 – C-210/16 (Wirtschaftsakademie Schleswig-Holstein) Rn. 29; EuGH, Urt. v. 10.07.2018 – C-25/17 (Jehovan todistajat) Rn. 65.

578 EuGH, Urt. v. 10.07.2018 – C-25/17 (Jehovan todistajat) Rn. 66; EuGH, Urt. v. 29.07.2019 – C-40/17 (Fashion ID) Rn. 70.

579 EuGH, Urt. v. 10.07.2018 – C-25/17 (Jehovan todistajat) Rn. 68.

580 EuGH, Urt. v. 29.07.2019 – C-40/17 (Fashion ID) Rn. 78.

581 So bereits *Artikel-29-Datenschutzgruppe*, Stellungnahme 1/2010 zu den Begriffen „für die Verarbeitung Verantwortlicher" und „Auftragsverarbeiter" (WP 169), S. 23; EuGH, Urt. v. 05.06.2018 – C-210/16 (Wirtschaftsakademie Schleswig-Holstein) Rn. 43; EuGH, Urt. v. 10.07.2018 – C-25/17 (Jehovan todistajat) Rn. 66; EuGH, Urt. v. 29.07.2019 – C-40/17 (Fashion ID) Rn. 70.

582 EuGH, Urt. v. 05.06.2018 – C-210/16 (Wirtschaftsakademie Schleswig-Holstein) Rn. 38; EuGH, Urt. v. 10.07.2018 – C-25/17 (Jehovan todistajat) Rn. 69; EuGH, Urt. v. 29.07.2019 – C-40/17 (Fashion ID) Rn. 69.

zu den technischen Systemen verwehrt bleibt, deswegen nicht automatisch als Mitverantwortliche ausgeschlossen werden dürfen.

Insofern gilt es, zu prüfen, welche Handlungen beim Einsatz des hochautomatisierten Fahrsystems eine gemeinsame Verantwortlichkeit auslösen können. Wie bereits festgestellt, ist der Automobilhersteller eine Stelle, die über die Mittel und Zwecke entscheidet. Im Folgenden soll betrachtet werden, ob sich beim hochautomatisierten Fahrsystem eine gemeinsame Verantwortlichkeit mit (1) dem Fahrer, (2) dem Fahrzeughalter oder (3) Dritten ergeben kann.

5.4.1 Gemeinsame Verantwortlichkeit mit dem Fahrer

Zuvorderst ist eine gemeinsame Verantwortlichkeit mit dem Fahrer, der das hochautomatisierte Fahrsystem aktiviert und nutzt, zu betrachten. Wie bereits oben ausgeführt, führt eine reine Aktivierung des Fahrsystems nicht zu einer alleinigen Verantwortlichkeit, da der Fahrer durch die Aktivierung nicht alleine die Mittel und Zwecke bestimmen kann. Dennoch könnte eine gemeinsame Verantwortlichkeit mit dem Automobilhersteller in Betracht kommen.

Zur Auslegung des Begriffs der gemeinsamen Verantwortlichkeit gibt es bereits mehrere Urteile des EuGH.[583] Anhand dieser Urteile sollen im Folgenden die Kernpunkte der Urteile im Kontext der gemeinsamen Verantwortlichkeit näher betrachtet werden. Um die bei der gemeinsamen Verantwortlichkeit begleitenden Begriffe, wie z. B. „Mitwirkung" oder „Einfluss", spezifischer auslegen zu können, werden im weiteren Verlauf dieses Unterkapitels die Sachverhalte der Urteile mit dem hochautomatisierten Fahrsystem verglichen, um mögliche Analogien aufzuzeigen.

In *Jehovan todistajat*[584] geht es um die Frage nach der gemeinsamen Verantwortlichkeit von Mitgliedern der Zeugen Jehovas und der zugehörigen Gemeinschaft, die Verkündigungstätigkeiten organisiert, koordiniert und ihre Mitglieder dazu ermuntert. Dabei notieren die Mitglieder im Rahmen ihrer Verkündigungstätigkeit Daten über Personen, die besucht wurden.[585] Zwar hat der Sachverhalt nur wenige Parallelen zur Umfelderfassung, für die Auslegung des Begriffs der gemeinsamen Verantwortlichkeit ist aber signifikant, dass auch die verkündenden Mitglieder bereits mitverantwortlich sind, weil sie aus Eigeninteresse Einfluss auf die Datenverarbeitung nehmen, in-

---

583 Die Urteile des EuGH beziehen sich noch auf die Vorgaben der DSRL. Da aber die Definition der gemeinsamen Verantwortlichkeit in die DSGVO übernommen wurde, sind die Annahmen der DSRL auf die DSGVO übertragbar, siehe auch *Generalanwalt Bobek*, Stellungnahme v. 19.12.2018 – C-40/17 (Fashion ID) Rn. 87.

584 EuGH, Urt. v. 10.07.2018 – C-25/17 (Jehovan todistajat).

585 EuGH, Urt. v. 10.07.2018 – C-25/17 (Jehovan todistajat) Rn. 15 f.

dem sie personenbezogene Daten im Rahmen ihrer Verkündigungstätigkeit notieren[586]. Der Gemeinschaft wurde die datenschutzrechtliche Verantwortlichkeit zugeschrieben, weil sie die Verkündigungstätigkeit organisiere, koordiniere und ihre Mitglieder dazu ermuntere[587]. Diese beiden Argumente des EuGH zeigen deutlich auf, dass der Begriff der gemeinsamen Verantwortlichkeit weit verstanden werden muss[588].

In *Wirtschaftsakademie Schleswig-Holstein*[589] geht es um die Frage, ob ein Betreiber einer Facebook Fanpage[590], bei der Daten durch Facebook Insights erhoben und Facebook zur Verfügung gestellt werden, gemeinsam mit Facebook für die Datenverarbeitung verantwortlich ist. Der Fall Fashion ID ist vom Sachverhalt ähnlich[591]: Hier geht es um die Frage, ob der Einbau des „Gefällt mir"-Buttons durch einen Betreiber einer Webseite zu einer gemeinsamen Verantwortlichkeit führt.

Die beiden Sachverhalte weisen deutliche Parallelen zum hochautomatisierten Fahrsystem auf, weil Facebook, wie auch der Automobilhersteller, die technische Infrastruktur (Facebook: Facebook Insights/„Gefällt mir"-Button, Automobilhersteller: hochautomatisiertes Fahrsystem) zur Verfügung stellt und die erhobenen Daten für eigene Zwecke genutzt werden. Beispielsweise nutzt Facebook die Daten für Werbezwecke und damit für den Betrieb des werbebasierten sozialen Netzwerks. Der Automobilhersteller nutzt die Daten für den Betrieb des automatisierten Fahrsystems. Zum Betrieb einer Fanpage in *Wirtschaftsakademie Schleswig-Holstein* besteht die Ähnlichkeit, dass der Fanpage-Betreiber mit der Registrierung einer solchen Fanpage die Datenverarbeitung aktiviert. Ein analoger Sachverhalt zur Aktivierung des hochautomatisierten Fahrsystems ist der Betrieb einer Fanpage aber nicht, denn der Fanpage-Betreiber erhält die Möglichkeit des Parametrierens, die, entsprechend seines Zielpublikums, zur Steuerung und

---

586 EuGH, Urt. v. 10.07.2018 – C-25/17 (Jehovan todistajat) Rn. 68, 71.
587 EuGH, Urt. v. 10.07.2018 – C-25/17 (Jehovan todistajat) Rn. 72 f.
588 So auch *Gierschmann*, ZD 2020, 69 (70); *Mehl/Selz*, DSRITB 2020, 87 (91); i. d. S. auch *Iber*, DSRITB 2020, 57 (66).
589 EuGH, Urt. v. 05.06.2018 – C-210/16 (Wirtschaftsakademie Schleswig-Holstein).
590 Hierbei handelt es sich um eine Repräsentationsmöglichkeit in dem sozialen Netzwerk Facebook. Nach einer Registrierung kann sie dazu genutzt werden, um sich den Nutzern dieses sozialen Netzwerks sowie Personen, die die Fanpage besuchen, zu präsentieren und Äußerungen aller Art in den Medien- und Meinungsmarkt einzubringen. Die Nutzer und Nichtnutzer können diese Inhalte aufrufen, um weitere Informationen zu einem Unternehmen oder einer Dienstleistung zu erhalten, siehe EuGH, Urt. v. 05.06.2018 – C-210/16 (Wirtschaftsakademie Schleswig-Holstein) Rn. 15.
591 So auch *Generalanwalt Bot*, Stellungnahme v. 24.10.2017 – C-210/16 (Wirtschaftsakademie Schleswig-Holstein) Rn. 66 ff.

Förderung seiner Tätigkeiten beiträgt[592]. Diese Parametrierung ermöglicht es dem Fanpage-Betreiber, Kriterien festzulegen, nach denen Statistiken erstellt werden sollen. Er kann sogar Kategorien von Personen filtern, deren Daten ausgewertet werden sollen.[593] Der Fanpage-Betreiber erhält folglich Einstellungsmöglichkeiten für die Datenerhebung, was der EuGH letztlich auch als Argument für eine gemeinsame Verantwortlichkeit vorbringt[594].

In *Fashion ID* geht es um die Frage nach der gemeinsamen Verantwortlichkeit durch den Einbau des „Gefällt mir"-Buttons. Für die folgenden Ausführungen zur gemeinsamen Verantwortlichkeit ist ein Vergleich mit dem Sachverhalt in *Fashion ID* geeigneter, denn in diesem Sachverhalt bindet der Webseiten-Betreiber den „Gefällt mir"-Button ein, ohne dabei Parametrierungsmöglichkeiten zu erhalten. Ähnlich wie beim hochautomatisierten Fahrsystem „aktiviert" der Webseiten-Betreiber durch den Einbau des „Gefällt mir"-Buttons die Datenverarbeitung. Ein solcher Einbau bzw. eine solche Aktivierung ist eine signifikante Handlung, denn in Bezug auf den „Gefällt mir"-Button kommt der EuGH zu dem Schluss, dass bereits durch die Einbindung des „Gefällt mir"-Buttons beide Parteien gemeinsam die Zwecke und Mittel festlegen[595]. Denn durch die Einbindung des „Gefällt mir"-Buttons beeinflusst der Betreiber der Webseite entscheidend die Erhebung und Übermittlung von Daten, was ohne die Einbindung des „Gefällt mir"-Buttons nicht erfolgen würde.[596]

Durch die Rechtsprechung in *Fashion ID* wird also deutlich, dass die Aktivierung der Datenverarbeitung bereits ausreicht, dass ein Verantwortlicher die Datenverarbeitung beeinflusst und damit eine gemeinsame Verantwortlichkeit eingeht[597]. Aufgrund des ähnlichen Sachverhalts zum hochautomatisierten Fahrsystem kann die Argumentation des EuGH auch auf das hochautomatisierte Fahrsystem übertragen werden: Ohne die Aktivierung des Fahrers würde die Datenerfassung nicht stattfinden, sodass der Fahrer an der Erhebung der Datenverarbeitung der Umfelderfassung mitwirkt und somit entscheidend die Erhebung der Daten beeinflusst.

Was die Mittel betrifft, kann es bei einer gemeinsamen Verantwortlichkeit ausreichen, wenn der Mitverantwortliche sich dazu entscheidet, ein be-

---

592 EuGH, Urt. v. 05.06.2018 – C-210/16 (Wirtschaftsakademie Schleswig-Holstein) Rn. 36.
593 EuGH, Urt. v. 05.06.2018 – C-210/16 (Wirtschaftsakademie Schleswig-Holstein) Rn. 36.
594 EuGH, Urt. v. 05.06.2018 – C-210/16 (Wirtschaftsakademie Schleswig-Holstein) Rn. 39.
595 EuGH, Urt. v. 29.07.2019 – C-40/17 (Fashion ID) Rn. 80.
596 EuGH, Urt. v. 29.07.2019 – C-40/17 (Fashion ID) Rn. 78.
597 EuGH, Urt. v. 29.07.2019 – C-40/17 (Fashion ID) Rn. 78.

stimmtes Mittel für die Datenverarbeitung einzusetzen[598]. In *Fashion ID* betrachtet der EuGH den Einbau des „Gefällt mir"-Buttons bereits als Mitbestimmung des Mittels, weil er als Werkzeug zum Erheben und zur Übermittlung von personenbezogenen Daten der Besucher dieser Seite dient.[599] Wie bereits mehrfach aufgezeigt, ist das hochautomatisierte Fahrsystem und der „Gefällt mir"-Button in ähnlicher Weise zu betrachten. Auch beim hochautomatisierten Fahrsystem entscheidet sich der Fahrer dazu, das hochautomatisierte Fahrsystem und die zugehörige Umfelderfassung zu aktivieren, um hochautomatisiert fahren zu können.

Bei der Entscheidung über die Zwecke muss die Interessenlage der Akteure berücksichtigt werden[600]. Nach dem EuGH kann bereits ein gleichgerichtetes (wirtschaftliches)[601] Interesse zur gemeinsamen Verantwortlichkeit führen. Das ist zum Beispiel der Fall, wenn ein beidseitiger Nutzen durch die Datenverarbeitung entsteht.[602]

Bei der Umfelderfassung liegt die Intention des Automobilherstellers darin, das hochautomatisierte System anzubieten und zu verkaufen. Er will dem Kunden das hochautomatisierte Fahrerlebnis mit allen dazugehörigen Vorteilen[603], unter anderem die Erhöhung der Verkehrssicherheit und eine Komfortfunktion, bieten. Der Fahrer möchte ebenfalls die Verkehrssicherheit und den eigenen Komfort erhöhen und damit ggf. auch sein gesundheitliches Be-

---

598 Vgl. auch *Europäischer Datenschutzausschuss*, Guidelines 07/2020 on the concepts of controller and processor in the GDPR, Rn. 62.

599 Vgl. dazu EuGH, Urt. v. 29.07.2019 – C-40/17 (Fashion ID) Rn. 77 für den „Gefällt mir"-Button.

600 EuGH, Urt. v. 05.06.2018 – C-210/16 (Wirtschaftsakademie Schleswig-Holstein) Rn. 34; EuGH, Urt. v. 10.07.2018 – C-25/17 (Jehovan todistajat) Rn. 68; EuGH, Urt. v. 29.07.2019 – C-40/17 (Fashion ID) Rn. 80.

601 Ob es sich tatsächlich um ein *wirtschaftliches* Interesse handeln muss, geht aus der EuGH Rechtsprechung nicht deutlich hervor. In *Fashion ID* ging der EuGH aufgrund eines beidseitigen wirtschaftlichen Interesses von einer gemeinsamen Verantwortlichkeit aus. *Generalanwalt Bobek* hingegen berücksichtigt in seiner Stellungnahme v. 19.12.2018 – C-40/17 (Fashion ID), Rn. 86 im Zusammenhang von Formularverträgen bei einer gemeinsamen Verantwortlichkeit auch „reguläre Nutzer", was darauf hindeutet, dass ein wirtschaftliches Interesse nicht unbedingt vorhanden sein muss. Ebenso spricht der Sachverhalt in *Jehovan todistajat* gegen die Notwendigkeit eines wirtschaftlichen Interesses, denn in diesem Urteil besteht beim Interesse der verkündeten Mitglieder kein wirtschaftlicher Zusammenhang. Darum wird davon ausgegangen, dass der wirtschaftliche Aspekt kein verpflichtendes Kriterium für die gemeinsame Verantwortlichkeit ist. Vielmehr reicht bereits ein Eigeninteresse (EuGH, Urt. v. 10.07.2018 – C-25/17 (Jehovan todistajat) Rn. 68).

602 EuGH, Urt. v. 29.07.2019 – C-40/17 (Fashion ID) Rn. 80; so auch *Europäischer Datenschutzausschuss*, Guidelines 07/2020 on the concepts of controller and processor in the GDPR, Rn. 57 f.

603 Siehe unter 2.3.

finden verbessern. Kurz gefasst, haben sowohl der Automobilhersteller wie auch der Fahrer das gleichgerichtete Interesse mit beidseitigem Nutzen, dass das hochautomatisierte Fahrsystem funktionsgerecht betrieben werden kann.

Somit bleibt festzuhalten, dass der Fahrer die mitwirkende Entscheidungskraft durch die Aktivierung der Umfeldsensorik erlangen kann. Denn ohne diese Aktivierung würde die Datenerfassung nicht stattfinden. Sofern man den Einbau mit dem „Gefällt mir"-Button aus *Fashion ID* und die Aktivierung des hochautomatisierten Fahrsystems als Initiierung der Datenverarbeitung gleichsetzt, kann in Bezug auf das hochautomatisierte Fahrsystem geschlussfolgert werden, dass der Fahrer dadurch über das Mittel „hochautomatisiertes Fahrsystem" entscheidet. Ebenso entscheiden der Automobilhersteller und der Fahrer auch gemeinsam über die Zwecke, die in dem beidseitigen Nutzen liegen, das hochautomatisierte Fahrsystem funktionsgerecht zu betreiben. Basierend auf diesen Annahmen kann dem Fahrer folglich eine Mitverantwortlichkeit zugesprochen werden.

5.4.2 Einbeziehung des Fahrzeughalters

Ferner muss untersucht werden, ob der Halter durch die Zurverfügungstellung des Fahrzeugs und aufgrund der Aktivierung der hochautomatisierten Fahrfunktion datenschutzrechtlich Mitverantwortlicher wird. Wie bereits in 5.4.1 ausgeführt, reicht es bereits aus, wenn ein Akteur an der Datenverarbeitung mitwirkt. Diese Mitwirkung könnte sich dadurch begründen, dass der Fahrzeughalter durch den Kauf des Fahrzeugs erst ermöglicht, dass die Datenverarbeitung durch den Fahrer veranlasst werden kann. Ebenfalls ermöglicht der Fahrzeughalter durch den Zugang zu seinem Fahrzeug, dass nach der Aktivierung der hochautomatisierten Fahrfunktion personenbezogene Daten verarbeitet werden.

Betrachtet man den Sachverhalt in *Fashion ID*, wird deutlich, dass derjenige mitverantwortlich wird, der den „Gefällt mir"-Button einbaut. Es ist fraglich, ob Personen, wie der Fahrzeughalter, der den Zugang zu einer Technologie ermöglicht, ebenso mitverantwortlich sein sollen. Zieht man eine Parallele zu *Fashion ID*, könnte der Fahrzeughalter mit der Stellung eines Webhostingdienstleisters verglichen werden, der durch die Bereitstellung von Speicherplatz für die Webseite den Einbau eines „Gefällt mir"-Buttons ermöglicht. Dieser wird vom EuGH allerdings nicht adressiert. Somit erscheint es unwahrscheinlich, dass diejenigen, die den Zugang zu einer datenverarbeitenden Funktion ermöglichen, im Fokus der gemeinsamen Verantwortlichkeit stehen. Vielmehr richtet sich die Mitverantwortlichkeit an demjenigen aus, der eine Datenverarbeitung aktiviert oder anderweitig initiiert. Beim hochautomatisierten Fahrsystem ist dies der Fahrer (siehe dazu ausführlich in 5.4.1). Denn bei einem hochautomatisierten Fahrzeug bedarf es einer manuellen

Aktivierung des hochautomatisierten Fahrmodus. Anders könnte demnach der Sachverhalt aussehen, wenn keine Wahl bestünde, den automatisierten Modus zu aktivieren, weil das Fahrzeug ohne Aktivierung des Fahrers automatisiert fährt. Zumindest auf der Automatisierungsstufe 3 muss der hochautomatisierte Fahrmodus aber durch den Fahrer aktiviert werden. Das bedeutet, dass allein der Fahrer darüber entscheidet, die Datenverarbeitung zu aktivieren. Diese Entscheidung trifft nicht der Fahrzeughalter.

Selbst wenn sich keine datenschutzrechtliche Verantwortlichkeit i. S. d. Art. 4 Nr. 7 DSGVO begründen lässt, können den Fahrzeughalter zivilrechtliche Pflichten aus seiner Eigenschaft als Fahrzeughalter treffen. Denn gemäß § 31 StVZO hat der Fahrzeughalter die Verantwortung für den Betrieb des Fahrzeugs. § 31 Abs. 2 StVZO verpflichtet den Fahrzeughalter, dass er die Inbetriebnahme des Fahrzeugs nicht anordnen oder zulassen darf, wenn ihm bekannt ist oder bekannt sein muss, dass das Fahrzeug nicht vorschriftsmäßig ist. Die Verantwortung für den vorschriftsmäßigen Zustand entfällt auch nicht mit der Gebrauchsüberlassung an einen anderen[604]. Was unter den „vorschriftsmäßigen Zustand" des Fahrzeugs fällt, wird in § 31 Abs. 2 StVZO nicht ausgeführt. In der Literatur wird vorgebracht, dass Vorschriftsmäßigkeit bedeute, dass das Fahrzeug den §§ 30 ff. StVZO entspreche und fahrsicher sein müsse[605]. In Bezug auf das automatisierte Fahrzeug kann darunter zum Beispiel die Wartung eines automatisierten Fahrzeugs fallen.[606] Ebenso soll der Halter nach den §§ 30 ff. StVZO verpflichtet sein, erwartbare, bauart- und programmierungsbedingte Fehlfunktonen zu prüfen[607].

Obwohl hochautomatisierte Fahrzeuge (Automatisierungsstufe 3) in Deutschland noch nicht zugelassen sind, kristallisiert sich damit heraus, dass der Fahrzeughalter auch bei automatisierten Fahrsystemen Rechtspflichten übernehmen könnte.

Gegen diese Auslegung spricht, dass sich § 31 Abs. 2 StVZO bisher stark auf die verkehrssicherheitsrelevanten Aspekte fokussiert[608]. Die Einhaltung der Datenschutzpflichten ist aber unabhängig von der Verkehrssicherheit zu betrachten. Denn selbst wenn die datenschutzrechtlichen Pflichten, zum Beispiel der Abschluss eines Vertrags zur gemeinsamen Verantwortlichkeit, nicht eingehalten werden, hat dies keine Auswirkungen auf die Sicherheit des Fahrzeugs (bspw. die Sensorerfassung oder die Lenkmanöver).

---

604 *Heß* in: Burmann/Heß/Hühnermann/Jahnke, Straßenverkehrsrecht, 1. Teil (StVO) § 23 Rn. 35.
605 Vgl. auch *Sander/Hollering*, NStZ 2017, 193 (196 f.) m. w. N.
606 *Sander/Hollering*, NStZ 2017, 193 (196).
607 *Sander/Hollering*, NStZ 2017, 193 (196 f.).
608 Vgl. dazu die Rechtsprechung zur Halterverantwortlichkeit von *Ternig* in: Haus/ Krumm/Quarch, Gesamtes Verkehrsrecht, § 31 StVZO Rn. 5 ff.

Für die Einhaltung der datenschutzrechtlichen Pflichten spricht der weite Begriff des „vorschriftsmäßigen Zustands" des Fahrzeugs, den der Fahrzeughalter sicherstellen muss. Anhand dieser Formulierung scheint es nicht ausgeschlossen, dass darunter auch der datenschutzrechtlich konforme Einsatz des Fahrzeugs und die hochautomatisierte Fahrfunktion zählen könnte. Dafür spricht, dass die Einhaltung der datenschutzrechtlichen Pflichten ebenfalls zur Einhaltung des Zustands gehören kann, zum Beispiel das Ermöglichen von Sicherheitsupdates. Hierbei handelt es sich um eine Sicherheitsüberprüfung wie das Funktionieren der Bremsen. Es erscheint inkonsequent, ein datenbasiertes Fahrsystem, das personenbezogene Daten verarbeitet, von der (digitalen) Zustandsüberprüfung auszunehmen.

Wenn also die datenschutzkonforme Datenverarbeitung als vorschriftsmäßiger Zustand des Fahrzeugs gilt, dann werden auch auf den Fahrzeughalter gewisse datenschutzrechtliche Pflichten zukommen. In dem hier betrachteten Szenario ist es denkbar, dass der Fahrzeughalter verpflichtet wird, die nötigen Verträge und Vereinbarungen zur gemeinsamen Verantwortlichkeit abzuschließen. Insofern wäre der Fahrzeughalter zwar nicht i. S. v. Art. 4 Nr. 7 DSGVO datenschutzrechtlich verantwortlich, müsste aber die datenschutzrechtliche Absicherung der Datenverarbeitung ermöglichen und überprüfen, um den Pflichten des § 31 Abs. 2 StVZO nachzukommen.

5.4.3 Gemeinsame Verantwortlichkeit mit weiteren Akteuren

Eine weitere Möglichkeit für eine gemeinsame Verantwortlichkeit besteht in den Verbindungen zu Dritten, zum Beispiel zu kooperierenden Partnern für das hochautomatisierte Fahren. Denn auch Kooperationsformen können eine gemeinsame Verantwortlichkeit nach Art. 26 DSGVO darstellen[609]. Auch bei den weiteren Akteuren muss geprüft werden, unter welchen Umständen sie an der Entscheidung über Mittel und Zwecke *mitwirken*. Ob und wie eine solche Mitwirkung aussieht, muss für jeden einzelnen Dritten sowie seinem Verarbeitungszweck betrachtet werden. Beispielsweise hat ein Hersteller von Sensorsystemen andere Verarbeitungsmodalitäten als ein Entwicklungsdienstleister von Kartenmaterial. Diese Konstellationen sind individuell und bedürfen einer eigenen Prüfung auf Basis der individuellen Vertragsvereinbarungen der Parteien und deren Umsetzung[610]. Je nach Ausgestaltung der Zusammenarbeit könnte es sich auch um eine Auftragsverarbeitung handeln, zum Beispiel wenn die Verwaltung von Daten auf einem Server durch den Verantwortlichen beauftragt wird. Diese müsste sich dann nach Art. 28 DSGVO richten.

---

609 *Schantz* in: Schantz/Wolff, Das neue Datenschutzrecht, Rn. 368.
610 Siehe dazu in 6.6.1.2; vgl. auch *Werkmeister/Schröder*, RAW 2015, 82 (84) und *Roßnagel* in: Roßnagel/Hornung, Grundrechtsschutz im Smart Car, S. 30 für einen Überblick weiterer möglicher Verantwortlicher im Fahrzeugkontext.

Das automatisierte Fahrzeug wird von Komponenten und Dienstleistungen anderer Akteure leben, darum werden, im Allgemeinen, auch noch weitere Akteure bei Datenverarbeitungen in Bezug auf das automatisierte Fahrzeug involviert sein. In Bezug auf das hochautomatisierte Fahrsystem sind aber unter Berücksichtigung des in dieser Arbeit betrachteten Szenarios keine unmittelbaren weiteren Dritten ersichtlich, die Mittel und Zwecke für die Ausführung des Fahrbetriebs entscheiden könnten.

5.4.4 Mögliche Auswirkungen

Geht man davon aus, dass der Automobilhersteller und der Fahrer gemeinsam verantwortlich sind, mag das Thema der Verantwortlichkeit zwar in der Theorie gelöst sein, allerdings verbleiben bei diesem Ergebnis und in Verbindung mit der Anwendung der EuGH-Rechtsprechung ungewisse Rechtsfolgen. Diese sollen im Folgenden näher betrachtet werden.

Fahrer

Die Auswirkungen der gemeinsamen Verantwortlichkeit sind insbesondere für den Fahrer sichtbar. Denn der Fahrer, der das hochautomatisierte Fahrsystem aktiviert, wird durch diese Handlung gleichzeitig mitverantwortlich für die Datenverarbeitung. Das bedeutet, dass einer natürlichen Person, die lediglich eine komfortable und sichere Fahrweise anstrebt, die kaum Kenntnis über das System oder den rechtlichen Rahmen hat und zudem auch wenig Einfluss auf die technischen Komponenten besitzt, die datenschutzrechtliche Mitverantwortlichkeit und damit Haftung zugerechnet wird.[611] In der Konsequenz könnte auch der Fahrer für etwas haften, was er nicht steuern kann[612].[613]

Andererseits muss gründlich hinterfragt werden, wie viel praktische Auswirkung die gemeinsame Verantwortlichkeit auf den Fahrer hätte. Erstens konkretisiert der EuGH in *Fashion ID*, dass der Webseiten-Betreiber nur für die Erhebung und Übermittlung, also solche Phasen, in denen der Webseiten-Betreiber tatsächlich die Mittel und Zwecke mitbestimmt, verantwortlich ist[614]. Vor- oder nachgelagerte Datenverarbeitungen, in denen ein Ver-

---

611 *Generalanwalt Bobek*, Stellungnahme v. 19.12.2018 – C-40/17 (Fashion ID), Rn. 88 in Bezug auf den „Gefällt mir"-Button.

612 *Gierschmann*, ZD 2020, 69 (71).

613 Grundsätzlich besteht gemäß Art. 82 Abs. 3 DSGVO eine Exkulpationsmöglichkeit. Für diese müsste der Fahrer aber nachweisen, dass er in keinerlei Hinsicht für den Umstand, durch den der Schaden eingetreten ist, verantwortlich ist. Dies kann, insbesondere aufgrund der restriktiven Einblicke und geringen technischen Kenntnisse, für den Fahrer eine große Herausforderung werden.

614 EuGH, Urt. v. 29.07.2019 – C-40/17 (Fashion ID) Rn. 74.

antwortlicher nicht über die Zwecke und Mittel entscheidet, unterfallen auch nicht dem datenschutzrechtlichen Pflichtenkatalog[615]. Insofern wird die gemeinsame Verantwortlichkeit durch den EuGH eingeschränkt und wirkt sich nur auf bestimmte Abschnitte aus.

Überträgt man diese Auslegung auf das hochautomatisierte Fahrsystem, ist die Aktivierung des hochautomatisierten Fahrsystems/der Sensoren der Auslöser der Datenverarbeitung für die Umfelderfassung. Denn ohne die Aktivierung würde das hochautomatisierte Fahrsystem keine Daten erfassen. Die darauffolgenden Vorgänge, also die (Zwischen-)Speicherung, die Analysevorgänge und eine mögliche Übermittlung an das Backend des Herstellers, liegen nicht mehr im Einflussbereich des Fahrers, weil in diesen Phasen der Automobilhersteller über die Zwecke und Mittel bestimmt.

Ferner kann der Fahrer einigen Pflichten eines datenschutzrechtlich Verantwortlichen nicht nachkommen, weil ihm der Zugriff auf und die Kenntnis über die Systeme fehlt. Das befreit ihn zwar nicht gänzlich von den datenschutzrechtlichen Pflichten, aber nach dem EuGH variiert der Grad der Verantwortlichkeit für jeden Mitverantwortlichen nach dem Ausmaß, wie er in die gemeinsame Verantwortlichkeit einbezogen ist[616]. Da der Fahrer in diesem Fall nur wenig in die (technischen) Umständen der Datenverarbeitung einbezogen wird, verbleibt der Großteil der Pflichten in der Praxis voraussichtlich beim Automobilhersteller. Dies spiegelt auch die Umsetzung von *Wirtschaftsakademie Schleswig-Holstein* wider: Facebook veröffentlichte nach dem Urteil eine Ergänzung der AGB in Bezug auf die Verantwortlichkeit beim Einsatz von Facebook Insights[617]. In der AGB-Ergänzung wird deutlich, dass Facebook als Anbieter der technischen Infrastruktur und Dienstleistung den Großteil der datenschutzrechtlichen Pflichten übernimmt. Für Fanpage-Betreiber bedeutet dies unter anderem, eine datenschutzrechtliche Rechtmäßigkeitsprüfung durchzuführen und Meldepflichten an Facebook zu übernehmen (zum Beispiel in Bezug auf die Durchführung von Rechten der betroffenen Personen). Somit übernimmt der Fanpage-Betreiber nur noch einen geringen Teil datenschutzrechtlicher Pflichten.

Dem steht allerdings gegenüber, dass der Fanpage-Betreiber, trotz der Minimierung der datenschutzrechtlichen Pflichten, dennoch tätig werden muss. Denn der EuGH judiziert in *Fashion ID* explizit über die Frage nach dem berechtigten Interesse und der Zuweisung von Transparenz- und Rechen-

---

615 EuGH, Urt. v. 29.07.2019 – C-40/17 (Fashion ID) Rn. 74.
616 EuGH, Urt. v. 05.06.2018 – C-210/16 (Wirtschaftsakademie Schleswig-Holstein) Rn. 43; EuGH, Urt. v. 10.07.2018 – C-25/17 (Jehovan todistajat) Rn. 66; EuGH, Urt. v. 29.07.2019 – C-40/17 (Fashion ID) Rn. 70.
617 Informationen zu Seiten-Insights, https://m.facebook.com/legal/controller_addendum (16.08.23). Eine äquivalente Ergänzung für den „Gefällt mir"-Button steht noch aus.

schaftspflichten im Rahmen einer gemeinsamen Verantwortlichkeit. So konstatiert der EuGH, dass jeder Akteur der gemeinsamen Verarbeitung ein berechtigtes Interesse für die Datenverarbeitung nachweisen müsse[618]. Das bedeutet, dass sich der Fahrer nicht ohne weitere Prüfung auf die berechtigten Interessen des Automobilherstellers verlassen kann. Wie bereits in 2.3 festgestellt, birgt das hochautomatisierte Fahren große Chancen, insbesondere im Bereich der Verkehrssicherheit[619]. Denn das hochautomatisierte Fahren soll zahlreichen Unfällen vorbeugen. Ferner soll das hochautomatisierte Fahren den Fahrer entlasten und kann daher zur Fahrergesundheit beitragen. Insofern wird die Begründung für ein berechtigtes Interesse kein unmögliches Unterfangen sein.

Des Weiteren werden jedem Verantwortlichen Informationspflichten für die Phase auferlegt, in der er verantwortlich ist[620]. Obwohl der Fahrer aufgrund mangelnder Kenntnis nur wenig über die technischen Details informieren kann, könnte ihn die Informationspflicht insoweit treffen, *dass* er über die Verarbeitung personenbezogener Daten informieren muss. Verfolgt man ein Zwei-Stufen-Konzept[621], könnte der Fahrer verpflichtet werden, lokale Hinweise auf dem Fahrzeug, sofern diese notwendig sind, gut sichtbar anzubringen und darauf zu achten, dass diese nicht übersehen werden.[622]

Dennoch ist bei der praktischen Ausgestaltung der gemeinsamen Verantwortlichkeit zwischen Automobilhersteller und Fahrer nichts final entschieden. Denn den Akteuren steht gemäß Art. 26 Abs. 1 Satz 2 DSGVO die Möglichkeit offen, gemeinsam die Erteilung der Informationspflichten gemäß Art. 13 und 14 DSGVO festzulegen. Insofern wäre es auch möglich, den Fahrer von seinen Informationspflichten zu entbinden und die Informationspflichten dem Automobilhersteller zu überlassen. Sofern man dem Beispiel von Facebook folgt und eine Vertragsergänzung aufsetzt, bleibt wohl abzuwarten, wie die gemeinsame Verantwortlichkeit ausgestaltet wird.

Sofern eine gemeinsame Verantwortlichkeit besteht, ist eine Vereinbarung nach Art. 26 DSGVO erforderlich[623]. Ein Vertrag zur gemeinsamen Verantwortlichkeit kann aber auch Folgeprobleme mit sich bringen. Wäre der Fahrer mitverantwortlich und würden ihm entsprechende Pflichten auferlegt werden, würde es sich dabei voraussichtlich um einen Formularvertrag han-

---

618 EuGH, Urt. v. 29.07.2019 – C-40/17 (Fashion ID) Rn. 96.
619 Siehe auch ausführlich unter 6.6.1.1.
620 EuGH, Urt. v. 29.07.2019 – C-40/17 (Fashion ID) Rn. 100 f.
621 Siehe unter 7.2.1.
622 Zu den Fragestellungen hinsichtlich der Informationspflichten siehe unter 7.
623 *Piltz* in: Gola, DS-GVO, Art. 26 Rn. 9.

deln, den die Fahrer akzeptieren müssten[624].[625] Der Fahrer ist als schwächere Partei folglich vom Automobilhersteller abhängig und wird voraussichtlich keine individuellen Vereinbarungen treffen können. Die konkreten Pflichten und die damit verbundene gemeinsame Haftung für den Fahrer bleibt an dieser Stelle eine Frage der Ausgestaltung durch den Automobilhersteller.

Fahrzeughalter

Neben dem Fahrer muss auch die Rolle des Fahrzeughalters betrachtet werden. Denn wie bereits in 5.4.2 festgestellt, muss der Fahrzeughalter den „vorschriftsmäßigen Zustand" des Fahrzeugs sicherstellen. Anhand dieser Formulierung scheint es nicht ausgeschlossen, dass darunter auch der datenschutzrechtlich konforme Einsatz des Fahrzeugs und der hochautomatisierten Fahrfunktion zählen könnte. Obwohl also der Fahrzeughalter nicht die Zwecke und Mittel i. S. d. Art. 4 Nr. 7 DSGVO bestimmt, ist nicht ausgeschlossen, dass er im Rahmen seiner Fahrzeughalterpflichten, insbesondere nach § 31 StVZO, verpflichtet werden kann. Im Hinblick auf das hochautomatisierte Fahrsystem und die gemeinsame Verantwortlichkeit ist der Fahrzeughalter ein integraler Bestandteil, denn der Fahrzeughalter bzw. sein Fahrzeug sind das Bindeglied zwischen dem Automobilhersteller und dem Fahrer. Ebenso ist der Fahrzeughalter diejenige Person, die eine vertragliche Beziehung zum Automobilhersteller hat, welche die Ausgangslage für vertragliche Verankerungen sein wird.

Wie bereits oben ausgeführt, könnte der Fahrer verpflichtet werden, die Datenverarbeitung zu rechtfertigen sowie Transparenz- und Rechenschaftspflichten einzuhalten. Für die Ausführung dieser Pflichten könnte der Fahrer auf den Fahrzeughalter angewiesen sein, zum Beispiel, um abzuklären, ob der Fahrzeughalter, bereits datenschutzrechtliche Maßnahmen unternommen hat. Selbst wenn also der Fahrzeughalter nicht datenschutzrechtlich verantwortlich ist, ist er ein wichtiges Bindeglied zwischen ihm, dem Automobilhersteller und dem Fahrer, insbesondere in Fragen zur Fahrzeugüberlassung und -nutzung für den Fahrer (siehe Abb. 11).

---

624 Beispielsweise wie die Vertragsergänzung für Facebooks Seiten-Insights, siehe Rn. 617.

625 Allgemein kritisch dazu *Generalanwalt Bobek*, Stellungnahme v. 19.12.2018 – C-40/17 (Fashion ID), Rn. 86.

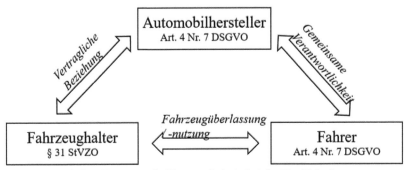

Abb. 11: Mögliches Verantwortlichkeitsverhältnis bei der Umfelderfassung

Somit bleibt festzuhalten, dass der Fahrer aufgrund der Aktivierung des Systems die Datenverarbeitung veranlasst und damit die Entscheidung der Mittel und Zwecke beeinflussen kann. Dies kann ihn, zumindest für den Vorgang der Aktivierung, mitverantwortlich machen. Dennoch kann sich auch der Fahrzeughalter nicht ohne Weiteres von seinen Fahrzeughalterpflichten befreien. Denn er ist das Bindeglied und ebenso Katalysator der gemeinsamen Verantwortlichkeit.

Gemäß Art. 26 Abs. 1 DSGVO können die datenschutzrechtlichen Verpflichtungen in einer Vereinbarung festgelegt werden. Bei der Umsetzung der gemeinsamen Verantwortlichkeit von Facebooks Seiten-Insights hat sich bereits gezeigt, dass sich die Pflichten des Fanpagebetreibers gering halten.

Für den Fortgang dieser Arbeit bedeutet dieses Ergebnis, dass der Fokus dieser Arbeit dennoch auf die Pflichten des Automobilherstellers gelegt wird. Selbst wenn der Fahrer mitverantwortlich ist und der Fahrzeughalter ebenfalls Pflichten in seiner Eigenschaft als Fahrzeughalter erfüllen muss, ist der Automobilhersteller diejenige Partei, die die Kenntnis über die Datenverarbeitung und technischen Komponenten hat und damit den überwiegenden Anteil der datenschutzrechtlichen Pflichten (technisch) umsetzen kann.

5.5 Fazit

Somit ist erstens festzuhalten, dass der Begriff des Verantwortlichen seit Geltung der DSGVO an Art. 4 Nr. 7 DSGVO zu messen ist und damit die anderslautende Definition aus dem BDSG a. F., die auch Auswirkungen auf die datenschutzrechtliche Verantwortlichkeit einer hochautomatisierten Fahrfunktion hätte, obsolet ist. Zweitens dürfen die Auffassungen des vernetzten Fahrens hinsichtlich der Verantwortlichkeit bei der lokalen Verarbeitung nicht für das hochautomatisierte Fahrsystem übernommen werden, weil nicht dieselben datenschutzrechtlich relevanten Bedingungen vorliegen. Es bedarf folglich einer individuellen Bestimmung der Zweck- und Mittelbestimmung. In dem in dieser Arbeit betrachteten Szenario wurde dargestellt, dass für den Automobilhersteller einige Möglichkeiten bestehen, über die Mittel und Zwecke beim hochautomatisierten Fahrsystem zu entscheiden. Diese Möglichkeiten beziehen sich nicht nur auf den Vorgang der Umfelderfassung, sondern beginnen bereits bei der Ausgestaltung der Fahrzeugkomponenten für das hochautomatisierte Fahrsystem.

Die datenschutzrechtliche Verantwortlichkeit beginnt bereits bei der lokalen Verarbeitung, denn ab der ersten Datenerfassung können die Rechte und Freiheiten der betroffenen Personen beeinträchtigt sein. Darum wäre die Verneinung des datenschutzrechtlichen Anwendungsbereiches auf Verarbeitungen des lokalen Datenspeichers nicht im Sinne der DSGVO. Würde die lokale Datenverarbeitung keiner datenschutzrechtlichen Verantwortung unterfallen, könnten Algorithmen in einer Weise programmiert werden, die ohne Rücksicht auf datenschutzrechtliche Grundsätze Daten verarbeiten. Eine umfassende Überwachung, die Auswertung sensibler Merkmale oder dauerhafte Aufnahmen könnten die Folge sein.

Ebenfalls würden potentiell beeinträchtigende Analysevorgänge wie die Objekterkennung, Merkmalsextraktion und das Tracking unkontrolliert angewendet werden. Denn diese Verarbeitungsvorgänge hätten keinen Verantwortlichen, der sich um die Einhaltung der datenschutzrechtlichen Pflichten kümmert. Der gesamte Straßenverkehr könnte damit zu einer heimlichen Überwachungszone gestaltet werden, denn niemand wäre bei der lokalen Verarbeitung für die Umsetzung der Transparenzpflichten verantwortlich. Ein solches Szenario, bei dem eine umfängliche Verarbeitung keiner datenschutzrechtlichen Verantwortung unterläge, wäre voraussichtlich nicht mit dem Grundsatz der Verarbeitung nach Treu und Glauben vereinbar. Dieser fordert unter anderem zur Rücksichtnahme auf, die betroffene Person vor unklaren Verarbeitungsvorgängen zu schützen[626]. Da beim Ausschluss der datenschutzrechtlichen Verantwortlichkeit auch die Umsetzung des Transparenzgebots fraglich wäre, würde diese Auffassung intransparente Datenverarbeitungen legitimieren[627].

Was die Verantwortlichkeit des Fahrers betrifft, wird eine alleinige Verantwortlichkeit abgelehnt. Ihm fehlen die (alleinigen) Entscheidungsmöglichkeiten über das hochautomatisierte Fahrsystem. Dennoch könnte der Fahrer, der das hochautomatisierte Fahrsystem aktiviert, mit dem Automobilher-

---

626 *Schantz* in: Wolff/Brink, BeckOK Datenschutzrecht, 35. Edition, Art. 5 DS-GVO Rn. 9.
627 Siehe ausführlich zum Transparenzgebot in 7.1.

steller gemeinsam verantwortlich sein. Durch die Judikatur des EuGH wird deutlich, dass der Begriff der gemeinsamen Verantwortlichkeit durch den EuGH weit ausgelegt wird. In *Fashion ID* zeigt der EuGH auf, dass bereits die Einbindung eines Plugins auf einer Webseite zu einer gemeinsamen Verantwortlichkeit führen kann. Diese Einbindung des Webseitenplugins kann mit der Aktivierung des hochautomatisierten Fahrsystems verglichen werden. In der Konsequenz kann damit auch die Aktivierung des hochautomatisierten Fahrsystems zur gemeinsamen Verantwortlichkeit führen. Bei der Einhaltung der datenschutzrechtlichen Pflichten könnte auch der Fahrzeughalter involviert werden, denn er ist nach § 31 StVZO verpflichtet, den „vorschriftsmäßigen Zustand" des Fahrzeugs sicherzustellen. Bislang ist aber ungeklärt, ob darunter auch die Einhaltung oder die Mithilfe zur Einhaltung der datenschutzrechtlichen Pflichten fallen.

Neben der Zuweisung der Verantwortlichkeit muss die gemeinsame Verantwortlichkeit auch in der praktischen Umsetzung weitergedacht werden. Anhand der bereits durchgeführten Praxis der Facebook-Fanpages lässt sich erkennen, dass voraussichtlich der Automobilhersteller, als derjenige Verantwortliche mit einem höheren Grad an Verantwortung, den Großteil der datenschutzrechtlichen Pflichten übernehmen wird. Die einzelnen Pflichten müssen in einem Vertrag zur gemeinsamen Verantwortlichkeit gemäß Art. 26 DSGVO vereinbart werden. Je nach konkreter Ausgestaltung können auch auf den Mitverantwortlichen Pflichten übertragen werden, zum Beispiel die Rechtfertigung der Datenverarbeitung oder die Einhaltung von Transparenz- und Rechenschaftspflichten. Dies verbleibt aber individuelle vertragliche Ausgestaltung zwischen den Akteuren.

6 Rechtmäßigkeit

Die dargelegten Datenverarbeitungsvorgänge müssen gemäß Art. 6 DSGVO rechtmäßig erfolgen und ebenso die Datenschutzgrundsätze des Art. 5 DSGVO einhalten[628]. Art. 6 Abs. 1 DSGVO gibt den Maßstab für das *„Ob"* der Datenverarbeitung vor, wohingegen Art. 5 DSGVO das *„Wie"* regelt.[629] Art. 5 Abs. 1 lit. a und 6 Abs. 1 bis 3 DSGVO sind der Ausfluss der in Art. 8 Abs. 2 S. 1 GRCh geforderten Einwilligung und gesetzlichen Legitimation und stellen sicher, dass personenbezogene Daten auf rechtmäßige Weise verarbeitet werden[630]. Dabei gilt zu beachten, dass das Datenschutzrecht nicht als absolutes Recht gesehen werden darf, denn es kann grundsätzlich eingeschränkt werden[631]. Darum hat die DSGVO zur Aufgabe, die auf der Ebene des Primärrechts geschützten Interessen von Verantwortlichen und betroffenen Personen auszugleichen[632].

Als Nachfolger des inhaltlich ähnlichen Art. 7 DSRL[633], verdeutlicht Art. 6 DSGVO, dass grundsätzlich jede Datenverarbeitung verboten ist, sofern nicht einer der Tatbestände in Art. 6 Abs. 1 lit. a bis f DSGVO einschlägig ist. Damit ist es gemäß Art. 6 Abs. 1 DSGVO möglich, dass mehrere der aufgeführten Tatbestände erfüllt sein können, die als gleichrangig anzusehen sind[634].

Im Folgenden werden die möglichen Rechtmäßigkeitstatbestände des Art. 6 DSGVO diskutiert, beginnend mit den Datenschutzgrundsätzen aus Art. 5 DSGVO sowie den Datenschutzgrundsätzen für den Automobilbereich und deren Parallelen zu den Datenschutzgrundsätzen der DSGVO (6.1). Es folgen Ausführungen zu den einzelnen Rechtsgrundlagen, auf die die Datenverarbeitung durch die Umfelderfassung gestützt werden könnte. Diese be-

---

628 *Heberlein* in: Ehmann/Selmayr, Datenschutz-Grundverordnung, Art. 6 Rn. 1; i. d. S. *Roßnagel*, ZD 2018, 339 (342 f.); i. d. S. a. *Albrecht*, CR 2016, 88 (91).
629 *Frenzel* in: Paal/Pauly, DS-GVO/BDSG, Art. 6 DS-GVO Rn. 7.
630 *Breyer*, DuD 2018, 311 (312); *Schantz* in: Wolff/Brink, BeckOK Datenschutzrecht, 35. Edition, Art. 5 DS-GVO Rn. 5; *Heberlein* in: Ehmann/Selmayr, Datenschutz-Grundverordnung, Art. 6 Rn. 4 f.
631 Erwägungsgrund 4 Satz 2 DSGVO; so auch bereits vor Geltung der DSGVO EuGH, Urt. v. 09.11.2010 – C-92/09 und C-93/09 (Volker und Markus Schecke Eifert) Rn. 48; EuGH, Urt. v. 17.10.2013 – C-291/12 (Schwarz) Rn. 33.
632 *Taeger* in: Taeger/Gabel, DSGVO – BDSG, Art. 6 DSGVO Rn. 7.
633 *Frenzel* in: Paal/Pauly, DS-GVO/BDSG, Art. 6 DS-GVO Rn. 2. Für eine Genese siehe *ders.*, Art. 6 DS-GVO Rn. 3 ff.
634 *Albers/Veit* in: Wolff/Brink, BeckOK Datenschutzrecht, 35. Edition, Art. 6 DS-GVO Rn. 27; *Heberlein* in: Ehmann/Selmayr, Datenschutz-Grundverordnung, Art. 6 Rn. 7; *Buchner/Petri* in: Kühling/Buchner, DS-GVO/BDSG, Art. 6 DS-GVO Rn. 22; *Datenschutzkonferenz*, Orientierungshilfe der Aufsichtsbehörden für Anbieter von Telemedien, S. 7

inhalten in 6.2 Ausführungen zur Einwilligung (Art. 6 Abs. 1 lit. a DSGVO), in 6.3 zur rechtlichen Verpflichtung (Art. 6 Abs. 1 lit. c DSGVO), in 6.4 zu den lebenswichtigen Interessen (Art. 6 Abs. 1 lit. d DSGVO) und in 6.5 zur Wahrnehmung von Aufgaben im öffentlichen Interesse (Art. 6 Abs. 1 lit. e DSGVO). Kernelement dieses Unterkapitels bildet die Interessenabwägung zwischen den Interessen des Verantwortlichen und den betroffenen Personen in 6.6 (Art. 6 Abs. 1 lit. f DSGVO).

Von einer Datenverarbeitung für die Erfüllung eines Vertrags oder vorvertraglichen Maßnahmen wird in dieser Arbeit abgesehen, da keine Möglichkeit ersichtlich ist, wie in diesem Szenario mit den anderen Straßenverkehrsteilnehmern ein Vertrag geschlossen werden kann[635].

6.1 Datenschutzgrundsätze

Für die datenschutzrechtliche konforme Verarbeitung personenbezogener Daten verlangt die DSGVO die Einhaltung der Datenschutzgrundsätze aus Art. 5 DSGVO[636]. Die Grundsätze gelten unmittelbar[637] und sind verbindlich[638]. Als kumulative Grundbedingungen jeder Datenverarbeitung[639] bilden sie auch den Rahmen für den nationalen Gesetzgeber[640]. Primär richten sie sich an Verantwortliche und verpflichten diese mit einer rechtsverbindlichen Handlungsanweisung[641].

Das Postulat des EuGH ging bereits bei der Vorgängervorschrift (Art. 6 DSRL) davon aus, dass jede Verarbeitung personenbezogener Daten den Grundsätzen des in Art. 6 DSRL aufgestellten Grundsätzen genügen muss[642]. Dies muss in der Konsequenz ebenso für die ähnlichen, teilwei-

---

635 Vgl. auch *Steege*, MMR 2019, 509 (511); so auch *Bergfink* in: Taeger, Chancen und Risiken von Smart Cams im öffentlichen Raum, S. 68 für die Videoüberwachung im Allgemeinen.

636 *Roßnagel*, ZD 2018, 339 (342); *Albrecht*, CR 2016, 88 (91); *Heberlein* in: Ehmann/Selmayr, Datenschutz-Grundverordnung, Art. 6 Rn. 1.

637 *Frenzel* in: Paal/Pauly, DS-GVO/BDSG, Art. 5 DS-GVO Rn. 1; *Heberlein* in: Ehmann/Selmayr, Datenschutz-Grundverordnung, Art. 5 Rn. 1; *Herbst* in: Kühling/Buchner, DS-GVO/BDSG, Art. 5 DS-GVO Rn. 1; *Roßnagel* in: Simitis/Hornung/Döhmann, Datenschutzrecht, Art. 5 DSGVO Rn. 1.

638 *Albrecht*, CR 2016, 88 (91); *Albrecht/Jotzo*, Das neue Datenschutzrecht der EU, Teil 2 Rn. 1.

639 *Schantz*, NJW 2016, 1841 (1843); *Piltz*, K&R 2016, 557 (564); *Heberlein* in: Ehmann/Selmayr, Datenschutz-Grundverordnung, Art. 5 Rn. 5.

640 *Breyer*, DuD 2018, 311 (311).

641 *Roßnagel*, ZD 2018, 339 (343).

642 EuGH, Urt. v. 13.05.2014 – C-131/12 (Google Spain und Google) Rn. 71; EuGH, Urt. v. 20.05.2003 – C-465/00, C-138/01, C-139/01 (Österreichischer Rundfunk u. a.) Rn. 65; EuGH, Urt. v. 24.11.2011 – C-468/10, 469/10 (ASNEF) Rn. 26.

se fast identischen Grundsätze in Art. 5 DSGVO gelten[643]. Allerdings sind die Grundsätze nicht absolut und können durch Ausnahmen oder Öffnungs-/Spezifizierungsklauseln eingeschränkt werden, zum Beispiel nach Art. 23, 85 und 89[644].

Die Grundsätze werden in Einzelvorschriften der DSGVO konkretisiert[645]. Daher wäre an dieser Stelle eine abstrakte Beschreibung der Grundsätze nicht erkenntnisbringend, weshalb sie in den jeweiligen Unterkapiteln näher erläutert werden.

Neben den in der DSGVO statuierten Grundsätzen, gibt es auch bereits Grundsätze für die Automobilindustrie. Auf deutscher Ebene hat der VDA Datenschutzprinzipien für vernetzte Fahrzeuge veröffentlicht, die in die Grundsätze (1) Transparenz, (2) Selbstbestimmung und (3) Datensicherheit unterteilt sind.[646] Der ACEA hat ebenso allgemeine Grundsätze für die Datenverarbeitung in vernetzten Fahrzeugen an die Automobilhersteller adressiert.[647] Deutliche Überschneidungen mit der DSGVO finden sich in Prinzip 1 (VDA/ACEA) und Art. 5 Abs. 1 lit. a DSGVO, dem Transparenzprinzip, das vorschreibt, betroffenen Personen über die Datenverarbeitung zu informieren. Ebenfalls ähnlich ist Prinzip 5 der ACEA-Grundsätze, das die Verhältnismäßigkeit der Datenverarbeitung vorschreibt. Prinzip 3 der ACEA-Grundsätze (Datenschutz berücksichtigen) zeigt Parallelen zum Grundsatz der Rechtmäßigkeit (Art. 5 Abs. 1 lit. a DSGVO) sowie Datenschutz durch Technikgestaltung (Art. 25 Abs. 1 DSGVO) und der Pflicht einer Datenschutz-Folgenabschätzung (Art. 35 DSGVO) auf. Allerdings bleiben die Ausführungen der Grundsätze des VDA und des ACEA hinter der DSGVO zurück. Beispielsweise steht in Prinzip 3 der ACEA-Grundsätze lediglich, dass der Datenschutz während der Design- und Entwicklungsphase gewahrt

---

643 Siehe EuGH, Urt. v. 16.01.2019 – C-496/17 (Deutsche Post) Rn. 57, der die Grundsätze des Art. 6 Abs. 1 lit. b und c DSRL und Art. 5 Abs. 1 lit. b und c DSGVO gleichsetzt.

644 *Roßnagel*, ZD 2018, 339 (342); *Heberlein* in: Ehmann/Selmayr, Datenschutz-Grundverordnung, Art. 5 Rn. 7; *Roßnagel* in: Simitis/Hornung/Döhmann, Datenschutzrecht, Art. 5 DSGVO Rn. 17.

645 *Albrecht*, CR 2016, 88 (91); *Heberlein* in: Ehmann/Selmayr, Datenschutz-Grundverordnung, Art. 5 Rn. 6; *Herbst* in: Kühling/Buchner, DS-GVO/BDSG, Art. 5 DS-GVO Rn. 1.

646 *Verband der Automobilindustrie*, Datenschutz-Prinzipien für vernetzte Fahrzeuge, https://www.vda.de/de/themen/digitalisierung/daten/datenschutz (16.08.23).

647 *European Automobile Manufacturers' Association*, ACEA Principles of Data Protection in relation to Connected Vehicles and Services, S. 2 ff., https://www.acea.be/uploads/publications/ACEA_Principles_of_Data_Protection.pdf (16.08.23). Das vernetzte Fahren darf zwar nicht dem (hoch-)automatisiertem Fahren gleichgesetzt werden (siehe 2.2), dennoch ist es möglich, dass die Grundprinzipien überwiegend auch auf die Datenverarbeitung im Fahrzeug (hier die Sensorverarbeitung) im Allgemeinen übertragen werden.

werden soll und bei bestimmten Datenverarbeitungen ein Data Protection Impact Assessment durchgeführt werden soll. Detaillierte Modalitäten, wie sie in Art. 25 und 35 DSGVO aufgelistet sind, bleiben aus.

Somit gibt es für den Automobilbereich auf deutscher/europäischer Ebene zwar grundlegende Datenschutzprinzipien, die sich sogar teilweise mit den Datenschutzgrundsätzen aus Art. 5 DSGVO decken, allerdings sind sie stellenweise zu unpräzise und haben schließlich auch keinen rechtsverbindlichen Charakter wie die Grundsätze der DSGVO.

Daneben gibt es auch die sog. „Consumer Privacy Protection Principles"[648]. Durch diese Prinzipien verpflichten sich teilnehmende Automobilhersteller auf 7 Grundprinzipien, nämlich (1) „Transparency", (2) „Choice", (3) „Respect for Context", (4) „Data Minimization, De-Identification and Retention", (5) „Data Security", (6) „Integrity and Access" und (7) „Accountability". Abgesehen von dem Prinzip der Rechtmäßigkeit und des Grundsatzes von Treu und Glauben (Art. 5 Abs. 1 lit. a DSGVO) finden sich die Datenschutzprinzipien des Art. 5 DSGVO in den „Consumer Privacy Protection Principles" im Grundsatz wieder. Das Prinzip „Choice" verstärkt sogar noch einmal den Charakter der Einwilligung und führt aus, wann und unter welchen Umständen eine gültige Einwilligung umgesetzt werden kann.

Obwohl die Consumer Privacy Protection Principles lediglich an Automobilhersteller in den Vereinigten Staaten adressiert und damit zunächst nicht für europäische Automobilhersteller bindend sind, können sie Leitlinien für die Umsetzung der Datenschutzgrundsätze des Art. 5 DSGVO geben sowie im Rahmen von möglichen freiwilligen Verhaltensregeln interessant werden[649].

6.2 Einwilligung (Art. 6 Abs. 1 lit. a)

Die Einwilligung ist die erste mögliche Rechtsgrundlage für eine rechtmäßige Verarbeitung. Sie muss gemäß Erwägungsgrund 32 DSGVO durch eine eindeutige bestätigende Handlung erfolgen und vor der Datenverarbeitung eingeholt werden. Stellt man sich ein Szenario vor, bei dem ein Verkehrsteilnehmer für die Datenverarbeitung durch Umfeldsensoren zuvor einwilligen soll, wird schnell deutlich, dass das Einholen der Einwilligung eine fragwürdige Rechtsgrundlage ist. Denn dann müsste jeder Straßenverkehrsteilnehmer vor der Erfassung eines Umfeldsensors (wie einer Kamera) eine Ein-

---

648 Dazu *Alliance of Automobile Manfacturers, Inc./Association of Global Automakers, Inc.*, Consumer Privacy Protection Principles, S. 2 ff., https://www.autosinnovate.org/innovation/Automotive%20Privacy/Consumer_Privacy_Principlesfor_VehicleTechnologies_Services-03-21-19.pdf (16.08.23).
649 Dazu in 9.3.1.

willigung abgeben. Überträgt man diesen Gedanken in ein üblichen urbanes Straßenszenario, in dem alle 10 Sekunden ca. 10 unterschiedliche Fahrzeuge das Umfeld erfassen, wird deutlich, dass dies im Prinzip nicht durchführbar sein wird.

Abgesehen von der praktischen Durchführbarkeit müssen ebenfalls materiellrechtliche Vorgaben aus der DSGVO eingehalten werden. Gemäß Art. 6 Abs. 1, Art. 7, Erwägungsgründe 32, 42 DSGVO muss eine Einwilligung unter anderem freiwillig sein. Eine freiwillige Abgabe der Einwilligung beim Einsatz von Kamerasystemen ist nur dann möglich, wenn betroffene Personen den mit Kamerasensoren erfassten Bereich nach eigenem Willen betreten können[650]. Solange sich also betroffenen Personen (ohne Wissen) in einem kameraüberwachten Bereich aufhalten, wird dies nicht als freiwillige Einwilligung gewertet[651]. Dasselbe gilt bei der Umfelderfassung: Betroffene Personen des Umfelds haben keinen Einfluss auf das hochautomatisierte Fahrsystem und dessen Datenerfassung. Denn das Fahrsystem entscheidet, welcher Straßenverkehrsteilnehmer erfasst werden muss, um ein Fahrmanöver ausführen zu können. Sie werden von den Umfeldsensoren erfasst, wenn sie für ein Fahrmanöver relevant sind. Die Straßenverkehrsteilnehmer können somit nicht freiwillig in die (zufällige) Datenerfassung von hochautomatisierten Fahrzeugen einwilligen.

Jede Einwilligung muss gemäß Art. 7 Abs. 3 DSGVO jederzeit widerrufbar sein. Dies wäre bei der Fülle und Schnelligkeit der hochautomatisierten Fahrzeuge unmöglich, da unbekannt ist, welches Fahrzeug tatsächlich Daten erfasst[652]. Selbst wenn Fahrzeuge eine deutliche Indikation eines aktivierten hochautomatisierten Fahrsystems im Außenbereich des Fahrzeugs hätten, können betroffene Personen aufgrund der hohen Dichte an Fahrzeugen nicht schnell genug wahrnehmen, aus welcher Richtung und von welchem Fahrzeug sie erfasst werden. Ferner ist es unwahrscheinlich, dass der betroffene Straßenverkehrsteilnehmer (zum Beispiel ein Fahrradfahrer) die Verkehrssituation ausreichend schnell wahrnehmen kann, um einen sofortigen Widerruf einzuleiten. Schließlich hat sich der Straßenverkehrsteilnehmer gemäß

---

650 So auch die *Artikel-29-Datenschutzgruppe*, Stellungnahme 01/2015 zum Thema Schutz der Privatsphäre und Datenschutz im Zusammenhang mit der Nutzung von Drohnen (WP 231), S. 13; in diesem Sinne auch *Bretthauer*, Intelligente Videoüberwachung, S. 248.

651 *Europäischer Datenschutzausschuss*, Leitlinien 3/2019 zur Verarbeitung personenbezogener Daten durch Videogeräte, Rn. 46; *Bergfink* in: Taeger, Chancen und Risiken von Smart Cams im öffentlichen Raum, S. 68; BVerfG, 23.02.2007 – 1 BvR 2368/06 Rn. 40; *Datenschutzkonferenz*, Kurzpapier Nr. 15. Videoüberwachung nach der Datenschutz-Grundverordnung, S. 1.

652 Hierbei gilt zu beachten, dass das hochautomatisierte Fahrsystem nach dem Willen des Fahrers aktiviert werden kann. Das bedeutet, dass das hochautomatisierte Fahrsystem nicht in jedem Fahrzeug aktiviert ist und das Umfeld erfasst.

§ 1 Abs. 2 StVO derart zu verhalten, dass kein anderer geschädigt wird. Er soll sich folglich primär auf den Straßenverkehr konzentrieren und hat in der Regel nicht genug Wahrnehmungskraft, sich auch noch auf mögliche Datenverarbeitungen zu konzentrieren. Außerdem wäre fraglich, wie ein sofortiger Widerruf im aktiven Straßenverkehr umzusetzen wäre.

Die obigen Ausführungen zeigen, dass die Einwilligung aus mehreren Gründen nicht durchführbar ist und ohnehin voraussichtlich nicht rechtmäßig gestaltet werden könnte. Somit kann an dieser Stelle konkludiert werden, dass die Einwilligung für die Verarbeitung von Umfelddaten beim hochautomatisierten Fahren keine Rechtmäßigkeitsgrundlage bietet.[653]

6.3 Rechtliche Verpflichtungen im Fahrzeugkontext (Art. 6 Abs. 1 lit. c)

Obwohl die Aufzählungen des Art. 6 Abs. 1 DSGVO zunächst wie ein abschließender Katalog wirken, können nationale Erweiterungen beziehungsweise Spezifizierungen gemäß der Art. 6 Abs. 1 lit c und e, Abs. 2, 3 und 4 DSGVO als Rechtsgrundlage für eine Datenverarbeitung dienen[654]. So gibt Art. 6 Abs. 1 lit. c DSGVO Mitgliedstaaten die Möglichkeit, bestehende nationale Gesetze zu schaffen, die eine Rechtspflicht zur Datenverarbeitung vorsehen[655]. Die Norm gilt auch für private Verantwortliche[656]. Voraussetzung ist, dass solche Rechtspflichten gesetzlich vorgesehen sind, den erzielten Zweck einhalten und nicht über das Erforderliche hinausgehen[657]. Ein unangebrachter Ermessensspielraum soll so vermieden werden.[658]

---

653 Im Ergebnis auch (1) für hochautomatisierte Fahrzeuge: *Schlamp*, InTer 2018, 116 (118); *Klink-Straub/Straub*, NJW 2018, 3201 (3205); (2) für Videoüberwachung und Kameraaufnahmen: *Europäischer Datenschutzausschuss*, Leitlinien 3/2019 zur Verarbeitung personenbezogener Daten durch Videogeräte, Rn. 16, der die Einwilligung nur in Ausnahmefällen vorsieht; *Bretthauer*, Intelligente Videoüberwachung, S. 248; *Seifert*, DuD 2013, 650 (652); *Sundermann*, K&R 2018, 438 (439); *Datenschutzkonferenz*, Kurzpapier Nr. 15. Videoüberwachung nach der Datenschutz-Grundverordnung, S. 1; *Datenschutzkonferenz*, Orientierungshilfe Videoüberwachung durch nicht-öffentliche Stellen, S. 14; *Scholz* in: Simitis/Hornung/Döhmann, Datenschutzrecht, Anhang 1 zu Artikel 6 DSGVO Rn. 64; (3) für Datenbrillen: *Schwenke*, Private Nutzung von Smartglasses im öffentlichen Raum, S. 246.

654 *Albers/Veit* in: Wolff/Brink, BeckOK Datenschutzrecht, 35. Edition, Art. 6 DS-GVO Rn. 15; kritisch *Frenzel* in: Paal/Pauly, DS-GVO/BDSG, Art. 6 DS-GVO Rn. 1; *Taeger* in: Taeger/Gabel, DSGVO – BDSG, Art. 6 DSGVO Rn. 2, 8.

655 *Taeger* in: Taeger/Gabel, DSGVO – BDSG, Art. 6 DSGVO Rn. 64.

656 *Frenzel* in: Paal/Pauly, DS-GVO/BDSG, Art. 6 DS-GVO Rn. 18.

657 *Buchner/Petri* in: Kühling/Buchner, DS-GVO/BDSG, Art. 6 DS-GVO Rn. 89 m. w. N.

658 *Artikel-29-Datenschutzgruppe*, Stellungnahme 06/2014 zum Begriff des berechtigten Interesses des für die Verarbeitung Verantwortlichen gemäß Artikel 7 der Richtlinie

Art. 6 Abs. 1 lit. c DSGVO bietet an sich keine Legitimationsgrundlage, sondern kann nur durch einen weiteren Schritt, die Schaffung einer unionsrechtlichen beziehungsweise mitgliedsstaatlichen Rechtsvorschrift, Wirkung entfalten[659].

Hinsichtlich der Ausgestaltung einer rechtlichen Verpflichtung nach Art. 6 Abs. 1 lit. c DSGVO gibt Erwägungsgrund 41 DSGVO den Hinweis, dass es sich dabei nicht unbedingt um ein Parlamentsgesetz handeln muss. Somit werden alle verfassungsmäßigen Regelungen mit normativem Charakter als rechtliche Verpflichtung i. S. d. Art. 6 Abs. 1 lit. c DSGVO anerkannt, z. B auch Satzungen einer Körperschaft.[660]

Grundsätzlich stellt Art. 6 Abs. 3 DSGVO klar, dass die Rechtsgrundlage für die Verarbeitungen gemäß Art. 6 Abs. 1 lit. c DSGVO nur durch Unionsrecht oder das Recht der Mitgliedstaaten, dem der Verantwortliche unterliegt, möglich ist. Letzteres schließt also rechtliche Verpflichtungen von Drittländern und internationalen Organisationen aus[661].

Die Betrachtung des Art. 6 Abs. 1 lit. c DSGVO ist deswegen wichtig, weil vor allem der Bereich des Automobilsektors in ausgeprägtem Maße reguliert ist, wodurch gegebenenfalls rechtliche Verpflichtungen für eine Datenverarbeitung entstehen. Bereits heute wird auf sekundärrechtlicher Ebene zum Einbau von Fahrerassistenzsystemen verpflichtet, zum Beispiel zu einem hochentwickelten Notbremsassistenten in Verordnung 2019/2144/EU[662]. Gesetzliche Ausführungen zur Datenverarbeitung bleiben darin allerdings aus bzw. es erfolgt ein Verweis auf die DSGVO[663]. Erst recht findet man keine Vorgaben zu Umfeldsensoren oder optoelektronischen Systemen.

95/46/EG (WP 217), S. 25.

659 *Heberlein* in: Ehmann/Selmayr, Datenschutz-Grundverordnung, Art. 6 Rn. 15; *Albers/Veit* in: Wolff/Brink, BeckOK Datenschutzrecht, 35. Edition, Art. 6 DS-GVO Rn. 35; so auch bereits die *Artikel-29-Datenschutzgruppe*, Stellungnahme 06/2014 zum Begriff des berechtigten Interesses des für die Verarbeitung Verantwortlichen gemäß Artikel 7 der Richtlinie 95/46/EG (WP 217), S. 24 zur gleichlautenden Vorgängerregelung des Art. 7 lit. c DSRL; *Buchner/Petri* in: Kühling/Buchner, DS-GVO/BDSG, Art. 6 DS-GVO Rn. 73.

660 *Taeger* in: Taeger/Gabel, DSGVO – BDSG, Art. 6 DSGVO Rn. 66; *Frenzel* in: Paal/Pauly, DS-GVO/BDSG Art. 6 DS-GVO Rn. 16 mit weiteren Beispielen.

661 *Heberlein* in: Ehmann/Selmayr, Datenschutz-Grundverordnung, Art. 6 Rn. 41; so auch bereits die zur Vorgängerregelung des Art. 7 lit. c DSRL *Artikel-29-Datenschutzgruppe*, Stellungnahme 06/2014 zum Begriff des berechtigten Interesses des für die Verarbeitung Verantwortlichen gemäß Artikel 7 der Richtlinie 95/46/EG (WP 217), S. 24, die ebenda anmerkt, dass eine rechtliche Verpflichtung eines Drittstaats offiziell anerkannt und in die Rechtsordnung des betreffenden Mitgliedstaats übernommen worden sein muss, zum Beispiel in Form einer internationalen Übereinkunft.

662 Siehe ausführlicher dazu in 6.6.1.4.

663 So in Erwägungsgrund 14 der Verordnung 2019/2144/EU.

Ähnliches spiegelt sich im deutschen Straßenverkehrsgesetz wider. § 1a Abs. 2 StVG statuiert Voraussetzungen an Kraftfahrzeuge mit hoch- oder vollautomatisierter Fahrfunktion[664]. Aber auch dort sind keine datenschutzrechtlichen Vorgaben zur Umfeldsensorik zu finden.

Allen beispielhaft aufgeführten Rechtsnormen ist gemein, dass die in den Normen adressierten Technologien zwar das teil-/hoch-/vollautomatisierte Fahren zum Gegenstand haben, aber keine expliziten Regeln für den Umgang mit (personenbezogenen) Daten beinhalten. Um sich auf die Rechtsgrundlage des Art. 6 Abs. 1 lit. c DSGVO stützen zu können, müssen die (nationalen) Rechtsgrundlagen gemäß Art. 6 Abs. 3 Satz 2 DSGVO den Zweck der Datenverarbeitung angeben. Unter der DSRL sah die Artikel-29-Datenschutzgruppe als Anforderung an das Tatbestandsmerkmal der rechtlichen Verpflichtung außerdem vor, dass diese in Bezug auf die Datenverarbeitung hinreichend klar sein müsse[665]. Dies ist bei den vorgenannten Regelungen nicht der Fall, denn es wird weder angezeigt, ob und welche (personenbezogenen) Daten verarbeitet werden sollen, noch zu welchem Zweck. Deshalb können die obigen Normen nicht als nationale Rechtsgrundlage i. S. d. Art. 6 Abs. 1 lit. c DSGVO herangezogen werden.

Grundsätzlich wäre auch ein Rückgriff auf das BDSG möglich. § 4 BDSG regelt die Zulässigkeit und weiteren Verpflichtungen bei Videoüberwachungssystemen öffentlich zugänglicher Räume. Allerdings ist § 4 BDSG für das in dieser Arbeit betrachtete Szenario nicht anwendbar, weil die Anwendung von § 4 BDSG für berechtigte Interessen nicht-öffentlicher Stellen nicht unionsrechtskonform wäre[666].

Für die Weiterentwicklung könnte auch die Anwendung des Forschungsprivilegs in § 29 BDSG in Betracht kommen, weil durch die Weiterentwicklung neues Wissen geschaffen wird. Hierbei ist allerdings anzuzweifeln, dass es sich um Forschung im Sinne des Forschungsbegriffs der DSGVO handelt.[667]

Somit ist derzeit keine gesetzliche Grundlage ersichtlich, die sich als datenschutzrechtliche Verpflichtung im Sinne des Art. 6 Abs. 1 lit. c DSGVO qualifizieren könnte. Es gibt zwar gesetzliche Verpflichtungen zum Einbau gewisser Assistenzsysteme oder technischer Ausrüstungen, in diesen wird aber kein Zweck der Datenverarbeitung festgelegt, wie es Art. 6 Abs. 3 Satz 2 DSGVO verlangt.

---

664 Siehe ausführlicher dazu in 6.6.1.4.
665 *Artikel-29-Datenschutzgruppe*, Stellungnahme 06/2014 zum Begriff des berechtigten Interesses des für die Verarbeitung Verantwortlichen gemäß Artikel 7 der Richtlinie 95/46/EG (WP 217), S. 25.
666 Siehe 3.2.3.
667 Siehe unter 6.6.1.3.

6.4 Lebenswichtige Interessen zum Schutz der Verkehrsteilnehmer (Art. 6 Abs. 1 lit. d)

Durch Art. 6 Abs. 1 lit. d DSGVO kann eine Datenverarbeitung zum Schutz lebenswichtiger Interessen rechtmäßig sein. Hierbei reicht bereits ein unmittelbarer Bezug zur Gesundheit oder der körperlichen Unversehrtheit[668].

Wie bereits in 2.3 angesprochen, wird damit gerechnet, dass das hochautomatisierte Fahren einen Beitrag zur Erhöhung der Verkehrssicherheit leisten wird. Das hochautomatisierte Fahren verfolgt also die Vermeidung des Angriffs der körperlichen Integrität und Unversehrtheit von Verkehrsteilnehmern. Darum muss geprüft werden, ob der (präventive) Schutz der körperlichen Integrität und Unversehrtheit unter Art. 6 Abs. 1 lit. d DSGVO fällt.

Art. 6 Abs. 1 lit. d DSGVO soll dann zur Anwendung kommen, wenn die Datenverarbeitung für den Schutz der lebenswichtigen Interessen einer Person, die ihre Einwilligung nicht mehr geben kann, erforderlich ist (siehe Erwägungsgrund 112 DSGVO). Ein solcher Fall kann zum Beispiel dann eintreten, wenn für die Behandlung eines bewusstlosen Unfallopfers die Übermittlung der Blutwerte notwendig ist und dieses dazu keine Einwilligung mehr geben kann[669]. Erwägungsgrund 46 nennt weitere beispielhafte Szenarien des humanitären Zweckes (Überwachung von Epidemien und deren Ausbreitung) und humanitäre Notfälle (Naturkatastrophen). Anhand dieser Beispiele wird deutlich, dass sich die vorgenannten Datenverarbeitungen auf gegenwärtige Notlagen beziehen. Im Sinne einer restriktiven Auslegung[670] ist davon auszugehen, dass präventive Notlagen nicht von der Norm umfasst sind.

6.5 Wahrnehmung von Aufgaben im öffentlichen Interesse zur Erhöhung der Verkehrssicherheit (Art. 6 Abs. 1 lit. e)

Nach Art. 6 Abs. 1 lit. e DSGVO ist die Verarbeitung personenbezogener Daten rechtmäßig, wenn die Wahrnehmung einer Aufgabe (1) im öffentlichen Interesse liegt oder (2) in Ausübung öffentlicher Gewalt erfolgt. Die Daten-

---

668 *Schulz* in: Gola, DS-GVO, Art. 6 Rn. 47.
669 *Heberlein* in: Ehmann/Selmayr, Datenschutz-Grundverordnung, Art. 6 Rn. 18 mit Verweisen auf weitere Beispiele.
670 *Artikel-29-Datenschutzgruppe*, Stellungnahme 06/2014 zum Begriff des berechtigten Interesses des für die Verarbeitung Verantwortlichen gemäß Artikel 7 der Richtlinie 95/46/EG (WP 217), S. 26; siehe auch *Buchner/Petri* in: Kühling/Buchner, DS-GVO/BDSG, Art. 6 DS-GVO Rn. 106 f., die den Erlaubnisstatbestand als Norm mit „Ausnahmecharakter" bezeichnen und mit „geringer" Praxisrelevanz einstufen.

verarbeitung, die für das hochautomatisierte Fahren erforderlich ist, könnte im öffentlichen Interesse (Variante 1) liegen, weil durch das hochautomatisierte Fahren insbesondere die Verkehrssicherheit signifikant erhöht werden soll und dies zur gesundheitlichen Daseinsvorsorge und öffentlichen Verkehrssicherheit beitragen kann[671]. Grundsätzlich kann Art. 6 Abs. 1 lit. e DSGVO auch für nicht-öffentliche Stellen gelten[672]. Zur Anwendung der Norm kommt es allerdings nur, wenn dem Verantwortlichen eine Aufgabe zur Wahrnehmung des öffentlichen Interesses *übertragen* wurde (Art. 6 Abs. 3 lit. b DSGVO)[673]. Denn rein privatwirtschaftliche Tätigkeiten, die nicht auf hoheitlichem Sonderrecht beruhen, werden nicht umfasst[674], da sich eine Privatperson nicht selbst zum Sachwalter des öffentlichen Interesses erklären kann[675].

Selbst wenn einer nicht-öffentlichen Stelle eine Aufgabe des öffentlichen Interesses übertragen wurde, bedarf es einer Regelung im Unionsrecht oder nationalen Recht, in der die Aufgabenzuweisung erfolgt[676]. Bedingung hierbei ist gemäß Erwägungsgrund 41 DSGVO, dass die Rechtsgrundlage klar, präzise und für den EuGH und EGMR vorhersehbar sein muss. Ferner muss der Rechtsgrund den Anforderungen des Art. 6 Abs. 3 Satz 2 und 4 DSGVO genügen. Die Rechtsgrundlage muss ebenfalls in einem angemessenen Verhältnis zu dem verfolgten legitimen Zweck stehen.[677]

In Bezug auf das hochautomatisierte Fahren ist derzeit nicht ersichtlich, dass der Betrieb eines hochautomatisierten Fahrsystems an private Stellen übertragen wurde oder solche Pläne vorliegen und entsprechende gesetzliche Grundlagen dafür geschaffen wurden oder werden sollen. Es gibt zwar bereits gesetzliche Grundlagen für das hoch- und vollautomatisierte Fahren, allerdings werden darin keine hoheitlichen Aufgaben übertragen. Ferner beinhalten diese Rechtsgrundlagen keine datenschutzrechtlichen Ausführungen i. S. d. Anforderungen des Art. 6 Abs. 3 Satz 2 und 4 DSGVO.[678]

---

671 Siehe 2.3.1.
672 *Albers/Veit* in: Wolff/Brink, BeckOK Datenschutzrecht, 35. Edition, Art. 6 DS-GVO Rn. 41; *Heberlein* in: Ehmann/Selmayr, Datenschutz-Grundverordnung, Art. 6 Rn. 21; *Frenzel* in: Paal/Pauly, DS-GVO/BDSG, Art. 6 DS-GVO Rn. 23; *Artikel-29-Datenschutzgruppe*, Stellungnahme 06/2014 zum Begriff des berechtigten Interesses des für die Verarbeitung Verantwortlichen gemäß Artikel 7 der Richtlinie 95/46/EG (WP 217), S. 27.
673 *Albers/Veit* in: Wolff/Brink, BeckOK Datenschutzrecht, 35. Edition, Art. 6 DS-GVO Rn. 41; *Frenzel* in: Paal/Pauly, DS-GVO/BDSG, Art. 6 DS-GVO Rn. 23; *Buchner/Petri* in: Kühling/Buchner, DS-GVO/BDSG, Art. 6 DS-GVO Rn. 117 m. w. N.
674 *Heberlein* in: Ehmann/Selmayr, Datenschutz-Grundverordnung, Art. 6 Rn. 22; *Albrecht/Jotzo*, Das neue Datenschutzrecht der EU, Teil 3 Rn. 47.
675 BVerwG, Urt. v. 27.03.2019 – 6 C 2/18 Rn. 46.
676 *Heberlein* in: Ehmann/Selmayr, Datenschutz-Grundverordnung, Art. 6 Rn. 20.
677 *Heberlein* in: Ehmann/Selmayr, Datenschutz-Grundverordnung, Art. 6 Rn. 20.
678 Dazu in 6.3.

Somit ist nicht ersichtlich, dass Art. 6 Abs. 1 lit. e DSGVO für die Datenverarbeitung durch die Umfelderfassung einschlägig ist[679].

6.6 Interessenabwägung (Art. 6 Abs. 1 lit. f)

Da bisher keine Rechtmäßigkeitsgrundlage für die Datenverarbeitung der Umfelddaten einschlägig war, muss an dieser Stelle die „zentrale Stellschraube"[680] für den Ausgleich der Betroffenen- und Unternehmensinteressen geprüft werden. Nach Art. 6 Abs. 1 lit. f DSGVO ist eine Datenverarbeitung rechtmäßig, wenn die Datenverarbeitung zur Wahrung der berechtigten Interessen des Verantwortlichen oder eines Dritten erforderlich ist, sofern nicht die Interessen oder Grundrechte und Grundfreiheiten der betroffenen Person überwiegen. Art. 6 Abs. 1 lit. f DSGVO ist ergebnisoffen formuliert, um ein breites Spektrum an Situationen abzudecken. Diese Flexibilität hat allerdings zum Nachteil, dass es aufgrund uneinheitlicher Anwendung zur Rechtsunsicherheit kommen kann.[681] Gleichzeitig darf die Norm nicht als Auffangtatbestand klassifiziert werden[682], der nach gründlicher Diskussion die Datenverarbeitung per se erlaubt. Maßgebend für die Interessenabwägung ist die Abwägung zwischen den grundrechtlich geschützten Positionen des Verantwortlichen sowie dem Grundrecht auf Privatleben und Datenschutz der betroffenen Person aus Art. 7 und 8 GRCh[683]. Dabei muss die Prüfung für den Einzelfall erfolgen[684].

Die DSGVO beinhaltet keine spezifische Erlaubnisnorm zu Kamerasystemen (optoelektronischen Vorrichtungen[685]). Daher wird vertreten, dass sich

---

679 So auch *Schlamp*, InTer 2018, 116 (118 f.).

680 *Albrecht*, CR 2016, 88 (92); *Albrecht/Jotzo*, Das neue Datenschutzrecht der EU, Teil 3 Rn. 51.

681 *Artikel-29-Datenschutzgruppe*, Stellungnahme 06/2014 zum Begriff des berechtigten Interesses des für die Verarbeitung Verantwortlichen gemäß Artikel 7 der Richtlinie 95/46/EG (WP 217), S. 15; *Buchner/Petri* in: Kühling/Buchner, DS-GVO/BDSG, Art. 6 DS-GVO, Rn. 142 f.

682 So auch *Schulz* in: Gola, DS-GVO, Art. 6 Rn. 13; *Frenzel* in: Paal/Pauly, DS-GVO/ BDSG, Art. 6 DS-GVO Rn. 26; siehe *Artikel-29-Datenschutzgruppe*, Stellungnahme 06/2014 zum Begriff des berechtigten Interesses des für die Verarbeitung Verantwortlichen gemäß Artikel 7 der Richtlinie 95/46/EG (WP 217), S. 7, die sogar von einem „Hintertürchen" spricht; *Taeger* in: Taeger/Gabel, DSGVO – BDSG, Art. 6 DSGVO Rn. 114.

683 *Scholz* in: Simitis/Hornung/Döhmann, Datenschutzrecht, Anhang 1 zu Artikel 6 DSGVO Rn. 92; EuGH, Urt. v. 13.05.2014 – C-131/12 (Google Spain und Google) Rn. 81.

684 *Albers/Veit* in: Wolff/Brink, BeckOK Datenschutzrecht, 35. Edition, Art. 6 DS-GVO Rn. 51 m. w. N.; *Taeger* in: Taeger/Gabel, DSGVO – BDSG, Art. 6 DSGVO Rn. 115.

685 Im Sinne einer technikneutralen Begriffsgestaltung wird in Erwägungsgrund 91 DSGVO der Begriff der „optoelektronischen Vorrichtungen" genutzt. Dies soll alle

die Rechtmäßigkeit für optoelektronische Vorrichtungen aus Art. 6 Abs. 1 lit. f DSGVO ergibt[686]. Seit Inkrafttreten der DSGVO mehren sich Diskussionen zur Anwendbarkeit des KUG neben der DSGVO[687]. Für diese Arbeit wäre die Anwendbarkeit des KUG aber nur eine Scheindiskussion, da das KUG für die Veröffentlichung und Verbreitung von Bildnissen gilt. Bei dem in dieser Arbeit betrachteten Sachverhalt werden Daten erhoben, verbleiben aber im Fahrzeug oder im Hersteller-Backend. Und die Daten*erhebung* fällt nicht unter das KUG, sondern in den Anwendungsbereich der DSGVO.[688]

Wie bereits die Vorgängernorm in Art. 7 lit. f DSRL[689], erfordert Art. 6 Abs. 1 lit. f DSGVO drei kumulative Voraussetzungen, nämlich (1) ein berechtigtes Interesse des Verantwortlichen oder eines Dritten (siehe 6.6.1), (2) die Erforderlichkeit der Verarbeitung (siehe 6.6.2) und (3) kein Überwiegen der Interessen oder Grundrechte und Grundfreiheiten der betroffenen Personen (siehe 6.6.3).[690] Es müssen folglich das berechtigte Interesse auf der einen Seite und die Interessen und Rechte der betroffenen Personen betrachtet werden. Die Interessen beider Parteien werden im Rahmen einer Interessenabwägung miteinander abgewogen (siehe 6.6.4).[691] Kann nach der Interessenabwägung keine eindeutige Entscheidung getroffen werden, kann es

---

Kameras, jeglicher Art und Gestaltung umfassen, siehe *Scholz* in: Simitis/Hornung/ Döhmann, Datenschutzrecht, Anhang 1 zu Artikel 6 DSGVO Rn. 34 f. Daher wird im Folgenden, vor allem in Bezug auf die DSGVO, ebenfalls der Begriff der optoelektronischen Vorrichtungen für Kamerasysteme verwendet.

686 So auch *Scholz* in: Simitis/Hornung/Döhmann, Datenschutzrecht, Anhang 1 zu Artikel 6 DSGVO Rn. 73; *Europäischer Datenschutzausschuss*, Leitlinien 3/2019 zur Verarbeitung personenbezogener Daten durch Videogeräte, Rn. 16; *Schwenke*, NJW 2018, 823 (826); *Seifert*, DuD 2013, 650 (652); BVerwG, Urt. v. 27.03.2019 – 6 C 2/18 Rn. 47; *Schlamp*, InTer 2018, 116 (118); *Landesbeauftragte für Datenschutz und Akteneinsicht*, Stellungnahme der LDA Brandenburg, Umdruck 19/1309, S. 2; *Datenschutzkonferenz*, Orientierungshilfe Videoüberwachung durch nicht-öffentliche Stellen, S. 7.

687 Ausführlich *Klein*, Personenbilder im Spannungsfeld von Datenschutzgrundverordnung und Kunsturhebergesetz, S. 93 ff.; so zum Beispiel *Sundermann*, K&R 2018, 438 (441 f.); *Kranig/Benedikt*, ZD 2019, 4 (5 ff.); *Krüger/Wiencke*, MMR 2019, 76 (76 f.); *Raji*, ZD 2019, 61 (63 ff.); *Tinnefeld/Conrad*, ZD 2018, 391 (397 f.).

688 *Sundermann*, K&R 2018, 438 (440); *Raji*, ZD 2019, 61 (65); *Krüger/Wiencke*, MMR 2019, 76 (77).

689 Da Art. 7 lit. f DSRL identisch zu Art. 6 Abs. 1 lit. f DSGVO ist, können die Ausführungen zu Art. 7 lit. f DSRL übernommen werden, so auch Bundeskartellamt, Beschl. v. 06.02.2019 – B6-22/16, Rn. 729; *Future of Privacy Forum/Nymity*, Processing Personal Data on the Basis of Legitimate Interests under the GDPR: Practical Cases, S. 10.

690 EuGH, Urt. v. 04.05.2017 – C-13/16 (Rīgas satiksme) Rn. 28; EuGH, Urt. v. 11.12.2019 – C-708/18 (Asociaţia de Proprietari bloc M5A-ScaraA) Rn. 40.

691 *Artikel-29-Datenschutzgruppe*, Stellungnahme 06/2014 zum Begriff des berechtigten Interesses des für die Verarbeitung Verantwortlichen gemäß Artikel 7 der Richtlinie 95/46/EG (WP 217), S. 6.

hilfreich sein, zusätzliche Maßnahmen einzubringen (siehe 6.6.5)[692]. Durch solche Maßnahmen können unangemessene Folgen für die betroffenen Personen abgemildert werden und das Rechte- und Interessengleichgewicht verschieben[693]. Insofern muss, insbesondere bei einem nicht eindeutigen Ergebnis nach der Interessenabwägung, geprüft werden, ob es angemessene Schutzmaßnahmen gibt, die eine Datenverarbeitung auch im Sinne der betroffenen Personen dennoch legitimieren können.

6.6.1 Berechtigtes Interesse des Verantwortlichen oder Dritten

Für die Bestimmung eines *berechtigten* Interesses des Verantwortlichen oder eines Dritten kommen rechtliche, wirtschaftliche[694] oder ideelle Interessen des Verarbeiters in Betracht[695]. Diese Interessen müssen rechtmäßig sowie klar artikuliert sein und setzen ein tatsächliches (also kein spekulatives) Interesse voraus[696].

In den Erwägungsgründen 47 ff. DSGVO sind solche überwiegenden berechtigten Interessen aufgezählt. Im Lichte des allgemeinen Charakters der Datenschutzgrundverordnung sind daraus aber keine berechtigten Interessen für die Datenverarbeitung durch die Umfelderfassung zu entnehmen. Die Auslegung des „berechtigten" Interesses erfolgt daher für den Einzelfall unter Berücksichtigung der spezifischen Umstände der Umfelderfassung eines hochautomatisierten Fahrzeugs[697].

---

692 So die *Artikel-29-Datenschutzgruppe*, Stellungnahme 06/2014 zum Begriff des berechtigten Interesses des für die Verarbeitung Verantwortlichen gemäß Artikel 7 der Richtlinie 95/46/EG (WP 217), S. 43, 53.

693 *Artikel-29-Datenschutzgruppe*, Stellungnahme 06/2014 zum Begriff des berechtigten Interesses des für die Verarbeitung Verantwortlichen gemäß Artikel 7 der Richtlinie 95/46/EG (WP 217), S. 39.

694 Vgl. EuGH, Urt. v. 13.05.2014 – C-131/12 (Google Spain und Google) Rn. 81; siehe auch 6.6.1.2.

695 *Albers/Veit* in: Wolff/Brink, BeckOK Datenschutzrecht, 35. Edition, Art. 6 DS-GVO Rn. 49; *Schulz* in: Gola, DS-GVO, Art. 6 Rn. 57; *Buchner/Petri* in: Kühling/Buchner, DS-GVO/BDSG, Art. 6 DS-GVO Rn. 146a; vgl. auch *Artikel-29-Datenschutzgruppe*, Stellungnahme 06/2014 zum Begriff des berechtigten Interesses des für die Verarbeitung Verantwortlichen gemäß Artikel 7 der Richtlinie 95/46/EG (WP 217), S. 31 f. mit weiteren Beispielen.

696 *Artikel-29-Datenschutzgruppe*, Stellungnahme 06/2014 zum Begriff des berechtigten Interesses des für die Verarbeitung Verantwortlichen gemäß Artikel 7 der Richtlinie 95/46/EG (WP 217), S. 32.

697 EuGH, Urt. v. 04.05.2017 – C-13/16 (Rīgas satiksme) Rn. 31; EuGH, Urt. v. 24.11.2011 – C-468/10, 469/10 (ASNEF) Rn. 40; EuGH, Urt. v. 19.10.2016 – C-582/14 (Breyer) Rn. 62; *Europäischer Datenschutzausschuss*, Leitlinien 3/2019 zur Verarbeitung personenbezogener Daten durch Videogeräte, Rn. 32; *Albrecht/Jotzo*, Das neue Datenschutzrecht der EU, Teil 3 Rn. 51.

6.6.1.1 Öffentliche und gesellschaftliche Interessen: Verkehrssicherheit erhöhen

Das hochautomatisierte Fahren soll die Verkehrssicherheit erhöhen[698]. Darum soll im Folgenden untersucht werden, ob die Umfelderfassung einen solchen Beitrag zur Verkehrssicherheit beitragen und als berechtigtes Interesse i. S. d. Art. 6 Abs. 1 lit. f DSGVO gewertet werden kann.

Die Fahrzeugsicherheit hat sich in den letzten Jahren stetig verbessert, weshalb auch davon ausgegangen wird, dass Sicherheitssysteme in Fahrzeugen zur Reduzierung von Verkehrsunfällen und -toten beitragen[699]. Diese ständige Weiterentwicklung sicherheitsrelevanter Fahrzeugsysteme zeigt, dass Automobilhersteller an einer erhöhten Fahrzeugsicherheit interessiert sind.

Des Weiteren können auch Interessen der breiteren Öffentlichkeit in die Bewertung des berechtigten Interesses mit einbezogen werden[700]. Das heißt, je größer der Kreis der Allgemeinheit ist, der ebenfalls ein Interesse an der Datenverarbeitung hat, und je deutlicher dieses Interesse hervortritt, umso mehr Gewicht kommt dem berechtigten Interesse des Verantwortlichen bei der Abwägung zu[701]. Mit der Verbesserung der Fahrzeugsicherheit wird der Automobilhersteller auch Interessen der breiten Gesellschaft verfolgen, was dem Interesse des Automobilherstellers folglich mehr Gewicht verleihen kann.[702] In Bezug auf das hochautomatisierte Fahren ist der Kreis der Allgemeinheit, der ein Interesse an der Datenverarbeitung hat, nicht unbeachtlich. Denn umfasst werden diejenigen Verkehrsteilnehmer, die ebenso an einer erhöhten Verkehrssicherheit interessiert sind[703], also wohl ein Großteil der Straßenverkehrsteilnehmer.

In diesem Zusammenhang sind auch gesellschaftliche Erwartungen relevant, die ebenfalls bei der Frage nach dem berechtigten Interesse berücksichtigt

---

698 Siehe 2.3.1.

699 Siehe dazu die Statistiken und Ableitungen in 2.3.1.

700 *Artikel-29-Datenschutzgruppe*, Stellungnahme 06/2014 zum Begriff des berechtigten Interesses des für die Verarbeitung Verantwortlichen gemäß Artikel 7 der Richtlinie 95/46/EG (WP 217), S. 46.

701 *Artikel-29-Datenschutzgruppe*, Stellungnahme 06/2014 zum Begriff des berechtigten Interesses des für die Verarbeitung Verantwortlichen gemäß Artikel 7 der Richtlinie 95/46/EG (WP 217), S. 46.

702 Allgemein dazu *Artikel-29-Datenschutzgruppe*, Stellungnahme 06/2014 zum Begriff des berechtigten Interesses des für die Verarbeitung Verantwortlichen gemäß Artikel 7 der Richtlinie 95/46/EG (WP 217), S. 46.

703 I. d. S. auch *Forgó* in: Oppermann/Stender-Vorwachs, Autonomes Fahren, Kap. 3.5 Rn. 36.

werden können[704]. In Bezug auf das hochautomatisierte Fahren gibt es hohe Erwartungen an die Sicherheitsstandards von Fahrzeugen. Dies rührt einerseits aus der bestehenden strengen Fahrzeugregulierung, zum Beispiel dem verpflichtenden Einbau von Sicherheitssystemen wie das Antiblockiersystem oder Airbags. Andererseits muss berücksichtigt werden, dass bestehende Fahrerassistenzsysteme ein signifikantes Sicherheitspotential bieten können[705]. Beides erzeugt Erwartungen in der Öffentlichkeit, dass auch hochautomatisierte Fahrzeuge gemäß der strengen Regulierungsvorgaben sicher operieren.

Fehlentscheidungen sollen, den Erwartungen nach, auf ein Minimum reduziert werden, das unter der Rate menschlicher Fehler liegen soll[706]. Das hochautomatisierte Fahrzeug soll folglich derart konstruiert sein, dass Gefahrensituationen vermieden werden, die bei einem menschlichen Fahrer zu einem Unfall geführt hätten[707]. Selbst wenn Unfälle nicht auf null reduziert werden können, zeigen Studien, dass die Automatisierung zur Milderung der Unfallquote führen kann[708], was ebenfalls für einen gesellschaftlichen Zuspruch spräche.

Es folgt daraus eine gesellschaftliche Verpflichtung, die etablierten, hohen Sicherheitsstandards zu wahren. Um ein solches benötigtes Level an Sicherheit zu erreichen, bedarf es der Umfelderfassung. Einerseits müssen die Objekte des Umfelds zuverlässig erkannt werden. Es bedarf aber auch der Datenverarbeitung im Rahmen der Weiterentwicklung, um das hochautomatisierte Fahrsystem fortzuentwickeln, um das angestrebte Sicherheitslevel mindestens zu halten oder sogar zu verbessern.

6.6.1.2 Wirtschaftliches Interesse: Angebot der hochautomatisierten Fahrfunktion und Produktverbesserung

Die hochautomatisierte Fahrfunktion wird in Zukunft ein essentieller Bestandteil beim Verkauf von Fahrzeugen sein. Um das Produkt im wirtschaftlichen Wettbewerb gewinnbringend verkaufen zu können, muss das hochautomatisierte Fahrsystem hohen Standards genügen, zum Beispiel bei der Fahrzeugsicherheit. Zur Realisierung von Komfort- und Sicherheitsfunktio-

---

704 *Artikel-29-Datenschutzgruppe*, Stellungnahme 06/2014 zum Begriff des berechtigten Interesses des für die Verarbeitung Verantwortlichen gemäß Artikel 7 der Richtlinie 95/46/EG (WP 217), S. 46; *Robrahn/Bremert*, ZD 2018, 291 (292).
705 Siehe dazu unter Fn. 78.
706 Ausführlich in 2.3; in diesem Sinne auch *Ethik-Kommission Automatisiertes und Vernetztes Fahren*, Bericht Juni 2017 Regel 2, S. 10.
707 *Schrader*, DAR 2018, 314 (318).
708 Siehe dazu Fn. 82.

nen müssen zahlreiche Sensordaten erfasst werden[709]. Grundsätzlich ist daher zu untersuchen, ob die Datenverarbeitung der Umfelderfassung für die Erfüllung dieser hohen (Sicherheits-)Standards und damit für den Verkauf der Fahrzeuge ein berechtigtes Interesse sein kann.

Art. 16 GRCh schützt als zentrales Wirtschaftsgrundrecht[710] die unternehmerische Freiheit und gilt als eigenständiges Grundrecht[711]. Ebenfalls könnte der Grundrechtsschutz des Art. 15 GRCh (Berufsfreiheit) angedacht werden. Art. 16 GRCh ist der Berufsfreiheit bei freier ökonomischer Betätigung juristischer Personen des Privatrechts aber grundsätzlich vorzuziehen[712].

Durch Art. 16 GRCh ist die freie Berufsausübung von Unternehmern und der Grundsatz des freien Wettbewerbs i. S. d. Art. 119 Abs. 1 und 3 AEUV geschützt[713]. Unternehmen sollen folglich die Freiheit haben, sich unternehmerisch zu betätigen und zwar von der Aufnahme, über die Ausübung bis hin zur Beendigung der Tätigkeit[714]. Die Art der Tätigkeit spielt hierbei keine Rolle[715]. Die Leistung muss gegen Entgelt erbracht werden und die Tätigkeit auf eine gewisse Dauer angelegt und selbstständig sein[716].

Dieses in Art. 16 GRCh geschützte Grundrecht könnte auch auf die unternehmerische Freiheit in Bezug auf das hochautomatisierte Fahrsystem angewandt werden. Denn um eben jene hochautomatisierte Fahrfunktion anbieten zu können und darum auch folglich Wirtschafts- und Geschäftstätigkeiten im freien Wettbewerb nachgehen zu können, bedarf es Datenverarbeitungen. Zuvorderst ist die Umfelderfassung bei der Echtzeitverarbeitung relevant. Ohne die Wahrnehmung des Umfelds kann die hochautomatisierte Fahrfunktion nicht betrieben werden. Dies bedeutet im Umkehrschluss: Das Angebot und der Verkauf der hochautomatisierten Fahrfunktion bedürfen der Datenverarbeitung der Umfelderfassung. Dies kann einerseits durch gesetzliche Pflichten auferlegt sein, vor allem muss der Automobilhersteller aber auch ein hohes Maß an Sicherheit bieten, um Vertrauen zu schaffen. Anderenfalls werden (potentielle) Käufer aufgrund mangelnden Vertrauens das hochautomatisierte Fahrsystem nicht nutzen wollen und folglich nicht erwerben. Ähnlich verhält es sich bei der Weiterentwicklung: Kein Fahrsystem wird jemals fehlerfrei sein. Deswegen bedarf es auch der Wei-

---

709 *Krauß/Waidner*, DuD 2015, 383 (385).
710 *Jarass*, Charta der Grundrechte der Europäischen Union, Art. 16 Rn. 2 m. w. N.
711 *Jarass*, Charta der Grundrechte der Europäischen Union, Art. 16 Rn. 4. m. w. N.
712 *Ruffert* in: Calliess/Ruffert, EUV/AEUV, Art. 15 GRCh Rn. 8; *Wollenschläger* in: von der Groeben/Schwarze/Hatje, Europäisches Unionsrecht, Art. 15 GRCh Rn. 10.
713 *Jarass*, Charta der Grundrechte der Europäischen Union, Art. 16 Rn. 2.
714 *Wollenschläger* in: von der Groeben/Schwarze/Hatje, Europäisches Unionsrecht, Art. 16 GRCh Rn. 8.
715 *Jarass*, Charta der Grundrechte der Europäischen Union, Art. 16 Rn. 9.
716 *Jarass*, Charta der Grundrechte der Europäischen Union, Art. 16 Rn. 8.

terentwicklung, um das Fahrsystem zu verbessern. Anderenfalls birgt das Fahrzeug hohe Sicherheitsrisiken, die in der Konsequenz dazu führen, dass Käufer kein hochautomatisiertes Fahrsystem erwerben wollen.

Somit kann festgehalten werden, dass das Angebot und der Verkauf der hochautomatisierten Fahrfunktion von der Datenverarbeitung für den Betrieb und die Weiterentwicklung des hochautomatisierten Fahrsystems abhängig sind. Denn ohne die Datenverarbeitung könnten keine Fahrzeuge mit sicherer, funktionsgerechter und hochautomatisierter Fahrfunktion angeboten und verkauft werden. Bedenkt man, dass das hochautomatisierte Fahren eine wirtschaftliche Zukunftstechnologie ist, wäre die Verhinderung der Datenverarbeitung und damit der Betrieb der hochautomatisierten Fahrfunktion ein ernstzunehmender Eingriff in die unternehmerische Tätigkeit. Insofern können die hier aufgezeigten Interessen als wirtschaftliche Interessen kategorisiert werden, welche als berechtigte Interessen i. S. d. Art. 6 Abs. 1 lit. f DSGVO anerkannt werden[717].

Im Gegensatz zu Art. 7 lit. f DSRL können unter der DSGVO auch Drittinteressen legitimiert werden[718]. Insbesondere im Rahmen von Kooperationen[719], in denen Daten an Kooperationspartner (Dritte) übermittelt werden, können diese wirtschaftlichen Interessen im Vordergrund stehen. Schließlich steht als Partner oftmals ein weiterer Automobilhersteller an der Seite oder ein Unternehmen mit Nähe zur Technologie des hochautomatisierten Fahrens. Auch diese Unternehmen brauchen Daten für die kooperative Entwicklung oder für eigene Zwecke, um ihre Geschäftsmodelle fortzuführen. Hierbei könnte insbesondere ein hohes Interesse an den Rohdaten aus den Fahrzeugen bestehen, weil Dritte in der Regel keine eigenen Fahrzeuge und

---

717 Siehe Fußnote 694.
718 *Albers/Veit* in: Wolff/Brink, BeckOK Datenschutzrecht, 35. Edition, Art. 6 DS-GVO Rn. 47.
719 *Wilkens*, heise online v. 10.06.2020, https://www.heise.de/news/Elektroautos-autonomes-Fahren-Nutzfahrzeuge-VW-und-Ford-verpartnern-sich-4780340.html (16.08.23); *Wilkens*, heise online v. 04.07.2019, https://www.heise.de/newsticker/meldung/Daimler-und-BMW-beginnen-Kooperation-fuer-autonomes-Fahren-4463312.html (16.08.23); *Menzel*, Handelsblatt v. 11.07.2019, https://www.handelsblatt.com/unternehmen/industrie/autobauer-neue-allianz-von-volkswagen-und-ford-kann-an-den-start-gehen/24585074.html (16.08.23); *Beutnagel*, carIT v. 23.08.2019, https://www.automotiveit.eu/technology/audi-koennte-sich-partnerschaft-von-bmw-und-daimler-anschliessen-238.html (16.08.23). In Medienberichten wurde bereits berichtet, Mobileye arbeitete sogar mit fast allen Automobilherstellern zusammen siehe *Handelsblatt*, Handelsblatt v. 13.03.2017, https://www.handelsblatt.com/unternehmen/it-medien/mobileye-zusammenarbeit-mit-fast-allen-grossen-autobauern/19508066-2.html (16.08.23); *Kallweit*, VW kooperiert mit Mobileye v. 14.02.2017, https://www.automobil-produktion.de/hersteller/wirtschaft/vw-kooperiert-mit-mobileye-343.html (16.08.23).

somit keinen Zugriff auf einen „Fahrzeugdatenpool" besitzen. Folglich müssen auch die (wirtschaftlichen) Interessen von möglichen Dritten, die ebenfalls für eigene Geschäftsmodelle die Umfeldsensordaten benötigen könnten, berücksichtigt werden.

6.6.1.3 Forschungsfreiheit bei der Weiterentwicklung

Des Weiteren soll untersucht werden, inwiefern die Weiterentwicklung unter die Forschungsfreiheit fallen könnte. Schließlich werden im Rahmen der Weiterentwicklung neue Erkenntnisse/Szenarien erlernt[720] bzw. muss vom Automobilhersteller untersucht werden, warum ein Algorithmus nicht erwartungsgemäß reagiert hat. Durch diesen Lernprozess entsteht neues Wissen, das dem hochautomatisierten Fahrsystem angelernt wird.

Für eine mögliche Forschungsfreiheit bei der Weiterentwicklung des hochautomatisierten Fahrsystems soll zuvorderst die Frage betrachtet werden, ob Forschung unter den grundrechtlich geschützten Begriff in Art. 13 GRCh fällt, wenn sie wirtschaftlich verwertet wird[721]. Grundsätzlich ist es zwar möglich, dass die Industrieforschung unter die Forschungsfreiheit fallen kann[722], die rein wirtschaftliche Verwertung soll aber unter Art. 16 GRCh eingeordnet werden[723].

Automobilhersteller, die das hochautomatisierte Fahrsystem weiterentwickeln, sind Wirtschaftsakteure. Eines der Primärziele besteht darin, das hochautomatisierte System zu verbessern, um damit am Wettbewerb teilnehmen zu können[724]. Es erfolgt in der Konsequenz eine überwiegend wirtschaftliche Verwertung in eigenem Interesse.

---

720 So wird „Forschung" beispielsweise als Tätigkeit betrachtet, die „in methodischer, systematischer und nachprüfbarer Weise neue Erkenntnisse gewinnen soll, siehe *Jarass*, Charta der Grundrechte der Europäischen Union, Art. 13 Rn. 8 m. w. N. Darum beziehen sich die Ausführungen auch nur auf die Weiterentwicklung. Denn bei der Echtzeitverarbeitung werden keine neuen Erkenntnisse gewonnen, sondern bereits vorhandenes Wissen umgesetzt.

721 Unsicher *Jarass*, Charta der Grundrechte der Europäischen Union, Art. 13 Rn. 8. Bejahend das *Bayerisches Landesamt für Datenschutzaufsicht*, welches, allerdings ohne Begründung oder Differenzierung, Datenverarbeitungen von Entwicklungsfahrzeugen den Forschungs- und Entwicklungszwecken im Sinne des Art. 89 DSGVO zuordnet, siehe 8. Tätigkeitsbericht 2017/2018, S. 115.

722 Siehe Erwägungsgrund 159 Satz 2 DSGVO, der auch die privat finanzierte Forschung in den Anwendungsbereich der Forschung in der DSGVO einschließt. Siehe auch *Augsberg* in: von der Groeben/Schwarze/Hatje, Europäisches Unionsrecht, Art. 13 GRCh Rn. 5.

723 *Augsberg* in: von der Groeben/Schwarze/Hatje, Europäisches Unionsrecht, Art. 13 GRCh Rn. 5; unsicher *Jarass*, Charta der Grundrechte der Europäischen Union, Art. 13 Rn. 8.

724 Siehe dazu die Ausführungen zum wirtschaftlichen Interesse in 6.6.1.2.

Ein Blick in die Praxis unterstreicht diese Argumentation. Denn in Datenschutzerklärungen für Testfahrzeuge[725] werden berechtigte Interessen gemäß Art. 6 Abs. 1 lit. f DSGVO als Rechtsgrundlage der Verarbeitung angegeben, welche sich aber nicht auf Forschungsinteressen beziehen. So liegt
das berechtigte Interesse in einem Beispiel „vorwiegend in der Entwicklung
und Absicherung von sicherheitsrelevanten Fahrfunktionen wie Fahrerassistenzsystemen und des hoch- und vollautomatisierten Fahrens. Daneben
sollen Produkt-, Fahrzeug- und die Verkehrssicherheit verbessert und Verkehrsunfälle reduziert werden"[726]. Ein anderer Hersteller gibt als berechtigtes Interesse der Datenverarbeitung den „Betrieb der Testfahrzeuge", die
„Entwicklung der Plattform für autonomes Fahren", „die Entwicklung/Frei-
gabe der Softwareversion zur Fehlerbehebung", „den Schutz im Falle eines
Gerichtsverfahrens" sowie die Möglichkeit, gesetzlichen Verpflichtungen,
insbesondere den Anforderungen der Aufsichtsbehörden, nachzukommen,
an.[727] Ein weiteres Beispiel geht in eine ähnliche Richtung und nennt als
berechtigtes Interesse die „(Weiter-)Entwicklung von Fahrerassistenz- und
Fahrerinformationssystemen sowie automatisierten Fahrfunktionen und
Komfortfunktionen"[728]. Vorgenannte Beispiele erwähnen nicht die Möglichkeit, die Daten für Forschungszwecke zu verarbeiten.

Insofern bleibt festzuhalten, dass beim hochautomatisierten Fahren eine
wirtschaftliche Verwertung des neu Erlernten stattfindet. Dies fällt nicht
mehr unter den Forschungsbegriff, sodass dadurch auch kein Forschungsin-
teresse abgeleitet werden kann.

6.6.1.4 Einhaltung von (nationalen) Rechtsvorschriften mit Datenverarbeitung durch die Umfelderfassung

Für den Automobilbereich bestehen zahlreiche Rechtsvorschriften. Für diese Arbeit sind vor allem solche Rechtsvorschriften relevant, die Systeme
zum Gegenstand haben, die Umfeldsensorik benötigen. Auf Ebene der EU

---

725 Das Thema dieser Arbeitet richtet sich zwar an Kundenfahrzeuge, allerdings ist die
   Weiterentwicklung mit der Entwicklung (mittels Testfahrzeugen) vergleichbar, weil
   die Weiterentwicklung quasi eine nachgelagerte Stufe der Entwicklung (mittels Testfahrzeugen) ist.
726 *Audi*, Datenschutzhinweis Produktentwicklung und Erprobungen (Stand April 2021),
   https://www.audi.com/de/test-vehicle.html (16.08.23).
727 *BMW*, Datenschutzhinweis (Stand April 2021), https://www.bmw.com/en/footer/
   data-processing-automated-vehicles/data-processing-automated-vehicles-de.html
   (16.08.23).
728 *Volkswagen*, Datenschutzerklärung zur Videodatenaufzeichnung (Stand April 2021),
   https://www.volkswagen.de/de/mehr/rechtliches/datenschutz-erprobungsfahrten.html
   (16.08.23).

ist dafür vor allem Verordnung 2019/2144/EU[729] (VO 2019/2144/EU) relevant. Im Rahmen einer umfassenden Reformierung der Sicherheitsanforderungen wurden bestehende Verordnungen über die Typgenehmigung[730] von Kraftfahrzeugen in VO 2019/2144/EU überarbeitet und ersetzt. Ebenso ist auf deutscher Ebene das StVG relevant, das in § 1a StVG den Einsatz hoch- und vollautomatisierter Fahrzeuge vorsieht.

In Bezug auf das berechtigte Interesse gilt, dass auch Rechtsvorschriften aus dem Unionsrecht oder aus dem Recht eines Mitgliedstaates ein berechtigtes Interesse darstellen können[731]. Darum soll im Folgenden untersucht werden, ob sich ein berechtigtes Interesse aus VO 2019/2144/EU oder dem StVG ergibt.

VO 2019/2144/EU schreibt unter anderem den Einbau von Fahrerassistenzsystemen vor, unter anderen auch solche, die mittels Umfeldsensorik betrieben werden könnten[732]. Art. 3 Nr. 3 VO 2019/2144/EU reguliert den intelligenten Geschwindigkeitsassistenten. Hierzu wird in Art. 6 VO 2019/2144/EU ausgeführt, dass es sich dabei um ein „hochentwickeltes Fahrerassistenzsystem" handeln wird. Obwohl hierbei Umfeldsensorik eingesetzt werden könnte, bleibt im Sinne des technikneutralen Ansatzes der Verordnung[733] unklar, ob die Umfeldsensorik derart detailliert sein wird, dass sie ihr Umfeld identifizieren könnte.

Ferner werden in der Verordnung auch ein Spurhaltewarnsystem (Art. 3 Nr. 9 VO 2019/2144/EU) und das hochentwickelte Notbrems-Assistenzsystem (Art. 3 Nr. 10 VO 2019/2144/EU) reguliert. Art. 7 Abs. 2 VO 2019/2144/EU spezifiziert das „hochentwickelte Notbremsassistenzsystem" und legt dabei den Einbau solcher Systeme in zwei Phasen fest. In der ersten Phase soll das hochentwickelte Notbremsassistenzsystem Hindernisse und bewegte Fahrzeuge vor dem Fahrzeug erkennen. In der zweiten Phase soll das

---

729 Verordnung (EU) 2019/2144 über die Typgenehmigung von Kraftfahrzeugen und Kraftfahrzeuganhängern sowie von Systemen, Bauteilen und selbstständigen technischen Einheiten für diese Fahrzeuge im Hinblick auf ihre allgemeine Sicherheit und den Schutz der Fahrzeuginsassen und von ungeschützten Verkehrsteilnehmern.

730 Gemäß Art. 3 Nr. 1 VO 2018/858/EU handelt es sich bei der Typgenehmigung um „das Verfahren, nach dem eine Genehmigungsbehörde bescheinigt, dass ein Typ eines Fahrzeugs, eines Systems, eines Bauteils oder einer selbstständigen technischen Einheit den einschlägigen Verwaltungsvorschriften und technischen Anforderungen entspricht".

731 *Artikel-29-Datenschutzgruppe*, Stellungnahme 06/2014 zum Begriff des berechtigten Interesses des für die Verarbeitung Verantwortlichen gemäß Artikel 7 der Richtlinie 95/46/EG (WP 217), S. 46.

732 Die nachfolgenden Ausführungen beziehen sich auf die Umfelderfassung. In VO 2019/2144/EU werden weitere (Fahrer-)Assistenzsysteme reguliert, die aber keine Umfeldsensorik nutzen.

733 Siehe Erwägungsgrund 23 VO 2019/2144/EU.

Notbremsassistenzsystem in der Lage sein, Fußgänger und Radfahrer vor dem Fahrzeug erkennen zu können (Art. 7 Abs. 2 lit. b VO 2019/2144/EU). Dies verdeutlicht, dass vor allem das Notbremsassistenzsystem mit Hilfe von Umfeldsensoren operieren wird, denn ohne Umfeldsensoren könnte das Notbremsassistenzsystem das Umfeld (wie Fußgänger und Radfahrer) nicht erkennen.

Des Weiteren fordert Art. 11 Abs. 1 lit. b VO 2019/2144/EU Systeme zur Echtzeitinformation des Fahrzeugs über den Zustand der Umgebung. Was dies umfassen soll, wird aber nicht weiter spezifiziert. Dies könnte datenschutzrechtlich irrelevante Daten wie bspw. Wetterbedingungen betreffen. Gegebenenfalls verbirgt sich dahinter aber auch die Vorgabe, die Umgebung im 360°-Winkel abzubilden, um sämtliche Objekte des (nahen) Umfelds erfassen zu können. Insofern kann aufgrund der ungenauen Beschreibung nicht ausgeschlossen werden, dass es sich hierbei ebenfalls um eine Funktion handelt, die mittels der Umfeldsensorik funktioniert.

Neben den vorgenannten Fahrzeugfunktionen werden in Art. 4 Abs. 2 i. V. m. Anhang I VO 2019/2144/EU auch die UNECE-Regelungen geführt. Diese enthalten technische Anforderungen an die Typgenehmigung von Fahrzeugen. Durch die Referenz in VO 2019/2144/EU werden die UNECE-Regelungen Bestandteil des europäischen Sekundärrechts[734], sodass ihre Einhaltung verpflichtend wird und selbst bei nationalen Vorschriften vorrangig anzuwenden sind[735]. Das Hauptziel der UNECE-Regelungen besteht darin, technische Merkmale innerhalb der EU vollständig zu harmonisieren[736]. Die Freigabe der Typgenehmigung eines Fahrzeugs erfolgt erst dann, wenn die zuvor definierten Anforderungen von dem in Frage stehenden System erfüllt werden.[737]

Da keine spezifische Typgenehmigungsvorschrift für das automatisierte Fahren besteht[738], soll die Genehmigung der hochautomatisierten Fahrfunktion auf den allgemeinen Vorgaben der UNECE-Regelung Nr. 79 über Lenkanlagen[739] basieren. Diese beinhaltet Regelungen zur Zulassung einer

---

734 *Lemmer*, Neue autoMobilität. Automatisierter Straßenverkehr der Zukunft, S. 80 in Bezug auf die Vorgängerrichtlinie 2007/46/EG.

735 *Lutz* in: Hilgendorf/Hötitzsch/Lutz, Rechtliche Aspekte automatisierter Fahrzeuge, S. 48; *Ungern-Sternberg* in: Oppermann/Stender-Vorwachs, Autonomes Fahren, Kap. 3.9 Rn. 10 f. in Bezug auf die Vorgängerrichtlinie 2007/46/EG.

736 EuGH, Urt. v. 20.03.2015 – C-639/11 (Kommission/Polen) Rn. 34 in Bezug auf die Vorgängerrichtlinie 2007/46/EG.

737 *Solmecke/Jockisch*, MMR 2016, 359 (360).

738 *Lutz* in: Hilgendorf/Hötitzsch/Lutz, Rechtliche Aspekte automatisierter Fahrzeuge, S. 46.

739 E/ECE/324/Rev.1/Add.78/Rev.4–E/ECE/TRANS/505/Rev.1/Add.78/Rev.4, abrufbar unter http://www.unece.org/fileadmin/DAM/trans/main/wp29/wp29regs/2018/

automatisierten Lenkung, welche die wesentliche Komponente eines hochautomatisierten Fahrzeugs ist.[740] Bereits heute ist die automatische Lenkfunktion (engl. „Automatically Commanded Steering Function", ACSF)[741] für Geschwindigkeiten von bis zu 10 km/h und automatische Parkmanöver möglich. Für das hochautomatisierte Fahren soll die Geschwindigkeit erhöht werden, sodass auch Funktionen über 10 km/h ermöglicht werden können[742]. Insofern erlaubt die UNECE-Regelung Nr. 79 noch nicht die Zulassung eines automatisierten Fahrsystems, allerdings gibt sie wegweisende Vorgaben für die Zukunft, weshalb ihre Bestimmungen in Bezug auf die Umfelderfassung im Folgenden näher betrachtet werden.

Unter Ziffer 5.6.1.1 UNECE-Regelung Nr. 79 befinden sich die allgemeinen Vorgaben für die ACSF. Ziffer 5.6.1.1.4. UNECE-Regelung Nr. 79 schreibt vor, dass bei beschleunigungs- und bremsfähigen Systemen bis zu 10 km/h eine Hinderniserkennung (z. B. für Fahrzeuge oder Fußgänger) benötigen wird, um das Fahrzeug unverzüglich zum Stehen zu bringen. An dieser Stelle steht zwar nicht explizit, dass hierfür (personenbezogene) Daten verarbeitet werden müssen, die Anforderung weist aber auf eine benötigte Umfelderfassung hin. Hinzu kommen die Vorgaben aus Ziffer 5.6.1.1.2. UNECE-Regelung Nr. 79: Danach darf die ACSF nur dann aktiviert werden, wenn alle zugehörigen Funktionen, darunter auch Kamera/Radar/Lidar beispielhaft erwähnt, ordnungsgemäß funktionieren. In der Konsequenz bedeutet das, dass die UNECE-Regelung Nr. 79 vorschlägt, dass Umfeldsensoren

---

R079r4e.pdf (16.08.23). Zur Vollständigkeit müssen auch die UNECE-Regelungen Nr. 13-H (E/ECE/324/Rev.2/Add.12H/Rev.4 – E/ECE/TRANS/505/Rev.2/Add.12H/ Rev.4, abrufbar unter https://www.unece.org/fileadmin/DAM/trans/main/wp29/wp-29regs/2018/R013hr4e.pdf (16.08.23)) und Nr. 139 (E/ECE/324/Rev.2/Add.138–E/ ECE/TRANS/505/Rev.2/Add.138, abrufbar unter https://www.unece.org/fileadmin/ DAM/trans/main/wp29/wp29regs/2017/R139e.pdf (16.08.23)) erwähnt werden. Beide UNECE-Regelungen regulieren die Bedingungen für die Genehmigung von Fahrzeugbremsen im Allgemeinen (Nr. 13-H) und von Bremsassistenzsystemen (Nr. 139). In beiden Vorschriften gibt es aber bisher keine weiteren Ausführungen hinsichtlich des Einsatzes von Umfeldsensorik, weshalb dazu keine weiteren Ausführungen folgen.

740 *Lutz* in: Hilgendorf/Hötitzsch/Lutz, Rechtliche Aspekte automatisierter Fahrzeuge, S. 46.

741 Diese wird gemäß 2.3.4.1. der UNECE-Regelung Nr. 79 als „function within an electronic control system where actuation of the steering system can result from automatic evaluation of signals initiated on-board the vehicle, possibly in conjunction with passive infrastructure features, to generate control action in order to assist the driver" definiert.

742 *Lemmer*, Neue autoMobilität. Automatisierter Straßenverkehr der Zukunft, S. 80 f.; *Cacilo u. a.*, Hochautomatisiertes Fahren auf Autobahnen – industriepolitische Schlussfolgerungen, S. 124.

für die Hinderniserkennung eingebaut werden können. Ebenso wie bei VO 2019/2144/EU erfolgen aber keine konkreten Vorgaben.

Ähnliches spiegelt sich im deutschen Straßenverkehrsgesetz wider. § 1a Abs. 2 StVG statuiert Voraussetzungen an Kraftfahrzeugen mit hoch- oder vollautomatisierter Fahrfunktion:

> *(2) Kraftfahrzeuge mit hoch- oder vollautomatisierter Fahrfunktion im Sinne dieses Gesetzes sind solche, die über eine technische Ausrüstung verfügen,*

> *1. die zur Bewältigung der Fahraufgabe – einschließlich Längs- und Querführung – das jeweilige Kraftfahrzeug nach Aktivierung steuern (Fahrzeugsteuerung) kann,*

> *2. die in der Lage ist, während der hoch- oder vollautomatisierten Fahrzeugsteuerung den an die Fahrzeugführung gerichteten Verkehrsvorschriften zu entsprechen [...].*

Die Vorgaben des § 1a Abs. 2 Nr. 1 und 2 StVG können nur durch solche Fahrzeuge erbracht werden, die ihr Umfeld mit einer hochgradigen Präzision erfassen können. § 1a Abs. 2 Nr. 5 StVG schreibt ferner vor, dass das hoch- oder vollautomatisierte Fahrsystem dem Fahrer mit ausreichender Zeitreserve die Übernahme anzeigen muss. Das bedeutet, dass das Fahrzeug nicht nur die Fahraufgabe sicherstellen muss, sondern auch mit „ausreichender" Zeitreserve das geplante Fahrmanöver vorhersagen soll. Der Einsatz von Umfeldsensoren und der Prozess der Umfelderfassung (mit Prädiktion) helfen dem Fahrzeug, zu „sehen" sowie Entscheidungen vorzunehmen und vorherzusagen[743].

Obwohl also keine explizite technische Vorgabe in Bezug auf die Umfeldsensorik erfolgt, wird anhand der vorgenannten Funktionsbeschreibungen deutlich, dass es für die Umsetzung dieser Funktionen einer zuverlässigen Umfeldsensorik bedarf, die das Umfeld in Echtzeit erfassen, interpretieren und prädizieren kann. Man wird demnach die am besten geeignetsten Umfeldsensoren einsetzen. Mit hoher Wahrscheinlichkeit werden für die Umsetzung der Fahrzeugfunktionen und Zulassungsbedingungen auch Kamerasysteme genutzt, durch die zwar andere Straßenverkehrsteilnehmer identifizierbar werden und daher die datenschutzrechtliche Debatte eröffnen können[744], aber dafür eine hohe technologische Ausreifung haben und zuverlässig arbeiten[745].

Ausgehend von dieser Feststellung ist der Einsatz von Umfeldsensorik zur Einhaltung der Vorgaben aus VO 2019/2144/EU, der zugehörigen UNECE-

---

743 Siehe ausführliche Beschreibung in 2.5.
744 Siehe in 4.3.5.
745 Siehe 2.4.1.

Regelung Nr. 79 sowie § 1a StVG gegeben. Somit kann als berechtigtes Interesse für die Datenverarbeitung der Umfelderfassung die Einhaltung rechtlicher Vorgaben bejaht werden.

6.6.1.5 Wahrung von Produktbeobachtungspflichten

Nach dem Inverkehrbringen eines Produkts hat der Hersteller im Rahmen der deliktischen Produzentenhaftung gemäß § 823 Abs. 1 BGB unter anderem eine aktive Produktbeobachtungspflicht[746]. Das bedeutet, dass die Hersteller ihre Produkte nach dem Inverkehrbringen auf noch nicht bekannte schädliche Eigenschaften hin beobachten und sich über sonstige, eine Gefahrenlage schaffende Verwendungsfolge informieren müssen[747]. Denn vollständig fehlerfreie Systeme wird es nicht geben[748], weshalb der Hersteller zumutbare Maßnahmen ergreifen muss, um Schäden durch ein Produkt zu vermeiden. Die Pflicht besteht unabhängig von der Fehlerkategorie und dem Schadenseintritt[749]. Darum ist zu prüfen, ob sich die Produktbeobachtungspflicht auch auf die Datenverarbeitung der Umfelderfassung erstreckt und durch diese rechtlich bedingte Verpflichtung ein berechtigtes Interesse besteht.

Die aktive Produktbeobachtungspflicht verpflichtet Hersteller, auf eigene Initiative systematisch denkbare Gefahrenhinweise zu erfassen und auszuwerten[750]. Dies gilt auch, wenn das Produkt bereits in den Verkehr gebracht wurde[751]. Umfasst sind unter anderem die Beschaffung und Auswertung von Informationen zur Bewährung des Produktes in der Praxis[752], zum Beispiel

---

746 BGH, 17.03.1981 – VI ZR 286/78 = BGH NJW 1981, 1606 (1607 f.). Genau genommen erstreckt sich die Verpflichtung zur Einhaltung der Sicherheit des in den Verkehr gebrachten Produkts neben der Produktbeobachtungspflicht auch auf die Ebenen der Konstruktion, Fabrikation und Instruktion, vgl. *Schuster*, DAR 2019, 6 (8) m. w. N. Neben der aktiven Produktbeobachtungspflicht gibt es auch noch die passive Produktbeobachtungspflicht, die zum Beispiel die Einrichtung eines Kanals für Kundenbeschwerden umfasst, vgl. ausführlicher in *Schmid*, CR 2019, 141 (142). Diese wird in dieser Arbeit aber nicht betrachtet, da nicht ersichtlich ist, dass hierfür Daten aus der Umfeldsensorik verarbeitet werden.

747 BGH, 17.03.1981 – VI ZR 286/78 = BGH NJW 1981, 1606 (1607 f.); BGH, Urt. v. 16.12.2008 – VI ZR 170/70, Rn. 10.

748 *Kleinschmidt/Wagner* in: Oppermann/Stender-Vorwachs, Autonomes Fahren, Kap. 1.1 Rn. 33; i. d. S. *Gomille*, JZ 2016, 76 (81); *Kreutz* in: Oppermann/Stender-Vorwachs, Autonomes Fahren, Kap. 3.1.2 Rn. 23.

749 *Schrader*, DAR 2016, 242 (244).

750 *Schmid*, CR 2019, 141 (142). *Foerste* in: Foerste/Graf von Westphalen, Produkthaftungshandbuch, § 24 Rn. 376.

751 *Foerste* in: Foerste/Graf von Westphalen, Produkthaftungshandbuch, § 24 Rn. 375.

752 *Gasser*, VKU 2009, 224 (226).

(anonymisierte) Protokolldateien oder die Analyse von Fehlermeldungen[753]. Eine solche Produktbeobachtungspflicht erstreckt sich auch auf Software beziehungsweise datengestützte Dienste[754] und damit ebenso auf das Fahrzeug und sein hochautomatisiertes Fahrsystem[755]. Durch die Anbindung an das Backend bietet eine Datenauswertung grundsätzlich die Möglichkeit, Fehler an den Automobilhersteller zu übermitteln und dort (oder sogar in Echtzeit) auswerten zu lassen.[756] Hier ist eine frühzeitige Erkennung noch wichtiger als bei „Hardware", denn je länger die Sicherheitslücke unentdeckt bleibt, desto höher ist die Wahrscheinlichkeit, dass unautorisierte Dritte, zum Beispiel Hacker, diese ausnutzen, wofür der Hersteller ebenfalls haften kann[757].

Darum wird die Meinung vertreten, dass durch diese schnelle und effiziente Auswertungsmöglichkeit des Automobilherstellers sogar die Pflicht besteht, diese zu nutzen, um Gefahren abzuwenden. Ein Ausbleiben der Datenerhebung und eine Datenauswertung würden die Produktbeobachtungspflicht sogar verletzten, da die Nutzung der Fahrzeugdaten ein zumutbares Mittel zur Gefahrenabwehr darstelle.[758]

Insbesondere bei der Automatisierungsstufe 3 des hochautomatisierten Fahrens, deren Automatisierungsgrad noch ausgebaut werden muss, werden unbekannte Szenarien auftreten, bei denen die Umfelderfassung fehlerhaft arbeitet. Letzteres trat beispielsweise ein, als ein Fahrzeug mit aktiviertem „Autopilot" in einen Lastkraftwagen fuhr, weil die Rückseite des Lastkraftwagens vom automatisierten System als Himmel, also Freifläche, erkannt wurde[759]. Solche sicherheitsrelevanten Fehler müssen schnell erkannt und

---

753 *Horner/Kaulartz*, CR 2016, 7 (12).
754 *Hartmann*, DAR 2015, 122 (124); *Schmid*, CR 2019, 141 (146).
755 *Schrader*, DAR 2016, 242 (244); *Hans*, GWR 2016, 393 (394 f.); *Droste*, CCZ 2015, 105 (107); *Gomille*, JZ 2016, 76 (80 f.); *Schnieder/Hosse*, Int. Verkehrswesen 2018, 24 (26); *Kreutz* in: Oppermann/Stender-Vorwachs, Autonomes Fahren, Kap. 3.1.2 Rn. 19.
756 *Droste*, CCZ 2015, 105 (110).
757 *Droste*, CCZ 2015, 105 (107 f.).
758 So *Droste*, CCZ 2015, 105 (110); *Schrader*, DAR 2018, 314 (317); in diesem Sinne auch *Gomille*, JZ 2016, 76 (80); wohl auch *Schnieder/Hosse*, Int. Verkehrswesen 2018, 24 (26); i. d. S. *Ethik-Kommission Automatisiertes und Vernetztes Fahren*, Bericht Juni 2017 Regel 11, S. 12; vgl. auch *Lutz*, Automatisiertes Fahren, Dashcams und die Speicherung beweisrelevanter Daten, S. 41; für eine dauerhafte Verarbeitung und Analyse der Daten im Rahmen der Produktbeobachtungspflicht in Bezug auf das Internet der Dinge *Piltz/Reusch*, BB 2017, 841 (841).
759 *Greis*, golem.de v. 20.05.2019, https://www.golem.de/news/untersuchungsbericht-weiterer-toedlicher-unfall-mit-teslas-autopilot-1905-141369.html (16.08.23). Vgl. auch *Donath*, golem.de v. 03.06.2020, https://www.golem.de/news/autopilot-tesla-model-3-faehrt-in-umgekippten-lastwagen-2006-148864.html (16.08.23), der in einem weiteren Fall berichtet, dass ein Fahrzeug einen umgekippten Lastwagen auf der Straße nicht erkannte.

fortlaufend optimiert werden[760]. Dafür sind vor allem die Umfelddaten von hoher Nützlichkeit, denn nur dadurch können Entwickler erkennen, in welcher Situation der Fehler auftrat.

Bei dem eben genannten Beispiel bedarf es nicht nur der Anpassung des Erkennungsalgorithmus, es ist auch fraglich, ob, insbesondere nach Eintritt eines Unfalls, die Möglichkeit eines erneuten Eintritts beobachtet werden muss. Da die Produktbeobachtungspflicht teilweise sogar so weit verstanden wird, dass eine aktive Auswertungspflicht für den Hersteller bestehen kann[761], könnte es gegebenenfalls gerechtfertigt sein, wenn Stichproben der Umfeldsensoren an den Automobilhersteller übermittelt werden. Schließlich besteht die Pflicht unabhängig davon, ob ein Schaden entstanden ist[762], sodass nach Eintritt eines Schadens/Unfalls die Beobachtungspflicht erst recht bestehen sollte[763].

Zusammenfassend ist festzuhalten, dass Produkthersteller auch nach dem Inverkehrbringen eines Produkts einer Verkehrssicherungspflicht, wie der Produktbeobachtungspflicht, unterliegen. Das Postulat des BGH legt strenge Vorgaben hinsichtlich seiner (aktiven) Produktbeobachtungspflichten fest. Der Hersteller hat somit wenig Wahlfreiheit bei der Frage nach dem „Ob" seiner Produktbeobachtungspflicht. Er kann höchstens das „Wie" (z.B. Datenkategorien, Übermittlungsintervalle, Datenumfang) beeinflussen. Die Frage nach diesem notwendigen Maß der Datenverarbeitung wird im Rahmen der Erforderlichkeit (6.6.2) geprüft.

Hält der Produkthersteller seine Produktbeobachtungspflicht nicht ein, kann er deliktsrechtlich gemäß § 823 Abs. 1 BGB auf Schadensersatz in Anspruch genommen werden.

Insofern kann dem Automobilhersteller zur Erfüllung der Verkehrssicherungspflicht ein (berechtigtes) Interesse zugesprochen werden[764].

---

760 So auch *Ethik-Kommission*, Automatisiertes und Vernetztes Fahren, Regel 11, S. 12.

761 Siehe Fn. 758.

762 Siehe Fn. 749.

763 Vgl. auch *Ethik-Kommission*, Automatisiertes und Vernetztes Fahren, Bericht Juni 2017, Regel 5, S. 10, die besagt, dass automatisierte und vernetzte Technik derart gestaltet werden soll, dass kritische Situationen vermieden werden. Dabei solle das gesamte technische Spektrum weiterentwickelt werden. Somit sieht auch die Ethikkommission eine wichtige, in diesem Fall ethische, Mission darin, die Technik bestmöglich weiter zu entwickeln, um kritische Verkehrssituationen zu verhindern.

764 So auch unter dem BDSG *Hartmann*, DAR 2015, 122 (126) m.w.N.; *Piltz/Reusch*, BB 2017, 841 (844) in Bezug auf Produktbeobachtungspflichten für das Internet der Dinge.

6.6.2 Erforderlichkeit

Die zweite Voraussetzung zur Verwirklichung des berechtigten Interesses besteht darin, dass die Datenverarbeitung erforderlich ist. Bezugspunkt der Erforderlichkeit ist der eindeutige Verwendungszweck[765]. Er soll konkret bestimmt werden, damit die Wahrscheinlichkeit einer Zweckentfremdung gering bleibt[766] bzw. damit berechtigte Interessen nicht zu weit interpretiert werden[767]. Aus dem Zweck bestimmt sich, welche Informationen und welche Daten als Informationsgrundlage benötigt werden, um das Ziel der Datenverarbeitung zu erreichen.[768] Für die Einhaltung des Erforderlichkeitsprinzips muss berücksichtigt werden, ob Maßnahmen vorstellbar sind, die den geplanten Zweck erreichen, aber den Schutz personenbezogener Daten weniger stark beeinträchtigen[769]. Ausnahmen und Einschränkungen in Bezug auf den Schutz der personenbezogenen Daten müssen sich auf das absolut Notwendige beschränken[770].

Die Zwecke bei der Umfelderfassung müssen zweigeteilt werden, nämlich in die Zwecke bei der Echtzeitverarbeitung und bei der Weiterentwicklung.

---

765 *Artikel-29-Datenschutzgruppe*, Stellungnahme 4/2004 zur Verarbeitung personenbezogener Daten durch Videoüberwachung (WP 89), S. 17; *Heberlein* in: Ehmann/Selmayr, Datenschutz-Grundverordnung, Art. 6 Rn. 5.

766 *Bretthauer*, Intelligente Videoüberwachung, S. 122.

767 *Artikel-29-Datenschutzgruppe*, Stellungnahme 06/2014 zum Begriff des berechtigten Interesses des für die Verarbeitung Verantwortlichen gemäß Artikel 7 der Richtlinie 95/46/EG (WP 217), S. 37.

768 *Albers/Veit* in: Wolff/Brink, BeckOK Datenschutzrecht, 35. Edition, Art. 6 DS-GVO Rn. 17.

769 EuGH, Urt. v. 09.11.2010 – C-92/09 und C-93/09 (Volker und Markus Schecke Eifert) Rn. 86; *Europäischer Datenschutzausschuss*, Leitlinien 3/2019 zur Verarbeitung personenbezogener Daten durch Videogeräte, Rn. 24; *Artikel-29-Datenschutzgruppe*, Stellungnahme 06/2014 zum Begriff des berechtigten Interesses des für die Verarbeitung Verantwortlichen gemäß Artikel 7 der Richtlinie 95/46/EG (WP 217), S. 37; *Datenschutzkonferenz*, Orientierungshilfe Videoüberwachung durch nicht-öffentliche Stellen, S. 10; Bundeskartellamt, Beschl. v., 06.02.2019 – B6-22/16 Rn. 742; *Der Landesbeauftragte für Datenschutz und Informationsfreiheit Mecklenburg-Vorpommern*, Vierzehnter Tätigkeitsbericht zum Datenschutz, S. 38; *Buchner/Petri* in: Kühling/Buchner, DS-GVO/BDSG, Art. 6 DS-GVO, Rn. 15; vgl. *Scholz* in: Simitis/Hornung/Döhmann, Datenschutzrecht, Anhang 1 zu Artikel 6 DSGVO Rn. 83; *Taeger* in: Taeger/Gabel, DSGVO – BDSG, Art. 6 DSGVO Rn. 112.

770 EuGH, Urt. v. 09.11.2010 – C-92/09 und C-93/09 (Volker und Markus Schecke Eifert) Rn. 86 zur Auslegung des Art. 7 GRCh, welcher auch für die spätere Rechtsprechung in Bezug auf die Verarbeitung personenbezogener Daten unter der DSRL übernommen wurde; EuGH, Urt. v. 16.12.2008 – C-73/07 (Satakunnan Markkinapörssi und Satamedia) Rn. 56; EuGH, Urt. v. 07.11.2013 – C-473/12 (IPI) Rn. 39; EuGH, Urt. v. 08.04.2014 – C-293/12, C-594/12 (Digital Rights Ireland, Seitlinger u. a.) Rn. 52; EuGH, Urt. v. 11.12.2014 – C-212/13 (Ryneš) Rn. 28; EuGH, Urt. v. 04.05.2017 – C-13/16 (Rīgas satiksme) Rn. 30.

Die Datenverarbeitung im Rahmen der Echtzeitverarbeitung wird durchgeführt, um den hochautomatisierten Fahrbetrieb der Automatisierungsstufe 3 umsetzen zu können[771]. Die Weiterentwicklung soll dazu dienen, technische und sicherheitsrelevante Sicherheitslücken zu schließen, um die Sicherheit des Fahrsystems zu verbessern. Dazu sind Daten aus den Kundenfahrzeugen notwendig, weil Test- und Simulationsdaten nie alle Realszenarien abdecken können und Daten von Realszenarien benötigt werden[772].

Gemäß Art. 5 Abs. 1 lit. b DSGVO müssen die Zwecke vor Verarbeitungsbeginn[773] eindeutig festgelegt und legitim sein.[774] Da keine Gründe ersichtlich sind, dass die angegebenen Zwecke für das hochautomatisierte Fahrsystem diese Anforderungen nicht erfüllen, wird von einer umfangreichen Diskussion zur legitimen Zweckbestimmung für die Umfelderfassung abgesehen.

6.6.2.1 Erforderlichkeit der Datenverarbeitung bei der Echtzeitverarbeitung

Wie einleitend festgestellt, liegt der Zweck der Echtzeitverarbeitung darin, ein fahrsicheres, hochautomatisiertes Fahrsystem betreiben zu können, das den regulatorischen (Zulassungs-)Vorgaben entspricht.[775] Um diese Zwecke zu erreichen, verarbeiten die in 2.4 genannten Sensoren und Hilfskomponenten personenbezogene Daten. Um zu eruieren, ob diese Datenverarbeitung erforderlich ist, soll dies für die Umfelderfassung bei der Echtzeitverarbeitung in folgende Unterfragen kategorisiert werden:

- Ist ein 360°-Rundumblick für das hochautomatisierte Fahren erforderlich oder könnte das Fahrzeug auch mit punktuellen räumlichen Sphären arbeiten?
- Sind alle in 2.4 vorgestellten Umfeldsensoren erforderlich oder könnte die Datenverarbeitung durch weniger Sensoren ebenfalls durchgeführt werden?

---

771 Vgl. auch *Wendt*, ZD-Aktuell 2018, 06034.
772 *Schlamp*, InTer 2018, 116 (120). Im Umkehrschluss bedeutet das aber auch, dass nur solche Informationen verarbeitet werden dürfen, die nicht durch die Test- und Simulationsdaten erfasst werden können.
773 *Scholz* in: Simitis/Hornung/Döhmann, Datenschutzrecht, Anhang 1 Art. 6 DSGVO Rn. 81; *Datenschutzkonferenz*, Orientierungshilfe Videoüberwachung durch nichtöffentliche Stellen, S. 7.
774 *Europäischer Datenschutzausschuss*, Leitlinien 3/2019 zur Verarbeitung personenbezogener Daten durch Videogeräte, Rn. 15; die *Artikel-29-Datenschutzgruppe* nennt Zwecke wie „die Verbesserung des Nutzererlebnisses" (original „improving users' experience") oder „zukünftige Forschung" (original „future research"), siehe Opinion 03/2013 on purpose limitation (WP 203), S. 16.
775 Es wird dabei angenommen, dass die in 2.4 und 2.5 beschriebene Umfeldsensorik für die Erreichung des Zwecks geeignet ist.

– Wie detailliert müssen die Aufnahmen für die Merkmalsextraktion sein?
– Wie lange ist die lokale (Zwischen-)Speicherung erforderlich?

6.6.2.1.1 Beobachtung eines 360° -Umfelds

Derzeit ist die Umfelderfassung darauf ausgelegt, das Umfeld in einem 360°-Rundumblick zu erfassen. Das hat zur Folge, dass dabei auch Straßenverkehrsteilnehmer erfasst werden, die für das Fahrmanöver nicht relevant sind. Wenn das Fahrzeug beispielsweise vorwärtsfahren soll, ist es fraglich, ob dafür auch Straßenverkehrsteilnehmer im hinteren Bereich des Fahrzeugs mittels der Sensoren erfasst werden müssen. Hierbei könnte argumentiert werden, dass der menschliche Fahrzeugführer ebenfalls keinen 360°-Rundumblick hat und die Fahrzeugführung für ihn trotzdem möglich ist.

Allerdings soll das hochautomatisierte Fahren nicht mit den Fähigkeiten eines Menschen gleichgestellt werden, sondern den technologischen Fortschritt nutzen und mehr Fähigkeiten besitzen, um dadurch die Sicherheit zu verbessern. Ein solcher Vorteil zum Menschen besteht in der visuellen und multisensoralen Erfassungsmöglichkeit. Um diese visuellen Vorteile zu erreichen, bedarf es der Überwachung der für ein Fahrmanöver relevanten Bereiche. Sämtliche Bereiche, die nicht von der Umfeldsensorik erfasst werden können, sind „blinde Flecken" für das Fahrzeug.

Ob ein Objekt für ein Fahrmanöver relevant ist, kann nicht pauschal vorhergesagt werden, sondern ist für jede Fahrsituation individuell. Würde man beispielsweise beim Vorwärtsfahren des Fahrzeugs nur solche Sensoren aktivieren, die das vordere Umfeld erfassen und sämtliche Geschehnisse am Heck des Fahrzeugs außer Acht lassen, könnten plötzlich auftretende Gefahren, zum Beispiel ein Auffahrunfall, im hinteren Umfeld des Fahrzeugs nicht erkannt werden. Mildernd muss festgestellt werden, dass Objekte, die nicht für das Fahrmanöver relevant sind, nicht klassifiziert und getrackt werden sollen. Diese Aufnahmen sollen umgehend gelöscht, respektive überschrieben werden.

Ferner muss berücksichtigt werden, dass hochautomatisierte Fahrsysteme zugelassen werden müssen. Eine solche Zulassung erfolgt anhand regulatorischer Vorgaben.[776] Es ist unwahrscheinlich, dass ein Fahrzeug, das stellenweise „blind" operiert, eine Zulassung erhielte.

---

776 Ausführlicher in 6.6.1.4.

6.6.2.1.2 Anzahl der eingesetzten Sensoren

Da das hochautomatisierte Fahrzeug eine Vielzahl an Sensoren einsetzt, die entsprechend viele Daten erfassen und verarbeiten, stellt sich die Frage, ob die Umfelderfassung mit weniger Sensoren möglich wäre[777].

Die Prämisse hierbei ist, dass die Umfeldsensoren die nahe und weite Umgebung wahrnehmen müssen, um hochautomatisiert fahren zu können[778]. Um dies umzusetzen, arbeiten mehrere Sensoren redundant, sodass mögliche Fehler eines Sensors erkannt werden können[779], wodurch ein falsches Fahrmanöver verhindert werden soll. Weniger Sensoren hätten zwar den datenschutzrechtlich positiven Effekt, dass weniger Daten des Umfelds verarbeitet werden, könnten aber auch zur Folge haben, dass eine falsche Information eines Sensors nicht durch einen anderen Sensor korrigiert werden kann. Ferner muss berücksichtigt werden, dass alle Sensoren verschiedene Stärken und Schwächen besitzen, die unterschiedliche Einsatzbereiche auslösen. Ein Lidarsensor wäre für den Einsatz in der Ferne zum Beispiel nicht brauchbar. Ultraschallsensoren können hingegen besser für die Erkennung von Objekten in der Ferne eingesetzt werden. Vor allem in den ersten Jahren des Einsatzes der hochautomatisierten Fahrfunktion fährt das Fahrzeug sicherer, wenn redundante Datenquellen aus mehreren Sensoren genutzt werden können, um die notwendige Akkuratesse der Daten bieten zu können.[780]

Ausnahmen davon können gegeben sein, wenn ein oder mehrere bestimmte Sensoren nicht für die Umfelderfassung benötigt werden und dennoch Daten verarbeiten. Dies wäre nicht mehr für die Umfelderfassung erforderlich. Genauso muss der Einsatz von Sensoren, die keine ausreichende technische Eignung haben (zum Beispiel nicht bei Dunkelheit eingesetzt werden könnten), sorgfältig überlegt werden[781]. Eine nicht notwendige Datenverarbeitung durch einen solchen Sensor wäre gegebenenfalls überflüssig.

Bei der Anzahl der Umfeldsensoren muss berücksichtigt werden, dass bereits heute nicht alle der in 2.4 genannten Sensoren eingesetzt, sondern unterschiedlich kombiniert werden[782]. Da Automobilhersteller auch einem Kostendruck ausgesetzt sind, ist es ohnehin in ihrem wirtschaftlichen Inte-

---

777 In diesem Sinne auch *Lutz*, Automatisiertes Fahren, Dashcams und die Speicherung beweisrelevanter Daten, S. 115.

778 *Rieß/Greß*, DuD 2015, 391 (393); ausführlich in 2.4.

779 Siehe Ausführungen zur redundanten Arbeitsweise und Sensorfusion in 2.4.7.

780 Siehe ausführlich in 2.4.7.

781 *Bretthauer*, Intelligente Videoüberwachung, S. 220; in diese Richtung auch *Rose*, RDV 2019, 123 (130).

782 Tesla benutzt beispielsweise keine Lidarsensoren für die Umfelderfassung, sondern zahlreiche Kameras und Radarsensoren, siehe *Greis*, golem.de v. 29.08.2020, https://www.golem.de/news/autonomes-fahren-die-neue-s-klasse-uebernimmt-im-stau-das-lenkrad-2008-150544.html (16.08.23).

resse, solche Sensoren in Fahrzeuge einzubauen, die auch tatsächlich benötigt werden. Insofern könnten auch pekuniäre Anreize zu einer datenminimierenden Lösung führen.

Aufgrund dieser Kombinationsmöglichkeit muss ebenso hinterfragt werden, ob eine Kombination von Umfeldsensoren ohne den datenintensiven Kamerasensor denkbar wäre. Dies könnte die Datendichte der Umfeldinformationen reduzieren. Hierbei muss allerdings beachtet werden, dass der Kamerasensor just wegen seiner Datendichte ein essentieller Sensor für die Umfelderfassung ist[783]. Ferner ist er der einzige Sensor, der bisher zuverlässig Objekte klassifizieren kann[784]. Würde man die Umfeldsensorik ohne Kamera ausstatten, könnte man voraussichtlich nicht dieselbe Akkuratesse der Umfeldinformationen erreichen, da sich die Qualität der Kamera von den anderen Sensoren signifikant abhebt. Die Folge könnten Fehlinterpretationen sein. Um zu verhindern, dass ein Fußgänger aufgrund einer Fehlinterpretation wie ein Fahrradfahrer behandelt wird, muss das Datenmaterial folglich akkurat genug sein.

Eine datensparsame Alternative könnte der Einsatz einer Monokamera sein, wenn diese dasselbe (technische) Ziel wie die Stereokamera erreicht, dafür aber weniger Datenmaterial benötigt.

Ferner muss hinterfragt werden, ob der Infrarotsensor, der den Kamerasensor bei schlechten Belichtungsverhältnissen oder Dunkelheit komplementär unterstützen soll, den Kamerasensor ersetzen kann. Schließlich kommt der Infrarotsensor dann zum Einsatz, wenn der Kamerasensor an seine Grenzen stößt und wäre sogar noch datenschutzfreundlicher, weil das Ausgabebild „silhouettenhaft" angezeigt wird[785]. Allerdings kann der Infrarotsensor voraussichtlich nicht autark arbeiten, da er die Informationsdichte des Kamerasensors nicht ersetzen kann. Beispielsweise kann der Infrarotsensor keine Farben wahrnehmen. Das bedeutet, dass Farben von Signalanlagen oder Verkehrsschildern nicht erkannt werden. Die Fähigkeit zur Wahrnehmung von Farben verbleibt nach jetzigem Stand der Technik beim Kamerasensor. Insofern muss sogar individuell überlegt werden, ob der Infrarotsensor durch den Kamerasensor in Kombination mit weiteren Sensoren ersetzt werden kann.

Ebenso muss die Erforderlichkeit von (mehreren) Ortungssensoren betrachtet werden. Da das Fahrzeug spurgenau lokalisiert werden muss, werden Ortungssensoren und -systeme in das hochautomatisierte Fahrzeug eingebaut. In Zukunft ist es überlegenswert, lokale Ortungssensoren zu nutzen, sofern dadurch eine dauerhafte, spurgenaue Lokalisierung erreicht werden

---

783 Siehe dazu die Ausführungen in 2.4.1 und 2.5.6.
784 Siehe 2.4.1.
785 Siehe 2.4.1.3.

kann. Denn GNSS werden bereits heute für ihre Ungenauigkeit kritisiert, was auch ihre Geeignetheit für die hochpräzise Lokalisierung in Frage stellt. Landmarken oder lokale Lokalisierungssensoren (zum Beispiel der Odometriesensor) könnten präzisere Angaben geben. Für den Einsatz von GNSS spricht allerdings, dass § 63a StVG die Speicherung von Positions- und Zeitangaben beim Wechsel der Fahrzeugsteuerung vorschreibt. Somit müssen GNSS ohnehin in zugelassenen Fahrzeugen in Deutschland verbaut werden.

Neue, alternative Lokalisierungsmethoden, zum Beispiel durch fotografische Analyse des Straßenbodens[786] oder mittels Radareinsatzes zur Suche nach Fahrbahnmerkmalen[787], könnten ebenfalls eine Alternative sein.

Im Zuge dieser Überlegungen muss auch der Einsatz der hochgenauen digitalen Karte abgewogen werden, sofern sie personenbezogene Daten beinhaltet wird. Kritiker der hochgenauen digitalen Karte sehen den Einsatz obsolet, da die Daten der hochgenauen digitalen Karte immer veraltet sind und daher keinen sicheren Verlass auf den Echtzeitzustand zulassen. Dennoch kann aufgrund ihrer Information ein ungefähres Abbild des Straßenumfelds angenommen werden. Die Validierung durch die Umfeldsensoren kann schneller und ressourcenschonender sein.[788] Idealerweise wird die hochgenaue digitale Karte derart konzipiert, dass dort lediglich statische Elemente ohne Personenbezug (z. B. Straßenschilder oder Fahrbahnmarkierungen) enthalten sind, sodass diese Datenquelle datenschutzrechtlich nicht relevant wird.

Unklar ist derzeit noch der Einsatz von Audiosensoren, über die im Zusammenhang mit der Umfeldsensorik vermehrt berichtet wird[789]. Audiosensoren dienen dazu, Geräusche des Umfelds, zum Beispiel das Martinshorn eines Einsatzfahrzeugs, wahrzunehmen. Wenn sich zum Beispiel Fußgänger neben dem hochautomatisierten Fahrzeug aufhalten und miteinander sprechen, könnte aber auch das gesprochene Wort von den Fußgängern erfasst werden. Unter Umständen kann dies sogar unter den Straftatbestand des § 201 Abs. 1 und Abs. 2 StGB fallen[790]. Darum sollte der Einsatz des Audiosensors besonders sorgfältig abgewogen werden.

Hinsichtlich der technischen Möglichkeiten des Audiosensors ist zuvorderst festzustellen, dass keiner der bisherigen Sensoren Geräusche des Umfelds wahrnehmen kann. Insofern könnten die Audiosensoren die Perzeptionsleis-

---

786 *Kozak/Alban*, 2016 IEEEION Position Locat. Navig. Symp. PLANS 2016, 170 (170 ff.).
787 *Cornick/Koechling/Stanley/Zhang*, J. Field Robot. 2016, 82 (83 ff.).
788 Ausführlich in 2.4.6.2.
789 Siehe dazu 2.4.5.
790 *Datenschutzkonferenz*, Orientierungshilfe Videoüberwachung durch nicht-öffentliche Stellen, S. 23.

tung des Fahrzeugs erweitern. Allerdings ist zu hinterfragen, ob die Wahrnehmung von bestimmten Fahrzeugen (in diesem Fall Einsatzfahrzeuge) durch den Audiosensor ausreichend abgedeckt wäre bzw. die Wahrnehmung durch (eine Kombination) andere(r) Sensoren übernommen werden könnte. Denn ein Martinshorn könnte aufgrund seiner farblichen Hervorhebung zum Beispiel mittels Farbfilter erfasst werden. Genauso haben Einsatzfahrzeuge andere optische, individuelle Eigenschaften (zum Beispiel genormte Farbkodierung des Fahrzeugs oder deutlich abgrenzbare Fahrzeugkarosserien), die mittels Kamera klassifiziert werden könnten.

Ein Audiosensor könnte eine Neuerung bringen, wenn er die Einsatzfahrzeuge, deren Wegrichtung und Fahrmanöver aus weiter Distanz erkennen könnte. Hierbei ist allerdings fraglich, wie weit der Audiosensor aufgrund des Geräuschpegels im Straßenverkehr reichen würde. Dazu müsste eine fahrzeugindividuelle Abwägung der Geeignetheit des Audiosensors durchgeführt werden. Ferner muss bei der Frage der Geeignetheit berücksichtigt werden, dass das Geräusch eines Einsatzfahrzeugs noch nicht die Wegrichtung des Einsatzfahrzeugs klärt. Somit bleibt bei der Erfassung durch den Audiosensor unklar, ob das eigene Fahrzeug überhaupt ein Fahrmanöver durchführen muss. Denn es gibt Szenarien, in denen das eigene Fahrzeug nicht vom Einsatzfahrzeug tangiert wird, zum Beispiel wenn sich das Einsatzfahrzeug auf der gegenüberliegenden Fahrbahnspur nähert. Es bedürfte dann wieder der bekannten Umfeldsensoren (also Kamera-, Lidar-, Radar- oder Ultraschallsensor), um zu erkennen, wo das Einsatzfahrzeug (hin)fährt. Aufgrund der hohen Eingriffstiefe in die Rechte und Freiheiten der betroffenen Personen durch die Audiosensoren ist die Erforderlichkeit anzuzweifeln[791], muss aber für den Einzelfall, insbesondere im Lichte der individuellen Sensorkombination, geprüft werden.

Somit bleibt festzuhalten, dass die Anzahl der eingesetzten Sensoren an der Sensorkombination zu bestimmen ist. Im Umkehrschluss bedeutet dies, dass nicht im Vorhinein einzelne Sensoren ausgeschlossen werden können. Im Grundsatz kann jedoch festgehalten werden: Sofern ein Sensor als Datenquelle überflüssig ist, weil er durch einen anderen Sensor oder eine Sensorkombination aus bestehenden Sensoren ersetzt werden kann, ist der Sensor nicht erforderlich. Als Lösung sollte also eine effiziente Kombination aus Sensoren angestrebt werden.

---

791 Vgl. auch *Datenschutzkonferenz*, Orientierungshilfe Videoüberwachung durch nichtöffentliche Stellen, S. 24, die vertritt, Tonaufzeichnungen bei der Videoüberwachung zu deaktivieren.

6.6.2.1.3 Qualität und Detailtiefe der Sensoren

In 2.5.6 wurde bereits ausgeführt, dass das Sensormaterial in hoher Qualität und ausreichender Fülle vorhanden sein muss, was vor allem durch eine hohe Reichweite und einen weiten Winkel der Kamera erreicht wird. Objekte müssen zudem erkennbar sein. Gleichzeitig muss aber gewährleistet werden, dass die Datenfülle und -qualität dennoch in Echtzeit verarbeitet werden können. Insofern gibt es hinsichtlich der Datenqualität derzeit eine technische Hürde, die hochauflösende Aufnahmen wohl nicht in hohem Umfang zulässt. Allerdings ist die technische Weiterentwicklung nur eine Frage der Zeit, denn bereits heute wird gefordert, dass die Qualität für die Weiterentwicklung der Perzeptionsleistung steigen müsse[792]. Deshalb überzeugt dieses Argument nur temporär. Dennoch darf man die hochauflösende Verarbeitung, sollte sie denn in Zukunft technisch durchführbar sein, nicht bereits im Vorhinein disqualifizieren. Denn je deutlicher das Objekt erfasst werden kann, desto genauer können die Detektions- und Extraktionsalgorithmen arbeiten, was fehlinterpretierte Fahrmanöver vermeidet.[793] In Zukunft muss abgewogen werden, wie detailliert die Sensoraufnahmen sein müssen, um eine sichere Erkennungs- und Extraktionsrate zu erhalten.

Ebenso ist zu hinterfragen, wie detailliert die Sensorinformationen, insbesondere des Kamerasensors, sein müssen. Denn wie bereits in 4.3.5.2 ausgeführt, könnten die Aufnahmen derart detailliert sein, dass Gesten und Augenbewegungen erfasst werden könnten. Diese Details könnten dazu dienen, um vorherzusagen, wie sich ein Straßenverkehrsteilnehmer verhalten wird. Um die Verhältnismäßigkeit solcher detaillierten Aufnahmen zu wahren, steuert die Merkmalsextraktion einen wichtigen Teil bei. Denn durch geeignete Algorithmen und die Merkmalsextraktion erfolgt eine Selektion von Merkmalen, die für das Fahrmanöver relevant ist[794]. Nicht erforderlich wären solche detaillierten Aufnahmen zum Beispiel dann, wenn sie nicht für das Fahrmanöver benötigt werden und von jedem Straßenverkehrsteilnehmer „pro forma" erfasst werden.

6.6.2.1.4 Dauer der Zwischenspeicherung

Ebenso muss die Speicherdauer, insbesondere unter Berücksichtigung des Grundsatzes der Speicherbegrenzung des Art. 5 Abs. 1 lit. e DSGVO, betrachtet werden. Für das hochautomatisierte Fahren und die Umfelderfassung bedeutet dies, dass die für den Fahrbetrieb notwendigen Daten nur so lange gehalten werden sollen, wie sie benötigt werden. Da hochautomati-

---

792 Siehe Fn. 105.
793 Siehe 2.5.6.
794 Siehe 2.5; vgl. auch *Bretthauer*, Intelligente Videoüberwachung, S. 132 f. in Bezug auf intelligente Videoüberwachung.

sierte Fahrsysteme noch nicht weit verbreitet sind, sind auch keine konkreten Informationen zu Löschzyklen bei der Echtzeiterfassung bekannt. Allerdings gibt der technische Aufbau und die Funktionsweise des Steuergeräts (siehe in 2.4.8) Hinweise auf mögliche Löschzyklen. Im flüchtigen Speicher des Steuergeräts werden Daten spätestens gelöscht, sobald die Spannungsversorgung getrennt wird bzw. die Zündung des Fahrzeugs ausgeschaltet wird[795]. Aus datenschutzrechtlicher Sicht könnte dies problematisch werden, wenn der Zwischenspeicher viel Speicherplatz besitzt und theoretisch stundenlange Fahrten aufzeichnen könnte. Denn die Erforderlichkeit einer derart langen Datenhaltung ist anzuzweifeln. In der Regel werden die bei der Echtzeitverarbeitung erfassten Daten nach Ausführung des Fahrmanövers keine Relevanz mehr haben[796], weil das Fahrmanöver abgeschlossen ist und neue Fahrmanöver geplant werden. Anzudenken wären auch definierte Löschzyklen, die Daten automatisch nach einem Fahrmanöver, ggf. mit erforderlicher Wartezeit, löschen oder überschreiben.

6.6.2.2 Erforderlichkeit der Datenverarbeitung bei der Weiterentwicklung

6.6.2.2.1 Erfasste Inhalte für die Weiterentwicklung

Für die Weiterentwicklung werden Daten benötigt, um das hochautomatisierte Fahrsystem zu verbessern[797]. Im Rahmen der Produktbeobachtungspflicht des Herstellers ist dies zu einem gewissen Grad sogar verpflichtend[798]. Da allerdings keine konkreten Vorgaben zu erforderlichen Datenkategorien für die Produktbeobachtung bzw. Weiterentwicklung für das hochautomatisierte Fahrsystem gesetzlich verankert sind, müssen Verantwortliche die Modalitäten der Datenverarbeitung selbst festlegen, um einerseits den gesetzlichen Pflichten bzw. dem Weiterentwicklungsinteresse nachzukommen, andererseits auch den Rechten und Freiheiten der betroffenen Personen.

Als Grundsatz soll die Speicherung personenbezogener Daten von Personen im Fahrzeugumfeld vermieden werden[799]. Da aber die Aufnahmen des Umfelds für die Weiterentwicklung notwendig sind, kann die Speicherung solcher Daten nicht vollkommen ausgeschlossen werden. Dennoch ist es

---

795 *Bönninger* in: Deutscher Verkehrsgerichtstag, 52. Deutscher Verkehrsgerichtstag 2014, S. 235 f.; *Bönninger*, ZfSch 2014, 184 (187); *Schlamp*, InTer 2018, 116 (122).

796 *Klink-Straub/Straub*, NJW 2018, 3201 (3204), die sogar eine „sofortige" Überschreibung oder Löschung fordern, um ein berechtigtes Interesse zu rechtfertigen; *Stoklas/ Wendt*, Das vernetzte und autonome Fahrzeug – Datenschutzrechtliche Herausforderungen, S. 29.

797 Siehe dazu ausführlicher in 2.6.

798 Siehe in 6.6.1.5.

799 So *Internationale Arbeitsgruppe für den Datenschutz in der Telekommunikation*, Vernetzte Fahrzeuge, Rn. 47.

möglich, die benötigten Daten zu selektieren. So ist es sehr wahrscheinlich, dass die Informationen der eingesetzten Umfeldsensoren und die Positionsangabe einer konkreten Szene wichtige Angaben für die Fehlersuche sein werden. Intendierte Wegrichtungen, Namen (z. B. durch Erkennung prominenter Personen) oder Altersklassifikationen werden hingegen keinen Mehrwert zur Weiterentwicklung bringen, weshalb diese Daten auch nicht erforderlich sind.

Eine Anonymisierung (im Sinne einer Unkenntlichmachung von Sensordaten wie das Verpixeln des Kameramaterials) ist für die Weiterentwicklung in der Regel nicht zielführend, denn die visuellen Details können für Entwickler wichtige Indikatoren für die Weiterentwicklung sein[800]. Bevor also nicht eindeutig geklärt ist, ob das Datenmaterial für die Weiterentwicklung erforderlich ist, können die Daten auch nicht anonymisiert werden.

Nicht erforderlich wäre es zum Beispiel, wenn sich die Verarbeitung der Sensordaten lediglich als „nützlich" erweist[801]. Somit sind auch „Sammlungen auf Vorrat", weil sie gegebenenfalls in Zukunft hilfreich sein könnten, oder eine Speicherung für andere, noch unbestimmte Zwecke, nicht mit dem Erforderlichkeitsgrundsatz vereinbar[802]. Wenn Daten für den ursprünglichen Zweck nicht mehr benötigt werden, müssen sie gelöscht werden[803]. Bei der Umfelderfassung erstreckt sich dieser Grundsatz folglich auch auf Daten, die zunächst für die Weiterentwicklung erforderlich waren und zu einem späteren Zeitpunkt nicht mehr benötigt werden und daher (aus dem Backend) zu löschen sind[804].

6.6.2.2.2 Umfang des Datenmaterials

Neben dem Inhalt des Datenmaterials muss auch der erforderliche Umfang näher betrachtet werden. Es ist unwahrscheinlich, dass die gesamte Fahrt eines Kundenfahrzeugs für die Weiterentwicklung relevant sein wird. Vielmehr zielt die Weiterentwicklung darauf ab, bestimmte, noch unbekannte Szenen auszuwerten, um daraus zu erlernende Fahrmanöver ableiten zu

---

800 Vgl. dazu Tesla-Fahrzeuge, bei denen kurze Videoaufnahmen für die Weiterentwicklung ausgewertet werden, *Tesla*, Datenschutzerklärung (Stand April 2021), https://www.tesla.com/de_DE/about/legal#from-vehicle (16.08.23).

801 *Europäischer Datenschutzbeauftragter*, Beurteilung der Erforderlichkeit von Maßnahmen, die das Grundrecht auf Schutz personenbezogener Daten einschränken: Ein Toolkit, S. 19; Bundeskartellamt, Beschl. v., 06.02.2019 – B6-22/16 Rn. 742.

802 Vgl. *Roßnagel*, NZV 2006, 281 (285).

803 *Roßnagel*, NZV 2006, 281 (285).

804 Vgl. *Commission Nationale Informatique & Libertés (CNIL)*, Connected Vehicles and Personal Data, S. 10, die in ihrer Stellungnahme das „product improvement" adressiert.

können[805]. „Unwichtige" Sequenzen, in denen das Fahrzeug fehlerlos das Fahrmanöver ausführen kann, werden keine neuen Erkenntnisse zur Verbesserung des Systems erbringen. Sie könnten unter Umständen stichprobenartig im Rahmen der Produktbeobachtungspflicht gefordert werden[806].

Idealerweise werden für die Weiterentwicklung kurze, anlassbezogene Szenen genutzt, die datenschutzrechtlich zulässig sein können.[807]

Ebenso muss berücksichtigt werden, dass gegebenenfalls auch die Automobilhersteller daran interessiert sind, lediglich anlassbezogene und kurze Aufnahmen zu speichern, da der Speicherplatz im Fahrzeug gering ist und die Datenübertragung so gering wie möglich gehalten werden soll.

Auch bei der Weiterentwicklung muss die Frage geklärt werden, ob für die Weiterentwicklung alle Areale des Fahrzeugumfelds relevant sind. Es ist fraglich, ob zum Beispiel Informationen der seitlich oder nach hinten ausgerichteten Umfeldsensorik an den Verantwortlichen übermittelt werden müssen, wenn sich eine Szene für die Weiterentwicklung im vorderen Bereich des Fahrzeugs ereignete. Gegen diese Argumentation spricht, dass die Weiterentwicklung dazu dient, unbekannte oder ungeklärte Situationen aufzuklären. Daher kann es für Entwickler wichtig sein, die Situation des gesamten Umfelds zu kennen, um im Nachhinein die Situation nachvollziehen zu können. Auch wenn ein Umfeldobjekt zunächst nicht für das Fahrmanöver relevant erscheint, kann es im Rahmen der Weiterentwicklung trotzdem eine aufklärende Komponente sein. Beispielsweise könnte ein an dem Fahrmanöver unbeteiligtes Objekt zu einer Fehlinterpretation des Fahrzeugs geführt haben[808].

6.6.2.3 Zwischenergebnis

Die Bestimmung der Erforderlichkeit ist ein grundlegendes Element der datenschutzrechtlichen Prüfung. Dazu bedarf es eines eindeutigen und konkreten Verwendungszwecks. Dieser muss für die Datenverarbeitung durch die

---

805 Vgl. 2.6.
806 Vgl. unter 6.6.1.5.
807 BGH, Urt. v. 15.05.2018 – VI ZR 233/17 Rn. 26. Vgl. dazu auch *Landesbeauftragter für Datenschutz und Informationsfreiheit Baden-Württemberg*, Tätigkeitsbericht Datenschutz 2020, S. 110, der bereits 10 Minuten nicht mehr als „kurzzeitige, anlassbezogene Aufzeichnung" wertet.
808 Siehe dazu beispielsweise *Grävemeyer*, heise online v. 12.08.2020, https://www. heise.de/hintergrund/Pixelmuster-irritieren-die-KI-autonomer-Fahrzeuge-4852995. html (16.08.23); *Deutsche Presse-Agentur*, heise online v. 30.10.2019, https://www. heise.de/autos/artikel/Selbstfahrende-Autos-mittels-Farbflecken-hackbar-4572022. html (16.08.23); *Szentpetery-Kessler*, heise online v. 21.02.2020, https://www. heise.de/newsticker/meldung/Klebeband-verwirrt-autonome-Teslas-4665187.html (16.08.23).

Umfelderfassung in die Echtzeitverarbeitung und in die Weiterentwicklung unterteilt werden.

Bei der Echtzeitverarbeitung liegt der Zweck darin, ein hochautomatisiertes, fahrsicheres Fahrsystem anbieten zu können, das den regulatorischen (Zulassungs-)Vorgaben entspricht. Um dies zu erreichen, müssen zahlreiche Daten verarbeitet werden. Zunächst übermäßig erscheinende Datenverarbeitungsprozesse wie die Beobachtung des 360° – Umfelds, der multisensorale Einsatz sowie detaillierte Aufnahmen sind in angemessenem Maß dennoch erforderlich, weil sie redundante Daten bieten, die zu mehr Sicherheit führen. In Kombination haben die Sensoren mit ihren individuellen Eigenschaften bessere Möglichkeiten zur Wahrnehmung des Umfelds. Bei der Erforderlichkeitsprüfung muss aber ebenso der Grundsatz der Datenminimierung (Art. 5 Abs. 1 lit. c DSGVO) Berücksichtigung finden[809]. Dies ist durch datenminimierende Maßnahmen möglich, vor allem bei der Auswahl der Umfeldsensoren. Hier bietet sich eine effiziente Kombination notwendiger Sensoren an. Trotz einer angestrebten datenminimierenden Sensorkombination ist aber zu berücksichtigten, dass die Umfeldsensoren auch immer für die Umfelderfassung geeignet sein müssen. Die Nutzung von Sensoren, die weniger Informationen verarbeiten, aber dafür Objekte nicht zuverlässig erkennen und klassifizieren können, haben gravierende Auswirkungen auf die Sicherheit des hochautomatisierten Fahrzeugs[810].

Hinsichtlich der Dauer der (Zwischen-)Speicherung bleibt festzuhalten, dass kein Grund ersichtlich ist, die Daten länger als zur Durchführung des Fahrmanövers (gegebenenfalls mit einer angemessenen Wartezeit) zwischenzuspeichern.

Bei der Weiterentwicklung muss ebenfalls eine Vielzahl an Daten verarbeitet werden, um ein hohes Maß an Straßenverkehrssicherheit zu ermöglichen und auch regulatorischen Anforderungen Genüge zu tun. Aber auch hier gilt, dass Inhalt und Umfang des Datenmaterials verhältnismäßig sein müssen. Beispielsweise könnten die Art der Daten und das Übermittlungsintervall zweckgebunden festgelegt werden. Können weniger Daten oder Daten in aggregierter Form denselben Zweck erreichen, ist die aggregierte Form als milderes Mittel vorzuziehen.

---

809 Vgl. *Scholz* in: Simitis/Hornung/Döhmann, Datenschutzrecht, Anhang 1 zu Artikel 6 DSGVO Rn. 87; *Europäischer Datenschutzausschuss*, Leitlinien 3/2019 zur Verarbeitung personenbezogener Daten durch Videogeräte, Rn. 24.
810 Siehe ausführlich in 2.5.6.

6.6.3 Interessen der betroffenen Personen

6.6.3.1 Allgemeine Überlegungen und zielspezifische Interessen

Neben den berechtigten Interessen des Verantwortlichen und der Erforderlichkeitsprüfung müssen ebenso die Interessen der betroffenen Personen berücksichtigt werden[811]. Anders als bei den *berechtigten* Interessen der Verantwortlichen, entfällt dieser Zusatz für die Interessen der betroffenen Personen, was den Begriff der Interessen der betroffenen Personen weiter definiert[812]. Standardmäßig ist folglich zunächst von einer Schutzwürdigkeit der Betroffeneninteressen auszugehen[813]. Allerdings muss beachtet werden, dass die Interessen der betroffenen Personen „überwiegen" müssen. Nur weil die Interessen der betroffenen Personen tangiert sind, rechtfertigt dies noch kein *Überwiegen* derer[814].

Grundsätzlich muss sich jede Datenverarbeitung an den durch in Art. 7 und 8 GRCh garantierten Grundrechten messen lassen[815]. Sie binden den Verantwortlichen zwar nicht direkt, können aber in Privatrechtsverhältnisse hineinwirken[816]. Beide Grundrechte sind nicht absolut und können unter den Bedingungen des Art. 52 Abs. 1 GRCh eingeschränkt werden[817]. Somit muss auch im Rahmen der Prüfung des Art. 6 Abs. 1 lit. f DSGVO das berechtigte Interesse mit den Grundrechten und Grundfreiheiten aus Art. 7 und 8 DSGVO abgewogen werden[818].

Für eine gehaltvolle Interessenabwägung müssen mehrere Faktoren möglicher Interessen herangezogen werden. In der Literatur wurden bereits mögliche Faktoren für die Interessenabwägung schematisiert[819], die als Grund-

---

811 Im Folgenden werden die für die Umfelderfassung relevanten Interessen der betroffenen Personen eruiert. Eine Bewertung derer erfolgt in 6.6.4 und 6.6.5.
812 *Artikel-29-Datenschutzgruppe*, Stellungnahme 06/2014 zum Begriff des berechtigten Interesses des für die Verarbeitung Verantwortlichen gemäß Artikel 7 der Richtlinie 95/46/EG (WP 217), S. 63.
813 *Buchner/Petri* in: Kühling/Buchner, DS-GVO/BDSG, Art. 6 DS-GVO Rn. 148.
814 Vgl. *Schulz* in: Gola, DS-GVO, Art. 6 Rn. 58.
815 Ausführlicher dazu in 3.1.
816 *Frenzel* in: Paal/Pauly, DS-GVO/BDSG, Art. 6 DS-GVO Rn. 30.
817 Siehe bei Fn. 282 und 283.
818 *Karg* in: Simitis/Hornung/Döhmann, Datenschutzrecht, Art. 4 Nr. 1 DSGVO Rn. 1 f.; vgl. auch *Buchner/Petri* in: Kühling/Buchner, DS-GVO/BDSG, Art. 6 DS-GVO Rn. 148.
819 *Artikel-29-Datenschutzgruppe*, Stellungnahme 06/2014 zum Begriff des berechtigten Interesses des für die Verarbeitung Verantwortlichen gemäß Artikel 7 der Richtlinie 95/46/EG (WP 217), S. 47 ff.; das Modell der Artikel-29-Datenschutzgruppe übernimmt auch das Bundeskartellamt, Beschl. v. 06.02.2019 – B6-22/16 Rn. 767. Siehe auch die Modelle anderer Autoren: *Herfurth*, ZD 2018, 514 (514 ff.), *Europäischer Datenschutzbeauftragter*, Beurteilung der Erforderlichkeit von Maßnahmen, die das Grundrecht auf Schutz personenbezogener Daten einschränken: Ein Toolkit, S. 10 ff.;

lage für Interessenabwägungen dienen können. Für diese Arbeit werden aber abgewandelte Abwägungskriterien für die Interessen der betroffenen Personen gewählt, um den tatsächlichen Kern der Datenverarbeitung bei der Umfelderfassung zu treffen:

1. Involvierte Akteure
2. Datenkategorien
3. Art der Datenverarbeitung/ Intention der Verwendung
4. Vernünftige Erwartungen
5. Auswirkungen

6.6.3.2 Involvierte Akteure

Zunächst sollen die in die Datenverarbeitung involvierten Akteure betrachtet werden, was für die Interessenabwägung einen wesentlichen Aspekt darstellt, weil daran gemessen wird, wie viele Personen Einblicke in die verarbeiteten Daten erhalten[820]. Ferner erhöht sich das Risiko von Datenschutzverletzungen bei steigender Anzahl der beteiligten Akteure[821].

Die Echtzeitverarbeitung findet im Fahrzeug statt, das heißt, dass zunächst keine Person mit den Daten arbeitet. Allerdings besteht grundsätzlich eine Zugriffsmöglichkeit aus der Ferne durch den Automobilhersteller[822].

Wenn die Daten aufgrund eines Weiterentwicklungsbedürfnisses in das Backend des Automobilherstellers übermittelt werden, haben vorwiegend Entwickler Zugriff auf das Datenmaterial, um das hochautomatisierte Fahrsystem weiterzuentwickeln. Da voraussichtlich vor allem zu Beginn der Automatisierung eine große Menge an Daten für die Weiterentwicklung verarbeitet wird, ist es möglich, dass der Verantwortliche hier Auftragsverarbeiter zur Hilfe holt.

Nach jetzigem Kenntnisstand ist davon auszugehen, dass die Daten im Backend auch dort verbleiben. Sollte der Fall eintreten, dass Daten veröffentlicht oder einer hohen Anzahl an Personen zugänglich gemacht werden, kann dies ein weiterer wichtiger Faktor für die Interessenabwägung sein[823].

Robrahn/Bremert, ZD 2018, 291 (293 ff.); *Datenschutzkonferenz*, Orientierungshilfe Videoüberwachung durch nicht-öffentliche Stellen, S. 12 ff.
820 *Herfurth*, ZD 2018, 514 (517).
821 *Herfurth*, ZD 2018, 514 (517).
822 Siehe unter 4.3.5.3.2.
823 *Artikel-29-Datenschutzgruppe*, Stellungnahme 06/2014 zum Begriff des berechtigten Interesses des für die Verarbeitung Verantwortlichen gemäß Artikel 7 der Richtlinie 95/46/EG (WP 217), S. 50.

Sofern eine gemeinsame Verantwortlichkeit mit dem Fahrer besteht, ist ein weiterer Akteur zu berücksichtigen. Der Fahrer hat zwar keinen direkten Zugriff auf die Daten, aber er entscheidet über die Aktivierung der Datenverarbeitung, sodass seine Handlung ein essentieller Bestandteil der Datenverarbeitung ist. Ebenso muss berücksichtigt werden, dass zunehmend Displays in das Fahrzeug verbaut werden[824]. Somit hat der Fahrer zwar keinen Zugriff auf die Daten, allerdings hat er einen Rundumblick um sein Fahrzeug und sieht in Echtzeit, wer sich um das Fahrzeug aufhält.[825]

Aus Medienberichten ist bereits bekannt, dass insbesondere bei der Entwicklung des automatisierten Fahrens zunehmend Kooperationen geschlossen werden[826]. Sollten sich diese auch auf die Datenverarbeitung für das hochautomatisierte Fahren erstrecken, könnte ebenfalls eine Übermittlung von (potentiell personenbezogenen) Daten stattfinden, um Systeme und Algorithmen in Gemeinschaft (weiter-)zuentwickeln. Insbesondere bei Kooperationen, bei denen Daten an Dritte in Drittländern ohne angemessenes Schutzniveau übermittelt werden würden, ist das Risiko einer Datenschutzverletzung höher, da zusätzliche Maßnahmen und Schutzpflichten auf die Verantwortlichen zukommen.

Neben dem Verantwortlichen und möglichen Vertragspartnern müssen auch noch die betroffenen Personen berücksichtigt werden[827]. Bei der Umfelderfassung handelt es sich um eine unbekannte Vielzahl an betroffenen Personen mit hoher Streubreite, denn jede Person, die am Straßenverkehr teilnimmt, wird von der Erfassung betroffen sein[828].

6.6.3.3 Datenkategorien

Wie bereits in 4.3.5 ausgeführt, werden personenbezogene Daten von anderen Straßenverkehrsteilnehmern im Umfeld eines Fahrzeugs erfasst. Bei einer Interessenabwägung kann berücksichtigt werden, dass die Grundrechte

---

824 Vgl. beispielsweise „Umgebungsansicht (Area View)" von Volkswagen, abrufbar unter https://www.volkswagen-newsroom.com/de/umgebungsansicht-area-view-3665 (16.08.23), „Remote 3D View" von BMW, abrufbar unter https://my.bmw.com/s/article/My-BMW-App-Remote-3D-View-Funktionsweise-qQLWT?language=de&history=article-My-BMW-App-Remote-3D-View-Funktionsweise-qQLWT (16.08.23), S. 41 sowie „Bird's Eye View" (bei Erstellung dieser Arbeit noch in Planung) von Tesla, abrufbar unter *Shah*, Vehicle Suggest v. 5.10.2020, https://www.vehiclesuggest. com/tesla-birds-eye-view/ (16.08.23).

825 Dazu auch unter 6.6.3.4.

826 Siehe bei Fn. 719.

827 *Europäischer Datenschutzausschuss*, Leitlinien 3/2019 zur Verarbeitung personenbezogener Daten durch Videogeräte, Rn. 33.

828 Vgl. auch *Klar*, Datenschutzrecht und die Visualisierung des öffentlichen Raums, S. 90 für den öffentlichen Raum.

der betroffenen Person unterschiedlich beeinträchtigt sein können, je nachdem, ob die Daten öffentlich zugänglich sind oder nicht[829]. Bei den durch die Umfelderfassung verarbeiteten Daten werden Daten aus einem allgemein zugänglichen, öffentlichen Raum erfasst, weshalb es sich um Daten der öffentlichen Sphäre handelt. Aufgrund der Teilnahme am Straßenverkehr tragen betroffene Personen Informationen über sich bewusst in die Öffentlichkeit und setzen sich somit auch einer möglichen (optoelektronischen) Erfassung aus[830]. So wird vertreten, dass die Erfassung im Straßenverkehr eine abgeschwächte Eingriffsintensität aufweise[831].

Ferner kann festgestellt werden, dass Umfeldsensoren lediglich Objekte erfassen, die auch Fahrer wahrnehmen können[832]. Insofern findet durch die Umfelderfassung keine Neuerung statt, denn schon heute haben Straßenverkehrsteilnehmer die Souveränität darüber, wie sie im Straßenverkehr wahrgenommen werden sollen. Standardmäßig wird Umfeldsensoren keine Möglichkeit eröffnet, geheime oder intime Daten zu erfassen, sofern dies der Straßenverkehrsteilnehmer nicht selbst preisgibt. Vor allem bei intimen Daten überwiegen die Interessen der betroffenen Personen [833].

Ebenfalls ist es aus den technischen Referenzen der Funktionsweise des hochautomatisierten Fahrens nicht ersichtlich, dass besondere Kategorien personenbezogener Daten ausgewertet werden[834].

Obwohl die bei der Umfelderfassung erfassten Datenkategorien nicht ohne Weiteres unter Datenkategorien fallen, die per se ein Überwiegen der Betroffeneninteressen begründen, muss dennoch berücksichtigt werden, dass die Teilnahme am öffentlichen Straßenverkehr durch die betroffenen Personen nicht bedeutet, dass der Schutz der personenbezogenen Daten obsolet ist[835].

---

829 EuGH, Urt. v. 04.05.2017 – C-13/16 (Rīgas satiksme) Rn. 32; *Artikel-29-Datenschutzgruppe*, Stellungnahme 06/2014 zum Begriff des berechtigten Interesses des für die Verarbeitung Verantwortlichen gemäß Artikel 7 der Richtlinie 95/46/EG (WP 217), S. 50.

830 Vgl. BVerfG, Beschl. v. 20.05.2011 – 2 BvR 2072/10 Rn. 17.

831 *Klann*, DAR 2014, 663 (667) m. w. N.; *Lohse* in: Deutscher Verkehrsgerichtstag, 54. Deutscher Verkehrsgerichtstag 2016, S. 186; vgl. *Atzert/Franck*, RDV 2014, 136 (138); vgl. auch *Greger*, NZV 2015, 114 (115 f.).

832 *Schlamp*, InTer 2018, 116 (122).

833 So *Bayerisches Landesamt für Datenschutzaufsicht*, 8. Tätigkeitsbericht 2017/2018, S. 112; *Der Landesbeauftragte für Datenschutz und Informationsfreiheit Mecklenburg-Vorpommern*, Vierzehnter Tätigkeitsbericht zum Datenschutz, S. 38; *Unabhängiges Landeszentrum für Datenschutz Schleswig-Holstein*, Praxisreihe: Datenschutzbestimmungen praktisch umsetzen. Videoüberwachung, S. 11; *Gola* in: Gola, DS-GVO, Art. 6 Rn. 169.

834 Dazu ausführlich in 4.3.5.2.4.

835 So auch BVerfG, Beschl. v. 18.12.2018 – 1 BvR 142/15 Rn. 39 in Bezug auf den grundrechtlichen Schutz des Rechts auf informationelle Selbstbestimmung;

Erstens handelt es sich um personenbezogene Daten, deren Verarbeitung Regeln und Pflichten der DSGVO unterliegen[836], selbst wenn sie zunächst belanglos erscheinen[837]. Insbesondere bei Personenabbildungen muss berücksichtigt werden, dass sie einen belastenderen Eingriff darstellen, da sie, im Gegensatz zu textgebundenen Informationen, in besonders plastischer Weise einen Gesamteindruck der Person vermitteln können[838]. Folglich kann aufgrund des öffentlichen Charakters der Daten keine „Blankogenehmigung" für die Verarbeitung erteilt werden[839].

Zweitens hat jede Person das Recht, sich in der Öffentlichkeit frei zu bewegen, ohne befürchten zu müssen, ungewollt und anlasslos zum Objekt einer Videoüberwachung zu werden[840]. Zwar müssen Personen einen geringeren Grad an Privatheit in der Öffentlichkeit erwarten, allerdings dürfen sie dabei nicht „völlig ihrer Rechte und Freiheiten beraubt werden"[841].

Drittens ist die Teilnahme am öffentlichen Straßenverkehr nicht uneingeschränkt freiwillig, sondern essentiell[842]. Denn für die Besorgungen des täglichen Bedarfs ist es erforderlich, dass sich Menschen in die Öffentlichkeit begeben und am Straßenverkehr teilnehmen.

Besondere Berücksichtigung findet der Schutz von Kindern in Art. 6 Abs. 1 lit. f DSGVO[843]. Bei Kindern besteht die Möglichkeit, dass sie noch nicht die nötige physische und psychische Reife erreicht haben, um das Risiko einer

Artikel-29-Datenschutzgruppe, Stellungnahme 06/2014 zum Begriff des berechtigten Interesses des für die Verarbeitung Verantwortlichen gemäß Artikel 7 der Richtlinie 95/46/EG (WP 217), S. 50.

836 I. d. S. auch *Artikel-29-Datenschutzgruppe*, Stellungnahme 06/2014 zum Begriff des berechtigten Interesses des für die Verarbeitung Verantwortlichen gemäß Artikel 7 der Richtlinie 95/46/EG (WP 217), S. 50.

837 *Karg* in: Simitis/Hornung/Döhmann, Datenschutzrecht, Art. 4 Nr. 1 DSGVO Rn. 31.

838 *Klar*, Datenschutzrecht und die Visualisierung des öffentlichen Raums, S. 87.

839 *Artikel-29-Datenschutzgruppe*, Stellungnahme 06/2014 zum Begriff des berechtigten Interesses des für die Verarbeitung Verantwortlichen gemäß Artikel 7 der Richtlinie 95/46/EG (WP 217), S. 50.

840 *Datenschutzkonferenz*, Positionspapier zur Unzulässigkeit von Videoüberwachung aus Fahrzeugen (sog. Dashcams), S. 2; *Artikel-29-Datenschutzgruppe*, Arbeitsdokument zum Thema Verarbeitung personenbezogener Daten aus der Videoüberwachung (WP 67), S. 6; *Datenschutzkonferenz*, Orientierungshilfe Videoüberwachung durch nicht-öffentliche Stellen, S. 4.

841 So *Artikel-29-Datenschutzgruppe*, Arbeitsdokument zum Thema Verarbeitung personenbezogener Daten aus der Videoüberwachung (WP 67), S. 6.

842 So auch *Rose*, RDV 2019, 123 (130).

843 *Artikel-29-Datenschutzgruppe*, Stellungnahme 06/2014 zum Begriff des berechtigten Interesses des für die Verarbeitung Verantwortlichen gemäß Artikel 7 der Richtlinie 95/46/EG (WP 217), S. 52.

Datenverarbeitung abschätzen zu können[844]. Die Aufnahmen von Kindern sind folglich besonders schutzwürdig und verlagern das Gewicht auf die Interessen der Kinder[845]. Allerdings bedeutet dies nicht, dass die Datenverarbeitung gegenüber Kindern grundsätzlich nicht gerechtfertigt ist, sondern „dass ihre Interessen, entsprechend einer vom Alter abhängigen Schutzbedürftigkeit, im Vergleich zu Erwachsenen ein höheres Gewicht haben"[846].

6.6.3.4 Art der Datenverarbeitung/Intention der Verwendung

Ein wichtiger Punkt bei der Frage nach dem Überwiegen der Betroffeneninteressen bei der Umfelderfassung ist die Art der Datenverarbeitung[847], wobei die Spezifika der Echtzeiterfassung und die der Weiterentwicklung einzeln betrachtet werden müssen. Vorab können bereits allgemeine Faktoren festgehalten werden, die für beide Datenverarbeitungen gelten.

Allgemeine Faktoren

Eine Verarbeitung ist umso belastender, je höher die Bildauflösung ist und damit die Erkennbarkeit erleichtert wird[848]. Betrachtet man die technischen Begebenheiten der Umfelderfassung, wird deutlich, dass die Kameras in einer hinreichend hohen Qualität arbeiten, sodass Menschen erkennbar sind. Ferner hat das Fahrzeug einen Rundumblick, sodass kein Winkel unbeobachtet bleibt[849] und betroffene Personen keine Möglichkeit haben, sich in einen „toten Winkel" der Datenverarbeitung zu entziehen. Relativierend muss aber festgehalten werden, dass die Echtzeitverarbeitung lokal im Fahrzeug stattfindet und damit weniger belastend ist, weil die Daten nicht dauerhaft an den Verantwortlichen oder Dritte übermittelt werden beziehungsweise der Zugriff erschwert ist.

---

844 *Scholz* in: Simitis/Hornung/Döhmann, Datenschutzrecht, Anhang 1 zu Artikel 6 DSGVO Rn. 106; i.d. S. *Artikel-29-Datenschutzgruppe*, Opinion 2/2009 on the protection of children's personal data (WP 160), S. 4.

845 BGH, Urt. v. 12.07.2018 – III ZR 183/17 Rn. 85; *Robrahn/Bremert*, ZD 2018, 291 (294); *Albrecht/Jotzo*, Das neue Datenschutzrecht der EU, Teil 3 Rn. 67 ff.; vgl. auch *Taeger* in: Taeger/Gabel, DSGVO – BDSG, Art. 6 DSGVO Rn. 99; dies wird grundsätzlich auch durch einen Vergleich mit der Vorgängernorm Art. 6 lit. f DSRL deutlich, die den Zusatz „insbesondere dann, wenn es sich bei der betroffenen Person um ein Kind handelt" noch nicht statuierte, weshalb davon ausgegangen werden kann, dass die Interessen von Kindern ein besonderes Anliegen für den Verordnungsgeber sind.

846 BGH, Urt. v. 12.07.2018 – III ZR 183/17 Rn. 85 m. w. N.

847 *Herfurth*, ZD 2018, 514 (519).

848 Vgl. auch *Datenschutzkonferenz*, Orientierungshilfe Videoüberwachung durch nichtöffentliche Stellen, S. 13; *Unabhängiges Landeszentrum für Datenschutz Schleswig-Holstein*, Praxisreihe: Datenschutzbestimmungen praktisch umsetzen. Fotos und Webcams, S. 8.

849 Siehe die Ausführungen in 2.4.1.4.

Eine für die Interessenabwägung relevante Entwicklung ist der zunehmende Einsatz von Fahrzeuginnenbildschirmen, auf denen ein Rundumblick des Fahrzeugs in Echtzeit angezeigt wird[850]. Die Funktion soll für eine bessere Sicht sorgen, ermöglicht es aber gleichzeitig auch, das Geschehen rund um das Fahrzeug zu beobachten. Sofern diese Funktion auch für hochautomatisierte Fahrzeuge fortgeführt wird, kann vor allem bei der Echtzeitverarbeitung nicht mehr mildernd argumentiert werden, dass die Daten der Umfeldsensorik nicht für die Insassen des Fahrzeugs einsehbar wären[851]. Denn durch die Übertragung des visuellen Signals auf den Fahrzeuginnenbildschirm wird auch dem Fahrer und den Insassen der Rundumblick ermöglicht.

Ferner müssen bei einer Interessenabwägung auch das zeitliche und räumliche Ausmaß betrachtet werden[852]: In Zukunft wird der Anteil automatisierter Fahrzeuge steigen. Trotz der Tatsache, dass die Kameras nur nach Aktivierung der hochautomatisierten Fahrfunktion aktiv sind[853], werden auf öffentlichen Straßen mehrere Fahrzeuge den hochautomatisierten Fahrmodus aktiviert haben und somit Daten des Umfelds erfassen. Dies ist ein Eingriff in die Rechte und Freiheiten zahlreicher Verkehrsteilnehmer. Ein solch massenhafter Eingriff in die Rechte muss entsprechend bei der Interessenabwägung berücksichtigt werden[854]. Hinzu kommt, dass sich das hochautomatisierte Fahrzeug mit hoher Geschwindigkeit fortbewegt, wodurch zahlreiche Menschen in kurzer Zeit erfasst werden, was die Eingriffstiefe intensiviert[855].

Durch eine solche flächendeckende Nutzung werden sich Straßenverkehrsteilnehmer kaum noch der Datenverarbeitung entziehen können[856] und wer-

---

850 Siehe bei Fn. 824.
851 So beispielsweise *Schlamp*, InTer 2018, 116 (122).
852 *Scholz* in: Simitis/Hornung/Döhmann, Datenschutzrecht, Anhang 1 zu Artikel 6 DSGVO Rn. 95; *Düsseldorfer Kreis*, Orientierungshilfe „Videoüberwachung durch nicht-öffentliche Stellen", S. 3, 9; *Europäischer Datenschutzausschuss*, Leitlinien 3/2019 zur Verarbeitung personenbezogener Daten durch Videogeräte, Rn. 33.
853 *Schlamp*, InTer 2018, 116 (122).
854 *Stoklas*, ZD-Aktuell 2018, 06268; vgl. *Artikel-29-Datenschutzgruppe*, Stellungnahme 06/2014 zum Begriff des berechtigten Interesses des für die Verarbeitung Verantwortlichen gemäß Artikel 7 der Richtlinie 95/46/EG (WP 217), S. 50 nach der im Allgemeinen große Mengen personenbezogener Daten in die Interessenabwägung einbezogen werden sollen; *Stoklas/Wendt*, Das vernetzte und autonome Fahrzeug – Datenschutzrechtliche Herausforderungen, S. 67.
855 Zur Relevanz des Faktors der Anzahl der betroffenen Personen für die Interessenabwägung auch *Robrahn/Bremert*, ZD 2018, 291 (294); vgl. auch *Scholz* in: Simitis/Hornung/Döhmann, Datenschutzrecht, Anhang 1 zu Artikel 6 DSGVO Rn. 107 zur Videoüberwachung durch Drohnen.
856 Vgl. auch *Smoltczyk* in: Taeger, Chancen und Risiken von Smart Cams im öffentlichen Raum, S. 131.

den somit Gegenstand zahlreicher Erfassungsvorgänge durch Umfeldsensoren. Dies ist vor allem dort der Fall, wo sich viele Menschen an einem Ort aufhalten, zum Beispiel in Großstädten.

Echtzeitverarbeitung

Für die Echtzeitverarbeitung beziehungsweise den Vorgang der Umfelderfassung werden Objekte erkannt, deren Merkmale extrahiert und getrackt. Das Rohmaterial soll gelöscht werden.[857]

Sofern Objekte des Umfelds, also auch andere Straßenverkehrsteilnehmer, nicht für die Umfelderfassung relevant sind, werden sie zwar erfasst und wären auf dem Rohmaterial voraussichtlich auch identifizierbar, aber ihre Merkmale werden nicht extrahiert, nicht weiter analysiert und letztlich gelöscht. Die Erfassung erfolgt zwar dauerhaft während sich die betroffene Person im Erfassungsspektrum befindet, was die Belastung für die betroffenen Personen erhöht[858]. Die Extraktion der Merkmale erfolgt hingegen anlassbezogen[859], denn es werden gezielt die Merkmale extrahiert, die für das Umfeldmodell und das Szenenverständnis benötigt werden. Eine selektive Verarbeitung kann weniger belastend für betroffene Personen sein[860]. Somit erfolgt für die Unterscheidung der Objekte und für die Klassifizierung zwar eine Analyse und Aussonderung individueller Merkmale, was betroffene Personen grundsätzlich identifizier*bar* machen könnte. Dabei wird die betroffene Person nach jetzigem Stand der Technik aber nicht identifiziert, zum Beispiel durch die Zuordnung eines Namens.

Ein für die Interessen der betroffenen Person wichtiger Faktor ist die Speicherdauer[861], die bei der Echtzeitverarbeitung bereits aus Gesichtspunkten des Erforderlichkeitsprinzips nicht langfristig erfolgt und daher weniger belastend ist[862]. Zur Löschung des Rohmaterials ist bisher wenig bekannt, aufgrund der technischen Architektur ist aber davon auszugehen, dass die Daten spätestens bei Speichermangel des Steuergeräts überschrieben werden[863].

---

857 Siehe dazu die Ausführungen in 2.4.8.

858 *Herfurth*, ZD 2018, 514 (519).

859 Plädierend für den Faktor des Anlasses zur Bestimmung der Eingriffsintensität *Scholz* in: Simitis/Hornung/Döhmann, Datenschutzrecht, Anhang 1 Art. 6 DSGVO Rn. 94; vgl. auch BGH, Urt. v. 15.05.2018 – VI ZR 233/17 Rn. 25.

860 So *Scholz* in: Simitis/Hornung/Döhmann, Datenschutzrecht, Anhang 1 zu Artikel 6 DSGVO Rn. 12.

861 *Herfurth*, ZD 2018, 514 (519).

862 *Lutz*, Automatisiertes Fahren, Dashcams und die Speicherung beweisrelevanter Daten, S. 113; hinsichtlich der Speicherdauer ist zum Beispiel zu Dashcams zu unterscheiden, die dauerhaft das Straßengeschehen aufnehmen und speichern und vom BGH als datenschutzrechtlich unzulässig eingestuft wurden, siehe auch BGH, Urt. v. 15.05.2018 – VI ZR 233/17 Rn. 25 f.

863 Siehe dazu die Ausführungen in 2.4.8.

Hier ist anzumerken, dass die Speicherung nicht mehr benötigter personenbezogener Daten nicht nur dem Erforderlichkeitsgrundsatz entgegenstehen kann[864], sondern auch den Interessen der betroffenen Personen zuwiderläuft. Denn je länger Daten aufbewahrt werden, desto höher ist die Wahrscheinlichkeit, dass ein unbefugter Zugriff auf die Daten stattfindet oder diese für unzulässige Zwecke verarbeitet werden könnten[865]. Sofern Daten spätestens nach Ausführung des Fahrmanövers (ggf. mit erforderlicher Wartezeit) gelöscht werden, kann dies aber ein mildernder Faktor sein, weil die Daten ab diesem Zeitpunkt nicht mehr (weiter)verarbeitet werden können.

Weiterentwicklung

Für die Weiterentwicklung sollen nur solche Aufnahmen oder Merkmale langfristig gespeichert werden, die für die Weiterentwicklung des hochautomatisierten Fahrsystems erforderlich sind. Anders als bei der Echtzeitverarbeitung soll bei der Weiterentwicklung Rohbildmaterial langfristig gespeichert werden. Das Rohbildmaterial weist einen hohen Informationsgehalt und eine hohe Informationsdichte auf, was für die Interessenabwägung berücksichtigt werden muss[866]. Relativierend kann man aber entgegenbringen, dass die Aufnahmen nur ausschnittsweise respektive anlassbezogen erfolgen. Dadurch können die Daten auf ein Mindestmaß reduziert werden[867]. Bewegungsprofile von Straßenverkehrsteilnehmern sind damit unwahrscheinlich, da Aufnahmen pointiert ausgewertet werden. Ohnehin würde die Erstellung dauerhafter Aufnahmen, wie beispielsweise bei Dashcams, voraussichtlich zu einem Überwiegen der Betroffeneninteressen führen[868]. Grundsätzlich ist die Verknüpfung von Daten im fließenden Verkehr unwahrscheinlich, denn ein Straßenverkehrsteilnehmer wird lediglich eine kurze Dauer im Bild erfasst werden[869].

---

864 Siehe 6.6.2.1.
865 Vgl. auch *Herfurth*, ZD 2018, 514 (519); im weiteren Sinne auch *Düsseldorfer Kreis*, Orientierungshilfe „Videoüberwachung durch nicht-öffentliche Stellen", S. 3.
866 *Scholz* in: Simitis/Hornung/Döhmann, Datenschutzrecht, Anhang 1 zu Artikel 6 DSGVO Rn. 94.
867 Vgl. auch *Schlamp*, InTer 2018, 116 (122) in Bezug auf Unfalldatenspeicher.
868 BGH, Urt. v. 15.05.2018 – VI ZR 233/17 Rn. 26. Obwohl das Urteil noch unter dem BDSG a. F. gesprochen wurde, kann dieses Ergebnis für die DSGVO übertragen werden, da sich die Kriterien für die datenschutzrechtliche Bewertung nicht verändert haben, so auch *Bayerisches Landesamt für Datenschutzaufsicht*, 8. Tätigkeitsbericht 2017/2018, S. 110. Vgl. auch *Europäischer Datenschutzausschuss*, Leitlinien 3/2019 zur Verarbeitung personenbezogener Daten durch Videogeräte, Rn. 35.
869 Um einen Straßenverkehrsteilnehmer zu überwachen und die aufgenommenen Daten zu verknüpfen, bedürfte es einer gezielten Überwachung über mehrere Fahrzeuge hinweg. Dieser Fall wird für den hier diskutierten Fall ausgeschlossen.

Dennoch muss ebenso berücksichtigt werden, dass bei pointierten Aufnahmen das Risiko besteht, dass auch delikate Situationen dokumentiert werden können[870].

Bei der Auswertung für die Weiterentwicklung muss beachtet werden, dass voraussichtlich ein definierter Personenkreis Zugriff auf das Bildmaterial haben und dieses auswerten wird. Denn in der Regel werden, vor allem große Unternehmen, bereits ein unternehmensinternes Berechtigungskonzept aufweisen, das nur dem zugewiesenen Personal (hier die involvierten Entwickler) Zugriff auf die Daten geben wird.

Ferner muss für die Interessenabwägung die Aktualität der Aufnahmen berücksichtigt werden, die bei mangelnder Aktualität die Position der betroffenen Person abschwächt[871]. Anders als bei der Echtzeitverarbeitung handelt es sich bei der Weiterentwicklung nicht um Echtzeitdaten. Die Daten werden verzögert von Entwicklern ausgewertet. Ist ihre Speicherung längerfristig erforderlich, nimmt die Aktualität und die damit verbundene persönliche Relevanz mit steigender Archivierungsdauer ab.

6.6.3.5 Vernünftige Erwartungen der betroffenen Personen

Gemäß Erwägungsgrund 47 Satz 1 DSGVO spielen bei der Interessenabwägung die vernünftigen Erwartungen der betroffenen Personen eine wichtige Rolle. Maßgebend ist demnach „ein objektivierter Maßstab, das heißt, welche Erwartungen ein vernünftiger Dritter in der Person des Betroffenen hätte"[872].

Bevor betroffene Personen ihre vernünftigen Erwartungen formulieren können, müssen sie darüber unterrichtet werden, dass personenbezogene Daten über sie verarbeitet werden[873]. Schließlich besteht auch die Möglichkeit, dass Verkehrsteilnehmer vor fremder Datenverarbeitung verschont bleiben möchten, insbesondere in den Fällen, in denen sie keine Kenntnis von der Verarbeitung haben[874].

---

870 *Lutz*, Automatisiertes Fahren, Dashcams und die Speicherung beweisrelevanter Daten, S. 127.
871 *Klar*, Datenschutzrecht und die Visualisierung des öffentlichen Raums, S. 219 f.
872 BGH, Urt. v. 12.07.2018 – III ZR 183/17 Rn. 87. I. d. S. auch *Europäischer Datenschutzausschuss*, Leitlinien 3/2019 zur Verarbeitung personenbezogener Daten durch Videogeräte, Rn. 36
873 *Taeger* in: Taeger/Gabel, DSGVO – BDSG, Art. 6 DSGVO Rn. 98.
874 *V. Schönfeld*, DAR 2015, 617 (619); vgl. auch im weiteren Sinne die Ausführungen zum Recht der Selbstbewahrung von *Schwenke*, Private Nutzung von Smartglasses im öffentlichen Raum, S. 114 ff.

Bereits heute setzen Automobilhersteller teilautomatisierte Systeme oder Fahrerassistenzsysteme ein, die mittels Umfeldsensorik arbeiten[875]. Bisher gibt es über die Datenverarbeitung durch die Umfeldsensorik dieser Systeme nur wenige Informationen. Es sind zwar Datenschutzhinweise für Fahrzeugfunktionen online zugänglich, allerdings beziehen sich diese überwiegend auf die Datenverarbeitung von Fahrerdaten und nicht auf Daten des Umfelds[876]. Dabei ist die Einhaltung von Transparenzpflichten für die Umfelderfassung besonders wichtig, denn die Umfeldsensoren werden bewusst möglichst nicht sichtbar am Fahrzeug angebracht[877]. Somit wird für den durchschnittlichen Straßenverkehrsteilnehmer nicht erkennbar sein, ob ein Fahrzeug überhaupt Umfeldsensorik besitzt oder aktiviert hat.

Hinsichtlich einer intransparenten Informationspraxis bei Videoaufnahmen wird vertreten, dass Videoaufnahmen, ohne vorherige Information und damit ohne Wissen der betroffenen Personen, heimlich vorgenommen werden.[878] Unabhängig von einem möglichen Verstoß gegen die Transparenzpflichten werden heimliche Videoaufnahmen als besonders belastend angesehen und lediglich in Einzelfällen als *ultima ratio* akzeptiert.[879] Gegen die heimliche Datenerhebung spricht ebenfalls § 63c Abs. 1 S. 2 StVG. Dieser schreibt vor, dass eine verdeckte Datenerhebung im Straßenverkehr für die Überprüfung der Einhaltung von Verkehrsbeschränkungen und Verkehrsverboten unzulässig ist. Das bedeutet, dass selbst eine Ahndung von

---

875 Siehe dazu Fn. 824.
876 Tesla informiert, dass kurze Videoaufnahmen von den Außenkameras des Fahrzeugs erfasst werden, um die Verbesserung und Entwicklung autonomer Sicherheitsfunktionen weiterzuentwickeln und um „Dinge, wie Straßenmarkierungen, Straßenschilder und Ampelstellungen zu erkennen", wobei das Bildmaterial nicht mit der FIN verknüpft wird, siehe *Tesla*, Datenschutzerklärung (Stand April 2021), https://www.tesla.com/de_DE/about/legal#from-vehicle (16.08.23). Allerdings wird hierbei weder erklärt, welche Daten von den betroffenen Verkehrsteilnehmern in den genannten Videoaufnahmen verarbeitet werden, noch ist ersichtlich, wie ein Verkehrsteilnehmer als betroffene Person Kenntnis über diese Videoaufnahmen erlangt. Der Hinweis, dass keine Verknüpfung mit der FIN stattfinde, ist ein Indiz dafür, dass sich diese Hinweise wohl an Fahrer richten sollen. BMW erwähnt in den Rechtlichen Hinweisen zum Datenschutz (abrufbar unter https://www.bmw.de/content/dam/bmw/marketDE/bmw_de/new-vehicles/pdf/BMW_ConnectedDrive_Datenschutz_D4_201118.pdf.asset.1606493964684.pdf) (09.06.21) bspw. einen Drive Recorder (S. 24) und BMW Remote 3D View (S. 41). Auch hier wird nur auf die Datenerfassung der Fahrer eingegangen. Hinweise für Datenverarbeitungen des Umfelds sind nicht ersichtlich. Ebenfalls fehlt ein Hinweis darüber, wie das Umfeld erkennen kann, ob eine der Funktionen ausgelöst wird.
877 Das Verbergen der Kamerasysteme ist sogar intendiert (siehe bei Fn. 110). Somit ist nicht davon auszugehen, dass Fahrzeuge zukünftig sichtbare Kameras haben werden.
878 *Klar*, Datenschutzrecht und die Visualisierung des öffentlichen Raums, S. 89.
879 *Scholz* in: Simitis/Hornung/Döhmann, Datenschutzrecht, Anhang 1 Art. 6 DSGVO Rn. 99; *Niehaus*, NZV 2016, 551 (554) m. w. N.

Verkehrsverboten (durch den Staat) mittels heimlicher Videoüberwachung unzulässig ist. In der Konsequenz wird die heimliche Datenerhebung durch einen privaten Akteur für die eigenen wirtschaftlichen Zwecke ebenso keine heimliche Datenverarbeitung rechtfertigen können.

Sollte die Datenverarbeitung der Umfeldsensorik dennoch legitime Zwecke verfolgen und derart ausgestaltet sein, dass betroffene Personen über die Datenverarbeitung keine Kenntnis erlangen können, muss dies bei der Interessenabwägung berücksichtigt werden.

Bei fehlender Information muss ferner berücksichtigt werden, dass betroffene Personen durch das Unwissen nicht von ihren Rechten, insbesondere ihrem Widerspruchsrecht, Gebrauch machen können[880]. Dies erstreckt sich zum einen darauf, *ob* eine Person durch die Umfeldsensorik erfasst wurde[881]. Zum anderen ist wichtig, *wie* die Daten verarbeitet werden. Letzteres bezieht sich zum Beispiel darauf, wer Zugriff auf die Daten hat, wie lange die Daten gespeichert beziehungsweise wann sie gelöscht werden.

Ferner spielt die Ab- bzw. Vorhersehbarkeit der Datenverarbeitung eine wichtige Rolle[882]. Beim hochautomatisierten Fahren muss die Datenverarbeitung aktiviert werden, sodass für die betroffenen Personen ohne Hinweise nicht absehbar ist, ob und wann eine Datenverarbeitung tatsächlich stattfindet. Insbesondere bei einer längerfristigen Speicherung ist für betroffene Personen ohne vorherige Information nicht absehbar, was mit den Daten passiert. Diese Unklarheit kann Misstrauen erzeugen, da die verarbeiteten Informationen über die betroffenen Personen theoretisch auch in negativer Weise verwendet werden können.

In sensiblen Bereichen und Bereichen der Freizeitgestaltung wird regelmäßig angenommen, dass betroffene Personen nicht mit einer Videoüberwachung rechnen müssen, weshalb die Schutzbedürftigkeit an diesen Orten höher einzustufen ist bzw. das schutzwürdige Interesse der betroffenen Person überwiegen kann[883]. Einschränkend muss man berücksichtigen, dass bei

---

880 *Scholz* in: Simitis/Hornung/Döhmann, Datenschutzrecht, Anhang 1 zu Artikel 6 DSGVO Rn. 99 m. w. N.; I. d. S. *Lohse* in: Deutscher Verkehrsgerichtstag, 54. Deutscher Verkehrsgerichtstag 2016, S. 186; *Kugelmann*, DuD 2016, 566 (567); *Roßnagel*, DuD 2016, 561 (563); *Heberlein* in: Ehmann/Selmayr, Datenschutz-Grundverordnung, Art. 6 Rn. 34; ausführlich in 7.

881 Vgl. auch *Lohse* in: Deutscher Verkehrsgerichtstag, 54. Deutscher Verkehrsgerichtstag 2016, S. 186 zu Dashcams.

882 *Albers/Veit* in: Wolff/Brink, BeckOK Datenschutzrecht, 35. Edition, Art. 6 DS-GVO Rn. 53; *Albrecht/Jotzo*, Das neue Datenschutzrecht der EU, Teil 3 Rn. 51.

883 *Europäischer Datenschutzausschuss*, Leitlinien 3/2019 zur Verarbeitung personenbezogener Daten durch Videogeräte, Rn. 37 f.; *Bayerisches Landesamt für Datenschutzaufsicht*, 8. Tätigkeitsbericht 2017/2018, S. 112; *Der Landesbeauftragte für Datenschutz und Informationsfreiheit Mecklenburg-Vorpommern*, Vierzehnter Tätig-

dieser Auffassung offengelassen wird, ob sie sich auf eine gezielte Überwachung bezieht oder auch Aufnahmen umfasst, die Bereiche der Freizeitgestaltung beiläufig erfassen. Bei einer strikten Auslegung könnte man annehmen, dass zum Beispiel der Rand eines Stadtparks, der an einer Straße liegt und dadurch teilweise ein Einblick möglich ist, nicht gefilmt werden dürfte. Gegen das Überwiegen der Betroffeneninteressen bei solchen Übergangsbereichen könnte sprechen, dass betroffene Personen bereits an dauerhafte Videoüberwachungsmaßnahmen im öffentlich zugänglichen Bereich gewöhnt sind und insbesondere in solchen Übergangsbereichen Aufnahmen möglich sind. Schließlich nutzen bereits heute schon einige Fahrer sogenannte Dashcams, die ebenfalls das Straßengeschehen, inklusive genannter Übergangsbereiche, filmen. Allerdings werden hochautomatisierte Fahrzeuge flächendeckender eingesetzt, sodass auch in den Übergangsbereichen eine enorme Anzahl an Datenerfassungen stattfinden würde[884]. Insofern kann wohl eine pauschale Aussage in solchen Übergangsbereichen nicht getroffen werden, sondern muss im Einzelfall abgewogen werden.

Bei den vernünftigen Erwartungen ist ebenso die Beziehung zwischen dem Verantwortlichen und der betroffenen Person zu berücksichtigen (Erwägungsgrund 47 Satz 1 DSGVO). Je nach der Stellung des Verantwortlichen und den besonderen Umständen kann die Stellung des Verantwortlichen in Bezug auf die betroffene Person beherrschend sein[885]. Somit kann ein multinationales Großunternehmen über mehr Ressourcen und Verhandlungsstärke verfügen, um betroffenen Personen eigene Ansichten des berechtigten Interesses aufzuerlegen[886]. In Bezug auf den Verantwortlichen (in diesem Szenario voraussichtlich der Automobilhersteller[887]) kann festgestellt werden, dass es sich um große, multinationale Unternehmen handelt. Ebenso hat der Automobilhersteller die Gestaltungshoheit der Hard- und Software und

---

keitsbericht zum Datenschutz, S. 38; *Datenschutzkonferenz*, Kurzpapier Nr. 15. Videoüberwachung nach der Datenschutz-Grundverordnung, S. 2; *Datenschutzkonferenz*, Orientierungshilfe Videoüberwachung durch nicht-öffentliche Stellen, S. 12; *Scholz* in: Simitis/Hornung/Döhmann, Datenschutzrecht, Anhang 1 zu Artikel 6 DSGVO Rn. 107.

884 Vgl. auch *Scholz* in: Simitis/Hornung/Döhmann, Datenschutzrecht, Anhang 1 zu Artikel 6 DSGVO, der in Bezug auf Drohnen mit mobilen Kameras eine höhere Eingriffstiefe annimmt.

885 *Artikel-29-Datenschutzgruppe*, Stellungnahme 06/2014 zum Begriff des berechtigten Interesses des für die Verarbeitung Verantwortlichen gemäß Artikel 7 der Richtlinie 95/46/EG (WP 217), S. 51.

886 *Artikel-29-Datenschutzgruppe*, Stellungnahme 06/2014 zum Begriff des berechtigten Interesses des für die Verarbeitung Verantwortlichen gemäß Artikel 7 der Richtlinie 95/46/EG (WP 217), S. 51.

887 Für diese Arbeit wird angenommen, dass der Automobilhersteller datenschutzrechtlich verantwortlich ist. Individualkonstellationen können hiervon abweichen, siehe Kapitel 5.

kann somit ohne das Wissen betroffener Personen über Datenverarbeitungen entscheiden.[888] Es ist für Verantwortliche also theoretisch möglich, betroffenen Personen weitreichende Datenverarbeitungen einseitig aufzuerlegen[889] bzw. die Interessenabwägung zu den eigenen Gunsten zu beeinflussen. Mildernd ist aber festzuhalten, dass eine solche Beeinflussung nur begrenzt möglich ist, da der Verantwortliche dennoch den Datenschutzgrundsätzen des Art. 5 Abs. 1 DSGVO sowie der Rechenschaftspflicht gemäß Art. 5 Abs. 2 DSGVO unterliegt, die ihn zur Einhaltung und zum Nachweis einer datenschutzkonformen Verarbeitungsweise verpflichten.

Ebenso muss auch die Stellung der betroffenen Personen betrachtet werden[890]. Bei der Umfelderfassung werden Straßenverkehrsteilnehmer durch die Teilnahme am Straßenverkehr zu betroffenen Personen der Datenverarbeitung. Sie haben keine direkte Beziehung zum Verantwortlichen, wie zum Beispiel der Halter durch einen Vertragsabschluss für ein hochautomatisiertes Fahrsystem mit dem Automobilhersteller. Das könnte zur Folge haben, dass betroffenen Personen nicht mit der Datenverarbeitung rechnen. Lediglich der Schnittpunkt der Verkehrssicherheit bringt die beiden Akteure zusammen: Der Verantwortliche erhöht durch die hochautomatisierte Fahrfunktion die Sicherheit im Straßenverkehr, wovon betroffene Personen des Umfelds profitieren und insofern auch ein Interesse an diesem Vorgehen haben werden. Auch an dieser Stelle ist erneut auf transparente Informationen zur Datenverarbeitung hinzuweisen[891], da sie die Möglichkeit eröffnen, mit den betroffenen Personen zu kommunizieren.

6.6.3.6 Auswirkung der Datenverarbeitung

Bei den Auswirkungen der Datenverarbeitung sind grundsätzlich positive *und* negative Aspekte für die betroffenen Personen zu betrachten[892]. Dabei sind auch zukünftige Entscheidungen zu berücksichtigen[893], weshalb für das hochautomatisierte Fahren vor allem die positiven statistischen Erwar-

---

888 I. d. S. *Kunnert*, CR 2016, 509 (509).

889 Vgl. auch Bundeskartellamt, Beschl. v. 06.02.2019 – B6-22/16 Rn. 783 für das Verhältnis zwischen Facebook und den Nutzern.

890 *Artikel-29-Datenschutzgruppe*, Stellungnahme 06/2014 zum Begriff des berechtigten Interesses des für die Verarbeitung Verantwortlichen gemäß Artikel 7 der Richtlinie 95/46/EG (WP 217), S. 52.

891 So auch *Taeger* in: Taeger/Gabel, DSGVO – BDSG, Art. 6 DSGVO Rn. 98.

892 *Artikel-29-Datenschutzgruppe*, Stellungnahme 06/2014 zum Begriff des berechtigten Interesses des für die Verarbeitung Verantwortlichen gemäß Artikel 7 der Richtlinie 95/46/EG (WP 217), S. 47 m. w. N.

893 *Artikel-29-Datenschutzgruppe*, Stellungnahme 06/2014 zum Begriff des berechtigten Interesses des für die Verarbeitung Verantwortlichen gemäß Artikel 7 der Richtlinie 95/46/EG (WP 217), S. 47.

tungen für die Verkehrssicherheit betont werden müssen. Folgt man diesen Ausführungen, ist zu erwarten, dass das hochautomatisierte Fahren die Verkehrssicherheit erhöhen wird. Die erhöhte Sicherheit im Straßenverkehr ist ein hohes Gut für jeden Straßenverkehrsteilnehmer und damit als positive Auswirkung zu werten.

Das hochautomatisierte Fahren birgt aber auch negative Auswirkungen: Dazu zählt zuvorderst die bereits mehrfach dargestellte ungefragte, dauerhafte Beobachtung und Datenverarbeitung durch hochautomatisierte Fahrzeuge. Jede Bewegung der Straßenverkehrsteilnehmer wird potentiell erfasst, analysiert und getrackt. Diese stetige Beobachtung und Analyse führen dazu, dass das Verhalten des Straßenverkehrsteilnehmers vorhergesagt werden soll. Dies kann einen Überwachungsdruck auslösen[894], sodass Straßenverkehrsteilnehmer eingeschüchtert werden[895], sich vom Gebrauch ihrer Freiheitsrechte abhalten lassen[896] oder ihr Verhalten anpassen[897].

Die Tatsache, dass Kameras im Straßenverkehr beeinträchtigend sein können, zeigt die Auswertung einer Umfrage: Danach gaben 45 % der Befragten an, dass Dashcams eine Atmosphäre der Überwachung erzeugen würden. 20 % gaben sogar an, dass die Kameras ein Eingriff in die Privatsphäre wären und verboten werden sollten.[898] Insofern stehen 65 % der Befragten Kameras im Straßenverkehr kritisch gegenüber.

Ein weiterer Indikator, dass in der Öffentlichkeit eingesetzte Kameras einen Überwachungsdruck auslösen, zeigt der Einsatz von Datenbrillen, wie zum Beispiel „Google Glass". Durch die in das Brillenglas integrierte Kamera wissen Außenstehende nicht, ob sie gerade von einer Kameraaufnahme betroffen sind. Im Fall von Datenbrillen wurde bereits untersucht, dass solche Datenbrillen nicht positiv wahrgenommen wurden[899]. Unter anderem wurde dies durch die Möglichkeit eines Überwachungsdrucks begründet[900].

---

894 LG Memmingen, Urt. v. 14.01.2016 – 22 O 1983/13 = openJur 2016, 12409 Rn. 66 in Bezug auf Dashcams; *Niehaus*, NZV 2016, 551 (554); *Froitzheim*, NZV 2018, 109 (112 f.) m. w. N., *Mäsch/Ziegenrücker*, JuS 2018, 750 (752); *Düsseldorfer Kreis*, Orientierungshilfe „Videoüberwachung durch nicht-öffentliche Stellen", S. 3; BGH, Urt. v. 15.05.2018 – VI ZR 233/17 Rn. 26 in Bezug auf Dashcams; *Rose*, RDV 2019, 123 (128); *Schwenke*, Private Nutzung von Smartglasses im öffentlichen Raum, S. 128; *Rose*, ZD 2017, 64 (66); *Bachmeier*, DAR 2014, 15 (18).
895 *Klar*, Datenschutzrecht und die Visualisierung des öffentlichen Raums, S. 58 ff.
896 *Niehaus*, NZV 2016, 551 (554) m. w. N.
897 *Schwenke*, Private Nutzung von Smartglasses im öffentlichen Raum, S. 128.
898 *Bitkom*, v. 06.04.2018, https://www.bitkom.org/Presse/Presseinformation/Jeder-Zweite-fuer-Dashcam-Pflicht.html (16.08.23) = *ZD-Aktuell*, ZD-Aktuell 2018, 04298.
899 *Schwenke*, Private Nutzung von Smartglasses im öffentlichen Raum, S. 67; *Koelle u. a.*, DuD 2017, 152 (153 ff.).
900 *Schwenke*, Private Nutzung von Smartglasses im öffentlichen Raum, S. 284.

Ferner kann die kritische Haltung gegenüber Videokameras auch anhand von Eingaben durch deutsche Datenschutzaufsichtsbehörden festgestellt werden. So sollen Beschwerden über Videoüberwachungen besonders häufig gemeldet werden[901]. Dadurch wird deutlich, dass betroffene Personen eine kritische Haltung gegenüber Videokameras (in der Öffentlichkeit) einnehmen, was ebenso auf einen möglichen Überwachungsdruck zurückzuführen sein kann.

Ebenso negativ können sich Entscheidungen des Fahrsystems auswirken. Da das hochautomatisierte Fahrsystem ohne die Beteiligung der betroffenen Person eine Entscheidung zum Fahrmanöver trifft, ist es möglich, dass betroffene Personen dadurch negativ in ihrer Autonomie eingeschränkt werden können. Das kann zum Beispiel der Fall sein, wenn das Fahrzeug ein mit der Individualautonomie kollidierendes Fahrmanöver einleitet, das in einem Unfall endet. Der vermeintliche Sicherheitsgewinn des hochautomatisierten Fahrens kann in einem solchen Fall negative Auswirkungen für die betroffene Person bergen, die ebenfalls bei der Abschätzung der Folgen berücksichtigt werden müssen.

6.6.4 Gegenüberstellung und Abwägen der Interessen

In den vorherigen Unterkapiteln wurden die berechtigten Interessen des Verantwortlichen auf der einen Seite und die Interessen der betroffenen Personen auf der anderen Seite ausgeführt. Diese Ausführungen dienten dazu, die „Waagschalen" zu füllen und damit die Interessenabwägung vorzubereiten[902]. Um eine bessere Übersicht zu erhalten, werden die wichtigsten Argumente im Folgenden gegenübergestellt. Dabei werden jedem Interesse (linke Spalte) die bereits ausgeführten Argumente für den Verantwortlichen (mittlere Spalte) („Was spricht für die Datenverarbeitung?") und die Argu-

901 So *Der Landesbeauftragte für den Datenschutz und die Informationsfreiheit Rheinland-Pfalz*, Best of Datenschutz 2019, https://www.datenschutz.rlp.de/de/aktuelles/detail/news/detail/News/pressemitteilung-best-of-datenschutz-2019/ (16.08.23); vgl. auch kritische Aussagen anderer Landesbeauftragter für den Datenschutz in der Vergangenheit, so zum Beispiel *Krempl*, heise online v. 09.04.2014, https://www.heise.de/newsticker/meldung/Datenschuetzer-beklagen-Wildwuchs-bei-Videoueberwachung-2167035.html (16.08.23) oder *Krempl*, heise online v. 23.05.2014, https://www.heise.de/newsticker/meldung/Heftige-Datenschutzgewitter-ueber-Thueringen-2196487.html (16.08.23).
902 Vgl. zum ähnlichen Vorgehen von *Herfurth*, ZD 2018, 514 (520). Vgl. auch *Artikel-29-Datenschutzgruppe*, Stellungnahme 06/2014 zum Begriff des berechtigten Interesses des für die Verarbeitung Verantwortlichen gemäß Artikel 7 der Richtlinie 95/46/EG (WP 217), S. 43, 52 f., die zunächst noch den Zwischenschritt des „vorläufigen Gleichgewichts" einbauen, das nach Prüfung und gegenseitiger Abwägung beider Seiten hergestellt werden kann.

mente für die betroffene Person (rechte Spalte) („Was spricht für die Interessen der betroffenen Personen und teilweise gegen die Datenverarbeitung?") zugeordnet.

	Verantwortlicher	Betroffene Person
Berechtige Interessen des Verantwortlichen		
Öffentliche und gesellschaftliche Interessen	• Verkehrssicherheit wird erhöht, was auch im Interesse der betroffenen Personen ist. • Erhöhte Sicherheit adressiert große Gruppe (alle Straßenverkehrsteilnehmer), was dem Interesse mehr Gewicht verleihen kann.	
Wirtschaftliches Interesse	• Automobilhersteller genießt grundrechtlichen Schutz aus der unternehmerischen Freiheit (Art. 16 GRCh).	
Regulatorische Vorgaben im Automobilbereich	• Regulatorisch vorgeschriebene Fahrzeugfunktionen bedürfen präziser Umfelderfassung und dazugehöriger Datenverarbeitung.	• Die dargestellten regulatorischen Vorgaben enthalten keine konkreten datenschutzrechtlichen Vorgaben. Es bedarf einer differenzierten Betrachtung hinsichtlich einer verhältnismäßigen Datenverarbeitung.
Produktbeobachtungspflicht	• Bereits heute besteht eine umfangreiche Produktbeobachtungspflicht, die voraussichtlich auch für das hochautomatisierte Fahren gelten wird. • Auch das Postulat des BGH legt strenge Vorgaben hinsichtlich der Produktbeobachtungspflichten fest.	• Die Produktbeobachtungspflicht enthält keine konkreten datenschutzrechtlichen Vorgaben. Es bedarf einer differenzierten Betrachtung hinsichtlich einer verhältnismäßigen Datenverarbeitung.
	Verantwortlicher	Betroffene Person
Interessen der betroffenen Personen		
Involvierte Akteure	• Verarbeitete Daten im Rahmen der Echtzeitverarbeitung werden lokal verarbeitet; darum ist die Anzahl der involvierten Akteure gering.	• Die lokale Verarbeitung wird insofern abgeschwächt, dass die Möglichkeit eines Fernzugriffs besteht. • Für die Weiterentwicklung werden voraussichtlich Auftragsverarbeiter und Dritte Zugriff auf das Datenmaterial erhalten. • Es ist eine Vielzahl an Personen (alle Straßenverkehrsteilnehmer) von der Datenverarbeitung betroffen.

Datenkategorien	• Es handelt sich um Daten der öffentlichen Sphäre und keine Daten aus der Privat- oder Intimsphäre. • Kameras erfassen dasselbe, was ein Fahrer sehen könnte. Betroffene Personen entscheiden also nach wie vor darüber, wie sie wahrgenommen werden wollen. • Es besteht keine Absicht, besondere Kategorien personenbezogener Daten zu verarbeiten.	• Das Recht, sich in der Öffentlichkeit frei bewegen zu können, wird eingeschränkt. • Die Teilnahme am Straßenverkehr ist unumgänglich, sodass sich betroffene Personen der Datenverarbeitung aussetzen müssen. • Die Interessen der Kinder genießen bei der Interessenabwägung erhöhten Schutz.
Art der Datenverarbeitung/Intention der Verwendung	• Bei der Echtzeitverarbeitung erfolgt die Datenverarbeitung lokal im Fahrzeug. • Nach der Merkmalsextraktion werden Daten auf Merkmalsebene mit reduziertem Informationsgehalt verarbeitet. • Die Erfassung findet nur dann statt, wenn der hochautomatisierte Fahrmodus aktiviert ist. • Das Rohmaterial soll nach Abschluss des Fahrmanövers gelöscht werden. • Viele Straßenverkehrsteilnehmer werden nur beiläufig miterfasst, aber weder analysiert, noch im Rahmen der Weiterentwicklung auf den längerfristigen Aufnahmen gespeichert sein. • Die Weiterentwicklung erfolgt anlassbezogen. Durch diese pointierte Auswertung ist eine Verknüpfung von Daten oder Bewegungsprofilen unwahrscheinlich. • Bei vorhandenem Berechtigungskonzept haben nur Entwickler oder anderweitig Autorisierte Zugriff auf die Daten in der Weiterentwicklung. • Bei der Weiterentwicklung handelt es sich nicht um Echtzeitdaten.	• Kameras haben eine hohe Auflösung, sodass die Erkennungsrate hoch ist. Das Fahrzeug hat einen 360° – Rundumblick ohne „tote Winkel". • Es handelt sich um mobile Kameras, sodass sich Straßenverkehrsteilnehmer der Datenverarbeitung nicht entziehen können. • Die Datenverarbeitung weist ein hohes zeitliches und räumliches Ausmaß auf. Es werden viele Menschen in kurzer Zeit, flächendeckend und dauerhaft erfasst. • Bei der Weiterentwicklung können Personen in delikaten Situationen erfasst werden. • Umfeldaufnahmen können u. U. im Fahrzeuginnenbildschirm angezeigt werden.

Vernünftige Erwartungen der betroffenen Personen	• Der Erfassungsbereich der Umfeldsensorik erstreckt sich überwiegend auf öffentliche Bereiche, sodass unerwartete Datenverarbeitungen wie Bereiche der Freizeitgestaltung unwahrscheinlich sind (wobei es bei Übergangsbereichen zur Einzelfallprüfung kommen wird). • Trotz überlegener Stellung zur betroffenen Person unterliegt der Verantwortliche den Datenschutzgrundsätzen des Art. 5 Abs. 1 DSGVO sowie der Rechenschaftspflicht gemäß Art. 5 Abs. 2 DSGVO und hat daher nur begrenzte Auslegungsspielräume.	• Um vernünftige Erwartungen formulieren zu können, bedarf es der Information über die Datenverarbeitung, wobei die Faktenlage dazu derzeit noch lückenhaft ist bzw. die meisten Automobilhersteller noch kein teilautomatisiertes System verkaufen. • Ein ebenso wichtiges Element ist die Vorhersehbarkeit der Datenverarbeitung, welche ebenfalls nur mittels aussagekräftiger Information über die Datenverarbeitung möglich ist. • Der Verantwortliche hat eine hohe Marktmacht; ein Machtgefälle gegenüber der betroffenen Personen ist damit vorhanden. • Es besteht keine Relation zum Verantwortlichen, weshalb betroffene Personen ggf. nicht mit einer Datenverarbeitung im alltäglichen Straßenverkehr rechnen.
Auswirkung der Datenverarbeitung	• Durch die Umfelderfassung kann die Verkehrssicherheit erhöht werden (positive Auswirkung).	• Es könnte ein Überwachungsdruck durch die dauerhafte Beobachtung und Datenerfassung entstehen (negative Auswirkung). • Ein durch das hochautomatisierte Fahrsystem berechnetes Fahrmanöver könnte mit den Interessen anderer Verkehrsteilnehmer kollidieren (negative Auswirkung).

Zuvorderst ist bei dieser Übersicht festzustellen, dass es zahlreiche Interessen für Verantwortliche und für betroffene Personen gibt, die miteinander abgewogen werden müssen. Betrachtet man die berechtigten Interessen des Verantwortlichen, ist das grundrechtlich verankerte Recht der unternehmerischen Freiheit in Art. 16 GRCh ein bedeutsames Interesse. Denn das Recht garantiert die freie Berufsausübung des Verantwortlichen und damit die Basis jeden wirtschaftlichen Handels. Um die regulatorischen Anforderungen eines (hoch-)automatisierten Fahrzeugs zu erfüllen, bedarf es einer präzisen Umfelderfassung. Denn erst die Umfeldsensoren ermöglichen, die Umgebung wahrzunehmen. Ferner gibt es strenge Vorgaben für die Produktbeobachtungspflicht, denen sich der Verantwortliche nicht widersetzen kann. Allerdings ist bei der Einhaltung jeglicher regulatorischer Vorgaben in Bezug auf den Datenschutz Augenmaß erforderlich, denn das „Wie" der Datenverarbeitung zur Erfüllung dieser Pflicht obliegt dem Verantwortlichen und darf kein Grund sein, unnötige Daten zu verarbeiten. Die Datenverarbeitung muss folglich erforderlich sein und den darin mündenden Grundsätzen entsprechen.

Ein kritischer Punkt, der die Interessen der betroffenen Personen überwiegen lassen könnte, ist vor allem die Dauerbeobachtung im öffentlichen Straßenverkehr, der sich betroffene Personen nicht entziehen können. Die Umfelderfassung erfolgt in einer technisch fortgeschrittenen, räumlich und zeitlich hohen Intensität sowie mit mobilen Kameras und zwar von vielen betroffenen Personen (alle Straßenverkehrsteilnehmer). In der Konsequenz kann ein Überwachungsdruck für die Straßenverkehrsteilnehmer entstehen, denn die Teilnahme am Straßenverkehr ohne eine Datenverarbeitung ist nicht mehr möglich.

Sofern betroffene Personen über die Datenverarbeitungsvorgänge nicht aufgeklärt werden, könnten sie keine Kenntnis über die Datenverarbeitung erlangen[903]. Die Vorhersehbarkeit sowie die Entscheidung, sich der Datenverarbeitung zu entziehen oder Rechte der betroffenen Personen (z. B. das Widerrufsrecht) geltend zu machen, sind nicht möglich.

Dennoch muss bei der Echtzeitverarbeitung berücksichtigt werden, dass nach der Merkmalsextraktion nur noch die Merkmale verarbeitet werden, bei denen unter Umständen keine Identifizierbarkeit mehr gegeben ist. Damit gibt es systemimmanente technische Restriktionen, welche die Datenmengen hinsichtlich Qualität und Quantität erheblich reduzieren. Im Allgemeinen muss auch berücksichtigt werden, dass die Daten der Umfeldsensorik zunächst lokal verarbeitet und zeitnah nach dem Fahrmanöver gelöscht werden, sodass der Zugriff nur innerhalb einer kurzen Zeitspanne für ausgewählte Akteure möglich wäre. Somit kann festgehalten werden, dass durch die in dieser Arbeit angenommene systemimmanente Funktionsweise der Umfelderfassung bereits wichtige Maßnahmen zur datenminimierenden Datenverarbeitung unternommen werden, um den Interessen der betroffenen Personen gerecht zu werden. Insbesondere wenn Verantwortliche noch transparenter über die Datenverarbeitung aufklären[904], trägt dies positiv zugunsten der Interessen der betroffenen Personen bei, weil betroffene Personen die Möglichkeit erhalten, die Datenverarbeitung nachzuvollziehen. Der Umfang der Datenverarbeitung und der Eingriff in die Rechte und Freihei-

---

903 Inwiefern die Informationspflicht von den Automobilherstellern in der Fläche umgesetzt wird, ist zu diesem Zeitpunkt aber noch ungewiss, weil viele Automobilhersteller noch kein hochautomatisiertes Fahrsystem anbieten. Als einziges Beispiel kann derzeit Tesla herangezogen werden, die anscheinend aber nur über die Verarbeitung von Fahrerdaten informieren, siehe in Fn. 876.

904 Siehe dazu Fn. 903. Allgemein zu den Informationspflichten in 7.

ten der betroffenen Personen wird somit bei der Echtzeitverarbeitung auf ein Minimum reduziert. Demgegenüber steht ein erheblicher Nutzen für den gesamten Straßenverkehr, den das hochautomatisierte Fahren mit sich bringt. Im Lichte dieser vorgenannten Faktoren kann folglich festgestellt werden, dass die Echtzeitverarbeitung auch ohne weitere Maßnahmen auf Art. 6 Abs. 1 lit. f DSGVO gestützt werden kann[905].

Bei der Weiterentwicklung kann keine eindeutige Ausgangslage für die Abwägung festgestellt werden, sodass an dieser Stelle lediglich ein vorläufiges Gleichgewicht erstellt werden kann[906]. Für eine finale Bewertung müssen daher vor einem endgültigen Ergebnis mögliche Schutzmaßnahmen betrachtet werden[907].

6.6.5 Zusätzliche Schutzmaßnahmen

Um die Interessenabwägung zu finalisieren, werden in diesem Unterkapitel mögliche zusätzliche Schutzmaßnahmen für die Umfelderfassung bei der Weiterentwicklung betrachtet, die gegebenenfalls zu einer Verschiebung des Interessengleichgewichts zugunsten der Verarbeitung führen können und dabei gleichzeitig die Interessen der betroffenen Personen berücksichtigen[908].

Einige der nachfolgend genannten Schutzmaßnahmen sind bereits nach der DSGVO verpflichtend. Allerdings ist der Umfang häufig für Anpassungen offen und lässt dem Verantwortlichen Gestaltungsspielraum.[909] Darum sollen im Folgenden Möglichkeiten aufgezeigt werden, diesen Spielraum – bezogen auf die Umfelderfassung für die Weiterentwicklung – auszufüllen.

6.6.5.1 Grundsatz der Datenminimierung

Gemäß Art. 5 Abs. 1 lit. c DSGVO soll die Datenverarbeitung auf das für die Zwecke notwendige Maß beschränkt sein. Dies ist bereits im Rahmen

---

905 I.E. auch *Stoklas/Wendt*, Das vernetzte und autonome Fahrzeug – Datenschutzrechtliche Herausforderungen, S. 68.

906 Vgl. auch *Artikel-29-Datenschutzgruppe*, Stellungnahme 06/2014 zum Begriff des berechtigten Interesses des für die Verarbeitung Verantwortlichen gemäß Artikel 7 der Richtlinie 95/46/EG (WP 217), S. 43, 53.

907 Vgl. auch *Artikel-29-Datenschutzgruppe*, Stellungnahme 06/2014 zum Begriff des berechtigten Interesses des für die Verarbeitung Verantwortlichen gemäß Artikel 7 der Richtlinie 95/46/EG (WP 217), S. 53.

908 So die Vorgehensweise der *Artikel-29-Datenschutzgruppe*, Stellungnahme 06/2014 zum Begriff des berechtigten Interesses des für die Verarbeitung Verantwortlichen gemäß Artikel 7 der Richtlinie 95/46/EG (WP 217), S. 53 ff.

909 *Artikel-29-Datenschutzgruppe*, Stellungnahme 06/2014 zum Begriff des berechtigten Interesses des für die Verarbeitung Verantwortlichen gemäß Artikel 7 der Richtlinie 95/46/EG (WP 217), S. 53.

des Erforderlichkeitsgrundsatzes zu berücksichtigen[910]. Allerdings könnte der Verantwortliche auch Maßnahmen anstreben, die über die gesetzlichen Forderungen hinausgehen und weiterhin zumutbar sind. So könnte einerseits die Menge an erfassten Personen reduziert werden, andererseits auch die Datenmenge, wodurch eine Identifizierbarkeit vermieden werden kann[911]. Im Rahmen der Weiterentwicklung kann eine datenminimierende Ausgestaltung der Speicherdauer ebenso eine positive Wirkung auf die Interessen der betroffenen Personen haben.

6.6.5.2 Transparenz schaffen

Eine weitere zusätzliche Schutzmaßnahme ist ein transparentes Vorgehen[912]. Es wurde bereits öfters angesprochen, dass betroffene Personen über die Datenverarbeitung informiert werden sollen. Da sich bei den Informationspflichten der Art. 13 und 14 DSGVO zahlreiche Herausforderungen ergeben, werden mögliche Optionen einer konkreten Ausgestaltung der Informationspflicht in 7 ausführlicher betrachtet. An dieser Stelle steht im Vordergrund, dass Maßnahmen zugunsten der Transparenz einen positiven Effekt für die Interessen der betroffenen Personen haben, selbst wenn die DSGVO hinsichtlich der gesetzlich geforderten Informationsmodalitäten undeutlich ist[913].

Bei den Transparenzmaßnahmen kann es nicht nur sinnvoll sein, den betroffenen Personen zu verdeutlichen, dass sie durch die Umfeldsensorik erfasst werden, sondern ebenso, ob eine Aufnahme dauerhaft erfolgt (für die Weiterentwicklung). Dies wirkt sich insofern positiv auf die Rechte der betroffenen Personen aus, da betroffenen Personen dann Kenntnis erlangen, ob sie ihre Rechte wahrnehmen müssten.

Ebenso ist es wichtig, die Informationen situationsgerecht umzusetzen[914]. Bei der Umfelderfassung gibt es besondere Eigenheiten, die sich auch auf die Informationserteilung auswirken. So ist ein Hinweis an den Umfeldsensoren respektive auf dem Fahrzeug aufgrund des mangelnden Platzes schwierig. Ebenso müsste ein solcher Hinweis entsprechend lesbar sein, da sich das Fahrzeug entsprechend schnell fortbewegt.

---

910 Ausführlich in 6.6.2.2.
911 Vgl. auch *Hon/Millard/Walden*, Int. Data Priv. Law 2011, 211 (228). Siehe auch die Ausführungen zum möglichen Personenbezug bei Merkmalsdaten in 4.3.5.3.2.
912 *Artikel-29-Datenschutzgruppe*, Stellungnahme 06/2014 zum Begriff des berechtigten Interesses des für die Verarbeitung Verantwortlichen gemäß Artikel 7 der Richtlinie 95/46/EG (WP 217), S. 56.
913 Siehe dazu in 7.3.
914 Siehe dazu ausführlich in 7.2.

6.6.5.3 Widerspruchsrecht vereinfachen

Den betroffenen Personen steht nach Art. 21 Abs. 1 DSGVO ein Widerspruchsrecht jederzeit zu, wenn sie auf Gründe verweisen, die sich aus ihrer besonderen Situation ergeben. In 8.2 wird ausgeführt, dass die Auslegung der besonderen Situation der betroffenen Person bisher unklar ist. Je einfacher der Widerspruch ist, desto mehr trägt der Vorgang dazu bei, das Gleichgewicht der Interessen zugunsten der Verarbeitung zu verschieben[915]. Ein einfaches Widerspruchsrecht hat zur Konsequenz, dass die betroffenen Personen nicht ausführlich erklären oder beweisen müssen, dass ihre besondere Situation einen Widerspruch rechtfertigt. Dies würde nicht nur die Rechte der betroffenen Personen stärken, sondern kann auch mehr Transparenz und Vertrauen gegenüber den betroffenen Personen schaffen.

Diese Vereinfachung kann sich einerseits auf die rechtlichen Tatbestände beziehen, andererseits aber auch auf die praktikable Durchführung: So muss verdeutlicht werden, *wie* die betroffene Person Widerspruch einlegen kann. Es obliegt also dem Verantwortlichen, wie er das Widerspruchsrecht umsetzt. Bei der Umfelderfassung muss dabei berücksichtigt werden, dass ein Hinweis auf dem Fahrzeug nur wenige Sekunden sichtbar ist. Im Sinne des Zwei-Stufen-Konzepts[916] ist daher auch eine leicht auffindbare, online zugängliche Webseite, auf der das Widerspruchsrecht einfach durchgeführt werden kann, geboten.

6.6.5.4 Löschung

Ebenso kann eine unmittelbare Löschung als Schutzmaßnahme dienen[917]. Ohnehin sind nur solche Daten zu speichern, die erforderlich sind[918]. Lediglich gesetzliche Aufbewahrungspflichten erlauben eine längere Speicherung[919]. Werden diese Daten allerdings nicht mehr aktiv benötigt, empfiehlt es sich, die Daten in ein Archiv zu verlegen[920], das mit strengeren Zugriffs-

---

915 *Artikel-29-Datenschutzgruppe*, Stellungnahme 06/2014 zum Begriff des berechtigten Interesses des für die Verarbeitung Verantwortlichen gemäß Artikel 7 der Richtlinie 95/46/EG (WP 217), S. 58.

916 Siehe dazu unter 7.2.1.

917 *Artikel-29-Datenschutzgruppe*, Stellungnahme 06/2014 zum Begriff des berechtigten Interesses des für die Verarbeitung Verantwortlichen gemäß Artikel 7 der Richtlinie 95/46/EG (WP 217), S. 53.

918 Siehe ausführlich unter 6.6.2.2.

919 *Commission Nationale Informatique & Libertés (CNIL)*, Connected Vehicles and Personal Data, S. 10.

920 *Commission Nationale Informatique & Libertés (CNIL)*, Connected Vehicles and Personal Data, S. 10.

rechten versehen ist. Auch die Reproduktionsmöglichkeiten zu weiteren Zwecken sollten dann verboten und unterbunden werden[921].

Unabhängig davon, wie ein solches Löschkonzept aussieht, müssen die Löschroutinen und -methoden regelmäßig überprüft werden.

6.6.5.5 Organisatorische Maßnahmen

Neben den bereits aufgezeigten Maßnahmen können auch organisatorische Maßnahmen ergriffen werden. Zuvorderst zu erwähnen ist hierbei ein Rechte- und Rollenkonzept. Denn insbesondere bei der Weiterentwicklung können mehrere Akteure involviert sein. So ist es essentiell, ein Rechte- und Rollenkonzept zu definieren, in dem die Zugangs- und Zugriffsrechte für den Verantwortlichen, Auftragsverarbeiter und Dritte deutlich geregelt sind.[922] Der Zugriff durch Nutzer sollte ausgeschlossen werden[923]. Auch Maßnahmen, die eine Veröffentlichung des Datenmaterials, insbesondere des Kameramaterials, unterbinden, sind sinnvoll[924].

Gleichzeitig sollte aber auch die Zugriffsmöglichkeit auf das Fahrzeug durch den Automobilhersteller geprüft werden. Der Zugriff auf das Fahrzeug kann zwar notwendig sein, allerdings müssen die Zwecke und das autorisierte Personal definiert werden, um mehr Sicherheit zu schaffen.

Um das Bewusstsein der Sensibilität und die Konsequenzen einer unrechtmäßigen Verarbeitung der Daten zu stärken, sind auch explizite Schulungen der Akteure notwendig. Hierbei müssen insbesondere die Spezifika der Umfelderfassung adressiert werden. Sinnvoll können auch unternehmensweite Regeln mit Bezug auf den Umgang mit Fahrzeugdaten sein.

Um die Details der Umfelderfassung bzw. des gesamten hochautomatisierten Fahrzeugs verständlicher zu gestalten, könnte eine direkte Ansprache über die Technologie an die Öffentlichkeit erfolgen. Medial werden in der Regel nur die Funktionen des hochautomatisierten Fahrzeugs, insbesondere die Vorteile der Technologie, vorgestellt. In diesem Zusammenhang könnten auch die Verarbeitung personenbezogener Daten und die dafür vorgesehenen Maßnahmen positiv hervorgehoben werden. Dies würde ebenso die bereits angesprochene Transparenzmaßnahme (siehe 6.6.5.2) unterstützen.

---

921 *Artikel-29-Datenschutzgruppe*, Stellungnahme 4/2004 zur Verarbeitung personenbezogener Daten durch Videoüberwachung (WP 89), S. 17.

922 Vgl. auch *Stoklas*, ZD-Aktuell 2018, 06268; i. d. S. auch *Stoklas/Wendt*, Das vernetzte und autonome Fahrzeug – Datenschutzrechtliche Herausforderungen, S. 68.

923 *Stoklas*, ZD-Aktuell 2018, 06268.

924 I. d. S. *Unabhängiges Landeszentrum für Datenschutz Schleswig-Holstein*, Praxisreihe: Datenschutzbestimmungen praktisch umsetzen. Fotos und Webcams, S. 8.

Schließlich helfen alle Maßnahmen nicht, wenn sie nicht regelmäßig über-prüft werden. Regelmäßige Validierungsverfahren oder unabhängige Audits können dabei eine positive Wirkung für die Datenverarbeitung haben.

6.6.6 Ergebnis der Interessenabwägung

Anhand der umfangreichen Interessenabwägung und möglichen Maßnah-men wird deutlich, dass Art. 6 Abs. 1 lit. f DSGVO eine herausfordernde Rechtsgrundlage ist.

Der Verantwortliche kann für das Anbieten einer hochautomatisierten Fahr-funktion zahlreiche Interessen hervorbringen. Diese sind auch überwiegend erforderlich. Dem stehen schutzwürdige Interessen der betroffenen Perso-nen gegenüber, die bei der Echtzeitverarbeitung und der Weiterentwick-lung unterschiedliche Auswirkungen haben. Bei der Echtzeiterfassung kann durch die in dieser Arbeit angenommene systemimmanente, datensparsame und erforderliche Datenverarbeitung, insbesondere bei Durchführung trans-parenter Informationspflichten, auch ohne weitere Maßnahmen nach Art. 6 Abs. 1 lit. f DSGVO legitimiert werden[925].

Bei der Weiterentwicklung zeigt sich ein ausgewogenes Gleichgewicht der Interessen. Es verbleibt aber die Option, zusätzliche Schutzmaßnahmen zu ergreifen, um das Gewicht in Richtung der Datenverarbeitung zu verschie-ben. Diese können im Sinne der Stärkung der Interessen der betroffenen Personen ausgestaltet werden, ohne dass die Maßnahmen dadurch unzumut-bar werden. Wenn keine zusätzlichen Schutzmaßnahmen bei der Weiterent-wicklung durchgeführt werden, verbleibt voraussichtlich ein ausgewogenes Gleichgewicht. Dies führt dazu, dass im Zweifel die Rechte der betroffenen Personen Vorzug erhalten[926]. Bei Umsetzung der Schutzmaßnahmen muss im Einzelfall erneut geprüft werden, ob diese dann im Ergebnis ausreichen, um das Gewicht auf die Seite des Verantwortlichen zu verschieben.

Die jeweilige Zulässigkeit wird sich letztlich anhand der konkreten Ausge-staltung des Systems bestimmen und, sofern erforderlich, an den weiteren Schutzmaßnahmen, die unternommen werden, und muss für das jeweilige hochautomatisierte Fahrsystem evaluiert werden. Dennoch zeigt die Inte-ressenabwägung, dass eine datenschutzkonforme Ausgestaltung des hoch-automatisierten Fahrsystems inklusive seiner Weiterentwicklung nicht un-möglich ist.

---

925 So auch *Stoklas*, ZD-Aktuell 2018, 06268, der ein berechtigtes Interesse i. S. d. Art. 6 Abs. 1 lit. f DSGVO bei der Nutzung von Kameras in autonomen Fahrzeugen bejaht.
926 *Albrecht/Jotzo*, Das neue Datenschutzrecht der EU, Teil 3 Rn. 51.

6.7 Fazit

Für eine rechtmäßige Verarbeitung muss mindestens eine der in Art. 6 Abs. 1 DSGVO gelisteten Bedingungen einschlägig sein. Daneben müssen ebenso die Datenschutzgrundsätze aus Art. 5 DSGVO eingehalten werden, die das grundlegende Fundament der DSGVO legen.

Für die Umfelderfassung kann Art. 6 Abs. 1 lit. b DSGVO im Vorhinein ausgeschlossen werden, da hierfür eine (vor-)vertragliche Beziehung zur betroffenen Person (hier: den Straßenverkehrsteilnehmern im Umfeld des Fahrzeugs) notwendig wäre, die in diesem Szenario ausgeschlossen wird.

Auch die Einwilligung bietet keine Rechtsgrundlage, da sie aufgrund der Anzahl der verarbeitenden Fahrzeuge nicht rechtskonform einzuholen wäre. Ebenso würde die Möglichkeit eines Widerrufs fehlen.

Ferner ist auch keine gesetzliche Grundlage i. S. d. Art. 6 Abs. 1 lit. c DSGVO ersichtlich, die sich als datenschutzrechtliche Verpflichtung qualifizieren könnte. Es gibt zwar gesetzliche Vorschriften zum Einbau gewisser Assistenzsysteme bzw. technischer Ausrüstungen, diese sind aber nicht im Sinne des Art. 6 Abs. 1 lit. c DSGVO anzuwenden.

Art. 6 Abs. 1 lit. d DSGVO würde dann zur Anwendung kommen, wenn die Umfelderfassung für den Schutz der lebenswichtigen Interessen einer Person erforderlich wäre. Ein solcher Fall kann zum Beispiel für eine Notbehandlung eintreten. Dies ist bei der Umfelderfassung allerdings nicht ersichtlich, weshalb Art. 6 Abs. 1 lit. d DSGVO ebenfalls nicht als Rechtsgrundlage in Betracht kommt.

Auch Art. 6 Abs. 1 lit. e DSGVO kommt nicht als Rechtsgrundlage in Frage, da den datenschutzrechtlichen Verantwortlichen keine Aufgabe des öffentlichen Interesses übertragen wurde. Dies bedürfte einer Regelung im Unionsrecht oder nationalen Recht, in der die Aufgabenzuweisung erfolgt.

Darum muss die Prüfung der Rechtmäßigkeit anhand einer Interessenabwägung nach Art. 6 Abs. 1 lit. f DSGVO erfolgen. Dafür muss (1) ein berechtigtes Interesse des Verantwortlichen oder eines Dritten vorliegen, (2) die Datenverarbeitung erforderlich sein und (3) die Interessen oder Grundrechte und Grundfreiheiten der betroffenen Personen dürfen nicht überwiegen. Bei einer gründlichen Betrachtung zeigt sich, dass der Verantwortliche neben wirtschaftlichen Interessen ebenso der Einhaltung unterschiedlicher gesetzlicher Pflichten sowie Produktbeobachtungspflichten unterliegt, die eine Verarbeitung der Daten der Umfelderfassung erforderlich machen. Dem stehen schutzwürdige Interessen der betroffenen Personen gegenüber. Vor allem die Dauerbeobachtung im öffentlichen Straßenverkehr, der sich betroffene Personen nicht entziehen können, sowie die mögliche mangelnde Transparenz der Datenverarbeitung, die zur Folge hat, dass betroffenen Personen keine Kenntnis über die Datenverarbeitung haben und beispielsweise nicht ihre Rechte ausüben können, legen neben zahlreichen weiteren Faktoren ein hohes Gewicht in die Waagschalen der betroffenen Personen. Bei der Interessenabwägung muss man den Vorgang der Echtzeitverarbeitung und der Weiterentwicklung trennen. Denn bei der Echtzeiterfassung werden Daten aus technischen Gründen datensparsam verarbeitet. Insbesondere wenn Verantwortliche ihren Informationspflichten nachkommen, kann die Datenverarbeitung bei der Echtzeitverarbeitung auch ohne weitere Maßnahmen nach Art. 6 Abs. 1 lit. f DSGVO legitimiert werden.

Bei der Weiterentwicklung zeigt sich ein ausgewogenes Gleichgewicht der Interessen. Verantwortliche haben aber die Option, zusätzliche Schutzmaßnahmen zu ergreifen, um das Gewicht in Richtung der Datenverarbeitung zu verschieben. Für die Daten der Umfelderfassung bei der Weiterentwicklung sind Maßnahmen (1) zur Datenminimierung, (2) für eine bessere Transparenz, (3) für ein datenschutzfreundliches Löschkonzept sowie (4) organisatorische Maßnahmen (z. B. die Umsetzung eines Rechte- und Rollenkonzepts) möglich. Diese können im Sinne der Stärkung der Betroffeneninteressen ausgestaltet werden, ohne dass die Maßnahmen dadurch unzumutbar werden.

Wenn keine zusätzlichen Schutzmaßnahmen bei der Weiterentwicklung durchgeführt werden, verbleibt ein ausgewogenes Gleichgewicht. Dies führt dazu, dass im Zweifel die Rechte der betroffenen Personen Vorzug erhalten[927]. Bei Umsetzung der Schutzmaßnahmen muss im Einzelfall erneut geprüft werden, ob diese dann im Ergebnis ausreichen, um das Gewicht auf die Seite des Verantwortlichen zu verschieben.

Die jeweilige Zulässigkeit wird sich letztlich anhand der konkreten Ausgestaltung des Systems bestimmen und, sofern erforderlich, an den weiteren Schutzmaßnahmen, die unternommen werden. Dieses Zusammenspiel individueller Faktoren muss für das jeweilige hochautomatisierte Fahrsystem evaluiert werden. Dennoch zeigt die Interessenabwägung, dass eine datenschutzkonforme Ausgestaltung des hochautomatisierten Fahrsystems inklusive seiner Weiterentwicklung nicht unmöglich ist.

---

927 *Albrecht/Jotzo*, Das neue Datenschutzrecht der EU, Teil 3 Rn. 51.

7 Informationspflichten bei der Umfelderfassung

7.1 Der Grundsatz der Transparenz

Die DSGVO beschreibt den Grundsatz der Transparenz in Art. 5 Abs. 1 lit. a DSGVO derart, dass personenbezogene Daten in einer für die betroffene Person nachvollziehbaren Weise verarbeitet werden müssen. Erwägungsgrund 39 DSGVO statuiert die Bedeutung und Auswirkungen des Grundsatzes der Transparenz[928]. Unter anderem heißt es in Erwägungsgrund 39 S. 2 DSGVO

> *Für natürliche Personen sollte Transparenz dahingehend bestehen, dass sie betreffende personenbezogene Daten erhoben, verwendet, eingesehen oder anderweitig verarbeitet werden und in welchem Umfang die personenbezogenen Daten verarbeitet werden und künftig noch verarbeitet werden.*

Erwägungsgrund 60 Satz 1 f. ergänzt:

> *Die Grundsätze einer fairen und transparenten Verarbeitung machen es erforderlich, dass die betroffene Person über die Existenz des Verarbeitungsvorgangs und seine Zwecke unterrichtet wird. Der Verantwortliche sollte der betroffenen Person alle weiteren Informationen zur Verfügung stellen, die unter Berücksichtigung der besonderen Umstände und Rahmenbedingungen, unter denen die personenbezogenen Daten verarbeitet werden, notwendig sind, um eine faire und transparente Verarbeitung zu gewährleisten.*

Art. 12 präzisiert den Grundsatz der Transparenz[929]. Hier finden sich die allgemeinen Vorgaben für konforme Datenschutzhinweise. Insbesondere in einer Umgebung, in der viele personenbezogene Daten verarbeitet werden, ist die Umsetzung des Transparenzgrundsatzes ein Mittel, um die Informationsbalance zwischen betroffenen Personen und dem Verantwortlichen wieder herzustellen[930].

Grundlage des Transparenzgrundsatzes ist mithin die Gewährleistung einer möglichst transparenten und informierten Datenverarbeitung[931]. Um die Rechte der betroffenen Personen gegenüber dem Verantwortlichen wahr-

---

928 *Artikel-29-Datenschutzgruppe*, Leitlinien für Transparenz gemäß der Verordnung 2016/679 (WP 260rev.01), Rn. 6.
929 *Heckmann/Paschke* in: Ehmann/Selmayr, Datenschutz-Grundverordnung, Art. 12 Rn. 4.
930 *Cradock/Stalla-Bourdillon/Millard*, Comput. Law Secur. Rev. 2017, 142 (143); *Schulte*, PinG 2017, 227 (229).
931 Vgl. *Heckmann/Paschke* in: Ehmann/Selmayr, Datenschutz-Grundverordnung, Art. 12 DS-GVO Rn. 1.

nehmen zu können, müssen betroffene Personen vorab über die Datenverarbeitung informiert werden, um davon Kenntnis zu erlangen[932]. Im Umkehrschluss bedeutet dies, dass eine verständliche Information auch die Rechte der betroffenen Personen stärkt[933].

Ein weiteres Element des Transparenzgrundsatzes kann auch Vertrauen sein. Eine solche Passage wird sich in der DSGVO höchstens zwischen den Zeilen lesen lassen, denn Vertrauen kann nicht reguliert werden. Vielmehr setzt die DSGVO darauf, den Verantwortlichen auf offene Transparenzmaßnahmen zu verpflichten, die vorab verdeutlichen, warum eine Datenverarbeitung notwendig ist. Insofern spiegelt der Transparenzgrundsatz eine Vorsorgepflicht wider.[934] Für eine komplexe Datenverarbeitung wie die der Umfelderfassung bedarf es besonderer Präzision. Denn betroffene Personen können nicht zuverlässig abschätzen, wofür ihre Daten verwendet werden[935]. Das Ziel des Verantwortlichen muss es folglich sein, einerseits die regulatorischen Vorgaben einzuhalten, gleichzeitig aber durch deren Umsetzung genug Vertrauen durch Transparenz zu schaffen, dass (potentiell) betroffene Personen ausreichend informiert sind und dadurch selbstbestimmte Entscheidungen treffen können.

7.2 Umsetzung allgemeiner Informationspflichten für die Umfelderfassung

7.2.1 Zwei-Stufen-Konzept als Möglichkeit der Informationserteilung

Die Umfelderfassung ist eine komplexe Datenverarbeitung. Darum bedarf es, um die betroffene Person in nachvollziehbarer Weise zu informieren, adäquater Modelle für die Umsetzung der Informationspflichten – und zwar unter dem ausführlichen Katalog der DSGVO[936].

---

932 EuGH, Urt. v. 01.10.2015 – C-201/14 (Bara u. a.) Rn. 33; *Cradock/Stalla-Bourdillon/ Millard*, Comput. Law Secur. Rev. 2017, 142 (143); *Albrecht/Jotzo*, Das neue Datenschutzrecht der EU, Teil 4 Rn. 4.

933 *Heckmann/Paschke* in: Ehmann/Selmayr, Datenschutz-Grundverordnung, Art. 12 DSGVO Rn. 4.

934 *Dix* in: Simitis/Hornung/Döhmann, Datenschutzrecht, Art. 12 DSGVO Rn. 17.

935 Vgl. auch *Roßnagel*, NZV 2006, 281 (281).

936 Vgl. dazu auch die *Ethik-Kommission Automatisiertes und Vernetztes Fahren*, Bericht Juni 2017, Regel 12, S. 12, die hinsichtlich der Transparenzpflichten festgelegt hat, dass die Öffentlichkeit einen Anspruch auf eine hinreichend differenzierte Aufklärung über neue Technologien und ihren Einsatz habe. Für die Umsetzung sollen der Öffentlichkeit transparente Leitlinien kommuniziert werden.

Um diese Pflichten umzusetzen, können grundsätzlich sogenannte Stufenkonzepte für die Erbringung der Informationspflicht zur Anwendung kommen[937]. Das Konzept in diesen Stufenmodellen besteht darin, Informationen in unterschiedlichen Phasen und Methoden mitzuteilen, angepasst an die jeweilige Verarbeitungssituation. Die Artikel-29-Datenschutzgruppe empfahl zum Beispiel den Mehrebenen-Ansatz[938]. Hierbei werden auf einer ersten Ebene (um erstmalig Kontakt aufzunehmen) die wichtigsten Informationen vermittelt, nämlich die Einzelheiten zu Verarbeitungszwecken, die Identität des Verantwortlichen und die Existenz der Betroffenenrechte zusammen mit den Auswirkungen der Verarbeitung.[939] Für die Erteilung der restlichen Informationen nach Art. 13 und 14 DSGVO können Verantwortliche andere Mittel nutzen, wie die Verlinkung auf digitale Datenschutzhinweise, die die zweite Ebene darstellen.[940]

Hinsichtlich eines Stufenkonzepts bei der Videoüberwachung werden mehrere Ansätze vertreten. Der EDSA vertritt ein Konzept, bei dem auf der ersten Stufe ein Warnhinweisschild platziert wird, auf dem in einer einfachen, verständlichen und präzisen Sprache ein Überblick der wichtigsten oder überraschendsten Angaben der Datenverarbeitung gegeben werden soll. Dies kann auch mit Bildsymbolen verbunden werden.[941] Er gibt ferner vor, dass das Warnhinweisschild aufzeigen soll, welche Areale überwacht werden, damit betroffene Personen vor der Erhebung der Daten über die Datenverarbeitung informiert werden, um der Datenverarbeitung entgehen zu können.[942] Wei-

---

937 *Artikel-29-Datenschutzgruppe*, Leitlinien für Transparenz gemäß der Verordnung 2016/679 (WP 260rev.01), Rn. 35 ff.; *Die Landesbeauftragte für den Datenschutz Niedersachsen*, Transparenzanforderungen und Hinweisbeschilderung bei einer Videoüberwachung durch nichtöffentliche Stellen, S. 1, die dies aus Erwägungsgrund 58 DSGVO ableitet; *Europäischer Datenschutzausschuss*, Leitlinien 3/2019 zur Verarbeitung personenbezogener Daten durch Videogeräte, Rn. 111; *Datenschutzkonferenz*, Orientierungshilfe Videoüberwachung durch nicht-öffentliche Stellen, S. 17.

938 *Artikel-29-Datenschutzgruppe*, Leitlinien für Transparenz gemäß der Verordnung 2016/679 (WP 260rev.01), Rn. 35 ff.

939 *Artikel-29-Datenschutzgruppe*, Leitlinien für Transparenz gemäß der Verordnung 2016/679 (WP 260rev.01), Rn. 38.

940 *Artikel-29-Datenschutzgruppe*, Leitlinien für Transparenz gemäß der Verordnung 2016/679 (WP 260rev.01), Rn. 38.

941 *Europäischer Datenschutzausschuss*, Leitlinien 3/2019 zur Verarbeitung personenbezogener Daten durch Videogeräte, Rn. 112.

942 *Europäischer Datenschutzausschuss*, Leitlinien 3/2019 zur Verarbeitung personenbezogener Daten durch Videogeräte, Rn. 113; so auch bereits *Artikel-29-Datenschutzgruppe*, Stellungnahme 4/2004 zur Verarbeitung personenbezogener Daten durch Videoüberwachung (WP 89), S. 22; Siehe auch die Empfehlung der *Datenschutzkonferenz*, Orientierungshilfe Videoüberwachung durch nicht-öffentliche Stellen, S. 17.

tere Details (zweite Stufe) können dann zum Beispiel mittels eines Internetlinks oder QR-Codes zur Verfügung gestellt werden.[943]

Auch für den Einsatz von Testfahrzeugen, die bereits heute zu Kartierungs- und Programmierzwecken eingesetzt werden[944], setzen Automobilhersteller ein zweistufiges Informationskonzept ein[945], welches dem Mehrebenen-Ansatz der Artikel-29-Datenschutzgruppe und dem Stufenkonzept des EDSA stark ähnelt. Aufsichtsbehörden und Arbeitsgruppen haben sich mit dem Konzept bereits auseinandergesetzt und dieses im Grundsatz legitimiert[946]. Da dieses Konzept bereits praktiziert und in seinen Grundzügen akzeptiert wird, soll im Folgenden geprüft werden, ob sich das Zwei-Stufen-Konzept auch für Kundenfahrzeuge unter der DSGVO umsetzen lassen würde.

7.2.1.1 Die Kurzinformation

Beim Einsatz optoelektronischer Vorrichtungen hat sich die Praxis etabliert, vor dem überwachten Areal ein sichtbares Hinweisschild anzubringen, auf dem Kurzinformationen über die Datenverarbeitung angezeigt werden[947].

---

943 *Europäischer Datenschutzausschuss*, Leitlinien 3/2019 zur Verarbeitung personenbezogener Daten durch Videogeräte, Rn. 117; *Die Landesbeauftragte für den Datenschutz Niedersachsen*, Transparenzanforderungen und Hinweisbeschilderung bei einer Videoüberwachung durch nichtöffentliche Stellen, S. 2; siehe auch die Empfehlung der *Datenschutzkonferenz*, Orientierungshilfe Videoüberwachung durch nichtöffentliche Stellen, S. 17.

944 Siehe dazu die Ausführungen bei Fn. 258.

945 Beispielsweise wird das Testfahrzeug von BMW mit einem Kamerasymbol auf dem Fahrzeug gekennzeichnet (siehe die Abbildung unter Datenschutzhinweis (Stand April 2021), https://www.bmw.com/en/footer/data-processing-automated-vehicles/data-processing-automated-vehicles-de.html (16.08.23), wobei unklar bleibt, wie groß die Bildsymbole sind und an welchen Stellen sie angebracht wurden. Siehe ebenfalls das Entwicklungsfahrzeug von VW, das einen Aufkleber an den Seiten des Fahrzeugs hat (siehe die Abbildung von *Preuß*, Welt.de, https://www.welt.de/regionales/hamburg/article203108172/So-entwickelt-Volkswagen-das-Autonome-Fahren.html (16.08.23); vgl. auch die Apple Kartierungsfahrzeuge, welche die Aufschrift „Apple Maps Imagery Collection" mit einem Link auf dem Heck angebracht haben (*Heckmann*, Augsburger Allgemeine, https://www.augsburger-allgemeine.de/neu-ulm/Apple-macht-im-Landkreis-Fotos-fuer-Kartendienst-id55293491.html (16.08.23)).

946 So im Fahrzeugkontext *Bayerisches Landesamt für Datenschutzaufsicht*, 8. Tätigkeitsbericht 2017/2018, S. 115 f.; *Europäischer Datenschutzausschuss*, Guidelines 1/2020 on processing personal data in the context of connected vehicles and mobility related applications, Rn. 87; allg. zur Videoüberwachung: *Unabhängiges Landeszentrum für Datenschutz Schleswig-Holstein*, Praxisreihe: Datenschutzbestimmungen praktisch umsetzen. Videoüberwachung, S. 7; *International Working Group on Data Protection in Telecommunications*, Working Paper on Intelligent Video Analytics, S. 8.

947 Vgl. auch die Vorgaben der Aufsichtsbehörden: *Die Landesbeauftragte für den Datenschutz Niedersachsen*, Transparenzanforderungen und Hinweisbeschilderung bei

Diesen Grundsatz haben auch die datenschutzrechtlich Verantwortlichen von Kamera- und Testfahrzeugen übernommen, indem sie als erste Stufe als Kurzinformation ein Kamerasymbol und die Identität des Verantwortlichen auf dem Fahrzeug angebracht haben[948]. Um betroffenen Personen die Möglichkeit auf detaillierte Datenschutzhinweise zu geben, befindet sich ferner ein Kurzlink[949] auf den Fahrzeugen, der auf weitere Ausführungen auf einer Webseite verlinkt. Die Position, Größe und konkrete Ausgestaltung dieser Kurzinformation variieren zwischen den einzelnen Fahrzeugen[950]. Im Gegensatz zu den Kurzhinweisen der „klassischen" Videoüberwachung, sind bei den Kurzinformationen auf dem Fahrzeug keine weiteren inhaltlichen Ausführungen (z. B. die Zwecke der Verarbeitung) ersichtlich.

7.2.1.2 Die ausführliche Information

Weitere, ausführliche Informationen über die Datenverarbeitung befinden sich auf einer öffentlich zugänglichen Webseite[951]. Betroffene Personen werden durch den Kurzhinweis auf dem Fahrzeug mittels Kurzlink auf diese Webseite geleitet.

Die ausführliche Information hat zum Vorteil, dass die Details der Datenverarbeitung ausgeführt werden können. Die Ausgestaltung bleibt dem jeweiligen datenschutzrechtlich Verantwortlichen überlassen. Beispielhaft sei erwähnt, dass dort, neben den Pflichtinformationen aus Art. 13 oder 14 DSGVO, auf die Spezifika der Kameras, wie deren Position, Ausrichtung und Aufnahmewinkel, sowie die betroffenen Aufnahmeareale eines Fahrzeugs hingewiesen werden könnte. Eine solche ausführliche Information ist auf dem Fahrzeug nicht möglich.

---

einer Videoüberwachung durch nichtöffentliche Stellen sowie *Landesbeauftragte für Datenschutz und Informationsfreiheit Nordrhein-Westfalen*, Hinweise und Informationen bei Videoüberwachung v. 17.05.2019, https://www.ldi.nrw.de/datenschutz/videoueberwachung/hinweise-und-informationen-bei-videoueberwachung (16.08.23).

948 Siehe dazu Fn. 945.

949 Grundsätzlich könnten auch QR-Codes verwendet werden, so die *Artikel-29-Datenschutzgruppe*, Leitlinien für Transparenz gemäß der Verordnung 2016/679 (WP 260rev.01), Rn. 33; *Die Landesbeauftragte für den Datenschutz Niedersachsen*, Transparenzanforderungen und Hinweisbeschilderung bei einer Videoüberwachung durch nichtöffentliche Stellen, S. 2.

950 Siehe Fn. 945.

951 Siehe zum Beispiel *Volkswagen*, Datenschutzerklärung zur Videodatenaufzeichnung (Stand April 2021), https://www.volkswagen.de/de/mehr/rechtliches/datenschutzerprobungsfahrten.html (16.08.23); *BMW*, Datenschutzhinweis (Stand April 2021), https://www.bmw.com/en/footer/data-processing-automated-vehicles/data-processing-automated-vehicles-de.html (16.08.23); *Audi*, Datenschutzhinweis Produktentwicklung und Erprobungen (Stand April 2021), https://www.audi.com/de/test-vehicle.html (16.08.23).

Grundsätzlich sind die Datenschutzhinweise auf der Webseite wie eine herkömmliche Datenschutzerklärung ausgestaltet, die inhaltlich zwar auf die Datenverarbeitung durch die Umfelderfassung angepasst ist, aber hinsichtlich des Formats keine Besonderheiten aufweist.

7.2.2 Geeignete Maßnahmen für die Umsetzung

Art. 12 Abs. 1 DSGVO verpflichtet den Verantwortlichen, „geeignete Maßnahmen" für die Informationserteilung zu treffen. Die Artikel-29-Datenschutzgruppe versucht in einem Arbeitspapier, solche „geeigneten Maßnahmen" mit praxisrelevanten Beispielen zu konkretisieren und weist darauf hin, dass die Bereitstellung der Informationen sämtliche Umstände der Datenverarbeitung berücksichtigen soll[952]. Somit muss man folglich die Gesamtumstände des individuellen Einzelfalls betrachten[953].

Bei einem klassischen Vertragsabschluss hat sich in der Praxis etabliert, den betroffenen Personen vorab mit den Vertragsunterlagen in schriftlicher oder Textform über alle notwendigen Details der Datenverarbeitung zu informieren. Für das hier betrachtete Szenario des hochautomatisierten Fahrens ist dies keine praktikable Möglichkeit, weil der datenschutzrechtliche Verantwortliche keinen direkten Kontakt zu den betroffenen Personen hat, diese nicht (namentlich) kennt und somit nicht bilateral kommunizieren kann. Diesem Problem soll das Zwei-Stufen-Konzept entgegenwirken: Es macht durch eine multilaterale Kommunikation auf die Datenverarbeitung aufmerksam, indem die Kurzhinweise auf dem Fahrzeug angebracht werden. So wird es den betroffenen Personen ermöglicht, am Ort der Datenverarbeitung zu erkennen, wie sich die Verarbeitung auf die persönliche Situation auswirkt. Mit der auf dem Fahrzeug zusätzlich angebrachten Verlinkung wird die Möglichkeit eröffnet, ausführliche Infos über die Datenverarbeitung einzuholen.

Art. 12 DSGVO verpflichtet, dass die Informationen aktiv und selbstständig bereitgestellt werden müssen.[954] Um aktiv zu informieren, reicht es nicht aus, die Datenschutzhinweise lediglich passiv zum Abruf bereitzuhalten,

---

952 *Artikel-29-Datenschutzgruppe*, Leitlinien für Transparenz gemäß der Verordnung 2016/679 (WP 260rev.01), Rn. 24.

953 Vgl. *Artikel-29-Datenschutzgruppe*, Leitlinien für Transparenz gemäß der Verordnung 2016/679 (WP 260rev.01) Rn. 34.

954 *Artikel-29-Datenschutzgruppe*, Leitlinien für Transparenz gemäß der Verordnung 2016/679 (WP 260rev.01), Rn. 33; *Bäcker* in: Kühling/Buchner, DS-GVO/BDSG, Art. 13 DS-GVO Rn. 59; *Albrecht/Jotzo*, Das neue Datenschutzrecht der EU, Teil 4 Rn. 4; vgl. auch *Knyrim* in: Ehmann/Selmayr, Datenschutz-Grundverordnung, Art. 13 Rn. 21.

zum Beispiel auf einer öffentlich zugänglichen Webseite[955]. Somit wäre die Idee, lediglich die zweite Stufe des Zwei-Stufen-Konzepts umzusetzen, nicht ausreichend. Ohnehin könnte das Fernbleiben der ersten Stufe dazu führen, dass eine optoelektronische Vorrichtung nicht sichtbar oder versteckt eingesetzt würde, was entgegen des Transparenzgrundsatzes liefe[956]. Somit würden betroffene Personen keine Möglichkeit haben, der Überwachung auszuweichen oder das Verhalten anzupassen[957].

In der Literatur wurde bereits vorgeschlagen, die Datenschutzhinweise auf dem Smartphone anzuzeigen bzw. auf einen videoüberwachten Bereich mittels Vibrationsalarm hinzuweisen[958]. Hierbei ergeben sich allerdings zwei grundlegende Probleme: Erstens kann diese Möglichkeit nur optional angeboten werden, da ansonsten davon ausgegangen werden müsste, dass jeder Straßenverkehrsteilnehmer jederzeit ein mobiles Medium bei sich trägt und die zugehörige(n) App(s) für die Informationserteilung nutzt. Denn wer das mobile Gerät nicht bei sich trägt, kann auch nicht informiert werden. Hierbei ist auch fraglich, ob eine (möglicherweise verpflichtende) Nutzung solcher Apps akzeptiert werden würde[959].

Zweitens ist problematisch, dass bei dieser Variante weitere Daten verarbeitet werden. Denn um die Informationen auf dem mobilen Gerät anzuzeigen, muss der Empfänger, also das Gerät, bekannt sein, zum Beispiel mittels der IP-Adresse, MAC-Adresse oder einem Nutzeraccount für die App, auf der die Informationen angezeigt werden sollen. Das bedeutet, dass keine Wahrnehmung der Betroffenenrechte ohne Erhebung von Gerätedaten möglich wäre. Ideal wäre ein anonymes Lesegerät, welches keiner Person zugeordnet ist.

---

955 *Bäcker* in: Kühling/Buchner, DS-GVO/BDSG, Art. 13 DS-GVO Rn. 59.

956 Vgl. *International Working Group on Data Protection in Telecommunications*, Working Paper on Intelligent Video Analytics, S. 8.

957 *Düsseldorfer Kreis*, Orientierungshilfe „Videoüberwachung durch nicht-öffentliche Stellen", S. 11 zu § 6b BDSG a. F.

958 *Scholz* in: Simitis/Hornung/Döhmann, Datenschutzrecht, Anhang 1 zu Artikel 6 DSGVO Rn. 121; *Bretthauer*, Intelligente Videoüberwachung, S. 158 f.

959 Vgl. beispielsweise die Diskussion um Tracing Apps, die Infektions-Kontaktketten verfolgen sollen. Selbst bei einer für das Wohl der Allgemeinheit relevanten App hält man an der freiwilligen Nutzung solcher Apps fest, siehe u. a. *Roßnagel*, ZD-Aktuell 2020, 07117; *Europäischer Datenschutzausschuss*, Guidelines 04/2020 on the use of location data and contact tracing tools in the context of the COVID-19 outbreak, Rn. 8; *Johannes*, ZD-Aktuell 2020, 07114; *Forgó*, Einige Bemerkungen zu datenschutzrechtlichen Rahmenbedingungen des Einsatzes von Tracing-Apps zur Bekämpfung der COVID-19-Krise, S. 34; *Engeler/Marnau/Bendrath/Geuter*, Vorschlag für ein Gesetz zur Einführung und zum Betrieb einer App-basierten Nachverfolgung von Infektionsrisiken mit dem SARS-CoV-2 (Corona) Virus, § 3.

Aber selbst wenn es ein solches Gerät gäbe, welches in der praktischen Anwendung eher als ein sperriges Konstrukt wahrgenommen werden könnte,
ist fraglich, ob es für das hochautomatisierte Fahren sinnvoll wäre. Denn
selbst wenn Interessierte die Datenschutzhinweise auf einem solchen Gerät empfangen könnten, würden im Sekundentakt, nämlich mit jedem aktiven hochautomatisierten Fahrzeug, Datenschutzhinweise angezeigt werden.
Dies würde eine Fülle an Informationen erzeugen, was explizit nicht im Sinne einer adäquaten Informationspflicht steht[960].

Aufgrund dieser Barrieren ist eine Kopplung der Datenschutzhinweise mit
einem mobilen Endgerät der betroffenen Personen nicht als geeignete Maßnahme im Kontext der Umfelderfassung zu werten.

7.2.3 Präzise, transparente, verständliche und leicht zugängliche Form

Präzise und transparent

Um einer Informationsermüdung vorzubeugen, sollen Verantwortliche grif-
fig formulierte Informationen geben[961]. Dies kann überlange Texte vermeiden, die betroffene Personen nicht mehr wahrnehmen können[962]. Anderenfalls kann es zu einer Informationsflut („information overload") kommen,
durch die betroffene Personen die (korrekten) Informationen nicht mehr
überblicken können[963]. Allerdings muss dies ausbalanciert umgesetzt werden, da eine zu knappe Darstellung der Informationspflichten dem Erforder-
nis der einfachen Sprache zuwider laufen könnte[964].

Diesem Prinzip kann das Zwei-Stufen-Konzept insofern vorbeugen, indem
die Kurzinformation am Fahrzeug betroffenen Personen Aufklärung über
die wichtigsten Datenverarbeitungseigenschaften gibt. Auf der zweiten Stufe kann der Verantwortliche dann Details über die Datenverarbeitung ausführen, die aber gleichzeitig präzise sein müssen.

Unklar bleibt beim Zwei-Stufen-Konzept allerdings, welche Inhalte auf einem solchen Kurzhinweis stehen sollten. Schließlich sieht die DSGVO ein

---

960 Siehe dazu sogleich zum „information overload" in 7.2.3.
961 *Artikel-29-Datenschutzgruppe*, Leitlinien für Transparenz gemäß der Verordnung
2016/679 (WP 260rev.01), Rn. 8; *Heckmann/Paschke* in: Ehmann/Selmayr, Datenschutz-Grundverordnung, Art. 12 Rn. 12.
962 *Schantz* in: Schantz/Wolff, Das neue Datenschutzrecht, Rn. 1155 m. w. N.; *Bretthauer*,
Intelligente Videoüberwachung, S. 262 f.
963 *Schwartmann/Jacquemain*, RDV 2018, 247 (250).
964 *Paal* in: Paal/Pauly, DS-GVO/BDSG, Art. 12 DS-GVO Rn. 28; *Heckmann/Paschke*
in: Ehmann/Selmayr, Datenschutz-Grundverordnung, Art. 12 Rn. 12; *Bäcker* in: Küh-
ling/Buchner, DS-GVO/BDSG, Art. 12 DS-GVO Rn. 12.

solches Stufen-Konzept nicht unbedingt vor, weshalb es auch keine gesetzlichen Anforderungen gibt und der datenschutzrechtlich Verantwortliche die konkrete Ausgestaltung selbst übernehmen muss.

Spanien hat in seinem nationalen Datenschutzgesetz[965] einen solchen Zwei-Stufen-Ansatz gesetzlich geregelt. Art. 11 des spanischen Datenschutzgesetzes schreibt vor, dass die Informationspflichten gemäß Art. 13 DSGVO erfüllt werden können, indem der Verantwortliche grundlegende Informationen (mindestens die Identität des Verantwortlichen, den Zweck der Verarbeitung und die Möglichkeit zur Ausübung der Betroffenenrechte) sowie eine elektronische Adresse oder ein anderes Mittel, das die übrigen Informationen leicht und unmittelbar zugänglich macht, zur Verfügung stellt.

Um eine einheitliche Ausgestaltung von Stufenkonzepten zu erreichen, wäre wohl eine gesetzliche Präzision sinnvoll. Denn derzeit sieht man auf bereits eingesetzten Testfahrzeugen (erste Stufe) deutlich weniger Informationsgehalt als auf der ersten Stufe klassischer Videoüberwachungssysteme und den zugehörigen Vorgaben der Aufsichtsbehörden[966] bzw. der gesetzlichen Ausgestaltung aus Spanien. Dafür muss zwar keine Informationsflut befürchtet werden, allerdings könnte dieser Informationsgehalt zu knapp gehalten sein.

Ebenso schafft der Kurzhinweis Transparenz über die Quelle, die direkt durch die betroffene Person lokalisiert werden kann[967]. Denn für eine transparente Datenverarbeitung soll die Erkennbarkeit eines Hinweisschilds idealerweise bereits vor Betreten des überwachten Bereichs gewährleistet sein[968]. Dazu muss auch darüber unterrichtet werden, welche Bereiche überwacht werden[969]. Je größer dabei der überwachte Bereich, desto höhere Anforderungen sind an die Erkennbarkeit zu stellen.[970] Das bedeutet, dass auf dem Fahrzeug auch kenntlich gemacht werden muss, in welchem Radius die Datenverarbeitung mit personenbezogenen Daten stattfindet.

---

965 Ley Orgánica 3/2018, de 5 de diciembre, de Protección de Datos Personales y garantía de los derechos digitales v. 07.12.2018, abrufbar unter https://www.boe.es/buscar/act. php?id=BOE-A-2018-16673 (16.08.23).
966 Siehe die Anforderungen unter Fn. 947.
967 *International Working Group on Data Protection in Telecommunications*, Working Paper on Intelligent Video Analytics, S. 8.
968 So zumindest für die Videoüberwachung *Scholz* in: Simitis/Hornung/Döhmann, Datenschutzrecht, Anhang 1 zu Artikel 6 DSGVO Rn. 123; vgl. auch Fn. 942.
969 *Artikel-29-Datenschutzgruppe*, Arbeitsdokument zum Thema Verarbeitung personenbezogener Daten aus der Videoüberwachung (WP 67), S. 20; *Artikel-29-Datenschutzgruppe*, Stellungnahme 4/2004 zur Verarbeitung personenbezogener Daten durch Videoüberwachung (WP 89), S. 22.
970 *Scholz* in: Simitis/Hornung/Döhmann, Datenschutzrecht, Anhang 1 zu Artikel 6 DSGVO Rn. 122.

Diese Vorgaben bringen weitere Herausforderungen für das Zwei-Stufen-Konzept mit sich. Erstens ist das Fahrzeug in Bewegung. Bei bewegenden Fahrzeugen können Datenschutzhinweise aufgrund der Schnelligkeit des Fahrzeugs oder einer zu kleinen Schrift nicht wahrgenommen werden[971]. Zweitens sind die Fahrzeugseiten nicht aus allen Richtungen sichtbar und da das Fahrzeug grundsätzlich nur wenig Fläche hat, ist es schwierig, eine geeignete Position für die Kurzhinweise zu finden, die sie aus allen Richtungen sichtbar macht. Sind die lokalen Hinweise beispielsweise nur an den Seiten des Fahrzeugs angebracht, können betroffene Personen, die das Fahrzeug von vorne betrachten, diese Hinweise an den Seiten nicht sehen. Insofern müsste die Kurzinformation am Fahrzeug aus allen Richtungen sichtbar sein. Für die visuelle Sichtbarkeit aus allen Richtungen würde sich beispielsweise ein Hinweis auf dem Dach anbieten, der aus allen Richtungen erkennbar ist.

Bereits heute bestehen Ideen, dass Fahrzeuge und Straßenverkehrsteilnehmer miteinander kommunizieren können[972]. Die Funktion dahinter soll vor allem dazu dienen, dass andere Straßenverkehrsteilnehmer anhand der Reaktion des Fahrzeugs einfacher erkennen können, ob sie vom Fahrzeug erkannt wurden. Dazu sollen am Fahrzeug angebrachte Displays bzw. „Message Boards" Straßenverkehrsschilder, Text oder andere Piktogramme anzeigen[973]. Es wurde sogar bereits ein Fahrzeug mit Tonausgabe angekündigt[974]. Ein anderer Ansatz arbeitet mittels Projektionssystem: So sollen zum Beispiel Abbiegerichtungen mit einer Animation um das Fahrzeug angezeigt werden[975]. Je nach Qualität solcher Projektionssysteme können sie sich am ehesten dazu eignen, sichtbare Hinweise zu geben, denn eine durch Licht erzeugte Projektion kann auch nachts gesehen werden. Alle diese Kommunikationsmodelle könnten auch dazu genutzt werden, um die Kurzhinweise zu kommunizieren. Vor allem dynamische Lösungen, wie Projektionssysteme, haben den Vorteil, dass sie verändert werden können. Dies ist bei statischen Lösungen, wie einem Aufkleber auf dem Fahrzeug, nicht der Fall.

Ebenfalls könnte im Rahmen der Zulassung überlegt werden, ob (hoch)automatisierte Fahrzeuge andersfarbige KFZ-Kennzeichen erhalten, wie es zum Beispiel bei steuerbefreiten Fahrzeugen durch grüne Kennzeichen gemäß

---

971 So auch *Schwartmann/Ohr*, RDV 2015, 59 (67).
972 *Donath*, golem.de v. 30.11.2015, https://www.golem.de/news/google-patent-so-sollen-autonome-autos-mit-fussgaengern-kommunizieren-1511-117701.html (16.08.23).
973 *Robert*, XRDS 2019, 30 (32); *Donath*, golem.de v. 30.11.2015, https://www.golem.de/news/google-patent-so-sollen-autonome-autos-mit-fussgaengern-kommunizieren-1511-117701.html (16.08.23).
974 *Linden*, golem.de v. 13.01.2020, https://www.golem.de/news/sprechende-autos-teslas-sollen-bald-dem-k-i-t-t-aus-knight-rider-aehneln-2001-146014.html (16.08.23).
975 *Donath*, golem.de v. 30.11.2015, https://www.golem.de/news/google-patent-so-sollen-autonome-autos-mit-fussgaengern-kommunizieren-1511-117701.html (16.08.23).

§ 9 Abs. 2 FZV praktiziert wird. So könnte dem Umfeld indiziert werden, dass Fahrzeuge mit einer bestimmten KFZ-Kennzeichenfarbe bereits eine automatisierte Fahrfunktion besitzen. Nachteil hierbei ist, dass nicht erkennbar ist, ob der hochautomatisierte Fahrmodus tatsächlich aktiv ist. Darum könnte ebenso überlegt werden, die farbliche Ausgestaltung in die Beleuchtung des KFZ-Kennzeichens einzubauen.

Sofern eine statische Informationsmethode gewählt wird, also zum Beispiel das Anbringen von Aufklebern auf dem Fahrzeug, die dort unverändert bleiben, ist es sinnvoll, anzuzeigen, ob die Umfeldsensorik, insbesondere der Kamerasensor, überhaupt aktiv ist. Denn nur, wenn auch tatsächlich personenbezogene Daten verarbeitet werden, finden die Transparenzpflichten Anwendung. Sofern die Umfeldsensorik aktiviert wird, ist es ferner für die Transparenz förderlich, wenn indiziert wird, dass Aufnahmen langfristig gespeichert werden[976]. Da für diese Information lediglich ein „Ja" oder „Nein" in Frage kommt, könnte dies auch mit entsprechenden kleinen, aber sichtbaren Indikationsleuchten oder „Message Boards" aufgezeigt werden. Ggf. könnten diese Indikationsleuchten zusätzlich auch in die Räder des Fahrzeugs verbaut werden[977].

Auch im Hinblick auf die Ausübung der Betroffenenrechte kann dies eine Erleichterung für den Verantwortlichen sein, denn wenn die betroffene Person bereits am Fahrzeug sieht, dass die vorgenommene Datenverarbeitung lediglich temporär im Fahrzeug verbleibt, ist die Wahrscheinlichkeit sehr gering, dass ein Widerspruch für diese Datenverarbeitung erfolgt, da die Aufnahme bei Einreichen des Widerspruchs bereits gelöscht ist[978].

Alternativ zum Kurzhinweis auf dem Fahrzeug könnte auch in Erwägung gezogen werden, Straßenbeschilderung anzubringen, auf der die Informationshinweise vermittelt werden[979]. Dies hätte zum Vorteil, dass die Schilder statisch an einem Ort verankert wären. Betroffenen Personen hätten mehr Zeit, die Datenschutzhinweise wahrzunehmen und gegebenenfalls den Kurzlink zu verfolgen. Hierbei ergeben sich aber mehrere Probleme. Erstens müssten die Schilder weit verbreitet sein, denn idealerweise sollte die betroffene Person auf die Datenverarbeitung hingewiesen werden, sobald sie am öffentlichen Straßenverkehr teilnimmt. Ferner wird dadurch nicht indiziert, welches Fahrzeug eine Datenverarbeitung mittels Umfelderfassung durchführt. Vor allem kurz nach Einführung der hochautomatisierten

---

976 Vgl. *Scholz* in: Simitis/Hornung/Döhmann, Datenschutzrecht, Anhang 1 zu Artikel 6 DSGVO Rn. 118.

977 Vgl. auch *Färber* in: Maurer/Gerdes/Lenz/Winner, Autonomes Fahren: Technische, rechtliche und gesellschaftliche Aspekte, S. 143.

978 Ausführlich zum Widerspruchsrecht in 8.2.

979 So auch *Stoklas/Wendt*, Das vernetzte und autonome Fahrzeug – Datenschutzrechtliche Herausforderungen, S. 70.

Fahrfunktion wird es auch zahlreiche Fahrzeuge ohne hochautomatisierte Fahrfunktion geben bzw. besteht bei einem hochautomatisierten Fahrzeug jederzeit die Möglichkeit, „manuell" zu fahren.

Das dritte Problem der informativen Straßenbeschilderung besteht darin, dass jeder datenschutzrechtlich Verantwortliche die Datenverarbeitung anders gestaltet. Insofern müssten auf diesem Hinweisschild die Angaben zu jeder Datenverarbeitung eines Verantwortlichen stehen, was zu einer überdimensionalen Größe eines solchen Schildes führen würde. Ggf. könnte sich auch ein ergänzendes Straßenschild etablieren, auf dem allgemein auf die Datenverarbeitung durch hochautomatisierte Fahrzeuge aufmerksam gemacht wird.

Hinsichtlich der transparenten Darstellungsweise bei der Kurzinformation bleibt somit festzuhalten, dass die derzeitigen Kurzinformationen praktizierter Modelle noch am Anfang stehen. Es gibt bereits Ansätze, die eine Kommunikation mit Straßenverkehrsteilnehmern ermöglichen sollen. Diese Kommunikationsschnittstelle (z. B. in Form von Displays an Fahrzeugen, Projektionssystemen oder Indikationsleuten) könnte auch für die datenschutzrechtliche Informationserteilung genutzt werden, um eine transparente Gestaltung selbiger zu ermöglichen. Die Möglichkeiten der transparenten Informationserteilung könnten also über das derzeitige System, einen Aufkleber mit Kamerasymbol und Kurzlink am Fahrzeug anzubringen, hinausgehen.

Zu überdenken wäre ebenso die Möglichkeit, unterschiedliche Methoden zu kombinieren, um so die Sichtbarkeit effizient zu erhöhen, ohne dabei das Fahrzeug zu überladen. Die Varianz möglicher Transparenzmaßnahmen ist jedenfalls vielfältig, sodass diese auch genutzt werden sollte, um die Hürden zu meistern.

Verständlichkeit

Ziel der Verständlichkeit soll es sein, dass betroffene Personen den Umfang und die Folgen im Vorfeld ermitteln können, um nicht später von einer Datenverarbeitung überrascht zu werden[980]. Um die Datenschutzhinweise verständlich zu gestalten, soll daher auf eine klare und einfache Sprache des Zielpublikums zurückgegriffen werden[981]. Sie soll nachvollziehbar sein[982]. Dazu müssen einerseits die Kurzinformationen, aber auch zugehörige Bildsymbole (dazu näher in 7.2.6) verständlich sein. Die Herausforderung be-

---

980 *Artikel-29-Datenschutzgruppe*, Leitlinien für Transparenz gemäß der Verordnung 2016/679 (WP 260rev.01), Rn. 10.

981 *Artikel-29-Datenschutzgruppe*, Leitlinien für Transparenz gemäß der Verordnung 2016/679 (WP 260rev.01), Rn. 9.

982 *Frank* in: Gola, DS-GVO, Art. 12 Rn. 19; *Heckmann/Paschke* in: Ehmann/Selmayr, Datenschutz-Grundverordnung, Art. 12 Rn. 13.

steht folglich darin, die Information kurz zu halten, sodass sie in der Schnelle verstanden werden kann, aber auch auf die wichtigsten Informationen des Datenverarbeitungsprozesses hinweist.

Um ein ausgewogenes Level an Verständlichkeit zu erreichen, wird vertreten, dass dieses nicht am Durchschnitt gemessen werden dürfte, denn das Datenschutzrecht gilt für jede Person. Um jedem Menschen gerecht zu werden, muss ein „weit unterdurchschnittlicher Maßstab" angelegt werden.[983] Außerdem sollen die Datenschutzhinweise spezifisch für die jeweilige Benutzergruppe erfolgen[984].

Überträgt man diese Grundsätze auf die Umfelderfassung, würde das bedeuten, dass die Datenschutzhinweise sehr simpel gehalten werden müssen, denn von der Umfelderfassung sind alle Straßenverkehrsteilnehmer betroffen. Ebenso müssen bei der Verständlichkeit auch spezifische Umstände der Umfelderfassung berücksichtigt werden, zum Beispiel dass die Datenschutzhinweise auf dem Fahrzeug nur wenige Sekunden zu erkennen sind. Betroffene Personen müssen in dieser Zeitspanne erkennen, dass sie von der Aufnahme betroffen sind. Hinzu kommt, dass vor allem in der Anfangszeit nur wenig Kenntnis über die Technologie des hochautomatisierten Fahrens vorhanden sein wird. Verantwortliche stehen folglich vor der Aufgabe, eine (ggf. unbekannte) Technologie unter den geforderten sprachlichen Voraussetzungen derart zu gestalten, dass betroffene Personen die Datenverarbeitung verstehen.

Leichte Zugänglichkeit

Eine leichte Zugänglichkeit kann erreicht werden, wenn für betroffene Personen sofort ersichtlich ist, wo und wie sie auf die Datenschutzhinweise zugreifen können[985]. Für die Umsetzung werden allgemein Links oder QR-Codes vorgeschlagen[986]. Auch beim Zwei-Stufen-Konzept ist ein Link am Fahrzeug vorgesehen, um von dort aus auf die ausführlichen Informationen zu gelangen. Der „Kurzlink" muss wörtlich genommen werden, denn ein langer Link kann in der Kürze der Zeit weder wahrgenommen, noch im Gedächtnis behalten oder sachgerecht eingetippt werden.

---

983 *Heckmann/Paschke* in: Ehmann/Selmayr, Datenschutz-Grundverordnung, Art. 12 Rn. 13.

984 *Heckmann/Paschke* in: Ehmann/Selmayr, Datenschutz-Grundverordnung, Art. 12 Rn. 13.

985 *Artikel-29-Datenschutzgruppe*, Leitlinien für Transparenz gemäß der Verordnung 2016/679 (WP 260rev.01), Rn. 11.

986 *Artikel-29-Datenschutzgruppe*, Leitlinien für Transparenz gemäß der Verordnung 2016/679 (WP 260rev.01), Rn. 11; *Die Landesbeauftragte für den Datenschutz Niedersachsen*, Transparenzanforderungen und Hinweisbeschilderung bei einer Videoüberwachung durch nichtöffentliche Stellen, S. 2.

Der Einsatz von QR-Codes ist fraglich, denn dieser muss jederzeit gescannt werden können. Bei einem fahrenden Fahrzeug wird dies voraussichtlich nicht funktionieren. Auch bei Dunkelheit oder schlechten Belichtungsverhältnissen könnte das Scannen eines QR-Codes problematisch sein. Insofern ist ein alleinstehender QR-Code für diese Sachlage nicht geeignet. Grundsätzlich kann auch ein Kurzlink in Verbindung mit einem QR-Code angebracht werden, allerdings würde dies (unnötigen) Platz einnehmen.

7.2.4 Klare und einfache Sprache

Informationen sollen in einer möglichst einfachen Weise bereitgestellt werden[987]. Komplexe Satzstrukturen, abstrakte oder mehrdeutige, interpretationsoffene Begriffe sind zu vermeiden[988]. Auch Modalverben und -wörter wie „kann", „könnte", „manche", „oft" und „möglich" werden nicht als klar genug gewertet[989].

Als Negativbeispiele nennt die Artikel-29-Datenschutzgruppe Formulierungen wie „Wir können Ihre personenbezogenen Daten für die Entwicklung neuer Dienste nutzen" oder „Wir können Ihre personenbezogenen Daten zu Forschungszwecken verwenden". Bei beiden Formulierungen fehlen konkrete Ausführungen (in diesem Fall was mit „Diensten" und „Forschung" gemeint ist).[990]

Da das Fahrzeug mit den Kurzhinweisen schon aufgrund mangelnden Platzes keine ausführlichen Verschriftlichungen der Datenschutzhinweise tragen wird, gelten diese Ausführungen insbesondere für die ausführlichen Informationen auf der Webseite. Hierbei ergeben sich aber keine spezifischen Fallstricke für das Zwei-Stufen-Konzept. Die Datenschutzhinweise müssen individuell durch den Verantwortlichen i. S. transparenter Datenschutzhinweise für die Umfelderfassung ausgestaltet werden.

---

987 *Artikel-29-Datenschutzgruppe*, Leitlinien für Transparenz gemäß der Verordnung 2016/679 (WP 260rev.01), Rn. 12
988 *Artikel-29-Datenschutzgruppe*, Leitlinien für Transparenz gemäß der Verordnung 2016/679 (WP 260rev.01), Rn. 12; *Heckmann/Paschke* in: Ehmann/Selmayr, Datenschutz-Grundverordnung, Art. 12 Rn. 17
989 *Artikel-29-Datenschutzgruppe*, Leitlinien für Transparenz gemäß der Verordnung 2016/679 (WP 260rev.01), Rn. 13.
990 *Artikel-29-Datenschutzgruppe*, Leitlinien für Transparenz gemäß der Verordnung 2016/679 (WP 260rev.01), Rn. 12.

7.2.5 Form

Die Wahl der Form liegt in der Hand des Verantwortlichen[991]. Wichtig dabei ist, dass die gewählte Form der betroffenen Person eine hinreichende Kenntnismöglichkeit gibt[992]. Andere Formen, wie zum Beispiel die mündliche oder elektronische Form, sind grundsätzlich gemäß Art. 12 Abs. 1 DSGVO auch möglich[993]. In der Regel wird die Information schriftlich mitgeteilt[994].

Da die DSGVO also eine freie Formgestaltung zulässt, hat der Verantwortliche dementsprechende Freiheiten. Für das Zwei-Stufen-Konzept könnte allerdings das Kriterium der hinreichenden Kenntnismöglichkeit problematisch werden, weil die Kurzinformation dafür deutlich sichtbar und groß genug sein muss. Sofern Art. 13 DSGVO für die Informationspflichten einschlägig wäre, müsste außerdem sichergestellt werden, dass die Hinweise noch vor der Erfassung der betroffenen Person (also mehrere Meter vorab) sichtbar wären[995]. Um dieses Problem abzufedern, könnten aber auch neue Ideen umgesetzt werden, die für andere Straßenverkehrsteilnehmer besser erkennbar sind[996].

Hinsichtlich der Form ist die zweite Stufe des Zwei-Stufen-Konzepts bereits gemäß Erwägungsgrund 58 DSGVO legitimiert, der die elektronische Form, „beispielsweise auf einer Webseite, wenn sie für die Öffentlichkeit bestimmt ist", ausdrücklich als zulässige Form statuiert.

Ein Medienbruch, das heißt, wenn die Information nicht in derselben Form erfolgt, die auch für die Datenerhebung genutzt wird,[997] wird bei der Informationserteilung akzeptiert. Dies ist auch notwendig, denn das Zwei-Stufen-Konzept ist derart ausgestaltet, dass Kurzinformationen auf dem Fahrzeug mit einem Verweis auf detaillierte Informationen auf einer Webseite zu finden sind, was einen Medienbruch auf ein elektronisches Medium im Internet zur Folge hat. Zwar gibt es noch Gegenstimmen, wenn Rechte nur mit einem Medienbruch wahrgenommen werden könnten[998], die vorherr-

---

991 *Bäcker* in: Kühling/Buchner, DS-GVO/BDSG, Art. 12 DS-GVO Rn. 16.
992 *Bäcker* in: Kühling/Buchner, DS-GVO/BDSG, Art. 12 DS-GVO Rn. 16.
993 Ausführlich dazu mit weiteren Beispielen *Artikel-29-Datenschutzgruppe*, Leitlinien für Transparenz gemäß der Verordnung 2016/679 (WP 260rev.01), Rn. 18 ff.
994 *Artikel-29-Datenschutzgruppe*, Leitlinien für Transparenz gemäß der Verordnung 2016/679 (WP 260rev.01), Rn. 17.
995 Siehe dazu unter 7.3.2.2.
996 Dazu ausführlich in 7.2.3.
997 *Mester* in: Taeger/Gabel, DSGVO – BDSG, Art. 13 DSGVO Rn. 36.
998 *Quaas* in: Wolff/Brink, BeckOK Datenschutzrecht, 35. Edition, Art. 12 DS-GVO Rn. 32.

schende Meinung akzeptiert aber einen Medienbruch[999]. Insofern hat sich für die Videoüberwachung als gängige Praxis etabliert, dass Verantwortliche Kurzinformationen auf einem kleinen Schild vor dem Areal der Videoüberwachung anbringen, auf dem ein Verweis auf ausführliche Informationen einer Webseite steht[1000].

7.2.6 Bildsymbole

Gemäß Art. 12 Abs. 7 i. V. m. Erwägungsgrund 60 DSGVO können Informationen in Kombination mit standardisierten Bildsymbolen bereitgestellt werden[1001]. Da es sich um eine Kann-Regelung handelt, ist die Vorschrift nicht verpflichtend, sondern optional[1002]. Im Umkehrschluss hat dies zur Folge, dass Bildsymbole nicht allein bereitgestellt werden dürfen, sondern nur in Kombination der vorgeschriebenen Informationen[1003].

Vorteil der Bildsymbole kann sein, dass ein einheitliches Bildsymbol die Datenverarbeitung prägnant darstellen kann, um eine grundlegende Orientierung zu schaffen[1004]. Gleichzeitig werden dadurch auch nicht die Rechte der betroffenen Person gekürzt, da stets auch eine zusätzliche Verschriftlichung erfolgen muss[1005].

In der Kommentarliteratur wird festgestellt, dass sich bislang noch keine Symbolsätze durchgesetzt haben[1006]. Dennoch gibt es bereits stellenweise Symbole, die einen hohen Verbreitungsgrad aufweisen. Zum Beispiel ist aufgrund der weit verbreiteten Nutzung im Rahmen der (öffentlichen) Vi-

---

999 *Europäischer Datenschutzausschuss*, Leitlinien 3/2019 zur Verarbeitung personenbezogener Daten durch Videogeräte, Rn. 117; *Artikel-29-Datenschutzgruppe*, Stellungnahme 01/2015 zum Thema Schutz der Privatsphäre und Datenschutz im Zusammenhang mit der Nutzung von Drohnen (WP 231), S. 17; *Die Landesbeauftragte für den Datenschutz Niedersachsen*, Transparenzanforderungen und Hinweisbeschilderung bei einer Videoüberwachung durch nichtöffentliche Stellen, S. 2; *Bayerisches Landesamt für Datenschutzaufsicht*, 8. Tätigkeitsbericht 2017/2018, S. 115; *Franck* in: Gola, DS-GVO, Art. 13 Rn. 40.

1000 Siehe 7.2.1.

1001 *Artikel-29-Datenschutzgruppe*, Leitlinien für Transparenz gemäß der Verordnung 2016/679 (WP 260rev.01), Rn. 17, 50 f.

1002 *Heckmann/Paschke* in: Ehmann/Selmayr, Datenschutz-Grundverordnung, Art. 12 Rn. 53; *Bäcker* in: Kühling/Buchner, DS-GVO/BDSG, Art. 12 DS-GVO Rn. 21.

1003 *Dix* in: Simitis/Hornung/Döhmann, Datenschutzrecht, Art. 12 DSGVO Rn. 39.

1004 *Heckmann/Paschke* in: Ehmann/Selmayr, Datenschutz-Grundverordnung, Art. 12 Rn. 54; *Bäcker* in: Kühling/Buchner, DS-GVO/BDSG, Art. 12 DS-GVO Rn. 20.

1005 *Heckmann/Paschke* in: Ehmann/Selmayr, Datenschutz-Grundverordnung, Art. 12 Rn. 54.

1006 So *Bäcker* in: Kühling/Buchner, DS-GVO/BDSG, Art. 12 DS-GVO Rn. 20, 22.

deoüberwachung ein Kamerasymbol geläufig, welches auf eine Videoüberwachung hinweisen soll.

Beim Zwei-Stufen-Konzept ist der Einsatz eines Bildsymbols beim Kurzhinweis ein wichtiger Bestandteil, da auf dem Fahrzeug aufgrund von Platzgründen und nötiger Kürze der Information keine langen Texte angebracht werden können. Insofern können Bildsymbole einen erheblichen Beitrag zum Verständlichkeitsgebot des Art. 12 Abs. 1 Satz 1 DSGVO beitragen[1007]. Andere Piktogramme oder eine Erklärung zum Kamerasymbol sind aber in den derzeit eingesetzten Kurzhinweisen nicht vorhanden.

Bei dieser derzeit praktizierten Darstellungsweise ist somit problematisch, dass jegliche Erklärung zum Kamerasymbol fehlt. Zwar kennt die Allgemeinheit das Kamerasymbol von der öffentlichen Videoüberwachung, bei der Daten auf einer Speichervorrichtung gespeichert werden, allerdings ist fraglich, ob das Bildsymbol ohne Weiteres auf die Umfelderfassung übertragen werden kann. Denn der Vorgang der Umfelderfassung ist nicht identisch zur Videoüberwachung. So besteht ein gravierender Unterschied darin, dass bei der Umfelderfassung Straßenverkehrsteilnehmer erfasst und deren Merkmale extrahiert werden. Das Rohmaterial soll zeitnah (idealerweise nach dem Fahrmanöver) gelöscht werden. Nur für die Weiterentwicklung werden Daten dauerhaft gespeichert. Bei der Videoüberwachung erfolgen die Aufnahmen oft zu Beweiszwecken und werden mehrere Stunden oder Tage gespeichert. Ein ebenso deutlicher Unterschied besteht darin, dass bei der Umfelderfassung neben dem Kamerasensor auch weitere Umfeldsensoren eingesetzt werden und die Erfassung um das gesamte Fahrzeug erfolgt. Basierend auf diesen Unterschieden ist ein Kamerasymbol nur bedingt geeignet, weil es den Anschein erweckt, dass die Erfassung nur mit Kamerasensoren erfolgen würde. Dies ist bei der Umfelderfassung nicht der Fall[1008].

Darum muss überlegt werden, ob es sinnvoll ist, weitere bzw. andere Bildsymbole für die Umfelderfassung am Fahrzeug anzubringen. Wie sich bereits am Kamerasymbol zeigt, ist die Verwendung und insbesondere die sinnvolle Auswahl solcher Bildsymbole eine Herausforderung, um transparente Datenschutzhinweise zu vermitteln. Versucht man die Bedingungen des Art. 12 DSGVO in Vorgaben für Bildsymbole für die Umfelderfassung zu übertragen, lassen sich drei Kernprobleme feststellen:

Verständlichkeit

Bereits Erwägungsgrund 60 Satz 5 DSGVO setzt voraus, dass die Bildsymbole leicht wahrnehmbar, *verständlich* und klar nachvollziehbar sein müssen. Bei dem oben erwähnten Beispiel des Kamerasymbols mag die

---

1007 Vgl. *Bäcker* in: Kühling/Buchner, DS-GVO/BDSG, Art. 12 DS-GVO Rn. 23.
1008 Siehe zu den wichtigsten Sensoren in 2.4.

Kernaussage über den Einsatz einer optoelektronischen Vorrichtung noch verständlich sein, weil dies bereits ein standardisiertes Bildsymbol ist. Allerdings wurde ebenso aufgezeigt, dass ein Kamerasymbol für die Umfelderfassung aufgrund der unterschiedlichen Verarbeitungsweisen nur bedingt sinnvoll ist.

Für die Aussage, dass Daten gespeichert werden, könnte man beispielsweise eine Diskette verwenden, die immer noch ein etabliertes Zeichen für das Speichern in Textverarbeitungsprogrammen ist. Hierbei ist aber fraglich, ob, vor allem jüngere betroffene Personen, beim Diskettensymbol auch im Kontext der Umfelderfassung auf ein Speichermedium schließen und daraus ableiten würden, dass eine Speicherung stattfände. Selbst wenn dies bejaht werden könnte, ließe sich aus dem Diskettensymbol immer noch nicht die wichtige Frage klären, wie lange die Daten gespeichert werden. Das bedeutet, dass ein Bildsymbol auch eine Kurzbeschreibung braucht, was aber ohnehin eine Vorgabe gemäß Art. 12 DSGVO ist[1009]. Sofern jedes Bildsymbol eine Kurzbeschreibung erhält, ist fraglich, ob all diese Informationen noch Platz auf dem Kurzhinweis auf dem Fahrzeug hätten. Schließlich müssten die Kurzbeschreibungen in einer lesbaren Größe verschriftlicht werden.

Einheitlichkeit

Gemäß Art. 12 Abs. 7 Satz 1 DSGVO werden standardisierte Bildsymbole gefordert. Sofern sich ein Standard für Fahrzeuge entwickeln kann, wird in der Regel auch die Einheitlichkeit erreicht werden können. Denn die einheitliche Bilddarstellung ist ein wichtiger Faktor für die Akzeptanz der Bildsymbole. Da es zahlreiche Automobilhersteller gibt, kann ohne Abstimmung auf einheitliche Bildsymbole der Fall eintreten, dass jeder Automobilhersteller eigene Bildsymbole nutzt. Dies würde zu uneinheitlichen Bildsymbolen führen, die betroffene Personen verwirren können[1010].

Beispielsweise könnte sich ein Verantwortlicher dazu entscheiden, keine Diskette (mit Kurzbeschreibung) für die Speicherung zu nutzen, sondern einen Abfallbehälter, um zu indizieren, wann Daten gelöscht werden. Bei beiden Symbolen geht es um die Speicherfrist der Daten, die aber in unterschiedlichen Bildsymbolen ausgedrückt werden können.

Ebenso muss man sich bei Bildsymbolen um eine internationale Einheitlichkeit Gedanken machen[1011]. Bildsymbole, die in Deutschland mit einer bestimmten Bedeutung verknüpft werden, können woanders eine andere Bedeutung haben.

1009 Siehe bei Fn. 1003.
1010 *Strassemeyer*, K&R 2020, 176 (181).
1011 *Scholz* in: Simitis/Hornung/Döhmann, Datenschutzrecht, Anhang 1 zu Artikel 6 DSGVO Rn. 121.

Anzahl

Ebenfalls muss der Verantwortliche berücksichtigen, dass lediglich eine begrenzte Anzahl an Piktogrammen auf dem Fahrzeug verwendet werden kann. Anderenfalls würde sich das Problem des „information overload" auf die Darstellungsform der Bildsymbole verlagern. Die Fülle der Informationspflichten würde somit in mehreren Bildsymbolen umgesetzt werden, die in der Kürze der möglichen Wahrnehmungszeit von keiner betroffenen Person wahrgenommen werden können.

Bei der Umfelderfassung muss auch berücksichtigt werden, dass die Sichtbarkeit, vor allem bei Sichtbehinderung, erheblich beeinträchtigt sein kann. Die Anzahl an Bildsymbolen ist also auch hinsichtlich möglicher Beeinträchtigungen adäquat anzupassen.

7.2.7 Zwischenergebnis

Der Grundsatz der Transparenz ist als fest verankerter Grundsatz in Art. 5 Abs. 1 lit. a DSGVO essentieller Bestandteil einer datenschutzrechtlich konformen Datenverarbeitung. Um transparente Informationen zu ermöglichen, ist das Zwei-Stufen-Konzept, ähnlich wie bei der Videoüberwachung, ein mögliches Konzept, um Informationen zu vermitteln. Dabei wird auf der ersten Stufe ein Kurzhinweis auf dem Fahrzeug angebracht, inklusive einer Verlinkung auf eine zweite Stufe, in der Regel eine Webseite, mit detaillierten Ausführungen zur Datenverarbeitung.

Bei der Umsetzung des Zwei-Stufen-Konzepts bei der Umfelderfassung bleiben allerdings hohe Hürden, die Voraussetzungen des Art. 12 DSGVO umzusetzen. Zuvorderst ist dabei die Herausforderung einer präzisen Informationsvermittlung zu nennen, was vor allem für den Kurzhinweis relevant ist. Denn einerseits muss der Kurzhinweis präzise genug sein, damit er betroffene Personen innerhalb der kurzen Wahrnehmungszeit über die Datenverarbeitung informiert. Andererseits muss er die nötigen Pflichtinformationen der ersten Stufe abdecken und darf daher nicht zu kurz sein. Ein Kamerasymbol, die Identität des Verantwortlichen und ein Kurzlink auf dem Fahrzeug, wie es derzeit auf einigen Testfahrzeugen praktiziert wird, erscheinen für die Umfelderfassung schon deswegen zu kurz, weil dadurch weder der Zweck, noch der Einsatz anderer Umfeldsensoren deutlich wird. Ebenso würde die wichtige Angabe fehlen, ob der hochautomatisierte Fahrmodus, und damit die Datenverarbeitung, überhaupt aktiv ist.

Eine ebenso große Herausforderung stellen „transparente" Informationen dar. Denn es ist fraglich, wie für den Kurzhinweis auf dem Fahrzeug eine ausreichende Sichtbarkeit erreicht werden soll, insbesondere unter Berücksichtigung möglicher Sichtbehinderung (z. B. dichter Nebel oder Hindernisse) und der kurzen Wahrnehmungszeit, die nur wenige Sekunden betragen wird. Dazu soll der Informationshinweis eine angemessene Größe besitzen, idealerweise sogar dauerhaft aufleuchten und aus allen Richtungen sichtbar sein. Die Sprache muss für jeden Straßenverkehrsteilnehmer verständlich sein, d. h. es bedarf einer sehr einfachen Kurzbeschreibung.

Auch der Einsatz begleitender Bildsymbole wird nicht die Lösung des Problems sein, denn auch hier bedarf es der Überwindung einiger Hürden, nämlich bei der Verständlichkeit, der Einheitlichkeit und der Tatsache, dass sie in angemessener Anzahl vorhanden sein müssen. Vor allem bei der Verständlichkeit wurde aufgezeigt, dass ein Bildsymbol einer zusätzlichen Kurzbeschreibung bedarf. Erstens ist das gemäß Art. 12 DSGVO vorgeschrieben, zweitens können Bildsymbole unterschiedlich interpretiert werden. Ebenso bedarf es einer einheitlichen Linie bei den Bildsymbolen. Beispielsweise wäre es verwirrend, wenn für die Verbildlichung der Speicherfrist auf einem Fahrzeug ein Speichermedium (z. B. eine Diskette) genutzt wird, auf einem anderen Fahrzeug ein Abfallbehälter. Ebenso muss geprüft werden, wie viele Bildsymbole von betroffenen Personen wahrgenommen werden können. Denn bei mehreren Bildsymbolen, die zwar inhaltlich die Pflichtangaben der Kurzinformation abdecken können, könnte die präzise und verständliche Form leiden, da mehrere Bildsymbole in wenigen Sekunden verstanden werden müssen.

All diese Feststellungen bringen Herausforderungen für die Umsetzung der umfangreichen Modalitäten des Art. 12 DSGVO in einem Zwei-Stufen-Konzept für die Umfelderfassung[1012]. Daher wäre eine gesetzliche Präzisierung, wie sie beispielsweise Spanien bereits im nationalen Datenschutzgesetz vorgenommen hat, eine sinnvolle Ergänzung für Stufenkonzepte, um mehr Einheitlichkeit zu erreichen und die wichtigsten Informationen auf der ersten Stufe festzulegen[1013]. Anderenfalls wird man wohl auf eine sukzessive Präzisierung durch den EuGH warten müssen[1014].

Dennoch soll eine gesetzeskonforme Informationserteilung oder das Zwei-Stufen-Konzept nicht zum Scheitern verurteilt werden. Schließlich stehen die Technologie des hochautomatisierten Fahrens und die zugehörige Umsetzung der Informationspflichten erst am Anfang. Vielversprechend sind

---

1012 So auch bereits *Werkmeister/Brandt*, RAW 2017, 99 (100) zur Kennzeichnungspflicht bei automatisierten Fahrzeugen unter § 6b BDSG a. F.; vgl. auch *Unabhängiges Landeszentrum für Datenschutz Schleswig-Holstein*, Praxisreihe: Datenschutzbestimmungen praktisch umsetzen. Fotos und Webcams, S. 14, das die praktische Umsetzung der Informationspflichten bei Fotografien anzweifelt.

1013 So auch *Stoklas/Wendt*, Das vernetzte und autonome Fahrzeug – Datenschutzrechtliche Herausforderungen, S. 70, die sich ebenfalls für eine Anpassung durch den Gesetzgeber aussprechen.

1014 *Schulte*, PinG 2017, 227 (230).

insofern neue Kommunikationsansätze für den Straßenverkehr, die unter Umständen auch für die Informationserteilung genutzt werden könnten. So könnten beispielsweise Displays an Fahrzeugen oder Projektionssystemen eine transparente und gleichzeitig dynamische Informationserteilung ermöglichen. Zu überdenken wäre ebenso die Möglichkeit, unterschiedliche Methoden zu kombinieren, um die Sichtbarkeit effizient zu erhöhen. So könnten vorgenannte dynamische Informationsmöglichkeiten und statische Hinweise (z. B. Aufkleber) genutzt werden. Gleichzeitig könnte aber auch mittels Indikationsleuchten auf die Aktivierung des hochautomatisierten Fahrmodus oder die Datenverarbeitung für die Weiterentwicklung aufmerksam gemacht werden. Die Möglichkeiten moderner Transparenzmaßnahmen sind vielfältig, sodass diese auch genutzt werden sollten, um die aufgezeigten Hürden zu meistern.

7.3 Abgrenzung zwischen Art. 13 und 14 DSGVO

7.3.1 Bezugspunkte für die Unterscheidung der Art. 13 und 14 DSGVO

Neben den Modalitäten des Art. 12 DSGVO werden die konkreten Informationspflichten in Art. 13 und 14 DSGVO ausformuliert, zum Beispiel über den Inhalt, den Zeitpunkt der Informationserteilung oder Ausnahmen der Informationspflicht. Hierbei wird unterschieden, ob personenbezogene Daten direkt bei der betroffenen Person erhoben werden (Art. 13 DSGVO) oder nicht (Art. 14 DSGVO). Anhand der Auswertung von aufsichtsbehördlichen Stellungnahmen und (Kommentar-)Literatur wird deutlich, dass man das Unterscheidungskriterium, wann die Information bei der betroffenen Person erhoben wird, vielfältig auslegen kann. Diese Varianz an unterschiedlichen Ansichten wird bereits bei der (komprimierten) Betrachtung in Bezug auf die Informationspflichten bei optoelektronischen Vorrichtungen deutlich: Beim Einsatz von Kameras bei Forschungsfahrzeugen für das automatisierte Fahren wird pauschal die Anwendung des Art. 13 DSGVO angenommen[1015]. Bei Dashcams, die, ebenso wie Forschungsfahrzeuge, das Straßengeschehen erfassen, wird sowohl die Anwendung von Art. 13[1016], genauso aber auch die Anwendung von Art. 14 DSGVO[1017] vertreten. Bei der Videoüberwa-

---

1015 Vgl. *Bayerisches Landesamt für Datenschutzaufsicht*, 8. Tätigkeitsbericht 2017/2018, S. 115 f.

1016 *Strauß*, NZV 2018, 554 (559).

1017 *Ahrens*, NJW 2018, 2837 (2839).

chung werden ebenfalls gegensätzliche Ansichten vertreten, sodass sowohl Art. 13[1018] als auch Art. 14 DSGVO[1019] in Betracht käme. Auch die Begründungen der widersprechenden Vertreter fallen unterschiedlich aus (siehe dazu sogleich). Und bisher fehlt einschlägige Rechtsprechung zur Thematik der Informationspflichten, sodass keine Analogie bereits bestehender Technologien (zum Beispiel von Dashcams) auch für die Umfelderfassung übernommen werden kann.

Grund dieser unterschiedlichen Auffassungen sind die Bezugspunkte für die Auslegung „Erhebung bei der betroffenen Person". Je nachdem, welchen Bezugspunkt man wählt, ergeben sich unterschiedliche Interpretationsvorgänge und -ergebnisse hinsichtlich der Unterscheidung des Art. 13 und 14 DSGVO. Insofern ist es nicht ohne Weiteres möglich, festzulegen, ob die Informationspflicht für die Umfelderfassung nach Art. 13 oder 14 DSGVO zu richten ist.

Für die Interpretation und den Überblick des Begriffs „bei der betroffenen Person" können drei Bezugspunkte kategorisiert werden[1020]. Bei der Frage, wann Informationen (nicht) bei der betroffenen Person erhoben wurden, kann dies anhand

– der betroffenen Person
– der Art der Datenverarbeitung
– von Drittquellen

interpretiert werden. Daher sollen die Bezugspunkte und ihre Erläuterungen im Folgenden dargestellt und anschließend gegenübergestellt werden.

7.3.1.1 Betroffene Person als Bezugspunkt

Die betroffene Person als Erhebungsquelle

Für die Unterscheidung zwischen Art. 13 und 14 DSGVO ist es notwendig, den Ort bzw. die Quelle der Datenerhebung zu differenzieren.[1021] Folglich

---

1018 *Datenschutzkonferenz*, Orientierungshilfe Videoüberwachung durch nicht-öffentliche Stellen, S. 17 f.
1019 *Scholz* in: Simitis/Hornung/Döhmann, Datenschutzrecht, Anhang 1 zu Artikel 6 DSGVO Rn. 126.
1020 Diese Kategorisierung ist nicht abschließend. Die Intention dieser Übersicht besteht darin, die unterschiedlichen Sichtweisen zu Art 13/14 DSGVO aufzuzeigen. Um die Übersicht zu wahren, erfolgt dies anhand der Hauptströme der Interpretationsansätze mit Bezug auf die Umfelderfassung.
1021 *Schmidt-Wudy* in: Wolff/Brink, BeckOK Datenschutzrecht, 35. Edition, Art. 14 DSGVO Rn. 30; *Veil* in: Gierschmann/Schlender/Stenz/Veil, Datenschutz-Grundverordnung, Art. 14 Rn. 40.

müssen Daten, die direkt von der betroffenen Person (als Quelle) bezogen werden, nach Art. 13 DSGVO bewertet werden.[1022]

Im Umkehrschluss wird in diesem Zusammenhang vertreten, dass keine direkte Erhebung bei der betroffenen Person stattfindet, wenn diese Person nicht selbst als unmittelbare Quelle diene, also wenn Daten von Dritten oder aus öffentlich zugänglichen Quellen stammen (siehe dazu unter Bezugspunkt „Drittquellen als Bezugspunkt" unter 7.3.1.3).

Bezogen auf die Umfelderfassung bedeutet dies, dass stets Art. 13 DSGVO zur Anwendung käme. Denn die Daten der Straßenverkehrsteilnehmer werden direkt von diesen erhoben.

Beteiligung an der Datenerhebung durch die betroffene Person

Art. 14 DSGVO soll dann einschlägig sein, wenn betroffene Personen weder körperlich noch mental (aktiv oder passiv) an der Datenerhebung beteiligt sind, zum Beispiel schlafende Personen.[1023] Im Umkehrschluss käme nach dieser Ansicht Art. 13 DSGVO zur Anwendung, wenn die betroffene Person körperlich oder mental an der Datenerhebung beteiligt ist. In diese Richtung geht auch die Argumentation, dass Art. 14 DSGVO solche Fälle umfasse, bei denen die betroffene Person nicht mitwirke[1024].

Auch bei dieser Variante wäre, bezogen auf die Umfelderfassung, Art. 13 DSGVO einschlägig, da die Straßenverkehrsteilnehmer aktiv, in der Regel durch ihre Bewegungen, an der Datenerhebung beteiligt sind.

7.3.1.2 Art der Datenverarbeitung als Bezugspunkt

Datenverarbeitung mit Möglichkeit der Kenntnisnahme

In Bezug auf die Videoüberwachung wird der Ansatz vertreten, dass eine Erhebung bei der betroffenen Person gemäß Art. 13 DSGVO stattfindet, wenn die betroffene Person bei einer transparenten Videoüberwachung Wissen über die Verarbeitung hat und den Bereich meiden kann[1025]. Nur bei einer heimlichen Videoüberwachung sei von einem Fall des Art. 14 DSGVO auszugehen (dazu unten).

1022 So konkret *Veil* in: Gierschmann/Schlender/Stenz/Veil, Datenschutz-Grundverordnung, Art. 14 Rn. 40.

1023 *Schmidt-Wudy* in: Wolff/Brink, BeckOK Datenschutzrecht, 35. Edition, Art. 14 DSGVO Rn. 31; *Dix* in: Simitis/Hornung/Döhmann, Datenschutzrecht, Art. 14 Rn. 3.

1024 *Ingold* in: Sydow, DSGVO, Art. 14 Rn. 8; *Schwartmann/Schneider* in: Schwartmann/Jaspers/Thüsing/Kugelmann, DS-GVO/BDSG, Art. 14 DS-GVO Rn. 14; *Scholz* in: Simitis/Hornung/Döhmann, Datenschutzrecht, Anhang 1 zu Artikel 6 DSGVO Rn. 126, der auf Einfluss und Entscheidungsmöglichkeit abstellt.

1025 *Franck* in: Gola, DS-GVO, Art. 13 Rn. 4, Art. 14 Rn. 2.

Ferner wird in diesem Zusammenhang, vorwiegend für Fotografien, die Auffassung vertreten, dass auch auf die *Möglichkeit* zur Kenntnisnahme der Kamera (d. h. eine sichtbare Aufnahmequelle, die aber nicht jeder zur Kenntnis nimmt) abgestellt werden kann. Wenn der Verantwortliche also die Aufnahmequelle sichtbar macht, aber wegen der Menschenmenge oder den Umständen im öffentlichen Raum keinen Einfluss nehmen kann, ob eine Person tatsächlich Kenntnis von der Aufnahme nehmen kann, fände Art. 14 DSGVO Anwendung.[1026]

Allerdings muss bei manchen Vertretern dieser Ansicht[1027] geprüft werden, ob dabei nicht ein Widerspruch vorliegt. Denn unter den Vertretern dieser Ansicht sind einige deutsche Aufsichtsbehörden vertreten. Gleichzeitig vertritt aber die deutsche Datenschutzkonferenz (DSK), ein Zusammenschluss aller deutschen Aufsichtsbehörden, dass bei Dashcams, die ebenfalls eine große Menschenmenge ohne Kenntnisnahme bzw. kaum sichtbar im öffentlichen Bereich aufnehmen, die Art. 12 ff. DSGVO Anwendung fänden und ein transparenter Hinweis in praktischer Hinsicht Schwierigkeiten aufweise[1028]. Ob hierbei Art. 13 oder Art. 14 DSGVO Anwendung findet und welche Schwierigkeiten dabei auftreten, spezifiziert die DSK aber nicht, schließt aber auch keinen der möglichen Artikel aus. Für Kameradrohnen, ebenfalls ein ähnlicher Sachverhalt, da aus der Luft eine große Menschenmenge ohne Kenntnisnahme gefilmt oder fotografiert werden kann, wird von der DSK sogar vertreten, dass die Informationspflichten aus Art. 12 ff. DSGVO in der Regel nicht erfüllt werden könnten[1029].

Ferner muss diese Theorie auf ihre Widersprüchlichkeit mit dem Transparenzgrundsatz hinterfragt werden. Denn diese Annahme würde dazu führen, dass große Menschenmassen aufgenommen werden können, wenn es der Verantwortliche schafft, das Aufnahmegerät außerhalb des Sichtfokus der betroffenen Personen zu platzieren, sodass man das Aufnahmegerät zwar (theoretisch) sehen kann, die Mehrheit der Aufnahmen aber dennoch unbemerkt erfolgt. Das bedeutet, die intransparente Positionierung des Aufnahmegeräts würde belohnt werden, da die erleichterten Bedingungen des

---

1026 *Landesbeauftragte für den Datenschutz und für das Recht auf Akteneinsicht Brandenburg*, Verarbeitung personenbezogener Daten bei Fotografien, S. 8; *Sundermann*, K&R 2018, 438 (440 f.); *Unabhängiges Landeszentrum für Datenschutz Schleswig-Holstein*, Praxisreihe: Datenschutzbestimmungen praktisch umsetzen. Fotos und Webcams, S. 16.

1027 Dies bezieht sich auf Fn. 1026.

1028 *Datenschutzkonferenz*, Positionspapier zur Unzulässigkeit von Videoüberwachung aus Fahrzeugen (sog. Dashcams), S. 2.

1029 *Datenschutzkonferenz*, Positionspapier zur Nutzung von Kameradrohnen durch nicht-öffentliche Stellen, S. 2.

Art. 14 DSGVO[1030] erfolgen müssten.[1031] Dies kann nicht im Einklang mit dem Grundsatz der Transparenz sein, der nach einer möglichst transparenten und informierten Datenverarbeitung strebt[1032].

Heimliche Datenerhebung und -verarbeitung

Daneben gibt es auch noch die heimliche Datenverarbeitung. Anders als bei der intransparenten Datenverarbeitung, hat die betroffene Person bei der heimlichen Datenverarbeitung keine Möglichkeit, die Datenverarbeitung bei der Erhebung wahrzunehmen. Hierbei wird vertreten, dass eine heimliche Datenverarbeitung ein Fall des Art. 14 DSGVO sei[1033].

Allerdings muss bei dieser Variante berücksichtigt werden, dass eine heimliche Datenverarbeitung in nur wenigen Fällen datenschutzrechtlich zu rechtfertigen ist[1034]. Für den Vorgang bei der Umfelderfassung wird der tiefgreifende Eingriff durch eine heimliche Verarbeitung durch die Umfeldsensoren wohl im Rahmen der Verhältnismäßigkeitsprüfung nicht zu rechtfertigen sein, insbesondere weil kein Zweck für eine heimliche Verarbeitung gegeben ist[1035].

7.3.1.3 Drittquellen als Bezugspunkt

Öffentliche Quellen

Ebenfalls sprechen sich Stimmen der Literatur dafür aus, dass Daten nicht bei der betroffenen Person erhoben werden, wenn sie aus öffentlich zugänglichen Quellen stammen[1036]. Ebenso wird diese Ansicht etwas differenzier-

---

1030 Siehe dazu in 7.3.2.
1031 Ebenfalls kritisch dazu *Veil* in: Gierschmann/Schlender/Stenz/Veil, Datenschutz-Grundverordnung, Art. 14 Rn. 42; ähnlich auch *Die Landesbeauftragte für den Datenschutz Niedersachsen*, Transparenzanforderungen und Hinweisbeschilderung bei einer Videoüberwachung durch nichtöffentliche Stellen, S. 2, die eine intransparente Videoüberwachung ausdrücklich nicht im Einklang mit Art. 5 und 13 DSGVO sieht; vgl. auch *Rose*, ZD 2017, 64 (67), der dafür plädiert, dass Bilderfassungen, die nicht ohne Probleme bemerkt werden können, unzulässig sein sollen.
1032 Vgl. *Heckmann/Paschke* in: Ehmann/Selmayr, Datenschutz-Grundverordnung, Art. 12 Rn. 1.
1033 *Franck* in: Gola, DS-GVO, Art. 14 Rn. 2; *Pötters/Traut*, RDV 2013, 132 (139); *Schmidt-Wudy* in: Wolff/Brink, BeckOK Datenschutzrecht, 35. Edition, Art. 14 Rn. 31.2; *Landesbeauftragter für Datenschutz und Informationsfreiheit Baden-Württemberg*, 34. Datenschutz-Tätigkeitsbericht 2018, S. 33.
1034 *Strauß*, NZV 2018, 554 (558 f.); *Scholz* in: Simitis/Hornung/Döhmann, Datenschutzrecht, Anhang 1 Artikel 6 DSGVO Rn. 99.
1035 Siehe in 6.6.3.5.
1036 *Artikel-29-Datenschutzgruppe*, Leitlinien für Transparenz gemäß der Verordnung 2016/679 (WP 260rev.01), Rn. 26; *Bäcker* in: Kühling/Buchner, DS-GVO/BDSG, Art. 14 Rn. 9.

ter vertreten: Selbst veröffentlichte Informationen sollen danach als Fall des Art. 13 DSGVO gewertet werden. Die Informationsveröffentlichung auf einer Drittplattform sei ein Fall des Art. 14 DSGVO, da die betroffene Person nicht mehr allein über die Mittel entscheiden könne[1037].

Für die Auffassung, die Datenerhebung aus öffentlichen Quellen nach Art. 14 DSGVO zu bewerten, spricht ebenso Art. 14 Abs. 2 lit f. DSGVO. Dieser fordert eine Quellenangabe der Daten, das heißt aus welcher Quelle die Daten erhoben wurden und ob sie gegebenenfalls aus einer öffentlich zugänglichen Quelle erhoben wurden. In Art. 11 DSRL, der ebenfalls eine Informationspflicht erforderte, wenn personenbezogene Daten nicht bei der betroffenen Person erhoben wurden, war dies noch nicht verpflichtend. Daraus lässt sich schließen, dass der Verordnungsgeber der DSGVO hier unter Umständen Lücken schließen wollte.

Interpretiert man die Datenerhebung durch die Umfelderfassung als „öffentliche" Quelle, schließlich findet sie in einer Umgebung statt, die der Öffentlichkeit frei zugänglich ist, würde das bedeuten, dass nach dieser Ansicht Art. 14 DSGVO anwendbar wäre.

Erhebung aus Drittquellen

Ebenfalls wird vertreten, dass personenbezogene Daten nicht direkt von der betroffenen Person erhoben wurden, wenn sie von einem Dritten stammen.[1038] Dies könnte ein Umfeldsensor sein, denn dieser kann die Quelle der Datenerhebung sein. Denn im Falle einer Verarbeitung durch Sensoren kann man zwar vertreten, dass die Daten direkt von der betroffenen Person stammen, allerdings sind die Sensordaten wieder eine selbstständige Datenkategorie (i. S. v. abgeleiteten Daten), die durch den Sensor erstellt wurden.[1039] Bei dieser Auffassung könnte man den Sensor als Drittquelle verstehen, der die Daten (z. B. das KFZ-Kennzeichen in digitaler Form) erstellt. Für die Umfelderfassung würde dies bedeuten, dass die Umfeldsensoren als Drittquelle dienen, sodass Art. 14 DSGVO zur Anwendung käme.

1037 *Veil* in: Gierschmann/Schlender/Stenz/Veil, Datenschutz-Grundverordnung, Art. 14 Rn. 40.

1038 *Artikel-29-Datenschutzgruppe*, Leitlinien für Transparenz gemäß der Verordnung 2016/679 (WP 260rev.01), Rn. 26; *Bäcker* in: Kühling/Buchner, DS-GVO/BDSG, Art. 14 DS-GVO Rn. 9; *Ingold* in: Sydow, DSGVO, Art. 14 Rn. 8; *Veil* in: Gierschmann/Schlender/Stenz/Veil, Datenschutz-Grundverordnung, Art. 14 Rn. 40; *Conrad*, K&R 2018, 741 (744).

1039 *Cradock/Stalla-Bourdillon/Millard*, Comput. Law Secur. Rev. 2017, 142 (146) zur inhaltsgleichen Vorgängerregelung des Art. 11 DSRL. Vgl. aber auch die gegenteilige Auffassung der *Artikel-29-Datenschutzgruppe*, Leitlinien für Transparenz gemäß der Verordnung 2016/679 (WP 260rev.01) Rn. 26, die „automatisierte Datenerfassungsgeräte" oder „Datenerfassungssoftware wie Kameras oder sonstige Arten von Sensoren" Art. 13 DSGVO zurechnet.

Somit können die Interpretationsansätze wie folgt grafisch zusammengefasst werden:

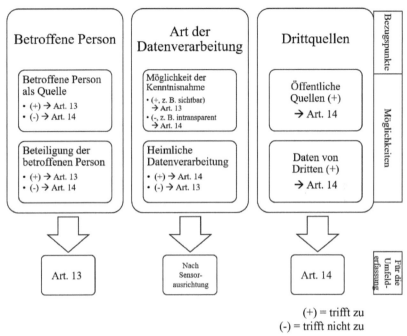

(+) = trifft zu
(-) = trifft nicht zu

Abb. 12: Übersicht Auffassungen zur Abgrenzung von Art. 13/14 DSGVO

Somit wird aus dem Schaubild deutlich, dass, je nach Auslegung des Tatbestandmerkmals „Erhebung bei der betroffenen Person", ein anderes Ergebnis für die Umfelderfassung erfolgen kann. Bezieht man sich auf die betroffene Person als Quelle der Erhebung, ist Art. 13 DSGVO anwendbar[1040]. Dies trifft bei der Umfelderfassung zu, wenn die betroffene Person oder ihr Kennzeichen erfasst wird. Ebenso kann bereits durch die Teilnahme am Straßenverkehr eine aktive Teilnahme an der Datenerhebung angenommen werden. Nicht beteiligt wäre eine Person beispielsweise, wenn sie schläft.

Bei der Art der Datenverarbeitung muss die Lage differenzierter betrachtet werden. Stimmen der Literatur vertreten, dass nur bei sichtbaren optoelektronischen Vorrichtungen Art. 13 DSGVO zur Anwendung käme. Wie bereits

---

1040 I.E. auch *Artikel-29-Datenschutzgruppe*, Leitlinien für Transparenz gemäß der Verordnung 2016/679 (WP 260rev.01), Rn. 26, die ohne weitere Ausführungen „automatisierte Datenerfassungsgeräte" oder „Datenerfassungssoftware wie Kameras oder sonstige Arten von Sensoren" Art. 13 DSGVO zurechnet.

in 7.3.1.2 ausgeführt, würde dies zu einer obskuren Schlussfolgerung führen, weil dadurch für intransparente Aufnahmen die weniger strengen Vorgaben des Art. 14 DSGVO zur Anwendung kämen. Bei der heimlichen Datenverarbeitung, die aber nur in begründeten Einzelfällen auch rechtmäßig wäre, käme Art. 14 DSGVO zur Anwendung. Da bei der Umfelderfassung nicht von einer heimlichen Datenverarbeitung ausgegangen wird, kommt diese Option nicht Betracht. Für die Umfelderfassung werden somit beide Möglichkeiten ausgeschlossen, weshalb sie lediglich zur Vervollständigung der angesprochenen Bezugspunkte dienen.

Anders sieht es aus, wenn man entweder öffentliche Quellen oder Daten aus Drittquellen als Bezugspunkt nimmt: Da personenbezogene Daten im öffentlichen Straßenverkehr, der als öffentliche Quelle klassifiziert werden kann, erhoben werden, erfolgt die Datenerhebung nicht direkt bei der betroffenen Person. Dasselbe gilt bei Drittquellen (z. B. Sensoren), die zwar die betroffene Person erfassen, aber eigene Datensätze erstellen, die in diesem Fall nicht direkt von der betroffenen Person kämen. Verfolgte man diesen Ansatz, wäre Art. 14 DSGVO für die Umfelderfassung anwendbar.

Diese Ausführungen zur Abgrenzung von Art. 13 und 14 DSGVO zeigen auf, dass das Unterscheidungskriterium „Erhebung bei der betroffenen Person" sehr unterschiedlich ausgelegt werden kann. In der Konsequenz erfolgt vielmehr eine Zersplitterung der Ansichten, die, je nach Interpretationsansatz, zu einem anderen Ergebnis führen.

7.3.2 Relevanz für die Umfelderfassung

Da die DSGVO hinsichtlich der Abgrenzung der Art. 13 und 14 DSGVO keine deutlichen Vorgaben macht, und klärende Rechtsprechung fehlt, wird im Folgenden weiter untersucht, welche Unterschiede Art. 13 und 14 DSGVO aufweisen und wie sich diese Unterschiede auf die Umfelderfassung auswirken.

7.3.2.1 Inhalt

Art. 13 und 14 DSGVO haben eine zentrale Bedeutung für die Rechte der betroffenen Personen, denn durch die Datenschutzhinweise erfahren betroffene Personen, dass ihre Daten verarbeitet werden. Insofern bilden beide Artikel den Grundpfeiler, die Rechte der betroffenen Personen wahrnehmen zu können.[1041]

[1041] Siehe auch EuGH, Urt. v. 01.10.2015 – C-201/14 (Bara u. a.) Rn. 33; *Knyrim* in: Ehmann/Selmayr, Datenschutz-Grundverordnung, Art. 13 Rn. 1; *Bäcker* in: Kühling/Buchner, DS-GVO/BDSG, Art. 13 DS-GVO Rn. 8.

Um über die Datenverarbeitung aufzuklären, setzen Art. 13 Abs. 1 und 2 sowie Art. 14 Abs. 1 und 2 DSGVO zahlreiche inhaltliche Vorgaben voraus. Diese Vorgaben und die geringen Unterschiede der beiden Kataloge der Art. 13 Abs. 1 und 2 und 14 Abs. 1 und 2 DSGVO[1042] sollen in dieser Arbeit nicht im Einzelnen diskutiert werden, da sich keine spezifischen Probleme für die Umfelderfassung ergeben. Das für die Umfelderfassung signifikante Problem besteht vielmehr darin, den in der DSGVO geforderten Informationspflichtenkatalog vollständig abzubilden. Hierzu wurde bereits in Bezug auf die allgemeinen Modalitäten der Informationspflicht (siehe 7.2) das Zwei-Stufen-Konzept vorgestellt. Da auf der ersten Stufe lediglich ein Kurzhinweis vorgesehen ist, kann der Verantwortliche vor allem auf der zweiten Stufe den Katalog des Art. 13 DSGVO umsetzen. Dies wird dann eine Frage der praktischen Ausgestaltung und der individuellen Einzelfallgestaltung jedes Verantwortlichen[1043].

In Einzelfällen kann es im Sinne des Grundsatzes einer transparenten Verarbeitung nach Treu und Glauben sinnvoll sein, noch weitere Informationen, jenseits des Katalogs des Art. 13 oder 14 DSGVO aufzunehmen, zum Beispiel Angaben zu den technisch-organisatorischen Maßnahmen[1044]. Für die Umfelderfassung könnte es sich beispielsweise anbieten, auf der zweiten Stufe die Verarbeitungsschritte und Position der Umfeldsensorik zu erklären.

7.3.2.2 Zeitpunkt

Ein Unterschied der Art. 13 und 14 DSGVO besteht im Zeitpunkt der Informationspflicht: Art. 13 Abs. 1 DSGVO erfordert, dass die Daten *zum* Zeitpunkt der Erhebung mitgeteilt werden. Nach Art. 14 Abs. 3 DSGVO hat der Verantwortliche unterschiedliche Zeitfenster, die aber alle nach dem Zeitpunkt der Erhebung liegen.

„Zum Zeitpunkt der Erhebung" (Art. 13 DSGVO)

Art. 13 Abs. 1 DSGVO gibt vor, dass die Information *zum Zeitpunkt der Erhebung* der Daten erteilt werden soll. Das bedeutet, dass die Information vor oder mit Beginn der Erhebung erfolgen muss[1045]. In der Konsequenz darf vor der Informationserteilung keine Datenverarbeitung erfolgen.

1042 Inhaltlich bestehen zwischen den Informationskatalogen des Art. 13 und 14 DSGVO kaum signifikante Unterschiede.

1043 Vgl. auch *Bäcker* in: Kühling/Buchner, DS-GVO/BDSG, Art. 13 DS-GVO Rn. 60.

1044 *Mester* in: Taeger/Gabel, DSGVO – BDSG, Art. 13 DSGVO Rn. 30.

1045 *Schmidt-Wudy* in: Wolff/Brink, BeckOK Datenschutzrecht, 35. Edition, Art. 13 DS-GVO Rn. 79; *Knyrim* in: Ehmann/Selmayr, Datenschutz-Grundverordnung, Art. 13 Rn. 11; *Bäcker* in: Kühling/Buchner, DS-GVO/BDSG, Art. 13 DS-GVO Rn. 56;

Allerdings lässt die DSGVO eine weitere Erklärung, wann die Erhebung bei optoelektronischen Vorrichtungen stattfindet, offen. Erneut entstehen divergierende Ansichten. So interpretiert die *DSK* den Zeitpunkt der Erhebung als frühestmöglichen Zeitpunkt. Das bedeutet, „dass vor dem Betreten videoüberwachter Bereiche auf die Datenverarbeitung hingewiesen wird"[1046]. *Bretthauer* argumentiert in eine ähnliche Richtung und sieht den Zeitpunkt der Erhebung, sobald die betroffene Person in den Blickwinkel der Kamera tritt[1047]. *Knyrim* interpretiert den Zeitpunkt der Erhebung bei der Videoüberwachung, wenn der Verantwortliche Daten durch die Überwachung von der betroffenen Person erhält[1048]. *Bäcker* sieht die Erhebung als gegeben, wenn erstmals auf bestimmte personenbezogene Daten zugegriffen wird, um sie weiter zu verarbeiten[1049].

Überträgt man die Aussagen auf die Umfelderfassung, rangiert der Zeitpunkt der Datenerhebung zwischen dem Zeitpunkt, bevor oder wenn die betroffene Person von der Umfeldsensorik erfasst wird, bis zum Zeitpunkt, an dem der Verantwortliche Daten erhält oder zielgerichtet darauf zugreift. Allerdings ist fraglich, ob die unterschiedlichen Zeitpunkte tatsächlich praktische Auswirkungen bei der Umsetzung der Umfelderfassung hätten. Angenommen, die Informationspflicht müsste erst bei Zugriff oder bei/nach der Übermittlung stattfinden, könnte der Verantwortliche zu diesem Zeitpunkt die betroffene Person nicht mehr informieren, weil sie nicht mehr in Reichweite wäre. Das bedeutet, dass trotzdem ein Hinweis am Fahrzeug erfolgen muss, um die betroffene Person bis zum Zeitpunkt der Übermittlung/des Zugriffs zu informieren.

Verfolgt man die Auffassung, der Zeitpunkt der Erhebung wäre spätestens beim Betreten in den Blickwinkel der Kamera, kann man dies bei der Umfelderfassung mit dem Zeitpunkt, an dem die Umfeldsensoren die betroffene Person erfassen, gleichsetzen. Daraus ergibt sich ein Folgeproblem: Zum Zeitpunkt der Erhebung ist es trotz des Zwei-Stufen-Konzepts schwierig, den in Art. 13 DSGVO geforderten Katalog zum geforderten Zeitpunkt umzusetzen. Denn damit die Information auch erkennbar und lesbar ist, muss die Information entsprechend groß dargestellt werden. Die Sichtbarkeit ist für die Erfüllung des Informationszeitpunktes deswegen ein ausschlagge-

---

Franck in: Gola, DS-GVO, Art. 13 Rn. 36; *Dix* in: Simitis/Hornung/Döhmann, Datenschutzrecht, Art. 13 DSGVO Rn. 7.

1046 *Datenschutzkonferenz*, Orientierungshilfe Videoüberwachung durch nicht-öffentliche Stellen, S. 17.

1047 *Bretthauer*, Intelligente Videoüberwachung, S. 262.

1048 *Knyrim* in: Ehmann/Selmayr, Datenschutz-Grundverordnung, Art. 13 Rn. 10.

1049 *Bäcker* in: Kühling/Buchner, DS-GVO/BDSG, Art. 13 DS-GVO Rn. 12, der ferner anmerkt, dass sich der Begriff mit der Legaldefinition aus § 3 Abs. 3 BDSG a. F. weitgehend deckt.

bender Punkt, weil sie zum Zeitpunkt der Datenerhebung gewährleistet sein muss. Dabei muss berücksichtigt werden, dass die Erfassung durch den Kamerasensor aus ca. 50 Metern möglich ist[1050]. Bereits aus dieser Entfernung ist fraglich, ob es möglich ist, Kurzhinweise auf dem Fahrzeug nach den Vorgaben der Art. 12 und 13 DSGVO zu platzieren. Aber bei der Entfernung des Kamerasensors wäre noch nicht einberechnet, dass die betroffene Person ebenso Zeit benötigt, um die Informationen auf dem Fahrzeug wahrzunehmen. Für die Einberechnung einer Wahrnehmungszeit spricht die Tatsache, dass man bei der Videoüberwachung davon ausgeht, dass die Informationen noch vor dem Betreten eines videoüberwachten Bereichs vorliegen müssen, damit die betroffene Person ihr Verhalten entsprechend ausrichten kann[1051]. Dem geht voraus, dass dies erst nach einer kurzen Wahrnehmungszeit der Datenschutzhinweise möglich ist. Ginge man also beispielhaft davon aus, dass ein Fahrzeug 10 Sekunden (als mögliche Wahrnehmungszeit) mit 50 km/h auf die betroffene (stehende) Person zufährt, ergäbe dies eine Strecke von ca. 139 Metern[1052]. Dazu muss noch die Reichweite der Kamera addiert werden, da die Information spätestens zum Zeitpunkt der Information (also ab Erfassung der Kamera, die ca. 50 Meter betragen kann) erfolgen muss. Würde man also der betroffenen Person vor der Datenerfassung noch 10 Sekunden Wahrnehmungszeit lassen, damit sie ihr Verhalten anpassen kann, müssten die Informationen bereits aus einer Entfernung von 189 Meter sichtbar sein (siehe Abb. 13).

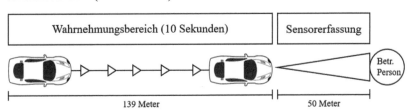

*Abb. 13: Möglichkeit zur Auslegung des Merkmals „zum Zeitpunkt der Erhebung"
mit Wahrnehmungszeit*

Selbst wenn man die Wahrnehmungszeit nicht berücksichtigte, müsste die Information immer noch aus 50 Meter Entfernung erfolgen. Bei diesen hohen Entfernungen bleibt die Frage, ob es Kurzhinweise geben kann, die unter diesen Umständen unter Berücksichtigung der Modalitäten des Art. 12 DSGVO umgesetzt werden können. Selbst wenn dies möglich wäre, könnte man diese Vorgabe nicht überall adäquat umsetzen, weil manche Straßen

---

1050 Siehe Fn. 95.
1051 Siehe Fn. 942.
1052 Dies bemisst sich nach der Formel Strecke (in m) = Durchschnittsgeschwindigkeit in m/s × Zeit (in Sekunden). Strecke = 13,89 m/s × 10s = 139m.

keine 50 bzw. 189 Meter lang sind oder die betroffene Person am Anfang der Straße steht, in die das hochautomatisierte Fahrzeug abbiegt.

Informationszeitpunkt nach Art. 14 DSGVO

Art. 14 Abs. 3 DSGVO gibt hinsichtlich des Zeitpunkts zur Erteilung der Informationen drei Möglichkeiten. Danach soll die Erteilung

a) innerhalb einer angemessenen Frist nach Erlangung der personenbezogenen Daten, längstens jedoch innerhalb eines Monats,

b) falls die personenbezogenen Daten zur Kommunikation mit der betroffenen Person verwendet werden sollen, spätestens zum Zeitpunkt der ersten Mitteilung an sie, oder

c) falls die Offenlegung an einen anderen Empfänger beabsichtigt ist, spätestens zum Zeitpunkt der ersten Offenlegung

erfolgen.

Art. 14 Abs. 3 lit. a DSGVO schreibt vor, dass der Verantwortliche die betroffene Person „innerhalb einer angemessenen Frist" zu informieren hat, spätestens innerhalb eines Monats.

An dieser Formulierung ist zuvorderst festzustellen, dass die Informationserteilung nicht zum Zeitpunkt der Erhebung, wie in Art. 13 DSGVO, stattfinden muss. Das bedeutet, dass es nach Art. 14 DSGVO auch möglich ist, den Straßenverkehrsteilnehmern geeignete Hinweise anzuzeigen, wenn das Fahrzeug vor der betroffenen Person steht und die betroffene Person somit bereits von der Datenverarbeitung betroffen ist. Dies ist ein wichtiger Unterschied zu Art. 13 DSGVO, denn danach ist die Informationspflicht nicht rechtzeitig erfüllt, wenn das Fahrzeug bereits vor der betroffenen Person steht, da die betroffene Person zu diesem Zeitpunkt bereits mehrfach von den Umfeldsensoren erfasst wurde. Somit lässt die Unterrichtung innerhalb einer „angemessenen Frist" mehr Flexibilität.

Zwar hat der Verantwortliche auch theoretisch bis zu einem Monat nach der Erhebung Zeit für die Informationserteilung, allerdings ist bei diesem langen Zeitraum fraglich, ob dieser Zeitraum noch angemessen ist. Schließlich kann die Information, wie eben dargestellt, auch erfolgen, wenn sich die betroffene Person im unmittelbaren Umfeld des Fahrzeugs aufhält.

Art. 14 Abs. 3 lit. b DSGVO schreibt vor, dass die Informationserteilung idealerweise vor, spätestens aber zum Zeitpunkt der ersten Kontaktaufnahme[1053] bzw. dem ersten kommunikativen Kontakt[1054] erfolgt. Bei der Umfel-

---

1053 *Franck* in: Gola, DS-GVO, Art. 14 Rn. 19.
1054 *Bäcker* in: Kühling/Buchner, DS-GVO/BDSG, Art. 14 DS-GVO Rn. 35; *Mester* in: Taeger/Gabel, DSGVO – BDSG, Art. 14 DSGVO Rn. 16.

derfassung gibt es keine „klassische" Kontaktanbahnung, in der beide Akteure bewusst in direkten Kontakt treten. Bei der Umfelderfassung könnte dieser Zeitpunkt stattfinden, wenn die betroffene Person deutlich erkennen kann, dass mit ihr kommuniziert wird. Bei der Umfelderfassung kann das die Ausführung eines Fahrmanövers sein, zum Beispiel, wenn das Fahrzeug vor einem Fußgängerübergang stoppt und dem Fußgänger Überquerungsvorrang signalisiert. Werden Indikationsleuchten oder „Message Boards" eingesetzt, könnte auch die Nutzung dieser Indikatoren die erste Kommunikationsmöglichkeit sein. Sofern man diesen Vorgang als „Kommunikation" bewertet, wäre der Informationszeitpunkt in einem Zeitabschnitt, in dem sich die betroffene Person in der Nähe des Fahrzeugs aufhält.

Art. 14 Abs. 3 lit. c DSGVO setzt die Offenlegung an andere Empfänger voraus. Eine Offenlegung, eine beispielhafte Verarbeitungsart i. S. d. Art. 4 Nr. 2 DSGVO, bezeichnet das Bereithalten von Informationen und korrespondiert gleichzeitig mit dem Auslesen und Abfragen[1055]. Anders formuliert, kann auch die Zugänglichmachung der Information bedeuten, dass andere Stellen Kenntnis davon nehmen können, unabhängig davon, ob es sich dabei um einen Dritten handelt[1056]. Beim hochautomatisierten Fahrsystem wird dies der Fall sein, sobald Auftragsverarbeiter oder Dritte Zugriff darauf erlangen, also sobald einer dieser Parteien per Remotezugriff auf die Daten zugreifen kann oder spätestens, wenn der Zugriff im Backend erfolgt. Dieser Vorgang erfolgt erst nach der Umfelderfassung, die Umfelderfassung selbst ist zunächst keine Offenlegung von Daten, weshalb Art. 14 Abs. 3 lit. c DSGVO nicht zutreffend ist.

Sofern also die Unterrichtungspflicht der Umfelderfassung auf Art. 14 DSGVO zu stützen wäre, ergeben sich Möglichkeiten, dass die Unterrichtung auch erfolgen kann, wenn sich die betroffene Person in der unmittelbaren Nähe des hochautomatisierten Fahrzeugs aufhält und bereits durch die Sensoren erfasst wurde. Im Vergleich zu Art. 13 Abs. 1 DSGVO verbleiben dadurch zumindest wenige Sekunden mehr, um die betroffenen Personen zu informieren. Sofern mehrere Alternativen einschlägig sind, soll der frühestmögliche Zeitpunkt der möglichen Variante gewählt werden[1057].

1055 *Schild* in: Wolff/Brink, BeckOK Datenschutzrecht, 35. Edition, Art. 4 DS-GVO Rn. 49.
1056 So *Herbst* in: Kühling/Buchner, DS-GVO/BDSG, Art. 4 DS-GVO Nr. 2 Rn. 29.
1057 *Dix* in: Simitis/Hornung/Döhmann, Datenschutzrecht, Art. 14 DSGVO Rn. 17.

7.3.2.3 Ausnahmen

Art. 13 DSGVO

Art. 13 Abs. 4 DSGVO sieht vor, dass es keiner Information bedarf, wenn die betroffene Person bereits über die Informationen verfügt. Sie müssen in Ausmaß, Genauigkeit und Klarheit den Informationen entsprechen, die zur Verfügung gestellt werden müssen[1058].

Bei der Umfelderfassung stellt sich die Frage, ob die Webseite (zweite Stufe) eine mögliche Vorabinformation sein könnte. Allerdings gilt es bei der Auslegung von Art. 13 Abs. 4 DSGVO, zu berücksichtigen, dass die betroffene Person über die Hinweise verfügen muss[1059]. Bei der Informationserteilung durch eine Webseite müsste sich die betroffene Person zusätzliche Informationen (z. B. die Fundstelle der Webseite) verschaffen. Die Absage einer solchen Vorgehensweise deckt sich auch mit dem Grundsatz einer „aktiven Informationspflicht" aus Art. 12 DSGVO[1060], durch den die passive Anzeige der Informationspflichten auf einer Webseite nicht legitimiert werden.

Insofern ist derzeit keine Möglichkeit ersichtlich, wie der Verantwortliche beim Vorgang der Umfelderfassung i. S. d. Art. 13 Abs. 4 DSGVO vor der Datenerhebung informieren könnte[1061].

Art. 14 DSGVO

Im Gegensatz zu Art. 13 Abs. 4 DSGVO ist der Ausnahmenkatalog des Art. 14 Abs. 5 DSGVO umfangreicher. Er nennt vier Ausnahmen, durch die Art. 14 Abs. 1-4 DSGVO nicht anwendbar sind.

Art. 14 Abs. 5 lit. a DSGVO ist einschlägig, wenn die betroffene Person bereits über die Information verfügt. Die Regelung ist wortgleich zu Art. 13 Abs. 4 DSGVO[1062], dessen Anwendung bereits ausgeschlossen wurde.

Gemäß Art. 14 Abs. 5 lit. c DSGVO entfällt die Informationspflicht auch, wenn die betroffene Person die Hintergründe der Datenverarbeitung aus einer Rechtsvorschrift entnehmen kann, zum Beispiel bei Meldepflichten

---

1058 *Bäcker* in: Kühling/Buchner, DS-GVO/BDSG, Art. 13 DS-GVO Rn. 84.
1059 *Bäcker* in: Kühling/Buchner, DS-GVO/BDSG, Art. 13 DS-GVO Rn. 86.
1060 Siehe bei Fn. 954 und 955.
1061 In diesem Sinne auch *Rose* in: Taeger, Chancen und Risiken von Smart Cams im öffentlichen Raum, S. 286 für die Videoüberwachung.
1062 *Mester* in: Taeger/Gabel, DSGVO – BDSG, Art. 14 DSGVO Rn. 20; *Knyrim* in: Ehmann/Selmayr, Datenschutz-Grundverordnung, Art. 14 Rn. 42; *Frank* in: Gola, DS-GVO, Art. 14 Rn. 24; *Bäcker* in: Kühling/Buchner, DS-GVO/BDSG, Art. 14 DS-GVO Rn. 52.

zur Geldwäscheprävention.[1063] Ebenfalls müssen gemäß Art. 14 Abs. 5 lit. d DSGVO keine Informationen erteilt werden, wenn dies zum Schutz des Berufsgeheimnisses dient, wobei dies auf einer rechtlichen Grundlage beruhen muss[1064]. Für die Umfelderfassung kommen aber beide Ausnahmemöglichkeiten nicht in Betracht.

Art. 14 Abs. 5 lit. b DSGVO findet Anwendung, wenn sich die Informationserteilung als unmöglich erweist oder einen unverhältnismäßigen Aufwand erfordert. Unter die Fälle einer unmöglichen oder unverhältnismäßigen Informationserteilung zählt der Verordnungsgeber im öffentlichen Interesse liegende Archivzwecke, wissenschaftliche oder historische Forschungszwecke sowie statistische Zwecke. Ferner zählen darunter Gründe, die eine Verwirklichung der Ziele der Datenverarbeitung unmöglich machen oder beeinträchtigen können. Zu Letzterem wird beispielsweise die verdeckte Datenerhebung oder Datenverarbeitung mit Geheimhaltungsbedürfnis gezählt.[1065] Für die Umfelderfassung sind alle aufgezählten Beispiele nicht einschlägig, da die Umfelderfassung den Betrieb des hochautomatisierten Fahrsystems beziehungsweise dessen Weiterentwicklung als Zweck zu Grunde legt. Insofern muss näher eruiert werden, ob die Informationserteilung noch aus anderen Gründen unmöglich wird oder sich ein unverhältnismäßiger Aufwand für die Informationserteilung bei der Umfelderfassung ergibt.

Unmöglichkeit

Der Ausnahmetatbestand durch Unmöglichkeit soll grundsätzlich nur in seltenen Fällen greifen[1066]. Insofern muss die Antwort der Unmöglichkeit positiv oder negativ sein. Abstufungen gibt es nicht.[1067]

Hinsichtlich der Kurzhinweise auf dem Fahrzeug wurde mehrfach dargestellt, dass die begrenzten Platzmöglichkeiten und visuellen Hindernisse große Herausforderungen für die Wahrnehmung durch die betroffenen Personen bergen. Somit ist die Frage aufzuwerfen, ob durch diese Probleme

---

1063 *Mester* in: Taeger/Gabel, DSGVO – BDSG, Art. 14 DSGVO Rn. 26, *Bäcker* in: Kühling/Buchner, DS-GVO/BDSG, Art. 14 DS-GVO Rn. 66; *Dix* in: Simitis/Hornung/Döhmann, Datenschutzrecht, Art. 14 DSGVO Rn. 28 mit weiteren Beispielen.

1064 *Mester* in: Taeger/Gabel, DSGVO – BDSG, Art. 14 DSGVO Rn. 27; *Bäcker* in: Kühling/Buchner, DS-GVO/BDSG, Art. 14 DS-GVO Rn. 68.

1065 *Mester* in: Taeger/Gabel, DSGVO – BDSG, Art. 14 DSGVO Rn. 24; *Bäcker* in: Kühling/Buchner, DS-GVO/BDSG, Art. 14 DS-GVO Rn. 57 f.

1066 *Artikel-29-Datenschutzgruppe*, Leitlinien für Transparenz gemäß der Verordnung 2016/679 (WP 260rev.01), Rn. 59; *Dix* in: Simitis/Hornung/Döhmann, Datenschutzrecht, Art. 14 DSGVO Rn. 21.

1067 *Artikel-29-Datenschutzgruppe*, Leitlinien für Transparenz gemäß der Verordnung 2016/679 (WP 260rev.01), Rn. 59.

die Anbringung am Fahrzeug unmöglich wird. Dies würde bedeuten, dass es keine Möglichkeit zur Anbringung der Datenschutzhinweise am Fahrzeug gibt. Es stellen sich zwar zahlreiche Herausforderungen, den gesamten Katalog des Art. 12 DSGVO zu erfüllen, der Kurzhinweis selbst kann aber am Fahrzeug angebracht werden. Ebenso können neue Kommunikationstechnologien wie Projektionssysteme, „Message Boards" oder Indikationsleuchten[1068] genutzt werden. Es bestehen folglich zahlreiche Möglichkeiten, was das Anbringen des Kurzhinweises in der geforderten Absolutheit nicht unmöglich macht.

Somit ist nicht ersichtlich, dass für den Verantwortlichen absolut hindernde Faktoren bestehen. Für die Umfelderfassung trifft der Fall der Unmöglichkeit bei der Informationserteilung am Fahrzeug somit nicht zu[1069].

Unverhältnismäßiger Aufwand

Bei der Umfelderfassung könnte das Anbringen der Kurzinformation auf dem Fahrzeug einen unverhältnismäßigen Aufwand darstellen, weil die Kurzinformation an allen Fahrzeugseiten angebracht werden und aus allen Richtungen sehr deutlich sichtbar sein muss[1070]. Das bedeutet, dass bereits das Anbringen der Kurzhinweise an den Fahrzeugen weiterer Organisations- und Fertigungsschritte bedarf. Dazu müssen erstens materielle Kosten berücksichtigt werden, schließlich müssen die Kurzhinweise auch mit geeigneten Materialien angebracht werden, zum Beispiel um ungünstigen Wetterbedingungen Stand zu halten. Zweitens müssen auch mehr personelle Ressourcen für den Fertigungsschritt einberechnet werden, nämlich einerseits für die Planung und Vorbereitung und andererseits für das Anbringen der Kurzhinweise. Allerdings verliert dieses Argument an Überzeugungskraft, wenn Kommunikationsansätze eingebaut werden, die der Automobilhersteller zur Kommunikation mit Straßenverkehrsteilnehmern ohnehin eingebaut hätte[1071]. Diese könnten dann ebenfalls für die Datenschutzhinweise genutzt werden.

Somit würden Informationspflichten einen zusätzlichen finanziellen und organisatorischen Aufwand bereiten. Die Ausnahme des Art. 14 Abs. 5 lit. b DSGVO käme aber nur in Betracht, wenn dieser zusätzliche Aufwand auch *unverhältnismäßig* wäre. Zieht man für die Auslegung der Unverhältnismä-

---

1068 Siehe dazu unter 7.2.3.
1069 Dies deckt sich auch mit der praktizierten Vorgehensweise bei Testfahrzeugen, da zumindest bei Testfahrzeugen das Anbringen eines Aufklebers auf dem Testfahrzeug keine Unmöglichkeit darstellt, siehe dazu die Kurzhinweise auf Testfahrzeugen unter Fn. 945.
1070 Siehe dazu die Ausführungen in 7.2.
1071 Siehe dazu die Ausführungen zu Kommunikationsansätzen wie Außendisplays oder „Message Boards" in 7.2.3.

ßigkeit die Kriterien des Erwägungsgrundes 62 DSGVO heran (Zahl der betroffenen Personen, das Alter der Daten oder geeignete Garantien), geht daraus hervor, dass der Verordnungsgeber den zusätzlichen Aufwand des Verantwortlichen nicht berücksichtigt. Bei dieser Abwägung muss ebenfalls hinterfragt werden, wer diese Mehrkosten trägt. Denn in der Regel werden solche Kosten an den Käufer des Fahrzeugs weitergegeben.

Ein weiteres Argument könnte der Umfang der zu informierenden Personen sein. Eine Verarbeitung kann unverhältnismäßig sein, wenn zahlreiche Personen davon betroffen sind und deren Interessen nur in geringfügigem Ausmaß beeinträchtigt werden, zum Beispiel wenn es sich um Daten aus allgemein zugänglichen Quellen handelt[1072]. Dennoch muss man für die Umfelderfassung berücksichtigen: Sofern kein lokaler Kurzhinweis erscheint, erhalten die betroffenen Personen nicht einmal einen Hinweis zu einer weiterführenden Information. Das bedeutet, dass sich betroffene Personen an den Verantwortlichen wenden müssten oder auf eine gute Internetsuchmaschine angewiesen sind, um gegebenenfalls weitere Informationen zu finden. Es erscheint fragwürdig, ob das Argument, dass die Daten aus dem öffentlichen Straßenverkehr stammen, das Ausbleiben der Information tatsächlich rechtfertigen kann. Ohnehin wurde dieses Argument im Automobilbereich durch das Anbringen entsprechender Hinweise auf Testfahrzeugen bereits entkräftet: Denn trotz der hohen Anzahl von betroffenen Personen, werden dennoch Datenschutzhinweise auf Testfahrzeugen angebracht[1073].

Bei dieser gesamten Abwägung muss ebenfalls berücksichtigt werden, dass der Verantwortliche gemäß Art. 21 Abs. 4 DSGVO spätestens zum Zeitpunkt der ersten Kommunikation[1074] die betroffenen Personen auf das Widerspruchsrecht hinweisen muss.[1075] Da also ohnehin ein Hinweis auf das Widerspruchsrecht vorgenommen werden muss, müssten die weiteren Informationspflichten nur noch ergänzt werden. Dies bekräftigt noch einmal die Argumentationslage, dass das Anbringen eines lokalen Datenschutzhinweises keinen unverhältnismäßigen Aufwand darstellt[1076].

1072 *Bäcker* in: Kühling/Buchner, DS-GVO/BDSG, Art. 14 DS-GVO Rn. 55.

1073 Siehe dazu die Referenzen zu Testfahrzeugen unter Fn. 945.

1074 Bei Anwendung des Art. 14 DSGVO ist dies der Zeitraum, wenn sich die betroffene Person in unmittelbarer Umgebung des Fahrzeugs aufhält, siehe ausführlich in 8.2.3.

1075 Ausführlich zur Hinweispflicht für das Widerspruchsrecht in 8.2.3.

1076 Letztlich ist dieser Schritt aber immer individuell abzuwägen, weshalb Begründungen, deren Information der Öffentlichkeit nicht zugänglich ist, auch zu einem anderen Ergebnis führen könnten.

7.3.2.4 Fazit zur Differenzierung von Art. 13 und 14 DSGVO

Damit bleibt festzuhalten, dass sich hinsichtlich der Anwendbarkeit des Art. 13 oder 14 DSGVO keine eindeutige Aussage treffen lässt, weil die Anwendbarkeit der Normen unterschiedlich ausgelegt werden kann. Für den Einsatz optoelektronischer Vorrichtungen, worunter auch die Umfelderfassung fällt, kann sowohl die Anwendbarkeit des Art. 13 sowie des Art. 14 DSGVO vertreten werden.

Bei der Prüfung, wie sich die Erteilung der Informationspflichten unter Anwendung des jeweilig einschlägigen Artikels verhält, kann man deutliche Unterschiede feststellen. Unter Art. 13 DSGVO hat der Verantwortliche strengere Anforderungen zu erfüllen, da der Zeitpunkt der Erhebung bereits aus weiter Entfernung[1077], noch vor der Erfassung durch die Umfeldsensorik, verstanden werden kann. Zu diesem Zeitpunkt müssten zumindest die nötigsten Informationen zur Datenverarbeitung lesbar vorliegen (erste Stufe des Zwei-Stufen-Konzepts). Aufgrund der besonderen Begebenheiten bei der Umfelderfassung, wie der begrenzte Platz oder die nötige präzise Verständlichkeit, führt dies zu einer schwierigen Umsetzung dieser Vorgabe.

Bei Anwendung des Art. 14 DSGVO kann der Datenschutzhinweis bei der Durchführung des Fahrmanövers erfolgen bzw. wenn sich das Fahrzeug in der Nähe der betroffenen Person aufhält. Das bedeutet, dass die Datenschutzhinweise nicht bereits mehrere Meter vorab erfolgen müssen (wie bei Art. 13 DSGVO), sondern erst dann, wenn das Fahrzeug bereits in der Nähe der betroffenen Person ist und die betroffene Person schon von der Datenverarbeitung betroffen sein kann. Somit entfällt zwar nicht der ausführliche Pflichtenkatalog, aber aus kürzerer Distanz ist es der betroffenen Person zumindest möglich, die Datenschutzhinweise zu lesen.

Diese unterschiedlichen Rechtsfolgen haben folglich unterschiedliche Auswirkungen auf das Zwei-Stufen-Konzept: Während das Zwei-Stufen-Konzept unter Art. 13 DSGVO aufgrund des frühen Informationszeitpunktes und daher kaum möglicher Sicht-/Lesbarkeit zweifelhaft erscheint, ist die Umsetzung des Konzepts unter Art. 14 DSGVO, auch unter Einhaltung der Modalitäten nach Art. 12 DSGVO, einfacher durchführbar (siehe auch folgende Tabelle).[1078]

1077 Siehe dazu das Beispiel bei Fn. 1052.

1078 Aufgrund der erschwerten Informationspflichten wird sogar befürchtet, dass Art. 13 DSGVO ignoriert werde, *Rose* in: *Taeger*, Chancen und Risiken von Smart Cams im öffentlichen Raum, S. 286.

	Art. 13	**Art. 14 (kein unverhältnismäßiger Aufwand)**
Inhaltliche Vorgaben	Abs. 1 und 2 sind anwendbar.	Abs. 1 und 2 sind anwendbar.
Zeitpunkt	Zum Zeitpunkt der Erhebung (Abs. 1): Kann bereits aus mehreren Metern Entfernung zutreffen.	Innerhalb angemessener Frist (Abs. 3 lit. a) oder bei erstmaliger Mitteilung/ Kommunikation (Abs. 3 lit. b): Trifft i. d. R. ein, wenn sich betr. Person im unmittelbaren Umfeld des Fahrzeugs aufhält.
Folgen für die Umsetzung des Zwei-Stufen-Konzepts	Umsetzung ist zweifelhaft, insbesondere aufgrund der Einhaltung der fristgerechten, transparenten und verständlichen Kurzinformation.	Zwei-Stufen-Konzept ist eine Möglichkeit zur Umsetzung der Transparenzpflichten. Aber die Herausforderungen der Modalitäten (siehe in 7.2) verbleiben.

Mögliche Anforderungen an die zweite Stufe des Informationskonzepts (die Webseite) wurden im Zusammenhang zur Abgrenzung von Art. 13 und 14 DSGVO bisher wenig diskutiert. Das liegt der Tatsache zu Grunde, dass die Webseite die nachgelagerte Stufe der Informationserteilung ist und die Differenzierung zwischen Art. 13 und 14 DSGVO kaum Auswirkungen auf die zweite Stufe hat. Ein Unterschied ergibt sich aus den inhaltlichen Anforderungen. Die zu unterrichtenden Inhalte gemäß Art. 13 Abs. 1 und 2 DSGVO unterscheiden sich aber nur leicht zu Art. 14 Abs. 1 und 2 DSGVO.

Festzuhalten bleibt jedoch, dass die Informationspflichten, unabhängig von der Anwendbarkeit von Art. 13 oder 14 DSGVO, nur erfüllt sind, wenn die restlichen Pflichtinformationen auf der Webseite angegeben sind. Obwohl die Webseite somit ein integraler Bestandteil des Datenschutzhinweises ist, reicht die Webseite dennoch nicht als alleiniger Datenschutzhinweis aus[1079].

7.4 Konsequenzen und Ausblick für die Informationserteilung bei der Umfelderfassung

Können die Informationspflichten nicht erfüllt werden, kann gegen den Verantwortlichen gemäß Art. 83 Abs. 5 lit. b DSGVO ein Bußgeld verhängt werden. Ferner kann der Verstoß ein Verarbeitungsverbot zur Konsequenz haben[1080]. Letzteres würde in Bezug auf die Umfelderfassung bedeuten, dass die hochautomatisierte Fahrfunktion nicht mehr genutzt werden könnte. Zusätzlich müssten bereits bestehende Daten gelöscht werden[1081]. Dies wäre

---

1079 Siehe bei Fn. 954 und 955.
1080 *Bäcker* in: Kühling/Buchner, DS-GVO/BDSG, Art. 12 DS-GVO Rn. 13.
1081 *Bäcker* in: Kühling/Buchner, DS-GVO/BDSG, Art. 13 DS-GVO Rn. 67.

insbesondere für die Weiterentwicklung, die auf die langfristige Speicherung des Datenmaterials angewiesen ist, eine gravierende Einschränkung.

Um diese negativen, sogar wirtschaftlich einschneidenden, Konsequenzen zu verhindern, wird der Verantwortliche das Interesse verfolgen, die Informationspflichten einzuhalten. Allerdings ist dieses Vorhaben mit einigen Herausforderungen belegt. Denn einerseits gibt die DSGVO einen umfangreichen Informationskatalog vor, der andererseits präzise, transparent, verständlich, klar und einfach sein soll. Obwohl das Zwei-Stufen-Konzept eine geeignete Form für die Erteilung der Datenschutzhinweise bei der Umfelderfassung sein kann, bleiben dennoch Zweifel, ob tatsächlich alle Maßgaben des Art. 12 DSGVO in diesem Konzept abgebildet werden können. Ferner ist die Abgrenzung zwischen Art. 13 und 14 DSGVO eine bisher ungeklärte Frage in Bezug auf optoelektronische Vorrichtungen. Zuvorderst ergeben sich bereits zahlreiche Auslegungsvarianten des Unterscheidungsmerkmals, wann personenbezogene Daten bei der betroffenen Person erhoben werden und wann nicht. Durch die Technologieneutralität in Erwägungsgrund 15 DSGVO sind die Vorgaben der DSGVO zwar unabhängig von eingesetzten Techniken, allerdings zeigt sich spätestens bei optoelektronischen Vorrichtungen, dass die allgemein formulierten Regeln an ihre Grenzen stoßen.

Insofern ist eine gesetzgeberische Präzisierung sinnvoll. Die DSK hat hierzu bereits Änderungsvorschläge veröffentlicht, da Zweifel bestehen, ob Art. 13 DSGVO in der Praxis immer umsetzbar wäre[1082]. Sie spricht sich zuvorderst dafür aus, die in Art. 13 DSGVO geforderten Informationspflichten auch in einem gestuften Verfahren erfüllen zu können[1083]. Ebenso fordert sie einen neuen Absatz in Art. 13 DSGVO, der die Mitteilung der Informationen des Art. 13 Abs. 1 und 2 DSGVO nur auf Verlangen der betroffenen Person vorschreiben soll, soweit der Verantwortliche Datenverarbeitungen vornimmt, die die betroffene Person nach den konkreten Umständen erwartet oder erwarten muss und (1) keine Offenlegung oder Übermittlung stattfindet, (2) keine Daten gemäß Art. 9 DSGVO verarbeitet werden, (3) die Daten nicht für die Direktwerbung genutzt werden und (4) kein Profiling oder automatisierte Einzelfallentscheidungen stattfinden. Dennoch ist die betroffene Person auf die Möglichkeit hinzuweisen.[1084]

1082 *Unabhängige Datenschutzbehörden des Bundes und der Länder*, Erfahrungsbericht der unabhängigen Datenschutzaufsichtsbehörden des Bundes und der Länder zur Anwendung der DS-GVO, S. 8.

1083 *Unabhängige Datenschutzbehörden des Bundes und der Länder*, Erfahrungsbericht der unabhängigen Datenschutzaufsichtsbehörden des Bundes und der Länder zur Anwendung der DS-GVO, S. 8.

1084 *Unabhängige Datenschutzbehörden des Bundes und der Länder*, Erfahrungsbericht der unabhängigen Datenschutzaufsichtsbehörden des Bundes und der Länder zur Anwendung der DS-GVO, S. 8.

Bei diesem Vorschlag bleibt zwar offen, wann betroffene Personen eine Datenverarbeitung erwarten oder erwarten müssen, diese Änderung würde aber eine Erleichterung für konkrete Einzelfälle ermöglichen. Denn während Art. 12 ff. DSGVO pauschal alle Datenverarbeitungen adressiert, unabhängig ihrer Technologie und Verarbeitungsweise, wären mit diesem Vorschlag die konkreten Einzelfallumstände zu berücksichtigen. Gleichzeitig wird die betroffene Person in ihrem Recht, Informationen über die Datenverarbeitung zu erhalten, nicht eingeschränkt, denn auf Verlangen kann sie weiterhin die Datenschutzhinweise einfordern und soll auf diese Möglichkeit auch hingewiesen werden.

Dennoch wäre diese Ausnahme für die Datenverarbeitung bei der Umfelderfassung in concreto nicht einschlägig, denn vor allem in der Anfangszeit wird die betroffene Person nicht erwarten, von einem Fahrzeug (langfristig) erfasst zu werden. Insbesondere bliebe bei der Umfelderfassung ungeklärt, ob die Person für die Echtzeitverarbeitung erfasst wird oder die Aufnahme auch langfristig für die Weiterentwicklung gespeichert werden würde. Insofern könnte diese Präzisierung eine Alltagserleichterung weniger risikobehafteter Datenverarbeitungen sein[1085], die Informationspflichten der Umfelderfassung würden aber nicht darunterfallen. Einzig die Aussage, dass die Informationspflichten des Art. 13 DSGVO auch in ein gestuftes Verfahren umgesetzt werden können, unterstützt nochmals die Möglichkeit des Zwei-Stufen-Konzeptes aus Sicht der deutschen Aufsichtsbehörden. Konkrete Vorschläge zur Umsetzung eines solchen Stufenkonzepts, wie sie beispielsweise im spanischen Datenschutzgesetz statuiert sind, werden aber nicht ausgeführt.

Die DSGVO soll gemäß Art. 97 Abs. 1 DSGVO alle vier Jahre bewertet und geprüft werden. Hierbei könnte eine Präzisierung hinsichtlich der Informationspflichten für mobile optoelektronische Vorrichtungen bzw. neue Technologien mit optoelektronischen Vorrichtungen, die personenbezogene Daten autonom/automatisiert verarbeiten (so zum Beispiel auch Drohnen oder Paketroboter), ergänzt werden. Dabei sollten insbesondere die Festlegung möglicher Kriterien von Stufenkonzepten sowie zugehörige Fristen präzisiert werden.

Bei sämtlichen Verbesserungsvorschlägen gilt immer, zu berücksichtigen, dass die DSGVO ein für den Datenschutz allgemeines Regelwerk darstellen soll und Spezialfälle wie die automatisierte Mobilität an ihre Grenzen stößt. Da der Automobilbereich bereits heute stark reguliert ist, könnte man auch im Rahmen einer Öffnungsklausel überlegen, die Informationspflichten und weitere klärungsbedürftige Themen für den Automobilbereich spe-

---

1085 *Unabhängige Datenschutzbehörden des Bundes und der Länder*, Erfahrungsbericht der unabhängigen Datenschutzaufsichtsbehörden des Bundes und der Länder zur Anwendung der DS-GVO, S. 9.

zialgesetzlich zu regulieren. Gegebenenfalls kann dies auch im Rahmen der europäischen Fahrzeugzulassung geschehen[1086], um Datenschutzkonzepte angepasst auf die (automatisierte) Automobilität zu schaffen.[1087]

7.5 Relevanz des Art. 23 DSGVO

Art. 23 DSGVO ermöglicht den Mitgliedstaaten, unter den vorgegebenen Voraussetzungen Beschränkungen in Bezug auf das Transparenzgebot in die nationale Gesetzgebung einzuführen. Die Voraussetzungen und Umfang müssen hinreichend bestimmt sein und die Wesensgehaltsgarantie und der Verhältnismäßigkeitsgrundsatz müssen dabei gewahrt sein[1088].

Dadurch wird grundsätzlich auch die Möglichkeit eröffnet, eine Datenverarbeitung ohne die Beteiligung oder Kenntnis der betroffenen Personen durchzuführen[1089]. Dies ist allerdings nur unter den in Art. 23 DSGVO statuierten Beschränkungen vorgesehen[1090], für die nur ein geringer Regelungsspielraum gesehen wird[1091].

Primär gelten die Ausnahmen des Art. 23 DSGVO für den öffentlichen Bereich[1092]. Dies betrifft unter anderem die nationale und öffentliche Sicherheit, sowie die Verhütung, Aufdeckung und Verfolgung von Straftaten[1093]. Eine Ausnahme des öffentlichen Charakters der Norm befindet sich in Art. 23 Abs. 1 lit. i DSGVO, der eine Ausnahme für den Schutz der betroffenen Person oder die Rechte und Freiheiten anderer Personen vorsieht. Bei der Regelung soll es sich im Wesentlichen um das Recht eines Patienten handeln, seine Krankheitsdaten zu erfahren[1094]. Auch Art. 23 Abs. 1 lit. j DSGVO ist nicht unbedingt an den öffentlichen Bereich gebunden und sieht eine Ausnahme zur Durchsetzung zivilrechtlicher Ansprüche vor. Hierbei

---

1086 So auch *Stoklas/Wendt*, Das vernetzte und autonome Fahrzeug – Datenschutzrechtliche Herausforderungen, S. 70, die sich ebenfalls für eine Anpassung durch den Gesetzgeber auf europäischer Ebene aussprechen.

1087 Vgl. auch *von Bodungen* in: Specht/Mantz, Handbuch Europäisches und deutsches Datenschutzrecht, § 16 Rn. 49.

1088 *Bäcker* in: Kühling/Buchner, DS-GVO/BDSG, Art. 13 DS-GVO Rn. 88; *Petri*, DuD 2018, 347 (349).

1089 *Dix* in: Simitis/Hornung/Döhmann, Datenschutzrecht, Art. 13 DSGVO Rn. 6 mit Verweis auf EuGH C-473/12 Rn. 24; *Bäcker* in: Kühling/Buchner, DS-GVO/BDSG, Art. 13 DS-GVO Rn. 89.

1090 *Dix* in: Simitis/Hornung/Döhmann, Datenschutzrecht, Art. 13 DSGVO Rn. 6.

1091 *Bäcker* in: Kühling/Buchner, DS-GVO/BDSG, Art. 13 DS-GVO Rn. 89.

1092 Ausführlich dazu *Dix* in: Simitis/Hornung/Döhmann, Datenschutzrecht, Art. 13 DSGVO Rn. 23.

1093 Siehe auch *Gola* in: Gola, DS-GVO, Art. 23 Rn. 6 ff.

1094 *Gola* in: Gola, DS-GVO, Art. 23 Rn. 12.

geht es um den Schutz der Interessen der beteiligten Parteien, gerichtlich sowie außergerichtlich[1095]. Beide Öffnungsklauseln lassen zwar grundsätzlich regulatorische Möglichkeiten für die nationalen Gesetzgeber zu, wenn die Rechte privater Personen beeinträchtigt oder gefährdet werden[1096], sind aber für die Datenverarbeitung bei der Umfelderfassung nicht einschlägig.

7.6 Fazit

Der Grundsatz der Transparenz wird als fest verankerter Grundsatz in Art. 5 Abs. 1 lit. a DSGVO unter anderem durch eine transparente Informationserteilung sichergestellt. Wie bei vielen anderen Datenverarbeitungen ergibt sich auch bei der Umfeldsensorik das Problem, dass zahlreiche Daten automatisch und nicht sichtbar verarbeitet werden, sodass betroffene Personen ohne deutliche Hinweise nicht erkennen, dass Daten über sie verarbeitet werden[1097]. Dabei ist es insbesondere bei der Umfelderfassung essentiell, dass die Datenverarbeitung transparent gestaltet ist, denn dem möglich aufkommenden Gefühl einer ständigen Überwachung im öffentlichen Straßenverkehr und einem möglichen Überwachungsdruck kann durch adäquate Transparenz entgegengesteuert werden.

Für die Umsetzung der Informationspflichten bei der Umfelderfassung wird deutlich, dass die allgemeinen Vorgaben der DSGVO eine große Herausforderung darstellen. Die DSGVO gibt einen ausführlichen Katalog von Pflichtinformationen an, der gleichzeitig präzise, verständlich und kurz genug sein soll. Den regulatorischen Vorgaben folgen die erschwerten Bedingungen der Informationserteilung bei Fahrzeugen, zum Beispiel der mangelnde Platz für einen Datenschutzhinweis, die nötige Sichtbarkeit bei schlechten Wetterverhältnissen oder die kurze Wahrnehmungszeit.

Eine Möglichkeit, die Vorgaben der Art. 12 ff. DSGVO umzusetzen, kann das Zwei-Stufen-Konzept sein, welches bereits bei der Videoüberwachung und Testfahrzeugen eingesetzt wird. Der Sinn hinter der Kurzinformation (erste Stufe) ist eine knappe und gleichzeitig präzise Information über die Datenverarbeitung. Zudem ist der Kurzhinweis situationsbezogen und auf die Datenverarbeitung des jeweiligen Fahrzeugs angepasst. Auf einer zweiten Stufe, z. B. einer Internetseite, werden die Details zur Datenverarbeitung ausgeführt.

Eine Betrachtung der individuellen Begebenheiten der Umfelderfassung zeigt hohe Hürden auf, die umfangreichen Modalitäten des Art. 12 DSGVO

1095 *Koreng* in: Taeger/Gabel, DSGVO – BDSG, Art. 23 DSGVO Rn. 55 m. w. N.
1096 *Bäcker* in: Kühling/Buchner, DS-GVO/BDSG, Art. 13 DS-GVO Rn. 91.
1097 *Lüdemann*, ZD 2015, 247 (250) für Fahrzeugsensoren.

in einem Zwei-Stufen-Konzept für die Umfelderfassung umzusetzen[1098]. Daher wird eine gesetzliche Präzisierung vorgeschlagen, wie sie beispielsweise Spanien bereits im nationalen Datenschutzgesetz vorgenommen hat. Dies kann eine sinnvolle Ergänzung für Stufenkonzepte sein, um Pflichtinformationen auf Stufenmodelle anzupassen und betroffenengerecht umzusetzen.

In Bezug auf die Umfelderfassung müssen auch neue Kommunikationsansätze berücksichtigt werden, die auch für die Informationserteilung genutzt werden könnten. So können beispielsweise Displays an Fahrzeugen oder Projektionssysteme eine transparente und gleichzeitig dynamische Informationserteilung ermöglichen. Ebenfalls könnten durch Indikationsleuchten Aufnahmen für die Weiterentwicklung indiziert werden. Die Möglichkeiten der transparenten Informationserteilung könnten also über die derzeitige Praxis bei Testfahrzeugen hinausgehen. Zu überdenken wäre ebenso die Möglichkeit, unterschiedliche Methoden zu kombinieren, um so die Sichtbarkeit effizient zu erhöhen.

Ferner bleibt unklar, ob beim Einsatz von optoelektronischen Vorrichtungen Art. 13 oder 14 DSGVO Anwendung findet, was jeweils andere Rechtsfolgen zur Konsequenz hat. Dies wirkt sich bei Umfelderfassung vor allem beim Zeitpunkt der Informationserteilung und letztlich auch bei der Ausgestaltung des Kurzhinweises aus. Während Art. 13 DSGVO derart verstanden werden kann, dass der Kurzhinweis bereits einige Meter vor der Erfassung der betroffenen Person durch die Umfeldsensorik erfolgen soll, kann der Datenschutzhinweis unter Art. 14 DSGVO auch erfolgen, wenn sich das Fahrzeug im unmittelbaren Umfeld der betroffenen Person befindet. Diese unterschiedlichen Rechtsfolgen haben folglich unterschiedliche Auswirkungen auf das Zwei-Stufen-Konzept: Während das Zwei-Stufen-Konzept unter Art. 13 DSGVO aufgrund des frühen Informationszeitpunktes und daher kaum möglicher Sicht-/Lesbarkeit zweifelhaft erscheint, ist die Umsetzung des Konzepts unter Art. 14 DSGVO, auch unter Einhaltung der Modalitäten nach Art. 12 DSGVO, einfacher durchzuführen.

Aufgrund dieser unterschiedlichen Auslegungsmöglichkeiten ist eine Präzisierung der Informationspflichten wünschenswert. Als Optionen könnte die DSGVO im Rahmen einer Überprüfung gemäß Art. 97 Abs. 1 DSGVO, die alle vier Jahre durchgeführt wird, präzisiert werden. Anderenfalls ist auch eine Spezialregelung für die (automatisierte) Automobilität denkbar.

1098 So auch bereits *Werkmeister/Brandt*, RAW 2017, 99 (100) zur Kennzeichnungspflicht bei automatisierten Fahrzeugen unter § 6b BDSG a. F.

8 Einhalten von Rechten der betroffenen Personen

8.1 Auswirkungen des Art. 11 DSGVO auf die Rechte der betroffenen Personen

Art. 11 Abs. 1 DSGVO eröffnet die Möglichkeit, dass der Verantwortliche nicht verpflichtet ist, zusätzliche Informationen aufzubewahren, einzuholen oder zu verarbeiten, wenn die Identifizierung einer betroffenen Person nicht oder nicht mehr erforderlich ist.

Wie bereits in 4.3 ausgeführt, verarbeitet der Verantwortliche durch Personenabbildungen sowie KFZ-Kennzeichen identifizierbare Daten. Allerdings ist eine Identifizierung bei der Umfelderfassung nicht erforderlich, da es für die Ausführung des Fahrmanövers und auch die Weiterentwicklung irrelevant ist, die konkreten Personalien der Person zu kennen.[1099] Insofern muss der Verantwortliche nach Art. 11 Abs. 1 DSGVO keine weiteren Daten erheben oder aufbewahren, um die Identifikation durchzuführen. Dies gilt für die Echtzeitverarbeitung und die Weiterentwicklung.

Nach Art. 11 Abs. 2 DSGVO finden die Rechte der betroffenen Person gemäß Art. 15 bis 20 DSGVO für die Fälle des Art. 11 Abs. 1 DSGVO keine Anwendung, sofern der Verantwortliche nachweisen kann, dass er nicht in der Lage ist, die betroffene Person zu identifizieren. Gleichzeitig wird die betroffene Person nicht in ihren Rechten eingeschränkt, da sie jederzeit die Möglichkeit hat, durch zusätzliche Informationen ihre Rechte aus den Art. 15 bis 20 DSGVO geltend zu machen.[1100]

Somit gilt zu klären, ob die Rechte der betroffenen Person aus Art. 15 bis 20 DSGVO entbehrlich sind, weil der Verantwortliche nicht in der Lage ist, eine Identifikation durchzuführen. Dies muss der Verantwortliche zwar nachweisen, es ist aber bisher unklar, wie ein in Art. 11 Abs. 2 DSGVO geforderter Nachweis auszusehen hat.[1101] Eine einfache Behauptung des Verantwortlichen soll nicht ausreichend sein, er muss demonstrieren bzw.

1099 So auch *Stoklas*, ZD-Aktuell 2018, 06268; für KFZ-Kennzeichen *Piltz/Quiel*, DSRITB 2020, 1 (12); im Ergebnis für Personenabbildungen auch *Klein*, Personenbilder im Spannungsfeld von Datenschutzgrundverordnung und Kunsturhebergesetz, S. 245 f.; vgl. auch für die Aufnahmen von Testfahrzeugen von *Volkswagen*, Datenschutzerklärung zur Videodatenaufzeichnung (Stand April 2021), https://www.volkswagen.de/de/mehr/rechtliches/datenschutz-erprobungsfahrten. html (16.08.23) und *Audi*, Datenschutzhinweis Produktentwicklung und Erprobungen (Stand April 2021), https://www.audi.com/de/test-vehicle.html (16.08.23), wonach keine Identifizierung von Personen erfolgen soll.
1100 *Klabunde* in: Ehmann/Selmayr, Datenschutz-Grundverordnung, Art. 11 Rn. 3; *Hansen* in: Simitis/Hornung/Döhmann, Datenschutzrecht, Art. 11 DSGVO Rn. 3.
1101 *Wirtz* in: Taeger/Gabel, DSGVO – BDSG, Art. 11 DSGVO Rn. 18.

plausibel darlegen, dass er nicht in der Lage ist, die betroffene Person zu identifizieren[1102].

Stimmen der Literatur sehen die Löschung der Daten als einen möglichen Nachweis an[1103]. Bei der Echtzeitverarbeitung werden diese Daten zum Zeitpunkt der Geltendmachung von Betroffenenrechten bereits gelöscht sein, da diese nach dem Fahrmanöver gelöscht werden sollen. Insofern wird nach der Löschung der Daten ein valider Nachweis bestehen, dass eine Identifizierung nicht mehr möglich ist und die Rechte der betroffenen Personen aus Art. 15 bis 20 DSGVO keine Anwendung finden.

Im Rahmen der Weiterentwicklung werden die Daten länger gespeichert und ggf. aufgrund von Aufbewahrungsfristen (z. B. für die Überprüfbarkeit) für einen längeren Zeitraum aufbewahrt. Solange die Daten nicht gelöscht sind, bleibt fraglich, ob der Verantwortliche in der Lage ist, die betroffene Person zu identifizieren. Es ist wohl anzunehmen, dass der Verantwortliche grundsätzlich keine Identifizierung anstrebt[1104], allerdings schließt dies nicht aus, dass er zu einer Identifizierung in der Lage wäre[1105]. Wenn die Daten beispielsweise im Rahmen der Weiterentwicklung von Entwicklern ausgewertet werden, ist es grundsätzlich möglich, dass eine Person auf den Aufnahmen wiederzuerkennen ist, z. B. eine prominente Person.

Eine Rückausnahme findet dann statt, wenn die betroffene Person dem Verantwortlichen Angaben mitteilt, durch die Informationen der betroffenen Person zugeordnet werden können.[1106] In einem solchen Fall soll sich der Verantwortliche nach Erwägungsgrund 57 Satz 2 DSGVO nicht weigern, zusätzliche Informationen der betroffenen Person entgegenzunehmen. Somit haben betroffene Personen stets die Möglichkeit, ihre Rechte aus Art. 15 bis 20 DSGVO geltend zu machen.

1102 *Klabunde* in: Ehmann/Selmayr, Datenschutz-Grundverordnung, Art. 11 Rn. 20; *Hansen* in: Simitis/Hornung/Döhmann, Datenschutzrecht, Art. 11 DSGVO Rn. 28.

1103 *Weichert* in: Kühling/Buchner, DS-GVO/BDSG, Art. 11 DS-GVO Rn. 16; *Hansen* in: Simitis/Hornung/Döhmann, Datenschutzrecht, Art. 11 DSGVO Rn. 28.

1104 So zumindest beispielhaft für Testfahrzeuge: *Audi*, Datenschutzhinweis Produktentwicklung und Erprobungen (Stand April 2021), https://www.audi.com/de/test-vehicle.html (16.08.23); *BMW*, Datenschutzhinweis (Stand April 2021), https://www.bmw.com/en/footer/data-processing-automated-vehicles/data-processing-automated-vehicles-de.html (16.08.23); *Volkswagen*, Datenschutzerklärung zur Videodatenaufzeichnung (Stand April 2021), https://www.volkswagen.de/de/mehr/rechtliches/datenschutz-erprobungsfahrten.html (16.08.23).

1105 Vgl. *Volkswagen*, Datenschutzerklärung zur Videodatenaufzeichnung (Stand April 2021), https://www.volkswagen.de/de/mehr/rechtliches/datenschutz-erprobungsfahrten.html (16.08.23), in der die Ausübung der Betroffenenrechte bei langfristigen Speicherungen durch Testfahrzeuge nicht eingeschränkt wird, sodass eine Zuordnung durchführbar erscheint.

1106 *Wirtz* in: Taeger/Gabel, DSGVO – BDSG, Art. 11 DSGVO Rn. 23.

Die Identität kann beispielsweise durch einen Lichtbildausweis[1107] festgestellt werden. Der Verantwortliche darf aber nicht mehr Daten fordern, als für die Identitätsprüfung erforderlich sind[1108]. Des Weiteren gibt es keine verpflichtenden Vorgaben zu einem Format, denn die Identität soll auch auf verschiedene Weise festgestellt werden können[1109]. Bei der Umfelderfassung wären daher voraussichtlich noch zusätzliche Daten denkbar. Denn da das Datenmaterial gegebenenfalls nicht automatisiert und gezielt nach Personen bzw. Bildnissen untersucht werden kann[1110], ist es im Fall der Umfelderfassung sinnvoll, für die Identifikation auch Zeitrahmen und Ort der möglichen Aufnahme[1111] anzugeben[1112]. So hat der Verantwortliche einen Anhaltspunkt, wo er in dem (vermutlich umfangreichen) Material suchen soll bzw. hat er die Möglichkeit, zu überprüfen, ob in diesem Zeitrahmen Aufnahmen für die Weiterentwicklung angefertigt wurden[1113].

1107 So auch *Europäischer Datenschutzausschuss*, Leitlinien 3/2019 zur Verarbeitung personenbezogener Daten durch Videogeräte, Rn. 96; *Klein*, Personenbilder im Spannungsfeld von Datenschutzgrundverordnung und Kunsturhebergesetz, S. 245.

1108 *Klabunde* in: Ehmann/Selmayr, Datenschutz-Grundverordnung, Art. 11 Rn. 19; *Hansen* in: Simitis/Hornung/Döhmann, Datenschutzrecht, Art. 11 DSGVO Rn. 35.

1109 *Weichert* in: Kühling/Buchner, DS-GVO/BDSG, Art. 11 DS-GVO Rn. 15.

1110 Vgl. dazu auch *BMW*, Datenschutzhinweis (Stand April 2021), https://www.bmw. com/en/footer/data-processing-automated-vehicles/data-processing-automated-vehicles-de.html (16.08.23), in dem darüber informiert wird, dass aufgezeichnete Personen von Testfahrzeugen ohne zusätzliche Informationen nicht identifiziert werden können. Theoretisch wäre es möglich, für die Einhaltung der Betroffenenrechte Software zur Gesichtserkennung einzusetzen. Davon abgesehen, dass es nach dem jetzigen Stand der Technik keinen Einsatzzweck für eine solche Software gebe, würde ein solches Vorgehen Art. 11 DSGVO erst recht zuwiderlaufen. Denn durch die Gesichtserkennung werden mehr Daten verarbeitet und ggf. Personen identifiziert, deren Identifikation nicht erforderlich ist. Für diese Ansicht spricht auch Erwägungsgrund 64 DSGVO, der konkretisiert, dass personenbezogene Daten nicht allein zu dem Zweck gespeichert werden sollen, um auf mögliche Auskunftsersuchen reagieren zu können.

1111 Vgl. dazu Beispiele für weitere Informationen bei Testfahrzeugen: Angaben zum Aussehen, der Kleidung oder Details zum Testfahrzeug, *Audi*, Datenschutzhinweis Produktentwicklung und Erprobungen (Stand April 2021), https://www.audi.com/de/test-vehicle.html (16.08.23).

1112 So weisen Audi und BMW in ihren Datenschutzhinweisen zur Datenverarbeitung ihrer Testfahrzeuge explizit darauf hin, dass aufgrund der zur Verfügung stehenden Informationen gegebenenfalls keine Auskunft über sämtliche Daten erteilt werden können und zusätzliche Informationen für eine eindeutige Identifizierung benötigt werden: *Audi*, Datenschutzhinweis Produktentwicklung und Erprobungen (Stand April 2021), https://www.audi.com/de/test-vehicle.html; *BMW*, Datenschutzhinweis (Stand April 2021), https://www.bmw.com/en/footer/data-processing-automated-vehicles/data-processing-automated-vehicles-de.html (16.08.23).

1113 *Europäischer Datenschutzausschuss*, Leitlinien 3/2019 zur Verarbeitung personenbezogener Daten durch Videogeräte, Rn. 96 in Bezug auf Videoüberwachungskameras.

Somit bleibt festzuhalten, dass für die Zwecke der Umfelderfassung keine Erforderlichkeit besteht, betroffene Personen zu identifizieren. Eine Identifizierung von Echtzeitdaten ist für den Verantwortlichen nur kurze Zeit möglich. Bei der Weiterentwicklung werden Aufnahmen länger gespeichert, bei der auch grundsätzlich eine Identifizierung stattfinden kann, sodass die Ausnahmeregelung des Art. 11 DSGVO keine Anwendung findet.

Für betroffene Personen bleibt jederzeit die Möglichkeit, durch zusätzliche Informationen eine Identifizierung anzustreben und dadurch ihre Rechte wahrzunehmen.

Das Widerspruchsrecht (Art. 21 DSGVO) wird in Art. 11 DSGVO nicht ausgenommen. Darum wird es im nächsten Unterkapitel in Bezug auf das hochautomatisierte Fahren näher betrachtet.

8.2 Widerspruchsrecht (Art. 21 DSGVO)

Unabhängig von der Anwendbarkeit des Art. 11 DSGVO, ist der Verantwortliche nicht von der Durchführung des Widerspruchsrechts des Art. 21 DSGVO befreit[1114]. Bereits in 6.6.5.3 wurde aufgezeigt, dass ein implementiertes Widerspruchsrecht bei der Interessenabwägung ein für den Verantwortlichen positives Gewicht haben kann. Darum soll an dieser Stelle das Widerspruchsrecht im Kontext der Umfelderfassung näher betrachtet werden.

Das Widerspruchsrecht in Art. 21 DSGVO umfasst nur solche Datenverarbeitungen, die nach Art. 6 Abs. 1 lit. e (Wahrnehmung einer Aufgabe öffentlichen Interesses) oder lit. f DSGVO (Wahrnehmung berechtigter Interessen) legitimiert sind. Wie bereits in 6.6 dargelegt, kommen für diese Arbeit nur Widersprüche gegen die Datenverarbeitung aus Art. 6 Abs. 1 lit. f DSGVO in Frage. Für das hochautomatisierte Fahren würde dies in der Regel die Fälle der Weiterentwicklung betreffen, da die personenbezogenen Daten der Echtzeitverarbeitung bei Einreichung des Widerspruchs voraussichtlich bereits gelöscht sind.

8.2.1 Besondere Situation der betroffenen Person

Für die Prüfung des Widerspruchsrechts ist zunächst zu prüfen, ob sich die Begründung des Widersprechenden aus einer besonderen Situation ergibt. Wann es sich um eine „besondere Situation" der betroffenen Person handelt, ist in der DSGVO nicht konkretisiert.

1114 *Hansen* in: Simitis/Hornung/Döhmann, Datenschutzrecht, Art. 11 DSGVO Rn. 34.

Historische Anknüpfungspunkte

Schaut man in die historische Entwicklung des Art. 21 DSGVO, lässt sich feststellen, dass durch die Entwurfsfassung der DSGVO der Europäischen Kommission[1115] (DSGVO-KE) der Begriff der „besonderen Situation" in Art. 19 DSGVO-KE in den Gesetzgebungsprozess eingebracht wurde. Die Entwurfsfassung der DSGVO des Europäischen Parlaments[1116] (DSGVO-PE) sah in Art. 19 Abs. 2 DSGVO-PE vor, das Widerspruchsrecht „jederzeit und ohne weitere Begründung" und „im Allgemeinen oder für jeden spezifischen Zweck" einzuräumen. In der Entwurfsfassung des Europäischen Rats[1117] (DSGVO-RE), verblieb der Begriff der besonderen Situation in Art. 19 DSGVO-RE. Dies setzte sich schließlich in der finalen Version durch. Da das Parlament den Versuch einer Streichung des Begriffs der besonderen Situation der betroffenen Person und eine Vereinfachung des Widerspruchsrechts vorschlug und sich nicht damit durchsetzte, ist davon auszugehen, dass der Begriff der besonderen Situation bewusst in die DSGVO aufgenommen wurde.

Bei der historischen Interpretation des Begriffs der besonderen Situation muss auch berücksichtigt werden, dass die Anforderungen des Widerspruchsrechts im Gegensatz zur DSRL gesenkt wurden[1118]: In Art. 14 lit. a DSRL sollte zwar „jederzeit" ein Widerspruchsrecht eingeräumt werden, aber nur aus überwiegenden, schutzwürdigen, sich aus der besonderen Situation der betroffenen Person ergebenden Gründen. Ebenfalls musste die betroffene Person nachweisen, dass ihre Interessen im Einzelfall überwiegen. Die DSGVO hingegen verschiebt die Darlegungs- und Beweislast auf den Verantwortlichen.[1119] Da alle Versionen der DSGVO die Formulierung der DSRL nicht intendierten, kann eine mögliche Interpretation sein, dass die Ausübung des Widerspruchsrechts vereinfacht werden sollte[1120].

1115 Siehe Vorschlag für Verordnung des Europäischen Parlaments und des Rates zum Schutz natürlicher Personen bei der Verarbeitung personenbezogener Daten und zum freien Datenverkehr (Datenschutz-Grundverordnung), KOM(2012) 11 endgültig.

1116 Entwurf einer legislativen Entschließung des Europäischen Parlaments zu dem Vorschlag für eine Verordnung des Europäischen Parlaments und des Rates zum Schutz natürlicher Personen bei der Verarbeitung personenbezogener Daten und zum freien Datenverkehr (allgemeine Datenschutzverordnung) (COM(2012)0011 – C7-0025/2012 – 2012/0011(COD)).

1117 Vorschlag für eine Verordnung des Europäischen Parlaments und des Rates zum Schutz natürlicher Personen bei der Verarbeitung personenbezogener Daten und zum freien Datenverkehr (Datenschutz-Grundverordnung) (9565/15)

1118 *Albrecht/Jotzo*, Das neue Datenschutzrecht der EU, Teil 4 Rn. 24.

1119 *Albrecht/Jotzo*, Das neue Datenschutzrecht der EU, Teil 4 Rn. 24.

1120 So jedenfalls *Albrecht/Jotzo*, Das neue Datenschutzrecht der EU, Teil 4 Rn. 24.

Überblick Kommentarliteratur

Auch in der Kommentarliteratur hat sich bisher kein Konsens über den Begriff der besonderen Situation ergeben. So wird für die Begründung der besonderen Situation kein strenger Maßstab angelegt, sodass es beispielsweise bereits ausreiche, wenn die betroffene Person die Datenverarbeitung nicht wünscht und ihr Grundrecht aus Art. 8 GRCh ausübe[1121]. Genauso wird aber auch ein restriktives Verständnis des Widerspruchsrechts vertreten, bei dem ein strenger Maßstab anzulegen ist und bei dem die betroffene Person ihren Widerspruch mit konkreten Tatsachen zu begründen und auf Verlangen des Verantwortlichen Nachweise beizubringen hat[1122]. Somit ergibt sich hinsichtlich der Auswertung der Kommentarliteratur ein sehr weites Feld für die Auslegung des Begriffs der besonderen Situation. Das zeigt gleichzeitig auf, dass das Widerspruchsrecht unterschiedlich interpretiert werden kann.

Kein vorbehaltloses Widerspruchsrecht

Ebenfalls muss für die Auslegung des Begriffs der „besonderen Situation" festgehalten werden, dass es kein vorbehaltloses Widerspruchsrecht gibt. Ein solches wird gemäß Art. 21 Abs. 2 und 3 DSGVO nur für den Widerspruch von Direktwerbung gewährt.

Das bedeutet, dass der Verantwortliche nicht jedem (unbegründeten) Widerspruch stattgeben muss. Denn die Begründung muss es dem Verantwortlichen ermöglichen, eine Abwägung zwischen den Interessen des Widersprechenden und den zwingend schutzwürdigen Gründen durchführen zu können.[1123]

Hierbei muss beachtet werden, dass manche Aufnahmen essentiell sind, um die Sicherheit der hochautomatisierten Fahrzeugführung zu gewährleisten. Würden diese Aufnahmen gelöscht werden, könnte dies ein Sicherheitsrisiko für den gesamten öffentlichen Straßenverkehr darstellen. In solchen Fällen könnten die Interessen der Widersprechenden zurücktreten.

Aus der Praxis: Durchführung des Widerspruchsrechts bei Testfahrzeugen

Schon heute zeichnen Testfahrzeuge mittels unterschiedlicher Sensoren und Videokameras den öffentlichen Straßenverkehr auf. Diese Aufzeichnungen sollen unter anderem dazu dienen, das hochautomatisierte Fahren zu entwickeln, weshalb hinsichtlich der Datenverarbeitung einige Parallelen zur Wei-

---

1121 *Forgó* in: Wolff/Brink, BeckOK Datenschutzrecht, 35. Edition, Art. 21 DS-GVO Rn. 8. Ebenso für eine weniger strikte Auslegung *Caspar* in: Simitis/Hornung/Döhmann, Datenschutzrecht, Art. 21 DSGVO Rn. 7.
1122 *Schulz* in: Gola, DS-GVO, Art. 21 Rn. 9.
1123 So *Munz* in: Taeger/Gabel, DSGVO – BDSG, Art. 21 DSGVO Rn. 15.

terentwicklung bei Kundenfahrzeugen bestehen[1124]. Bei der Erfassung durch Testfahrzeuge wird der betroffenen Person die Möglichkeit zum Widerspruch zum Beispiel per E-Mail angeboten. In welchem Ausmaß die betroffene Person ihre besondere Situation für einen erfolgreichen Widerspruch begründen muss, wird aber nicht explizit ausgeführt. So wird angegeben, dass für den Widerspruch Gründe mitgeteilt werden sollen[1125] oder es erfolgt ein allgemeiner Hinweis darauf, dass aus Gründen, die sich aus der Situation der betroffenen Person ergeben, widersprochen werden kann[1126]. Ebenso wird auch direkt angegeben, dass bei Datenverarbeitungen, die sich auf eine Interessenabwägung stützen, in der Regel zwingende schutzwürdige Gründe nachgewiesen werden können, aber trotzdem der Einzelfall betrachtet wird[1127]. Somit ist die technische Hürde für den Widerspruch zwar niedrig, allerdings ist anhand der Datenschutzerklärungen die Anforderung der inhaltlichen Rechtfertigung nicht zu entnehmen. Gänzlich ohne Begründung und Ausführung zur Situation wird der Widerspruch wohl voraussichtlich nicht gewährt.

Zwischenergebnis

Bei der Auslegung der „besonderen Situation" der betroffenen Person gibt es keine einheitliche Regelung. Eine historische Interpretation lässt vermuten, dass der Gesetzgeber die Anforderungen an das Widerspruchsrecht absenken wollte. Gleichzeitig wird aber kein vorbehaltloses Widerspruchsrecht eingeräumt, denn ein solches vorbehaltloses Widerspruchsrecht wird gemäß Art. 21 Abs. 2 und 3 DSGVO nur für Direktwerbung gewährt. Die Umsetzung bei Testfahrzeugen zeigt, dass die technischen Hürden geringgehalten werden, denn der Widerspruch kann per E-Mail oder postalisch eingereicht werden. Wie hoch der Begründungsaufwand für einen erfolgreichen Widerspruch sein wird, ist den derzeitigen Datenschutzerklärungen zu Testfahrzeugen nicht eindeutig zu entnehmen.

1124 *Audi*, Datenschutzhinweis Produktentwicklung und Erprobungen (Stand April 2021), https://www.audi.com/de/test-vehicle.html (16.08.23); *BMW*, Datenschutzhinweis (Stand April 2021), https://www.bmw.com/en/footer/data-processing-automated-vehicles/data-processing-automated-vehicles-de.html (16.08.23); *Volkswagen*, Datenschutzerklärung zur Videodatenaufzeichnung (Stand April 2021), https://www.volkswagen.de/de/mehr/rechtliches/datenschutz-erprobungsfahrten.html (16.08.23); siehe auch 2.6.

1125 *Volkswagen*, Datenschutzerklärung zur Videodatenaufzeichnung (Stand April 2021), https://www.volkswagen.de/de/mehr/rechtliches/datenschutz-erprobungsfahrten.html (16.08.23).

1126 *BMW*, Datenschutzhinweis (Stand April 2021), https://www.bmw.com/en/footer/data-processing-automated-vehicles/data-processing-automated-vehicles-de.html (16.08.23).

1127 *Audi*, Datenschutzhinweis Produktentwicklung und Erprobungen (Stand April 2021), https://www.audi.com/de/test-vehicle.html (16.08.23).

Allerdings müssen auch Grenzen für den möglichen Begründungsaufwand eingehalten werden. Denn wenn der Begründungsaufwand zu groß wird, kann es möglich sein, dass betroffene Personen entweder mehr Daten als bei der initialen Datenverarbeitung offenbaren müssen oder sogar besondere Kategorien personenbezogener Daten. Dieser Fall könnte eintreten, wenn betroffene Personen für die Wahrnehmung ihres Widerspruchsrechts vorab Details ihrer Persönlichkeit oder ihrer persönlichen Präferenzen offenlegen müssen, um dem Kriterium der besonderen Situation zu genügen.

8.2.2 Fortführung der Datenverarbeitung durch den Verantwortlichen

Selbst wenn der Anspruch auf das Widerspruchsrecht besteht, muss diesem gemäß Art. 21 Abs. 1 DSGVO nicht stattgegeben werden, wenn

1. der Verantwortliche zwingende schutzwürdige Gründe nachweisen kann, die die Interessen, Rechte und Freiheiten der betroffenen Person überwiegen oder

2. die Daten zur Geltendmachung, Ausübung oder Verteidigung von Rechtsansprüchen dienen.

Der in Art. 21 Abs. 1 Satz 2 Nr. 1 DSGVO genannte Begriff der „schutzwürdigen Gründe" befindet sich weder in der DSGVO, noch in der DSRL[1128].

In der Literatur wird dem Begriff ein restriktiver Charakter zugeschrieben und soll zum Ausdruck bringen, dass die Gründe des Verantwortlichen den Individualinteressen tatsächlich überwiegen müssen[1129]. Nicht zu missachten dabei ist, dass die Interessen des Verantwortlichen „zwingend" schutzwürdig sein müssen. Dies ist dann der Fall, wenn der Verarbeiter seine legitimen Ziele nicht anders als durch die beabsichtigte Form der Verarbeitung erreichen kann.[1130]

In Bezug auf die Weiterentwicklung durch Daten aus der Umfelderfassung geht bereits aus der Interessenabwägung hervor, dass Aufnahmen für die Weiterentwicklung nur in sehr spezifischen Fällen langfristig gespeichert werden. Basierend auf dieser Annahme, kann davon ausgegangen werden, dass bei diesen Aufnahmen wichtige Sicherheitsaspekte im Vordergrund stehen, die bei Nichtbehebung Fehlfunktionen im Straßenverkehr zur Konsequenz hätten. Werden beispielsweise bestimmte Kleidungsstücke eines Fußgängers falsch erkannt, was zu einer Kollision mit diesem Fußgänger

---

1128 *Munz* in: Taeger/Gabel, DSGVO – BDSG, Art. 21 DSGVO Rn. 22.
1129 *Munz* in: Taeger/Gabel, DSGVO – BDSG, Art. 21 DSGVO Rn. 22.
1130 *Martini* in: Paal/Pauly, DS-GVO/BDSG, Art. 21 DS-GVO Rn. 39, zustimmend *Forgó* in: Wolff/Brink, BeckOK Datenschutzrecht, 35. Edition, Art. 21 DS-GVO Rn. 12.

und dem Fahrzeug führt, muss der Algorithmus unbedingt derart weiterentwickelt werden, dass das Kleidungsstück als Teil des Fußgängers und somit als Person erkannt wird und eine Kollision in Zukunft ausgeschlossen wird. Insofern ist es nicht nur ein schutzwürdiges Interesse des Automobilherstellers, eine mögliche Fehlinterpretation des hochautomatisierten Fahrzeugs zu unterbinden, sondern auch im Interesse aller Straßenverkehrsteilnehmer, deren Drittinteresse ebenso in die Abwägung einbezogen werden kann[1131]. Selbst wenn der Begriff des „zwingend schutzwürdigen Interesses" restriktiv ausgelegt wird, ist, bei sorgfältiger Abstimmung der Parameter für die Weiterentwicklung, davon auszugehen, dass ohnehin nur solche Aufnahmen für die Weiterentwicklung verwendet werden, die tatsächlich für die Belange der Straßenverkehrssicherheit benötigt werden. Letztlich wird dies aber eine Frage des Einzelfalls sein, was auch Art. 21 Abs. 1 Satz 2 Nr. 1 DSGVO adressiert. Somit kann bei der Abwägung nicht auf die durchschnittliche Person abgestellt werden, sondern es müssen die individuellen Interessen des Widersprechenden berücksichtigt werden[1132]. Das bedeutet, dass nicht jeder Widerspruch gegen Aufnahmen für die Weiterentwicklung abgelehnt werden darf, sondern für den Einzelfall geprüft werden sollte.

Die Datenverarbeitung darf gemäß Art. 21 Abs. 1 Satz 2 Nr. 2 DSGVO auch dann fortgeführt werden, wenn die Verarbeitung der Geltendmachung, Ausübung oder Verteidigung von Rechtsansprüchen dient. Dies bezieht sich auf die gerichtliche Verfolgung von Rechtsansprüchen sowie außergerichtliche Verfahren[1133]. Insbesondere in der Anfangszeit kann es vorkommen, dass die Umfelddaten zur Aufklärung einer Verkehrssituation dienen können. Solche Daten werden aber ohnehin separat in einem Ereignisspeicher gespeichert, daher ist es unwahrscheinlich, dass das Datenmaterial der Weiterentwicklung, das nur bestimmte Szenarien beinhaltet, Zusatzinformationen für solche Fälle birgt. Sofern dies aber einschlägig ist, können diese Daten im Rahmen eines (außer)gerichtlichen Verfahrens trotz Widerspruchs weiterverarbeitet werden. Dabei gilt allerdings, zu berücksichtigen, dass die Weiterverarbeitung von Umfelddaten nach einem Widerspruch nicht bereits deswegen weiterverarbeitet werden dürfen, weil irgendwann ein gerichtliches Verfahren eingeleitet werden könnte. Der Einwand braucht ein gewisses Maß an Wahrscheinlichkeit, dass die Verfolgung oder Verteidigung stattfinden wird und dieser dienlich ist[1134].

1131 *Munz* in: Taeger/Gabel, DSGVO – BDSG, Art. 21 DSGVO Rn. 23; *Kamann/Braun* in: Ehmann/Selmayr, Datenschutz-Grundverordnung, Art. 21 Rn. 25; *Herbst* in: Kühling/Buchner, DS-GVO/BDSG, Art. 21 DS-GVO Rn. 19.

1132 *Kamann/Braun* in: Ehmann/Selmayr, Datenschutz-Grundverordnung, Art. 21 Rn. 24.

1133 *Herbst* in: Kühling/Buchner, DS-GVO/BDSG, Art. 21 DS-GVO Rn. 23.

1134 *Munz* in: Taeger/Gabel, DSGVO – BDSG, Art. 21 DSGVO Rn. 30 m. w. N.

8.2.3 Hinweispflicht

Gemäß Art. 21 Abs. 4 Satz 1 DSGVO muss die betroffene Person spätestens zum Zeitpunkt der ersten Kommunikation auf das in den Absätzen 1 und 2 genannte Widerspruchsrecht hingewiesen werden. Die Hinweispflicht in Art. 21 Abs. 4 DSGVO stellt damit sicher, dass die betroffene Person weiß, dass sie die Möglichkeit zum Widerspruch hat[1135].

Wann der Zeitpunkt der ersten Kommunikation stattfindet, wird in der DSGVO nicht näher erläutert. Bei der Umfelderfassung ist der Zeitpunkt der ersten Kommunikation das gemeinsame Aufeinandertreffen von betroffener Person und Fahrzeug, also wenn sich die betroffene Person in unmittelbarer Umgebung des Fahrzeugs befindet. Denn zu diesem Zeitpunkt kommunizieren die betroffene Person und das Fahrzeug zum ersten Mal miteinander darüber, wie sich der jeweils andere Akteur verhält oder verhalten wird: Möchte ein Fußgänger einen Fußgängerüberweg überqueren, wird das Fahrzeug zum Beispiel durch Bremsen und Anhalten kommunizieren, das geplante Überqueren des Fußgängers wahrgenommen zu haben. Der Fußgänger wird durch das anschließende Überqueren signalisieren, dass er den Halt des Fahrzeugs wahrgenommen hat.

Der Zeitpunkt über die Information des Widerspruchsrechts muss in Verbindung mit Art. 13 Abs. 2 lit. b DSGVO bzw. Art. 14 Abs. 2 lit. c DSGVO gelesen werden[1136]. Sofern nämlich die in Art. 13 Abs. 2 lit. b bzw. Art. 14 Abs. 2 lit. c DSGVO statuierten Zeitpunkte früher eintreten, richtet sich der Zeitpunkt der Mitteilungspflicht nach Art. 13 Abs. 2 lit. b DSGVO bzw. Art. 14 Abs. 2 lit. c DSGVO.[1137] Dabei kommt erneut das Problem der unbestimmten Differenzierungskriterien der Art. 13 und 14 DSGVO zum Tragen. Wie bereits in 7.3.2.2 festgestellt, könnte der Zeitpunkt der Mitteilung nach Art. 13 DSGVO bereits im Bereich mehrerer Meter vor der betroffenen Person festgelegt werden. Das bedeutet, dass auch die Unterrichtung auf das Widerspruchsrecht zu diesem Zeitpunkt erfolgen müsste. Das kann aufgrund der Begebenheiten bei der Umfelderfassung, wie dem begrenzten Platz auf

---

1135 *Forgó* in: Wolff/Brink, BeckOK Datenschutzrecht, 35. Edition, Art. 21 DS-GVO Rn. 24; *Kamann/Braun* in: Ehmann/Selmayr, Datenschutz-Grundverordnung, Art. 21 Rn. 7; *Munz* in: Taeger/Gabel, DSGVO – BDSG, Art. 21 DSGVO Rn. 45; *Herberlein* in: Ehmann/Selmayr, Datenschutz-Grundverordnung, Art. 6 Rn. 34.

1136 *Herbst* in: Kühling/Buchner, DS-GVO/BDSG, Art. 21 DS-GVO Rn. 37 f.; *Martini* in: Paal/Pauly, DS-GVO/BDSG, Art. 21 DS-GVO Rn. 66 f.; *Kamann/Braun* in: Ehmann/Selmayr, Datenschutz-Grundverordnung, Art. 21 Rn. 58; *Caspar* in: Simitis/Hornung/Döhmann, Datenschutzrecht, Art. 21 DSGVO Rn. 25; *Veil* in: Gierschmann/Schlender/Stentzel/Veil, Datenschutz-Grundverordnung, Art. 21 Rn. 39.

1137 *Munz* in: Taeger/Gabel, DSGVO – BDSG, Art. 21 DSGVO, Rn. 46; *Herbst* in: Kühling/Buchner, DS-GVO/BDSG, Art. 21 DS-GVO Rn. 37 f.; vgl. auch *Martini* in: Paal/Pauly, DS-GVO/BDSG, Art. 21 DS-GVO Rn. 66 f.

dem Fahrzeug oder schlechte visuelle Verhältnisse, zahlreiche Probleme aufwerfen[1138].

Erfolgt die Datenerhebung bei einer anderen Person (Art. 14 DSGVO), hat der Hinweis gemäß Art. 14 Abs. 3 lit. b DSGVO spätestens zum Zeitpunkt der ersten Mitteilung zu erfolgen. Insofern müsste der Widerspruch im Fall des Art. 14 Abs. 3 lit. b DSGVO erfolgen, wenn sich die betroffene Person im Umfeld des Fahrzeugs aufhält, was sich auch mit dem Zeitpunkt der Kommunikation deckt.

Unabhängig davon, ob Art. 13 oder 14 DSGVO zur Anwendung kommt, ist die Hinweispflicht für den Widerspruch unabdingbar. Das gilt auch, wenn die Ausnahme der Informationspflicht nach Art. 14 Abs. 5 DSGVO anwendbar ist[1139].

Ferner gibt Art. 21 Abs. 4 DSGVO vor, dass die Informationen in einer verständlichen und von anderen Informationen getrennten Form erfolgen sollen. Dadurch soll die betroffene Person bestmöglich informiert werden[1140]. Die Abtrennung von den Informationen kann beispielsweise durch ein anderes Schriftbild oder eine andere Schriftfarbe ermöglicht werden[1141]. Dies kann auf dem Kurzhinweis auf dem Fahrzeug erfolgen, auf dem auf eine weiterführende Webseite mit weiteren Ausführungen zum Widerspruchsrecht hingewiesen wird. Grundsätzlich gelten für die Ausgestaltung der Hinweispflicht die allgemeinen Anforderungen aus Art. 12 ff. DSGVO[1142], sodass auf die Ausführungen in 7.2 verwiesen wird.

8.2.4 Fazit

Für die Prüfung des Widerspruchsrechts ist zunächst zu prüfen, ob sich die Begründung des Widersprechenden aus einer besonderen Situation der betroffenen Person ergibt. Bei der Auslegung des Begriffs herrscht bisher Unklarheit. Die historische Auslegung der Norm weist darauf hin, dass der Gesetzgeber die Anforderungen an das Widerspruchsrecht absenken wollte,

---

1138 Zur Problematik siehe in 7.2.
1139 *Forgó* in: Wolff/Brink, BeckOK Datenschutzrecht, 35. Edition, Art. 21 DS-GVO Rn. 24; *Munz* in: Taeger/Gabel, DSGVO – BDSG, Art. 21 DSGVO Rn. 45; *Herbst* in: Kühling/Buchner, DS-GVO/BDSG, Art. 21 Rn. 34; siehe auch *Martini*, in: Paal/Pauly, DS-GVO/BDSG, Art. 21 DS-GVO Rn. 65a.
1140 *Forgó* in: Wolff/Brink, BeckOK Datenschutzrecht, 35. Edition, Art. 21 DS-GVO Rn. 25.
1141 *Munz* in: Taeger/Gabel, DSGVO – BDSG, Art. 21 DSGVO Rn. 47.
1142 *Schulz* in: Gola, DS-GVO, Art. 21 Rn. 30; *Kamann/Braun* in: Ehmann/Selmayr, Datenschutz-Grundverordnung, Art. 21 Rn. 8; *Caspar* in: Simitis/Hornung/Döhmann, Datenschutzrecht, Art. 21 DSGVO Rn. 17; ausführlich *Herbst* in: Kühling/Buchner, DS-GVO/BDSG, Art. 21 DS-GVO Rn. 34.

gleichzeitig wird aber im Regelfall auch kein vorbehaltloses Widerspruchsrecht gewährt. Denn ein solches vorbehaltloses Widerspruchsrecht gilt gemäß Art. 21 Abs. 2 und 3 DSGVO nur für die Direktwerbung. Bei Testfahrzeugen, einem ähnlichen Fall zur Weiterentwicklung in Kundenfahrzeugen, ist festzustellen, dass die technischen Hürden geringgehalten werden, denn der Widerspruch kann per E-Mail oder postalisch eingereicht werden. Ein leicht auszuführendes Widerspruchsrecht hat unter anderem den Vorteil, dass sich dies positiv bei der Interessenabwägung auswirken kann[1143]. Wie hoch der Begründungsaufwand für einen erfolgreichen Widerspruch sein wird, ist den derzeitigen Datenschutzerklärungen zu Testfahrzeugen nicht eindeutig zu entnehmen.

Allerdings müssen auch Grenzen für den möglichen Begründungsaufwand gezogen werden. Denn wenn der Begründungsaufwand zu hoch wird, kann es möglich sein, dass betroffene Personen mehr Daten als bei der initialen Datenverarbeitung offenbaren müssen. Dieser Fall könnte eintreten, wenn betroffene Personen für die Wahrnehmung ihres Widerspruchsrechts vorab Details ihrer Persönlichkeit oder ihrer persönlichen Präferenzen offenlegen müssen, um dem Kriterium der besonderen Situation zu genügen.

Sofern der Verantwortliche zwingend schutzwürdige Gründe vorweisen kann, darf er die Daten dennoch weiterverarbeiten. Möglich sind hierbei zum Beispiel sicherheitsrelevante Weiterentwicklungen, welche die Sicherheit aller Straßenverkehrsteilnehmer tangiert und somit eine hohe Breitenwirkung hat und Menschenleben retten kann.

Die Daten dürfen gemäß Art. 21 Abs. 1 Satz 2 Nr. 2 DSGVO auch dann verarbeitet werden, wenn die Verarbeitung der Geltendmachung, Ausübung oder Verteidigung von Rechtsansprüchen dient. Dies wird aber für die Umfelderfassung wenig Relevanz haben, da ein umfangreicherer und damit geeigneterer Datensatz in einem separaten Ereignisspeicher gespeichert wird, dessen Datenverarbeitung nicht direkt zur Umfelderfassung gehört und darum einer eigenen Betrachtung bedarf.

Gemäß Art. 21 Abs. 4 DSGVO muss der Verantwortliche die betroffene Person spätestens zum Zeitpunkt der ersten Kommunikation auf ihr Widerspruchsrecht hinweisen. Dabei ergeben sich unterschiedliche Zeitpunkte zur Erteilung der Information – je nachdem, ob der Verantwortliche die betroffene Person gemäß Art. 13 oder 14 DSGVO über ihr Widerspruchsrecht informieren muss. Treten die Zeitpunkte des Art. 13 Abs. 2 lit. b bzw. Art. 14 Abs. 2 lit. c DSGVO früher ein, sind diese vor dem Zeitpunkt des Art. 21 Abs. 4 DSGVO anzuwenden. Wie bereits bei den Informationspflichten ausgeführt, kann die Hinweispflicht demnach unterschiedlich ausfallen: Bei

---

1143 Siehe unter 6.6.5.3.

Anwendung von Art. 13 DSGVO kann der Hinweis auf das Widerspruchs-recht bereits mehrere Meter vor dem Zusammentreffen zwischen betroffener Person und Fahrzeug notwendig sein, bei Art. 14 DSGVO reicht der Hin-weis, wenn sich die betroffene Person im Umfeld des Fahrzeugs befindet. Unabhängig davon, ob Art. 13 oder 14 DSGVO Anwendung findet, steht fest, dass der Verantwortliche in jedem Fall auf das Widerspruchsrecht hin-weisen muss. Denn eine mögliche Ausnahme der Hinweispflicht, wie sie in Art. 13 Abs. 4 oder Art. 14 Abs. 5 DSGVO statuiert ist, gibt es für das Wider-spruchsrecht nicht.

Unter den Aspekten der Einschätzung der besonderen Situation, den zwin-gend schutzwürdigen Gründen und der individuellen Hinweispflicht, kann festgehalten werden, dass die Auslegung des Art. 21 DSGVO für den Einzel-fall abgewogen werden muss. Idealerweise erfolgt dies transparent für die betroffene Person.

Sofern ein Widerspruchsrecht besteht, ist die Verarbeitung der personenbe-zogenen Daten mit Ex-Nunc-Wirkung untersagt und die Daten sind beim Verantwortlichen und mitverantwortlichen Dritten zu löschen[1144]. Dies be-zieht sich auch auf (dritte) angeschlossene Systeme, zum Beispiel Drittsys-teme im Entwicklerbackend bzw. ein Entwicklerbackend mit Zugriffsmög-lichkeiten Dritter. Kann dies nicht sofort durchgeführt werden, muss die Datenverarbeitung bis zur Prüfung des Widerspruchs eingeschränkt wer-den[1145].

1144 *Forgó* in: Wolff/Brink, BeckOK Datenschutzrecht, 35. Edition, Art. 21 DS-GVO Rn. 2; *Munz* in: Taeger/Gabel, DSGVO – BDSG, Art. 21 DSGVO Rn. 17 ff.

1145 *Munz* in: Taeger/Gabel, DSGVO – BDSG, Art. 21 DSGVO Rn. 17; *Caspar* in: Simi-tis/Hornung/Döhmann, Datenschutzrecht, Art. 21 DSGVO Rn. 19.

9 Weitere Verpflichtungen und Gestaltungsmöglichkeiten

Art. 24 DSGVO ist die zentrale Norm für die Zuweisung datenschutzrechtlicher Pflichten[1146]. Ebenso gibt sie Vorgaben zur Haftung[1147]. Grundsätzlich gilt hierbei die Anwendung eines risikobasierten Ansatzes, der die Maßnahmen des Verantwortlichen entsprechend dem Risiko der Datenverarbeitung anpasst[1148] und insbesondere durch Art. 25, 32 und 35 DSGVO konkretisiert wird[1149]. Vor einer Datenverarbeitung muss folglich das Risiko eingeschätzt werden und anhand dessen die weiteren Maßnahmen definiert werden[1150]. Gemäß Art. 24 Abs. 1 Satz 1 i. V. m. Erwägungsgrund 76 DSGVO sind dabei die Art, der Umfang, die Umstände und die Zwecke der Verarbeitung sowie die unterschiedlichen Eintrittswahrscheinlichkeit und Schwere der Risiken für die Rechte und Freiheiten natürlicher Personen zu berücksichtigen. Anhand dieser Einschätzung sollen gemäß Art. 24 Abs. 2 DSGVO technische und organisatorische Maßnahmen individuell für die Datenverarbeitung erfolgen[1151]. Sofern diese Maßnahmen nicht bereits im Rahmen der vorherigen Themenkomplexe umgesetzt wurden, könnten diese, wenn dies das Risiko der Datenverarbeitung fordert, auch verpflichtende Maßnahmen sein.

Neben spezifischen Maßnahmen für die Umfelderfassung gibt es allgemeine Maßnahmen, die im gesamtheitlichen Datenschutzmanagement implementiert werden müssen. Ihre Umsetzung bzw. die Gestaltung der Prozesse wird in der Regel unabhängig von der Umfelderfassung sein, die lediglich einen Teilaspekt der Automatisierung des Fahrzeugs darstellt und darum geringe Auswirkungen auf das allgemeine Datenschutzmanagement hat.

Um die vorgenannten allgemeinen Maßnahmen zu erwähnen und abgrenzen zu können, sollen sie in 9.1 zunächst erläutert werden. Danach werden Maßnahmen zum Datenschutz durch Technikgestaltung (9.2) sowie genehmigte Verhaltensregeln bzw. Zertifizierungen (9.3) näher betrachtet.

1146 *Lang* in: Taeger/Gabel, DSGVO – BDSG, Art. 24 DSGVO Rn. 2; *Hartung* in: Kühling/Buchner, DS-GVO/BDSG, Art. 24 DS-GVO Rn. 1.

1147 *Piltz*, K&R 2016, 709 (710); *Petri* in: Simitis/Hornung/Döhmann, Datenschutzrecht Art. 24 DSGVO Rn. 1; *Hartung* in: Kühling/Buchner, DS-GVO/BDSG, Art. 24 DS-GVO Rn. 9.

1148 *Piltz*, K&R 2016, 709 (710).

1149 *Martini* in: Paal/Pauly, DS-GVO/BDSG, Art. 24 DS-GVO Rn. 1; *Lang* in: Taeger/Gabel, DSGVO – BDSG, Art. 24 DS-GVO Rn. 14.

1150 *Piltz*, K&R 2016, 709 (710).

1151 Vgl. auch *Lang* in: Taeger/Gabel, DSGVO – BDSG, Art. 24 DSGVO Rn. 3.

9.1 Allgemeine Maßnahmen für das Datenschutzmanagement

Eine wichtige Maßnahme für die Einhaltung des Datenschutzes ist die Datenschutz-Folgenabschätzung. Art. 35 Abs. 1 DSGVO schreibt vor, bei einem hohen Risiko für die Rechte und Freiheiten der betroffenen Personen eine Datenschutz-Folgenabschätzung durchzuführen, insbesondere bei neuen Technologien, die aufgrund ihrer Art, ihres Umfangs, ihrer Umstände und ihrer Zwecke ein hohes Risiko zur Folge haben. Gemäß Art. 35 Abs. 3 lit. c i. V. m. Erwägungsgrund 91 DSGVO ist bei systematisch umfangreichen Überwachungen, worunter auch der Einsatz optoelektronischer Vorrichtungen zählen kann, ein hohes Risiko anzunehmen. „Systematisch" kann eine Überwachung sein, wenn sie „arrangiert, organisiert und methodisch"[1152] durchgeführt wird, was auf die Umfelderfassung zutrifft, da sie mittels vorab festgelegter Methoden und eines Schemas ein definiertes Areal analysiert. „Umfangreich" ist eine Überwachung, die einen räumlich großen Bereich erfasst oder der viele Menschen unterliegen[1153]. Dies trifft ebenso auf die Umfelderfassung zu, weil betroffene Personen des öffentlichen Straßenverkehrs erfasst werden. Somit kann davon ausgegangen werden, dass die Umfelderfassung ein hohes Risiko für die Rechte und Freiheiten einer natürlichen Person birgt[1154].

Die Datenschutz-Folgenabschätzung ist somit nicht nur eine Pflichtvorgabe, sondern kann ferner ein geeignetes Mittel sein, um die Datenströme zu erfassen und ihre Risiken abschätzen zu können. Art. 35 Abs. 7 DSGVO sieht die Datenschutz-Folgenabschätzung auch als Möglichkeit, Abhilfemaßnahmen für die Risiken zu definieren[1155]. Zugleich dient sie der Rechenschaftspflicht gemäß Art. 5 Abs. 2 DSGVO, indem sie den gesamten Prozess do-

---

1152 *Karg* in: Simitis/Hornung/Döhmann, Datenschutzrecht, Art. 35 DSGVO Rn. 43.

1153 *Karg* in: Simitis/Hornung/Döhmann, Datenschutzrecht, Art. 35 DSGVO Rn. 45.

1154 So auch *Weichert*, Datenverarbeitung und Datenschutz bei Tesla-Fahrzeugen, S. 30 für Fahrzeuge von Tesla; vgl. auch *Schwartmann/Jacquemain*, RDV 2018, 247 (250); *Datenschutzkonferenz*, Liste der Verarbeitungstätigkeiten, für die eine DSFA durchzuführen ist, S. 13, die bei „intelligenten Videoanalysesystemen" eine Datenschutz-Folgenabschätzung als wahrscheinlich erachtet; *Reibach* in: Taeger/Gabel, DSGVO – BDSG, Art. 35 DSGVO Rn. 23 für die Videoüberwachung.

1155 *Europäischer Datenschutzausschuss*, Leitlinien 3/2019 zur Verarbeitung personenbezogener Daten durch Videogeräte, Rn. 137; *Datenschutzkonferenz*, Orientierungshilfe Videoüberwachung durch nicht-öffentliche Stellen, S. 18; *Karg* in: Simitis/Hornung/Döhmann, Datenschutzrecht, Art. 35 DSGVO Rn. 11 f.; *Baumgartner* in: Ehmann/Selmayr, Datenschutz-Grundverordnung, Art. 35 Rn. 16.

kumentiert[1156]. Ebenso müssen die Datenschutzgrundsätze des Art. 5 Abs. 1 DSGVO nachgewiesen werden können[1157].

Eine weitere Vorgabe ist die Bestellung eines Datenschutzbeauftragten in den Fällen des Art. 37 Abs. 1 DSGVO. Hierfür muss im Allgemeinen ein Prozess geschaffen werden, der die kommunikative Einbindung des Datenschutzbeauftragten bei Einführung oder Änderung eines Verfahrens sicherstellt[1158]. Für die Umfelderfassung wird man eine verpflichtende Bestellung durch Art. 37 Abs. 1 lit. b DSGVO begründen können, da die Umfelderfassung die Voraussetzungen einer umfangreichen Verarbeitung durch die Anzahl der betroffenen Personen[1159] oder regelmäßigen und systematischen Überwachung erfüllen wird[1160]. Da die für die Hauptprozesse in Frage stehenden Verantwortlichen in der Regel Großunternehmen sind, wird bereits ein Datenschutzbeauftragter bestellt sein bzw. wird sich eine ganze Abteilung um die datenschutzrechtlichen Anliegen kümmern.

Ebenso müssen die allgemeinen Pflichten der Art. 26 ff. DSGVO, sofern einschlägig, eingehalten werden. Genauso muss die Datenverarbeitung im Verarbeitungsverzeichnis gemäß Art. 30 DSGVO dokumentiert werden sowie Mechanismen für die Meldung bei Datenschutzverstößen gemäß Art. 33 und 34 i. V. m. Art. 4 Nr. 12 DSGVO implementiert werden.

Eine der wohl wichtigsten Verpflichtungen besteht in der Sicherstellung von Maßnahmen für die Datensicherheit des hochautomatisierten Fahrzeugs. Mit der Zunahme von Funktionen, der integrierten Steuergeräte und der fahrzeuginternen Protokolle steigen die Gefahrenquellen für Fehler und damit für Angriffe[1161]. Denn die dadurch verbundene Quantität des Quellcodes bie-

---

1156 *Reibach* in: Taeger/Gabel, DSGVO – BDSG, Art. 35 DSGVO Rn. 1; vgl. auch *Nolte/ Werkmeister* in: Gola, DS-GVO, Art. 35 Rn. 2.

1157 *Datenschutzkonferenz*, Orientierungshilfe Videoüberwachung durch nicht-öffentliche Stellen, S. 16.

1158 *Haag* in: Forgó/Helfrich/Schneider, Betrieblicher Datenschutz, Teil II, Kap. 2 Rn. 40.

1159 *Artikel-29-Datenschutzgruppe*, Leitlinien in Bezug auf Datenschutzbeauftragte („DSB") (WP 243 rev. 01), S. 9 und *Datenschutzkonferenz*, Orientierungshilfe Videoüberwachung durch nicht-öffentliche Stellen, S. 19, die bei der Auslegung einer „umfangreichen" Verarbeitung auf die Zahl der betroffenen Personen abstellen, die bei der Umfelderfassung aufgrund der Erfassung des gesamten Straßenverkehrs sehr hoch ist.

1160 *Artikel-29-Datenschutzgruppe*, Leitlinien in Bezug auf Datenschutzbeauftragte („DSB") (WP 243 rev. 01), S. 11, die Überwachungskameras und intelligente Autos darunter zählt.

1161 *Thoma*, golem.de v. 17.08.2015, https://www.golem.de/news/security-die-gefahr-der-vernetzten-autos-1508-115796.html (16.08.23); i. d. S. *Internationale Arbeitsgruppe für den Datenschutz in der Telekommunikation*, Vernetzte Fahrzeuge, Rn. 39; *Schulz*, NZV 2017, 548 (550); *Hemker/Mischkovsky*, DuD 2017, 233 (235, Tabelle 1) für eine allgemeine Übersicht an möglichen Schwachstellen.

tet Angriffspunkte, die aufgrund der externen Kommunikationsmöglichkeit auch von außen angreifbar sind. In der Vergangenheit wurden aufgrund moderner Komponenten wie Entertainmentsysteme oder vernetzte Komponenten bereits kritische Sicherheitslücken gefunden[1162]. Ähnliche Sicherheitslücken können auch beim hochautomatisierten Fahrsystem auftreten, sodass ein Angreifer die Souveränität der Datenverarbeitung bzw. des Fahrzeugs übernehmen könnte[1163]. Ebenfalls besteht ein hohes Risiko, dass Angreifer die Latenzzeiten der Fahrfunktion beeinflussen und die Ausführung des Fahrmanövers verzögert wird[1164]. Dies kann beispielsweise darin münden, dass die Umfeldsensoren deaktiviert, Daten unautorisiert übermittelt oder Objekte falsch erkannt werden. In der Konsequenz führen Sicherheitslücken zu einem hohen Sicherheitsrisiko für das Leben und die körperliche Unversehrtheit aller Straßenverkehrsteilnehmer[1165].

In der DSGVO wird das Thema der Datensicherheit in Art. 5 Abs. 1 lit. f i. V. m. Art. 32 DSGVO statuiert. Art. 5 Abs. 1 lit. f DSGVO adressiert die Ziele der Integrität und Vertraulichkeit, die in Art. 32 DSGVO konkretisiert werden[1166]. Art. 32 DSGVO ist umfangreicher und beschreibt die Voraussetzungen an die Sicherheit der Datenverarbeitung, was sowohl den Schutz vor Angriffen als auch vor dem Ausfall oder einer Beeinträchtigung der Systeme umfasst[1167]. Die Anwendung des Art. 32 DSGVO ist dabei risikobasiert, das heißt, das Risiko bemisst sich anhand der Schwere und Eintrittswahrscheinlichkeit des Schadens[1168]. Bei der Umfelderfassung wird die Schwere des Schadens regelmäßig hoch zu bewerten sein, weil in diesem Zusammenhang

1162 Siehe beispielsweise *Kuzin/Chebyshev*, Securelist v. 16.02.2017, https://securelist. com/mobile-apps-and-stealing-a-connected-car/77576/ (16.08.23); *Deutsche Presse-Agentur*, heise online v. 07.08.2015, https://www.heise.de/newsticker/meldung/ Sicherheitsforscher-hacken-Tesla-Autos-2774622.html (16.08.23); *Krempl*, heise online v. 01.05.2018, https://www.heise.de/newsticker/meldung/Vernetzte-Autos-Infotainment-Systeme-bei-VW-und-Audi-Modellen-aus-der-Ferne-gehackt-4038256. html (16.08.23); *Greis*, golem.de v. 23.10.2017, https://www.golem.de/news/fahrzeugsicherheit-wenn-das-auto-seinen-fahrer-erpresst-1710-130732.html (16.08.23) für weitere Bedrohungsszenarien; allgemein *Schellekens*, Comput. Law Secur. Rev. 2016, 307 (308).
1163 *Weichert* in: Deutscher Verkehrsgerichtstag, 52. Deutscher Verkehrsgerichtstag 2014, S. 305.
1164 *Internationale Arbeitsgruppe für den Datenschutz in der Telekommunikation*, Vernetzte Fahrzeuge, Rn. 43.
1165 *Schulz*, NZV 2017, 548 (550); *Forgó* in: Oppermann/Stender-Vorwachs, Autonomes Fahren, Kap. 3.5 Rn. 40.
1166 *Hansen* in: Simitis/Hornung/Döhmann, Datenschutzrecht, Art. 32 DSGVO Rn. 1.
1167 *Hansen* in: Simitis/Hornung/Döhmann, Datenschutzrecht, Art. 32 DSGVO Rn. 1.
1168 *Hansen* in: Simitis/Hornung/Döhmann, Datenschutzrecht, Art. 32 DSGVO Rn. 28.

die körperliche Unversehrtheit und das Leben der Straßenverkehrsteilnehmer bemessen werden muss[1169].

Für den Fahrzeugbereich gibt es aufgrund hoher Sicherheitsbedürfnisse spezielle Vorgaben für die Sicherheit in Fahrzeugen. UNECE-Regelung Nr. 155 regelt die einheitliche Bedingung für die Genehmigung von Fahrzeugen hinsichtlich der Cybersicherheit und des Cybersicherheitsmanagementsystems[1170]. Gemäß Ziff. 1.1. sollen die Vorschriften allgemein auf die Cybersicherheit für bestimmte Fahrzeugklassen Anwendung finden. Darunter fällt gemäß Ziff. 2.2. der Schutz vor Cyberbedrohungen für elektrische oder elektronische Komponenten. Sofern darunter Steuergeräte fallen, werden die Vorgaben auch für die involvierten Steuergeräte der Umfelderfassung einschlägig sein. In Ziff. 5.1. werden die Voraussetzungen für die Genehmigung dieser Cybersicherheitsmaßnahmen klargestellt. Es bedarf hierbei unter anderem einer Risikobewertung (Ziff. 5.1.1. lit. b), der Implementierung geeigneter Cybersicherheitsmaßnahmen (Ziff. 5.1.1. lit c.) und der Erkennung von und der Reaktion auf mögliche Cyberangriffe (Ziff. 5.1.1. lit. d).

Das Cybersicherheitsmanagementsystem bezeichnet nach Ziff. 2.3. einen systematischen, risikobasierten Ansatz zur Festlegung von organisatorischen Abläufen, Zuständigkeiten und Governance beim Umgang mit Risiken im Zusammenhang mit Cyberbedrohungen für Fahrzeuge und beim Schutz von Fahrzeugen vor Cyberangriffen. Somit bedarf es nicht nur der Umsetzung von Sicherheitsmaßnahmen in den Fahrzeugkomponenten, sondern auch eines umfangreichen Sicherheitsmanagements, das vor der Typengenehmigung ebenso genehmigt werden muss (Ziff. 5.1.2.).

Eine ebenso für den Fahrzeugbereich spezifische Sicherheitsmaßnahme ist UN-Regelung Nr. 156[1171], die einheitliche Bestimmungen für die Genehmigung von Kraftfahrzeugen hinsichtlich der Softwareaktualisierung und des Softwareaktualisierungsmanagementsystems vorsieht. Unter anderem werden dort auch unter Ziff. 7.2. Anforderungen an die Sicherheit definiert, zum Beispiel, dass Softwareaktualisierungen vor Manipulationen geschützt sind. Ebenso sind dort besondere Vorgaben für drahtlose Softwareaktualisierungen (siehe Ziff. 7.1.4.)

1169 Siehe Fn. 1165.
1170 UNECE-Regelung Nr. 155 – Einheitliche Bedingungen für die Genehmigung von Fahrzeugen hinsichtlich der Cybersicherheit und des Cybersicherheitsmanagementsystems [2021/387], TRANS/WP.29/343 , abrufbar unter https://unece.org/sites/default/files/2021-03/R155e.pdf (16.08.23).
1171 UN-Regelung Nr. 156 – Einheitliche Bestimmungen für die Genehmigung von Kraftfahrzeugen hinsichtlich der Softwareaktualisierung und des Softwareaktualisierungsmanagementsystems [2021/388], TRANS/WP.29/343, https://unece.org/sites/default/files/2021-03/R156e.pdf (16.08.23).

Durch die Referenz in VO 2019/2144/EU sind die UNECE-Regelungen Bestandteil des europäischen Sekundärrechts, sodass ihre Einhaltung für alle Mitgliedstaaten der EU verpflichtend wird[1172].

Die Ausführungen zeigen, dass das Thema der Daten-/Cybersicherheit nicht auf das hochautomatisierte Fahren beschränkt werden kann, sondern sich auf alle Komponenten des Fahrzeugs sowie seine vernetzten Dienste erstreckt. Sämtliche Daten-/Cybersicherheitsmaßnahmen sind für die körperliche Unversehrtheit und das Leben von Straßenverkehrsteilnehmern essentiell[1173]. Nicht umsonst haben Automobilhersteller mehrere Fachabteilungen, die sich ausschließlich um das Thema Sicherheit im und rund um das Fahrzeug kümmern. Außerdem ist die Fahrzeugsicherheit mehrschichtig und durch unterschiedliche Akteure geprägt[1174]. Da es bei diesem komplexen und dynamischen Thema also einer weit über das hochautomatisierte Fahren hinausgehende Betrachtung bedürfte[1175], kann dies in dieser Arbeit nicht adäquat dargestellt werden. Allerdings soll an dieser Stelle bekräftigt werden, dass das Thema der Daten-/Cybersicherheit ebenso zu den Verpflichtungen des Automobilherstellers zählt.

9.2 Datenschutz durch Technikgestaltung

Gemäß Art. 25 Abs. 1 DSGVO soll der Verantwortliche geeignete technische und organisatorische Maßnahmen implementieren, um die Datenschutzgrundsätze wirksam umzusetzen. Die Norm nennt als beispielhafte Maßnahmen die Datenminimierung sowie die Pseudonymisierung. „Geeignet" soll nach dem EDSA bedeuten, dass die Verantwortlichen die Datenschutzgrundsätze umsetzen und dabei *effektiv* die Verletzungsrisiken der Rechte und Freiheiten der betroffenen Personen reduzieren[1176]. Die technischen und organisatorischen Maßnahmen reichen dabei weitreichend von

---

1172 Siehe 6.6.1.4 sowie bei Fn. 734.
1173 I. d. S. auch *Stoklas/Wendt*, Das vernetzte und autonome Fahrzeug – Datenschutzrechtliche Herausforderungen, S. 30.
1174 *Stoklas/Wendt*, Das vernetzte und autonome Fahrzeug – Datenschutzrechtliche Herausforderungen, S. 83.
1175 Vgl. *Deutsche Presse-Agentur*, heise online v. 22.09.2020, https://www.heise.de/news/Gefahr-fuer-Autos-Alles-was-vernetzt-ist-wird-auch-angegriffen-4908947.html (16.08.23); vgl. auch *Forgó* in: Oppermann/Stender-Vorwachs, Autonomes Fahren, Kap. 3.5 Rn. 5
1176 *Europäischer Datenschutzausschuss*, Guidelines 4/2019 on Article 25 Data Protection by Design and by Default, Rn. 8.

elaborierten technischen Lösungen bis hin zu Grundlagenschulungen des Personals[1177].

Bei der Umfelderfassung ist eine datenminimierende Maßnahme bereits ein Kernelement der Umfelderfassung: Die Merkmalsextraktion. Dadurch werden nur solche Daten des Rohbilds extrahiert und auf Merkmalsebene weiterverarbeitet, die für das Fahrmanöver benötigt werden. Ferner sind die temporäre Speicherung bzw. die zeitnahe Löschung des Rohmaterials eine datenminimierende Maßnahme[1178]. Bei der Umfelderfassung wird somit nur noch mit Merkmalen gearbeitet. Das hat im Vergleich zur herkömmlichen Videoüberwachung, bei der alle Aufnahmen mehrere Tage oder Wochen als Rohbild gespeichert werden, aufgrund der geringeren Datenmenge eine positive Wirkung[1179]. Solange die Daten für die Weiterentwicklung nicht in das Backend des Fahrzeugherstellers übermittelt werden, erfolgt die Datenverarbeitung lokal, was ebenfalls als datenschutzfreundliche Architektur und im Sinne des Prinzips Datenschutz durch Technikgestaltung eingeordnet wird[1180]. Diese und weitere Maßnahmen in Bezug auf die Umfelderfassung wurden bereits in 6.6.2.1 (Erforderlichkeit) und 6.6.5 (Zusätzliche Schutzmaßnahmen bei der Interessenabwägung) ausgeführt. Weitere Maßnahmen im Rahmen der Technikgestaltung können ferner in der Umsetzung der Transparenzpflichten[1181] und der dadurch bedingten Wahrnehmung von Rechten der betroffenen Personen [1182] liegen, die ebenfalls bereits in Kapitel 7 (Informationspflichten bei der Umfelderfassung) und 8 (Einhalten von Rechten der betroffenen Personen) erläutert wurden.

Datenschutz durch Technikgestaltung verlangt, dass die datenschutzrechtlichen Prinzipien vorausschauend bereits in der frühen Planungsphase eingebracht werden[1183]. Risiken können bereits früh erkannt und mit geeigneten

---

1177 *Europäischer Datenschutzausschuss*, Guidelines 4/2019 on Article 25 Data Protection by Design and by Default, Rn. 9.

1178 Vgl. auch *von Bodungen* in: Specht/Mantz, Handbuch Europäisches und deutsches Datenschutzrecht, § 16 Rn. 43; *Weichert*, SVR 2014, 201 (205 f.).

1179 Vgl. auch *Bretthauer*, Intelligente Videoüberwachung, S. 144 f. für die intelligente Videoüberwachung.

1180 *Roßnagel/Hornung* in: Roßnagel/Hornung, Grundrechtsschutz im Smart Car, S. 474; *Rose*, ZD 2017, 64 (67); *von Bodungen* in: Specht/Mantz, Handbuch Europäisches und deutsches Datenschutzrecht, § 16 Rn. 42.

1181 *Europäischer Datenschutzausschuss*, Leitlinien 3/2019 zur Verarbeitung personenbezogener Daten durch Videogeräte, Rn. 131; *Europäischer Datenschutzausschuss*, Guidelines 4/2019 on Article 25 Data Protection by Design and by Default, Rn. 65 f.

1182 *Europäischer Datenschutzausschuss*, Guidelines 4/2019 on Article 25 Data Protection by Design and by Default, Rn. 65 f.

1183 *Von Bodungen* in: Specht/Mantz, Handbuch Europäisches und deutsches Datenschutzrecht, § 16 Rn. 42; *European Union Agency for Cybersecurity*, Cyber Security and Resilience of smart cars, S. 52; *Baumgartner/Gausling*, ZD 2017, 308 (309);

technischen und organisatorischen Maßnahmen gelöst werden, sodass nicht zu einem späteren Zeitpunkt zeit- oder kostenaufwändige Korrekturen notwendig sind[1184]. Die Grundsätze des Datenschutzes sollen daher über den gesamten Lebenszyklus der Technik eingebettet sein[1185]. Da sich hochautomatisierte Fahrsysteme derzeit in der Entwicklung befinden, ist es daher ein sinnvoller Zeitpunkt, Datenschutzkonzepte im hochautomatisierten Fahrsystem zu verankern.

Obwohl Datenschutz durch Technikgestaltung seit der DSGVO ein wichtiges Mittel zur Durchsetzung des Datenschutzes bzw. der Datenschutzgrundsätze ist[1186], muss dies nicht bedingungslos erfolgen. Denn die Maßnahmen sollen gemäß Art. 25 Abs. 1 DSGVO unter Berücksichtigung des Stands der Technik, der Implementierungskosten und der Art, des Umfangs, der Umstände und der Zwecke der Verarbeitung sowie der unterschiedlichen Eintrittswahrscheinlichkeit und Schwere der mit der Verarbeitung verbundenen Risiken für die Rechte und Freiheiten natürlicher Personen getroffen werden.

Sofern also noch weitere Maßnahmen implementiert werden sollen, die nicht bereits im Rahmen der Rechtmäßigkeit, Transparenzpflichten sowie Rechte der betroffenen Personen implementiert werden müssen, muss dies immer unter Berücksichtigung vorgenannter Faktoren erfolgen.

Ein wichtiger Faktor in der Wirtschaft werden hierbei die Kosten der Implementierung sein. Darunter fallen neben pekuniären Faktoren auch Zeit- und Personalressourcen[1187]. Ist eine technische oder organisatorische Maßnahme mit sehr hohen Kosten verbunden, kann sich der Verantwortliche auch gegen diese Maßnahme entscheiden, wenn sie beispielsweise ein geringes Risiko für die betroffenen Personen bergen oder den Zweck nicht erfüllen würde.

Eine weitere abzuwägende Einschränkung ist die Klausel „Stand der Technik". Dadurch soll sichergestellt werden, dass die in der Praxis beste verfügbare Technik zum Einsatz kommt, deren Erfolg gesichert ist und ange-

---

Europäischer Datenschutzausschuss, Guidelines 4/2019 on Article 25 Data Protection by Design and by Default, Rn. 96; *Hartung* in: Kühling/Buchner, DS-GVO/BDSG, Art. 25 DS-GVO Rn. 11 m. w. N.

1184 *Baumgartner/Gausling*, ZD 2017, 308 (309); *Nolte/Werkmeister* in: Gola, DS-GVO, Art. 25 Rn. 2.

1185 Vgl. *Artikel-29-Datenschutzgruppe*, Stellungnahme 01/2015 zum Thema Schutz der Privatsphäre im Zusammenhang mit der Nutzung von Drohnen (WP 231), S. 16.

1186 *Baumgartner/Gausling*, ZD 2017, 308 (309 f.).

1187 *Europäischer Datenschutzausschuss*, Guidelines 4/2019 on Article 25 Data Protection by Design and by Default, Rn. 23.

messen umgesetzt werden kann[1188]. Der Begriff des Stands der Technik wird in der DSGVO nicht definiert. Im Allgemeinen knüpft der Begriff an die anerkannten Regeln der Technik an[1189]. Diese müssen auch aktuelle technische Fortschritte berücksichtigen und regelmäßig aktualisiert werden[1190]. Da das hochautomatisierte Fahren technikgetrieben ist und schließlich auch die Maßnahmen für die Umsetzung der Datenschutzgrundsätze primär auf technischen Lösungen beruhen werden, müssen Verantwortliche regelmäßig ihre Maßnahmen überprüfen[1191].

Technische Maßnahmen für die Umfelderfassung sind vielfältig. Das Verhindern von Manipulationen der Sensordaten bzw. die Verfügbarkeit der Sensoren, die durch redundante Sensoren[1192] bzw. die hochgenaue digitale Karte sichergestellt werden können, oder ein Rechte- und Rollenkonzept, das unerlaubte Zugriffe verhindert[1193], sind nur eine Auswahl möglicher Maßnahmen. Wie auch bereits bei den allgemeinen Maßnahmen zur Datensicherheit[1194] müssen technische Maßnahmen aber für das gesamte Fahrzeug betrachtet werden, sodass eine Einzelbetrachtung für die hochautomatisierte Fahrkomponente wenig Erkenntnis brächte.

9.3 Genehmigte Verhaltensregeln und Zertifizierung

9.3.1 Genehmigte Verhaltensregeln

Gemäß Art. 24 Abs. 3 i. V. m. Art. 40 DSGVO ist es möglich, die datenschutzrechtlich konforme Datenverarbeitung mittels genehmigter Verhaltensregeln

---

1188 *Der Bundesbeauftragte für den Datenschutz und die Informationsfreiheit*, 27. Tätigkeitsbericht zum Datenschutz 2017 – 2018, S. 73.

1189 *Hansen* in: Simitis/Hornung/Döhmann, Datenschutzrecht, Art. 32 DSGVO Rn. 22.

1190 *Europäischer Datenschutzausschuss*, Guidelines 4/2019 on Article 25 Data Protection by Design and by Default, Rn. 19; vgl. *Hansen* in: Simitis/Hornung/Döhmann, Datenschutzrecht, Art. 25 DSGVO Rn. 34 f.

1191 *Datenschutzkonferenz*, Orientierungshilfe Videoüberwachung durch nicht-öffentliche Stellen, S. 24.

1192 Allgemein *Hansen* in: Roßnagel/Hornung, Grundrechtsschutz im Smart Car, S. 286.

1193 *Verband der Automobilindustrie*, Position: Zugang zum Fahrzeug und zu im Fahrzeug generierten Daten (Stand 2016), S. 6, https://www.vda.de/dam/vda/Medien/ DE/Themen/Innovation-und-Technik/Vernetzung/Position/VDA-Position-Zugangzum-Fahrzeug-und-zu-im-Fahrzeug-generierten-Daten/VDA%20Position%20 Zugang%20zum%20Fahrzeug%20und%20zu%20im%20Fahrzeug%20generierten%20Daten.pdf (09.06.21); *Schulz*, NZV 2017, 548 (552); vgl. auch *Artikel-29-Datenschutzgruppe*, Stellungnahme 4/2004 zur Verarbeitung personenbezogener Daten durch Videoüberwachung (WP 89), S. 23 zur Videoüberwachung; *Roßnagel*, NZV 2006, 281 (287).

1194 Siehe dazu in 9.1.

zu gestalten, umzusetzen und nachzuweisen[1195]. Gleichzeitig können sie gemäß Art. 32 Abs. 3 DSGVO als Nachweis für die Erfüllung der Anforderungen aus Art. 32 DSGVO dienen.

Bei den Verhaltensregeln handelt es sich um freiwillige Maßnahmen. Allerdings geben sie keine Gewährleistung für die Einhaltung der DSGVO und können demnach keine Immunität vor möglichen Sanktionen geben[1196]. Sie dienen dazu, Verantwortlichen bei der Formulierung und Vereinbarung von bewährten Verfahren für ihren jeweiligen Sektor zu einer gewissen Unabhängigkeit und Regulierung zu verhelfen[1197]. Verhaltensregeln können also die Regelungstiefe der gesetzlichen Vorgaben verstärken und den Besonderheiten der jeweiligen Branche Rechnung tragen[1198].

Auf deutscher[1199] und europäischer Ebene[1200] wurden bereits Datenschutzprinzipien für vernetzte Fahrzeuge veröffentlicht, die eine Art (unverbindlichen) Verhaltenskodex vorgeben. Allerdings liegt der Fokus dieser Datenschutzprinzipien, wie der Titel der Prinzipien bereits offenbart, auf vernetzten Fahrzeugen. Dies spiegelt sich auch in den Ausführungen der Prinzipien wider, die sich auf das vernetzte Fahrzeug und dessen Technologie beziehen. Ebenso liegt die Datenverarbeitung von Fahrerdaten im Fokus der Prinzipien.

In den Vereinigten Staaten wurden bereits die sogenannten „Consumer Privacy Protection Principles" realisiert: Dadurch verpflichten sich Automobilhersteller auf 7 Grundprinzipien, nämlich (1) „Transparency", (2) „Choice", (3) „Respect for Context", (4) „Data Minimization, De-Identification and Retention", (5) „Data Security", (6) „Integrity and Access" und (7) „Accountability".[1201] Hintergrund dieser Selbstregulierung ist das Be-

---

1195 *Europäischer Datenschutzausschuss*, Leitlinien 1/2019 über Verhaltensregeln und Überwachungsstellen gemäß der Verordnung (EU) 2016/679, Rn. 7, 10.

1196 *Europäischer Datenschutzausschuss*, Leitlinien 1/2019 über Verhaltensregeln und Überwachungsstellen gemäß der Verordnung (EU) 2016/679, Rn. 10.

1197 *Europäischer Datenschutzausschuss*, Leitlinien 1/2019 über Verhaltensregeln und Überwachungsstellen gemäß der Verordnung (EU) 2016/679, Rn. 14.

1198 *Roßnagel* in: Simitis/Hornung/Döhmann, Datenschutzrecht, Art. 40 DSGVO Rn. 21.

1199 *Verband der Automobilindustrie*, Datenschutz-Prinzipien für vernetzte Fahrzeuge, https://www.vda.de/de/themen/digitalisierung/daten/datenschutz (16.08.23).

1200 *European Automobile Manufacturers' Association*, ACEA Principles of Data Protection in relation to Connected Vehicles and Services, https://www.acea.be/uploads/publications/ACEA_Principles_of_Data_Protection.pdf (16.08.23).

1201 *Alliance of Automobile Manfacturers, Inc./Association of Global Automakers, Inc.*, Consumer Privacy Protection Principles, S. 2 ff., https://www.autosinnovate.org/innovation/Automotive%20Privacy/Consumer_Privacy_Principlesfor_VehicleTechnologies_Services-03-21-19.pdf (16.08.23).

streben, moderne Fahrzeugtechnologien unter Berücksichtigung der Privatsphäre der Kunden anbieten zu können[1202].

Obwohl die „Consumer Privacy Protection Principles" mehr Nähe zu den Datenschutzprinzipien des Art. 5 DSGVO haben, ist aber auch bei ihnen festzustellen, dass sie sich auf die Datenverarbeitung rund um das Fahrzeug und den Fahrer beziehen[1203]. Denn unter „Identifiable Information" fallen demnach Informationen, die mit einem Fahrzeug, dem Fahrzughalter oder dem für die Services registrierten Nutzer in Verbindung gebracht werden[1204]. Daten des Umfelds werden an dieser Stelle nicht berücksichtigt.

Überlegungen für eine Übernahme dieser Prinzipien auf automatisierte Fahrkomponenten sind an dieser Stelle mithin obsolet. Dennoch, und das gilt auch für die Datenschutzprinzipien des VDA und ACEA, zeigen die Prinzipien, dass bereits Grundgedanken bestehen, die als Beispiel für Verhaltensregeln im Automobilbereich für weiterführende Überlegungen der Selbstregulierung beim automatisierten und vernetzten Fahrzeug dienen können.

9.3.2 Zertifizierungen

Neben Verhaltensregeln sind auch Zertifizierungen nach Art. 24 Abs. 3 i. V. m. Art. 42 DSGVO ein valides Instrument, um nachzuweisen, dass der Verantwortliche die Vorgaben der DSGVO einhält[1205]. Hierunter fallen gemäß Art. 42 Abs. 1 DSGVO Zertifizierungsverfahren, Datenschutzsiegel und -prüfzeichen. Sie sind gleichzeitig auch Möglichkeiten, um Anforderungen für Datenschutzmaßnahmen durch Technikgestaltung nachzuweisen (Art. 25 Abs. 3 DSGVO), sind aber, wie auch die Verhaltensregeln, ein freiwilliges

---

1202 *Alliance of Automobile Manfacturers, Inc./Association of Global Automakers, Inc.*, Consumer Privacy Protection Principles, S. 1, https://www.autosinnovate.org/innovation/Automotive%20Privacy/Consumer_Privacy_Principlesfor_VehicleTechnologies_Services-03-21-19.pdf (16.08.23).

1203 Siehe unter *Alliance of Automobile Manfacturers, Inc./Association of Global Automakers, Inc.*, Consumer Privacy Protection Principles, „Covered Information", S. 4 und „Identifiable Information", S. 5 , https://www.autosinnovate.org/innovation/Automotive%20Privacy/Consumer_Privacy_Principlesfor_VehicleTechnologies_Services-03-21-19.pdf (16.08.23).

1204 Siehe unter *Alliance of Automobile Manfacturers, Inc./Association of Global Automakers, Inc.*, Consumer Privacy Protection Principles, „Identifiable Information", S. 5, https://www.autosinnovate.org/innovation/Automotive%20Privacy/Consumer_Privacy_Principlesfor_VehicleTechnologies_Services-03-21-19.pdf (16.08.23).

1205 *Europäischer Datenschutzausschuss*, Leitlinien 1/2018 für die Zertifizierung und Ermittlung von Zertifizierungskriterien nach den Artikeln 42 und 43 der Verordnung (EU) 2016/679, Rn. 12; *Lepperhoff* in: Gola, DS-GVO, Art. 42 Rn. 4; *Scholz* in: Simitis/Hornung/Döhmann, Datenschutzrecht, Art. 42 DSGVO Rn. 1.

Instrument (Art. 42 Abs. 3 DSGVO). Hierbei können zuständige Aufsichtsbehörden oder akkreditierte Zertifizierungsstellen gemäß Art. 43 DSGVO
zertifizieren, dass der Verantwortliche die Vorgaben der DSGVO einhält[1206].
Die Voraussetzungen zur Zertifizierung sind in der DSGVO sehr abstrakt
gehalten, weshalb es für die Umsetzung notwendig ist, zuvor spezifische
Kriterien für die Zertifizierung zu erstellen und diese von der zuständigen
Aufsichtsbehörde genehmigen zu lassen[1207]. Bisher fehlt es allerdings an
einer effektiven Struktur zur Durchführung von Zertifizierungen gemäß
Art. 42 und 43 DSGVO[1208].

Zertifizierungen sollen gemäß Art. 57 Abs. 1 lit. o DSGVO regelmäßig über-
prüft werden und können ferner gemäß Art. 58 Abs. 2 lit. h DSGVO wider-
rufen werden[1209]. Ferner wird die Zertifizierung für 3 Jahre erteilt und muss
danach verlängert werden (Art. 42 Abs. 7 DSGVO).

9.3.3 Bedeutung für die Umfelderfassung

Mit den Verhaltensregeln und Zertifizierungen bietet die DSGVO Maßnahmen zur Selbstregulierung an, die beide aber freiwillig sind. Sie bieten damit
keine Rechtsgrundlagen für die Verarbeitung personenbezogener Daten.[1210]

Verhaltensregeln und Zertifizierungen können beide eine berücksichtigende
Wirkung bei der Einhaltung der Pflichten aus Art. 24 Abs. 3 DSGVO haben,
sodass beide Möglichkeiten normative Anreize für eine Selbstregulierung
schaffen. Die Zertifizierungen dienen sogar ferner als Nachweis für Datenschutz durch Technikgestaltung und für die Vorgaben zur Sicherheit der Verarbeitung.

In der Gesamtheit können Verhaltensregeln und Zertifizierungen dazu dienen, Vertrauen zu den betroffenen Personen zu gewinnen[1211]. Insbesondere
die am Ende erteilten Datenschutzsiegel oder -prüfzeichen, können auf den

---

1206 *Bergt/Pesch* in: Kühling/Buchner, DS-GVO/BDSG, Art. 42 DS-GVO Rn. 1.

1207 *Roßnagel*, DuD 2019, 467 (470).

1208 *Roßnagel/Hornung* in: Roßnagel/Hornung, Grundrechtsschutz im Smart Car, S. 476.

1209 Ausführlicher *Lepperhoff* in: Gola, DS-GVO, Art. 42 Rn. 5 und *Bergt/Pesch* in: Küh-
ling/Buchner, DS-GVO/BDSG, Art. 42 DS-GVO Rn. 22 ff.; *Scholz* in: Simitis/Hor-
nung/Döhmann, Datenschutzrecht, Art. 42 DSGVO Rn. 43 f.

1210 So *Jungkind* in: Wolff/Brink, BeckOK Datenschutzrecht, 35. Edition, Art. 40 DS-
GVO Rn. 4 für Verhaltensregeln; vgl. auch *Eckhard* in: Wolff/Brink, BeckOK Datenschutzrecht, 35. Edition, Art. 42 DS-GVO Rn. 9 für Zertifizierungen.

1211 *Europäischer Datenschutzausschuss*, Leitlinien 1/2019 über Verhaltensregeln und
Überwachungsstellen gemäß der Verordnung (EU) 2016/679, Rn. 16; *Scholz* in: Si-
mitis/Hornung/Döhmann, Datenschutzrecht, Art. 42 DSGVO Rn. 6.

erfolgreichen Abschluss der Zertifizierung aufmerksam machen[1212]. Daran können betroffene Personen sofort erkennen, dass der jeweilige Verantwortliche auch tatsächlich die Anstrengungen der Zertifizierung unternommen hat. Dies kann werbliche Anreize bieten oder ein Wettbewerbsvorteil für Verantwortliche sein[1213].

Die beiden Selbstregulierungsmöglichkeiten dürfen aber nicht gleichgesetzt werden. Ein wichtiger Unterschied zwischen Verhaltensregeln und Zertifizierungen sind die Regelungszwecke: Verhaltensregeln sollen primär der Präzisierung der unbestimmten Generalklauseln und Begriffen der DSGVO dienen[1214]. Sie sollen dabei zum Beispiel den Umgang von Datenverarbeitungen bestimmter Branchen erleichtern bzw. konkretisieren[1215]. Zertifizierungen bezwecken den Nachweis, dass die zertifizierte Datenverarbeitung auch tatsächlich die Vorgaben der DSGVO einhält[1216]. Sie geben zwar mehr Rechtssicherheit für den Nachweis zur Einhaltung der DSGVO, sind aber auch zeit- und kostenintensiver[1217].

Zertifizierungen beziehen sich nur auf bestimmte Verarbeitungsvorgänge, wohingegen genehmigte Verhaltensregeln nicht auf bestimmte Verarbeitungsvorgänge beschränkt sind[1218]. Verhaltensregeln könnten somit ein umfangreicheres Themenfeld abdecken, zum Beispiel den Datenschutz im automatisierten und vernetzten Fahrzeug, in dem die unbestimmten Rechtsbegriffe der DSGVO für diesen Themenbereich „mit Leben" gefüllt werden. Bei Zertifizierungen könnte die Zertifizierung aufgrund der Quantität der Anforderungen langwierig werden. Allerdings könnte überlegt werden, einzelne Themenbereiche mit hoher Komplexität und einem hohen Datenschutzrisiko für die Rechte und Freiheiten der betroffenen Personen zertifizieren zu lassen.

1212 *Europäischer Datenschutzausschuss*, Leitlinien 1/2018 für die Zertifizierung und Ermittlung von Zertifizierungskriterien nach den Artikeln 42 und 43 der Verordnung (EU) 2016/679, Rn. 18.

1213 *Bergt/Pesch* in: Kühling/Buchner, DS-GVO/BDSG, Art. 42 DS-GVO Rn. 1, 4; *Scholz* in: Simitis/Hornung/Döhmann, Datenschutzrecht, Art. 42 DSGVO Rn. 4, 6; *Kinast* in: Taeger/Gabel, DSGVO – BDSG, Art. 42 DS-GVO Rn. 8 f.

1214 *Bergt/Pesch* in: Kühling/Buchner, DS-GVO/BDSG, Art. 42 DS-GVO Rn. 1; *Jungkind* in: Wolff/Brink, BeckOK Datenschutzrecht, 35. Edition, Art. 40 DS-GVO Rn. 3.

1215 *Jungkind* in: Wolff/Brink, BeckOK Datenschutzrecht, 35. Edition, Art. 40 DS-GVO Rn. 6; *Roßnagel* in: Simitis/Hornung/Döhmann, Datenschutzrecht, Art. 40 DSGVO Rn. 21.

1216 *Bergt/Pesch* in: Kühling/Buchner, DS-GVO/BDSG, Art. 42 DS-GVO Rn. 1; *Jungkind* in: Wolff/Brink, BeckOK Datenschutzrecht, 35. Edition, Art. 40 DS-GVO Rn. 6.

1217 *Jungkind* in: Wolff/Brink, BeckOK Datenschutzrecht, 35. Edition, Art. 40 DS-GVO Rn. 6.

1218 *Schweinoch* in: Ehmann/Selmayr, Datenschutz-Grundverordnung, Art. 40 Rn. 19.

Anders als Zertifizierungen, ist die Gültigkeitsdauer der Verhaltensregeln nicht geregelt, soll sich aber auf die Dauer ihrer Vereinbarkeit mit der DSGVO beschränken[1219]. Ebenfalls ist kein Widerruf der genehmigten Verhaltensregeln in Art. 40 DSGVO geregelt[1220]. Allerdings muss hinsichtlich des Zeitaufwandes ebenso berücksichtigt werden, dass die Gestaltung für Verhaltensregeln für eine Branche ebenfalls einen hohen Zeit- und Kostenaufwand verursachen kann.

Die Ausführungen dieser Arbeit zeigen, dass bei der Datenverarbeitung der Umfelderfassung noch einige Fragen ungeklärt sind. Grundsätzlich können Verhaltensregeln oder Zertifizierungen dazu beitragen, praxisorientierte und branchenspezifische Datenschutzstands bei diesen offenen Themen zu schaffen. Es ist auch möglich, beide Instrumente nebeneinander anzuwenden[1221]. Beide Möglichkeiten haben, je nachdem, was letztlich erreicht werden soll, Vor- und Nachteile.

Bei der Umfelderfassung wäre zum Beispiel die Merkmalsextraktion ein möglicher Datenverarbeitungsprozess, der mittels der beiden Instrumente reguliert werden könnte. Schließlich ist er ein Schlüsselfaktor für eine datensparsame Datenverarbeitung. Vor allem bei einem Zertifikat bestünde dann der Vorteil, dass eine unabhängige Stelle diesen wichtigen Schritt geprüft hat. Für betroffene Personen entsteht dadurch mehr Transparenz und Sicherheit, weil dadurch auch dargelegt werden kann, dass tatsächlich datensparsam gehandelt wird und beispielsweise temporäre Daten innerhalb einer kurzen Zeitspanne oder nach dem Fahrmanöver gelöscht werden.

9.4 Fazit

Eine durch die DSGVO erstmals eingebrachte Verpflichtung des Verantwortlichen besteht nach Art. 25 DSGVO im Prinzip „Datenschutz durch Technikgestaltung". Verantwortliche sind danach verpflichtet, geeignete technische und organisatorische Maßnahmen zu implementieren, die die Datenschutzgrundsätze umsetzen. Jegliche Maßnahme, deren Umsetzung (technisch) möglich erscheint, verpflichtet den Verantwortlichen aber nicht per se zur Umsetzung. Denn die Maßnahmen müssen den Stand der Technik, die Implementierungskosten und die Art, den Umfang, die Umstände und die Zwecke der Verarbeitung sowie die mit der Verarbeitung verbundenen Risiken für die Rechte und Freiheiten der betroffenen Personen berücksichtigen und damit abgewogen werden.

1219 *Kinast* in: Taeger/Gabel, DSGVO – BDSG, Art. 40 DSGVO Rn. 56.
1220 *Kinast* in: Taeger/Gabel, DSGVO – BDSG, Art. 40 DSGVO Rn. 56.
1221 *Jungkind* in: Wolff/Brink, BeckOK Datenschutzrecht, 35. Edition, Art. 40 DS-GVO Rn. 6.

Bei der Umfelderfassung ist vor allem für die Merkmalsextraktion bereits eine systemimmanente Datenminimierung beim Verarbeitungsprozess implementiert. Wie bereits in 6.6.5 können weitere Schutzmaßnahmen ergriffen werden, die die Rechte und Freiheiten der betroffenen Personen wahren. Dasselbe gilt für die datenschutzfreundliche Ausgestaltung der Informationspflichten (Kapitel 7) sowie für die Rechte der betroffenen Personen (Kapitel 8).

Sofern Maßnahmen für den Datenschutz durch Technikgestaltung bedacht und eingebunden werden, können dadurch betroffene Personen einen Grundschutz erhalten[1222].

Eine weitere Gestaltungsmöglichkeit im Rahmen des Datenschutzmanagements besteht in der Durchführung einer Datenschutz-Folgenabschätzung, die ein Mittel sein kann, um Risiken zu identifizieren und abschätzen zu können sowie das Prinzip der Rechenschaftspflicht nach Art. 5 Abs. 2 DSGVO einzuhalten. Ebenso ist die Bestellung eines Datenschutzbeauftragten und die Erstellung und Pflege eines Verfahrensverzeichnisses für die Umfelderfassung (und die zahlreichen weiteren Datenverarbeitungsprozesse in einem modernen Fahrzeug) verpflichtend.

Die Instrumente der genehmigten Verhaltensregeln und Zertifizierungen zeigen eine weitere Gestaltungsmöglichkeit auf, wie Verantwortliche einen Nachweis zur Einhaltung der DSGVO erbringen können. Dies ersetzt nicht die materiellrechtliche Prüfung, kann aber durch branchenspezifische Auslegung mehr Rechtssicherheit bei unbestimmten Rechtsbegriffen bringen. In der Konsequenz kann durch ein einheitlicheres Regelwerk mehr Vertrauen und Transparenz für betroffene Personen geschaffen werden. Ob dafür Verhaltensregeln oder eine Zertifizierung für die Datenverarbeitungsprozesse geeignet ist, bemisst sich nach der angestrebten Intention des Verantwortlichen.

Erste Überlegungen einer freiwilligen Selbstregulierung zeigen die Prinzipien für vernetzte Fahrzeuge sowie die „Consumer Privacy Protection Principles", die sich aber beide auf vernetzte Fahrzeuge und deren Dienste beziehen und daher nicht die automatisierten Fahrzeugkomponenten adressieren. Sie zeigen allerdings auf, dass bereits vor dem Inkrafttreten der DSGVO Bestrebungen für Leitlinien im Fahrzeugkontext bestanden. Ebenso können sie als Grundlage für vernetzte und ebenso automatisierte Fahrzeuge genutzt werden und erweitert bzw. konkretisiert werden.

1222 Vgl. auch *v. Schönfeld*, DAR 2015, 617 (621).

10 Wesentliche Ergebnisse und Handlungsvorschläge

Ziel dieser Arbeit war es, zu untersuchen, ob das hochautomatisierte Fahren mit dem derzeit bestehenden datenschutzrechtlichen Regelungsgefüge vereinbar ist und welche zusätzlichen Maßnahmen zusätzlich getroffen werden können, um dieses Ziel zu erreichen. Basierend auf der Untersuchung lassen sich die folgenden Feststellungen und Handlungsvorschläge festhalten:

10.1 Technische Grundlagen mit Auswirkung auf den Datenschutz

Feststellung 1: Die Automatisierung ist aus datenschutzrechtlicher Sicht von der Vernetzung abzugrenzen.

Die Zukunft der Fahrzeugautomatisierung ist in vollem Gange. Bis zum fahrerlosen, „autonomen" Fahrzeug sind allerdings noch einige Schritte zu bewältigen, weswegen sich die Automatisierung und ihre Datenverarbeitung schrittweise entwickeln wird. Wenn von einem hochautomatisierten Fahrzeug die Rede ist, darf dieses nicht mit einem vernetzten Fahrzeug gleichgesetzt werden. In 2.2 wurde aufgezeigt, dass beide Technologien unterschiedliche Funktionsweisen haben und dabei auch andere (personenbezogene) Daten für unterschiedliche Zwecke genutzt werden. Zwar wird das Fahrzeug der Zukunft beide Technologien vereinen, aus datenschutzrechtlicher Sicht müssen sie allerdings separat betrachtet werden.

Feststellung 2: Mit einer steigenden Automatisierungsstufe werden auch zunehmend (personenbezogene) Daten verarbeitet.

Bereits heute werden Assistenzsysteme oder teilautomatisierte Systeme eingesetzt, die Daten aus dem Umfeld verarbeiten. In dieser Arbeit wird die 3. Automatisierungsstufe, die Hochautomatisierung, näher betrachtet. Sie zeichnet sich dadurch aus, dass das System die Längs- und Querführung in einem spezifischen Anwendungsfall übernimmt. Der Fahrer muss das System zwar nicht dauerhaft überwachen, er muss aber in der Lage sein, innerhalb einer ausreichenden Zeitreserve die Steuerung wieder zu übernehmen. Betrachtet man die Stufen der Automatisierung, kann man auch erkennen, dass die Quantität der benötigten Daten, die für ein automatisiertes Fahrmanöver erhoben und verarbeitet werden müssen, mit steigender Automatisierung zunimmt. Daher ist es umso wichtiger, bereits heute datenminimierende Fahrzeugsysteme zu entwickeln.

Feststellung 3: Die technischen Grundzüge fließen als interdisziplinärer Baustein in die datenschutzrechtliche Betrachtung ein.

In dieser Arbeit wurde ein Schwerpunkt auf die Darstellung der technischen Vorgänge gelegt, die für eine datenschutzrechtliche Betrachtung bisher noch nicht entsprechend aufgearbeitet wurden. Dabei sind die technischen Grundzüge der Umfelderfassung essentiell, um zu verstehen, wie die Umfeldsensoren (personenbezogene) Daten verarbeiten. Dies erfolgt durch unterschiedliche Sensorarten, wobei der Kamerasensor aufgrund seiner Verbreitung, niedrigen Materialkosten und zuverlässigen Klassifizierungsmöglichkeit die wichtigste Rolle bei der Umfeldsensorik einnimmt. Die einzelnen Umfeldsensoren besitzen ihre individuellen Stärken und Schwächen, weshalb auch untersucht wurde, was die Umfeldsensoren, insbesondere der Kamerasensor, leisten können, um dies entsprechend in der datenschutzrechtlichen Würdigung zu berücksichtigen.

Bei der Umfelderfassung ist der Kamerasensor maßgebliche Informationsquelle. Er ist, trotz des Einsatzes anderer Umfeldsensoren, unersetzlich, weil er als einziger Sensor Objekte klassifizieren kann. Somit ist die Umfelderfassung nach jetzigem Stand der Technik ohne Kamerasensor nicht möglich. Da der Kamerasensor detaillierte Daten erhebt und verarbeitet, muss deren Personenbezug in der gesamten Verarbeitungskette der Umfelderfassung untersucht werden.

Wichtige technische Grundlagen umfassen beim Vorgang der Umfelderfassung (1) die Analyse der Umfeldobjekte, (2) die Merkmalsextraktion und (3) die Fusion mit dem Datenmaterial weiterer Umfeldsensoren, wie beispielsweise Lidar-, Radar- oder Ortungssensoren. In diesem Prozess werden die Daten lokal im Fahrzeug verarbeitet und voraussichtlich nach einer kurzen Zeit gelöscht, wenn sie nicht für die Weiterentwicklung gespeichert werden (siehe dazu nächste Feststellung).

Feststellung 4: Das hochautomatisierte Fahrsystem muss weiterentwickelt werden, wofür ebenfalls Daten benötigt werden.

Diese Arbeit hat nicht nur die Echtzeitverarbeitung der Umfelderfassung zum Gegenstand. Denn kein hochautomatisiertes Fahrsystem kann alle Szenarien beherrschen, sodass Datenmaterial im Rahmen der sicherheitsrelevanten Weiterentwicklung regelmäßig ausgewertet werden muss. Darunter fallen beispielsweise Szenarien, in denen das Fahrzeug die Steuerung übergeben muss, weil es die Fahraufgabe nicht alleine bewältigen konnte. Diese Daten werden ebenfalls durch die Umfeldsensorik erfasst und an den Automobilhersteller übermittelt.

10.2 Anwendungsbereich für und Personenbezug bei Umfelddaten

Feststellung 5: Auch Zwischenspeicherungen fallen in den Anwendungsbereich der DSGVO.

Eine Voraussetzung für den sachlichen Anwendungsbereich der DSGVO ist das Vorliegen einer automatisierten Verarbeitung. Dazu wurde zunächst die These untersucht, ob Zwischenspeicherungen, wie die Echtzeitverarbeitung der Umfelderfassung, in den Anwendungsbereich der DSGVO fallen. Dies kann mit dem Ergebnis beantwortet werden, dass es sich bei der Zwischenspeicherung, und damit auch bei der Echtzeitverarbeitung der Umfelderfassung, um eine Verarbeitung im Sinne des Art. 4 Nr. 2 DSGVO handelt. Bei der Weiterentwicklung werden Daten langfristig gespeichert, was nach dem Beispielkatalog in Art. 4 Nr. 2 DSGVO zweifellos als Verarbeitung zu klassifizieren ist.

Feststellung 6: Bisher fehlen eindeutige Kriterien zur Bestimmung der Identifizierbarkeit in der DSGVO.

Die Unbestimmtheit des Begriffs der Identifizierbarkeit spiegelt sich auch bei der Identifizierbarkeit von Umfelddaten wider, was grundsätzlich weite Interpretationsmöglichkeiten zulässt. Diese Rechtsunsicherheit wird bei komplexen Verarbeitungen wie der Umfelderfassung verstärkt, wenn unbekannte und nicht erklärbare Parameter (z. B. Algorithmen) eingesetzt werden. Dies führt dazu, dass jedes Fahrsystem einer eigenen datenschutzrechtlichen Betrachtung bedarf.

Feststellung 7: Die Identifizierbarkeit ist bei der Echtzeitverarbeitung durch den Verantwortlichen nicht ausgeschlossen.

Die Frage nach dem Personenbezug bedarf einer individuellen Prüfung des Merkmals der Identifizierbarkeit. Für eine solche Einzelfallprüfung muss zuvorderst eruiert werden, welche Datenkategorien durch die Umfelderfassung erhoben werden. Primär handelt es sich hierbei um Personenabbildungen und KFZ-Kennzeichen, wobei Letztere gemäß § 45 Satz 2 StVG ausdrücklich als identifizierbar eingestuft werden.

Ferner muss geklärt werden, wer Mittel für eine mögliche Identifizierung nach Art. 4 Nr. 1 i. V. m. Erwägungsgrund 26 DSGVO besitzt. Hierzu bedarf es einer Analyse des kontextualen Umstands. Obwohl in der juristischen Literatur vertreten wird, dass flüchtige Daten (in einem Fahrzeug) nicht identifizierbar seien, wurde in dieser Arbeit herausgearbeitet, dass die flüchtige Speicherung nicht das alleinige Kriterium für die Bestimmung der Identifizierbarkeit ist. Vielmehr muss geprüft werden, ob die Möglichkeit eines

Fernzugriffs auf das Fahrzeug besteht oder ob dieser für die hochautomatisierte Fahrzeugkomponente unterbunden werden kann.

Feststellung 8: Die Identifizierbarkeit von Merkmalsdaten kann zu diesem Zeitpunkt nicht ausgeschlossen werden.

Merkmalsdaten sind das Resultat/Ausgabeergebnis bei der Echtzeitverarbeitung und enthalten nur noch einen reduzierten Informationsgehalt des Rohmaterials. Die Identifizierbarkeit von Merkmalsdaten ist abhängig von den verbleibenden Informationen der Merkmale, die unterschiedlich sein können. Da das hochautomatisierte Fahrsystem noch nicht zugelassen ist, bestehen bisher auch noch keine Informationen darüber, welche Algorithmen bei der Umfelderfassung tatsächlich eingesetzt werden und wie das Ausgabeergebnis der Merkmalsextraktion aussehen wird. Daher kann nicht ausgeschlossen werden, dass in den Merkmalen noch für die Identifizierbarkeit relevante Informationen enthalten sind. Bei dieser Betrachtung kann aber auch gleichzeitig festgestellt werden, dass die Identifizierbarkeit mit einem Algorithmus, der die Merkmale ausreichend abstrahiert, und der Löschung des Rohmaterials mit hoher Wahrscheinlichkeit ausgeschlossen werden kann.

Handlungsvorschlag zu Feststellung 7 und 8

Sobald hochautomatisierte Fahrzeuge zugelassen sind, sollte der Automobilhersteller die Datenverarbeitung transparent darstellen, insbesondere hinsichtlich der verarbeiteten Daten bzw. eingesetzten Algorithmen und Zugriffsmöglichkeiten auf das Fahrzeug. Der Automobilhersteller sollte ferner selbst in der Lage sein, zu erklären, wie der eingesetzte Algorithmus arbeitet und welche Daten analysiert und auf der Merkmalsebene weiter verarbeitet werden. So kann auch von den betroffenen Personen festgestellt werden, welche Daten über sie verarbeitet werden.

Feststellung 9: Für die Umfelderfassung ergeben sich keine Anhaltspunkte für die Verarbeitung besonderer Kategorien personenbezogener Daten.

Bei der Umfelderfassung kann ein Vorliegen besonderer personenbezogener Daten nach Art. 9 Abs. 1 DSGVO nicht standardmäßig angenommen werden. Man kann zu einem anderen Ergebnis gelangen, wenn Merkmale i. S. d. Art. 9 Abs. 1 DSGVO extrahiert werden, um bestimmte Personen herauszufiltern oder, wenn die Daten im Nachhinein (z. B. im Rahmen der Weiterentwicklung) hinsichtlich besonderer Kategorien personenbezogener Daten ausgewertet werden. Diese Optionen werden aber ausgeschlossen, weil sich besondere Kategorien personenbezogener Daten bei der Umfelderfassung in der Regel nicht für die oben genannten Auswertungen eignen, da sie entweder nicht bei jeder Person vorhanden oder schlecht erkennbar sind.

Feststellung 10: Neben dem Automobilhersteller haben potentiell weitere Personen Zugriff auf die Daten, deren Mittel für eine Identifizierbarkeit ebenfalls berücksichtigt werden müssen.

Ebenso bestehen für andere Personen Mittel, die eine Identifizierung ermöglichen können. Das umfasst zum Beispiel Akteure, die im Rahmen der Weiterentwicklung, involviert sind, oder Ermittlungsbehörden, denen bei einem Unfall oder Verkehrsdelikt der Zugriff auf die Daten ermöglicht werden muss.

Feststellung 11: Bei der Weiterentwicklung werden personenbezogene Daten langfristig gespeichert und ausgewertet, wodurch die Identifizierbarkeit bejaht werden kann.

Bei der Weiterentwicklung werden Rohdaten an das Backend des Automobilherstellers übermittelt. Somit ist es grundsätzlich möglich, Personen wiederzuerkennen oder eine nachträgliche Auswertung, bspw. von KFZ-Kennzeichen, durchzuführen. Daher kann in diesem Prozessabschnitt der Personenbezug bejaht werden.

10.3 Datenschutzrechtliche Verantwortlichkeit

Feststellung 12: Der Automobilhersteller ist datenschutzrechtlich Verantwortlicher.

Der Automobilhersteller ist der Akteur mit Zugriff auf die Systemkomponenten und bestimmt die (technischen) Vorgaben zur Funktionsweise des hochautomatisierten Fahrsystems. Daher liegen bei ihm die Bestimmungs- und Einflussmöglichkeiten über das hochautomatisierte Fahrsystem, was ihn als datenschutzrechtlich Verantwortlichen klassifizieren kann. Die datenschutzrechtlichen Pflichten beginnen bei der lokalen Sensorerfassung, anderenfalls würde die Erfassung betroffener Personen keiner datenschutzrechtlichen Verantwortung und keinen daraus resultierenden Regeln unterliegen, was zu einer intransparenten und unkontrollierten Datenverarbeitung führen kann.

Feststellung 13: Der Fahrer kann für die Datenverarbeitung mitverantwortlich sein, hat aber einen niedrigeren Grad an Verantwortlichkeit.

Der Fahrer erfüllt nicht die Tatbestände einer eigenständigen Verantwortlichkeit, weil ihm Bestimmungs- und Einflussmöglichkeiten über die Systeme fehlen. Er kann aber mit dem Automobilhersteller gemeinsam verantwortlich sein. Um dies zu prüfen, wurde in dieser Arbeit die einschlägige Rechtsprechung des EuGH untersucht und Parallelen zum hochautomatisierten Fahrsystem festgestellt. Maßgeblich ist hierbei das Urteil des EuGH (Fashion ID), in dem er judizierte, dass bereits die Einbindung eines Plugins auf einer Webseite zu einer gemeinsamen Verantwortlichkeit des Pluginanbieters und des Webseitenbetreibers führt. Ferner wurde festgestellt, dass die Einbindung des Webseitenplugins mit der Aktivierung des hochautomatisierten Fahrsystems verglichen werden kann. In der Konsequenz kann somit die Aktivierung des hochautomatisierten Fahrsystems zur gemeinsamen Verantwortlichkeit führen.

Handlungsvorschlag zu Feststellung 13

Der Verordnungsgeber lässt den Rechtsanwender mit einer abstrakten Definition zur datenschutzrechtlichen Verantwortlichkeit in Art. 4 Nr. 7 DSGVO zurück. In drei Urteilen formuliert der EuGH daher Grundsätze für die gemeinsame Verantwortlichkeit. Anhand der Quantität der Judikatur zu diesem Rechtsthema wird deutlich, dass der Begriff der gemeinsamen Verantwortlichkeit viele unbekannte Fragen aufwarf. Selbst nach den Urteilen sind noch nicht alle Fragen zur gemeinsamen Verantwortlichkeit geklärt, zum Beispiel über den Haftungsumfang bei der Aktivierung von datenverarbeitenden Systemen oder den Umsetzungspflichten der stärkeren Partei in Verhältnissen mit einem Machtgefälle. Dazu sind gesetzliche Klarstellungen sinnvoll.

Sofern einschlägig, sind auch die Automobilhersteller zum Handeln aufgerufen, die Vorgaben zur datenschutzrechtlichen Verantwortlichkeit in einem Vertrag über die gemeinsame Verantwortlichkeit umzusetzen. Der Automobilhersteller muss erstens davon ausgehen, dass der Fahrer nur für einen kurzen Prozessabschnitt mitverantwortlich ist. Zweitens wird der durchschnittliche Fahrer keine Ausbildung im Datenschutz haben. Daher sollte der Automobilhersteller eine faire Vertragskonstellation aufsetzen, die eine sinnvolle Verteilung der Verantwortung widerspiegelt und nutzerfreundlich ist. Letzteres umfasst eine transparente und verständliche Erklärung über die Hintergründe dieser gemeinsamen Vereinbarung. Anzudenken wäre in dieser Konstellation, dass der fachkundige Automobilhersteller die datenschutzrechtlichen Pflichten übernimmt, da er erstens die Fachkunde über die datenschutzrechtlichen Aspekte besitzt und ohnehin derjenige ist, der Zugriff auf die technischen Komponenten und Daten hat.

Feststellung 14: Der Fahrzeughalter erfüllt voraussichtlich nicht die Bedingungen für eine (gemeinsame) Verantwortlichkeit. Ihm könnte aber eine „digitale Zustandsüberprüfung" zur Einhaltung des vorschriftsmäßigen Zustands des Fahrzeugs auferlegt werden.

Für den Halter erscheint eine gemeinsame Verantwortlichkeit im Lichte der bisherigen Rechtsprechung unwahrscheinlich, da er nur den Zugang zu einer datenverarbeitenden Funktion ermöglicht. Allerdings ist bisher ungeklärt, ob der Fahrzeughalter aufgrund seiner Fahrzeughaltereigenschaft nach § 31 Abs. 2 StVZO, der den Fahrzeughalter zur Einhaltung des vorschriftsmäßigen Zustands des Fahrzeugs verpflichtet, auch zur Umsetzung von datenschutzrechtlichen Pflichten verpflichtet werden kann. Bei der Antwort auf diese Frage wurde festgestellt, dass die Einhaltung der datenschutzrechtlichen Pflichten ebenfalls zur Einhaltung des Fahrzeugzustands gehören kann, zum Beispiel das Ermöglichen von Sicherheitsupdates. Dies könnte als eine „digitale Sicherheitsüberprüfung" des Fahrzeugzustands betrachtet werden.

Insgesamt schiene es inkonsequent, ein datenbasiertes Fahrsystem, das personenbezogene Daten verarbeitet, von einer solchen „digitalen Zustandsüberprüfung" auszunehmen, da auf der digitalen Ebene ebenso die Sicherheit des Fahrzeugs gewährleistet werden muss. Insofern wäre der Fahrzeughalter zwar nicht i. S. d. Art. 4 Nr. 7 DSGVO mitverantwortlich, müsste aber die datenschutzrechtliche Absicherung der Datenverarbeitung ermöglichen, um den Pflichten des § 31 Abs. 2 StVZO nachzukommen.

Handlungsvorschlag zu Feststellung 14
Um die Pflichten des Fahrzeughalters zu klären, sollte der deutsche Gesetzgeber festlegen, welche „digitalen Pflichten" den Fahrzeughalter bei hochautomatisierten Fahrzeugen trifft, um einen vorschriftsmäßigen Zustand des Fahrzeugs zu gewährleisten.

10.4 Rechtmäßigkeit der Umfelderfassung

Feststellung 15: Es bedarf einer Interessenabwägung nach Art. 6 Abs. 1 lit. f DSGVO, die auch die technischen Eigenheiten der Umfelderfassung berücksichtigen muss.

Um die Datenverarbeitung rechtmäßig durchzuführen, bedarf es der Erfüllung von einem der Rechtfertigungsgründe in Art. 6 Abs. 1 DSGVO. Für die Umfelderfassung mit Weiterentwicklung kommt lediglich Art. 6 Abs. 1 lit. f DSGVO als Rechtsgrundlage in Betracht. Art. 6 Abs. 1 lit. f DSGVO erfordert drei kumulative Voraussetzungen, nämlich (1) ein berechtigtes Interesse des Verantwortlichen oder eines Dritten, (2) die Erforderlichkeit der Verarbeitung und (3) kein Überwiegen der Interessen oder Grundrechte und Grundfreiheiten der betroffenen Personen.

Als berechtigte Interessen kommen die Verbesserung der Verkehrssicherheit, wirtschaftliche Interessen sowie die Einhaltung von Rechtsvorschriften bzw. Produktbeobachtungspflichten in Betracht. Um diese berechtigten Interessen zu erreichen, müssen zahlreiche Daten verarbeitet werden, deren Verarbeitung in angemessenem Maß auch erforderlich ist. Dabei wurde in dieser Arbeit auch auf die bei der Umfelderfassung individuellen (technischen) Eigenheiten eingegangen. So muss im Rahmen der Erforderlichkeit vor allem die Datenverarbeitung der technischen Komponenten betrachtet werden. Dies gilt insbesondere für die eingesetzten Sensoren und ob ihre Datenverarbeitung in dem weitreichenden Umfang tatsächlich notwendig sind oder ob es Möglichkeit gibt, Daten zu minimieren. Bei dieser Analyse stellt sich heraus, dass die Umfelderfassung durch eine effiziente Kombination von Sensoren ermöglicht werden kann. Das bedeutet, dass zwar mehrere Sensoren eingesetzt werden müssen, aber unter Umständen Daten minimiert werden können, sofern eine ausreichende Umfeldsensorkombination die Umfelderfassung zuverlässig durchführen kann.

Feststellung 16: Den gegenüberstehenden Interessen der betroffenen Personen muss mit weiteren Schutzmaßnahmen entgegengekommen werden.

Den berechtigten Interessen des Verantwortlichen stehen auch Interessen der betroffenen Personen gegenüber, die miteinander abgewogen werden müssen. Bei der Echtzeitverarbeitung können insbesondere aufgrund der angenommenen systemimmanenten, datenminimierenden Funktionsweise der Umfelderfassung (Merkmalsextraktion und Löschung der Daten) bereits wichtige Maßnahmen unternommen werden, um den Rechten der betroffenen Personen gerecht zu werden. Basierend auf diesen Annahmen und unter Berücksichtigung angemessener Hinweise zur Datenverarbeitung, kann die Echtzeitverarbeitung nach Art. 6 Abs. 1 lit. f DSGVO legitimiert werden.

Bei der Weiterentwicklung ergibt sich nach der Interessenabwägung kein eindeutiges Ergebnis. Um die für die betroffenen Personen negativen Folgen abzumildern, können für die Weiterentwicklung weitere Schutzmaßnahmen getroffen werden, nämlich (1) weitere Maßnahmen zur Datenminimierung durchführen, (2) Transparenz schaffen, (3) das Widerspruchsrecht vereinfachen, (4) Daten sicher löschen und (5) wirksame organisatorische Maßnahmen durchführen.

Handlungsvorschläge zu Feststellungen 15 und 16

Wichtige Schritte sind die datenminimierende Merkmalsextraktion und die anschließende Löschung des Rohmaterials. Derzeit erfolgen diese Schritte vor allem aus technischen Gründen, weil ohne Reduzierung der Datenmenge eine Echtzeitverarbeitung nicht möglich wäre. Diese Begebenheit könnte sich aber durch die technische Entwicklung ändern. Daher sollte durch den Automobilhersteller sichergestellt werden, dass dieser systemimmanente, datenreduzierende Mechanismus auch in Zukunft beibehalten wird.

Hinsichtlich der Weiterentwicklung ist das Gleichgewicht im Rahmen der Interessenabwägung noch unklar. Daher ist für die Automobilhersteller zu empfehlen, wirksame Schutzmaßnahmen (siehe dazu 6.6.5) zu ergreifen, um das Gleichgewicht zur Datenverarbeitung tatsächlich zu Gunsten der Datenverarbeitung zu verschieben. Optimalerweise werden die Instrumente der genehmigten Verhaltensregeln bzw. Zertifizierungen unterstützend zur Hilfe genommen.

Derzeit muss angezweifelt werden, ob der Audiosensor als Umfeldsensor erforderlich ist. Diese Erkenntnis ergibt sich vor allem durch die Gesamtbetrachtung der technischen Komponenten: Erstens ist es fraglich, ob der Audiosensor tatsächlich für den derzeit deklarierten Einsatz (primär das Erkennen von Einsatzfahrzeugen aus der Ferne) geeignet ist, denn Tonaufnahmen können ein Fahrzeug nicht fahrbahngenau lokalisieren. Dazu bedarf es ohnehin der anderen Umfeldsensoren. Daher sollten sämtliche Pläne zur Implementierung von Audiosensoren begründbar sein, denn derzeit ergeben sich auf Grundlage der technischen Ausführungen und Begründungen für den Einsatz des Audiosensors keine Anhaltspunkte für seine Erforderlichkeit. Sofern der Audiosensor einen individuellen Nutzen für die Umfelderfassung hat, der den Eingriff durch die Audioerfassung des Umfelds rechtfertigt, muss dies transparent kommuniziert werden. Letzteres gilt ohnehin für den Einsatz aller Sensoren, damit betroffene Personen wissen, weshalb welche Daten verarbeitet werden.

10.5 Transparenzpflichten und -anforderungen

Feststellung 17: Der umfangreiche Informationspflichtenkatalog der DSGVO birgt hohe Herausforderungen für einen lokalen Datenschutzhinweis.

Der Grundsatz der Transparenz ist ein Grundpfeiler des Datenschutzrechts. Bei der Umfelderfassung ergeben sich für seine Umsetzung zahlreiche Herausforderungen. Dies zeigt sich zuvorderst in der Vorgabe der DSGVO, einen ausführlichen Informationskatalog umzusetzen, der gleichzeitig präzise, verständlich und kurz genug sein soll. In dieser Arbeit wurde aufgezeigt, welche Bedeutung und Auswirkung diese Anforderungen auf die Umfelderfassung haben. Geht man davon aus, dass der gesamte Informationskatalog des Art. 13 Abs. 1 und 2 bzw. Art. 14 Abs. 1 und 2 DSGVO auf dem Fahrzeug angebracht werden muss, ist das nicht unproblematisch. Primär entstehen vorgenannte Probleme durch den begrenzten Platz auf dem Fahrzeug. Aber auch die kurze Wahrnehmungszeit und schlechte Sichtbedingungen erschweren eine konforme Umsetzung.

Feststellung 18: Die Umsetzung eines Zwei-Stufen-Konzepts bei der Umfelderfassung hängt von der Anwendbarkeit von Art. 13 bzw. Art. 14 DSGVO ab.

In dieser Arbeit wurde unter anderem untersucht, ob ein Zwei-Stufen-Konzept (Kurzinformation auf dem Fahrzeug mit einer Referenz auf eine Internetseite, auf der die Details zur Datenverarbeitung ausgeführt werden) für die Umfelderfassung umsetzbar ist. Diese Frage lässt sich erst dann klären, wenn sich deutlich bestimmten lässt, ob Art. 13 oder Art. 14 DSGVO für die Umfelderfassung, bzw. optoelektronische Vorrichtungen im Allgemeinen, anwendbar sind. Art. 13 und 14 DSGVO unterscheiden die Fälle, bei denen personenbezogene Daten bei der betroffenen Person erhoben werden (Art. 13 DSGVO) und bei denen sie nicht bei der betroffenen Person erhoben werden (Art. 14 DSGVO). Bezieht man bestehende Literaturmeinungen in die Abgrenzung der beiden Normen ein, wird aufgezeigt, dass nachvollziehbare Argumente für die Anwendung beider Normen bestehen. Daher wurde in dieser Arbeit untersucht, welche unterschiedlichen Ansichten hinsichtlich der Anwendbarkeit des Art. 13 bzw. 14 DSGVO bestehen und wie sich diese Unterschiede auf das Zwei-Stufen-Konzept auswirken. Als Ergebnis kann festgehalten werden: Sofern man die Anwendbarkeit des Art. 13 DSGVO bei der Umfelderfassung als gegeben sieht, erscheint die Umsetzung des Zwei-Stufen-Konzepts aufgrund der Modalitäten des Art. 12 DSGVO und dem strikten Zeitfenster unter Art. 13 DSGVO zweifelhaft. Ist die Umfelderfassung ein Fall des Art. 14 DSGVO, sind die Informationshinweise, auch unter Einhaltung der Modalitäten nach Art. 12 DSGVO, einfacher umzusetzen. Insofern gilt als weiteres Ergebnis festzuhalten, dass die Ungewissheit über die richtige Norm für die Umsetzung der Transparenzpflichten bei der Umfelderfassung zwei unterschiedliche Ergebnisse zur Folge hat. Die Rechtslage in einer elementaren Frage ist demnach ungeklärt.

Handlungsvorschläge zu Feststellung 18

Da bei den Transparenzpflichten noch ein hoher Grad an Unbestimmtheit vorherrscht, wurden bereits Handlungsvorschläge in 7.4 gegeben, die an dieser Stelle konkretisiert werden. Zuvorderst muss die Notwendigkeit der gesetzlichen Präzisierung genannt werden. Dies fängt damit an, dass bisher unklar ist, ob Art. 13 oder Art. 14 DSGVO bei optoelektronischen Vorrichtungen, die personenbezogene Daten im öffentlichen Raum verarbeiten, Anwendung findet. Der Verordnungsgeber muss daher deutlichere Kriterien für die Anwendung der Normen in Bezug auf optoelektronische Vorrichtungen geben.

Des Weiteren wurde in dieser Arbeit festgestellt, dass der gesamte Katalog der geforderten Informationspflichten (aus Art. 13 Abs. 1 und 2 bzw. Art. 14 Abs. 1 und 2 DSGVO) voraussichtlich nicht auf dem vorbeifahrenden Fahrzeug angebracht werden kann. Eine Lösung wäre das angedachte Zwei-Stufen-Konzept, welches aber bisher nicht in der Gesetzgebung berücksichtigt wurde. Anzudenken ist daher eine neue gesetzliche Regelung mit einer Präzisierung hinsichtlich der Informationspflichten für mobile optoelektronische Vorrichtungen, die Daten mit einem automatisierten System verarbeiten. Dies wäre nicht nur für die Umfelderfassung einschlägig, sondern auch für ähnliche Technologien, wie zum Beispiel kamerabasierte Drohnen oder Paketroboter. Bei einer solchen Regelung sollten insbesondere die Kriterien von Stufenkonzepten festgelegt werden. Ein solcher gesetzlicher Stufenansatz könnte auf der ersten Stufe folgende Basisinformationen beinhalten:

1. Kategorien von personenbezogenen Daten,
2. Zweck der Datenverarbeitung,
3. Hinweis auf das Bestehen von Rechten der betroffenen Personen (insbesondere das Widerspruchsrecht),
4. Die Kontaktdaten des Verantwortlichen,
5. Referenz auf weiterführende Hinweise,
6. Bei autonomen/automatisierten Systemen eine Indikation darüber,
   – ob das autonome/automatisierte System aktiv ist und,
   – ob das aktuelle Datenmaterial auch für die Verbesserung des Systems genutzt wird

sowie eine Information darüber, ob Informationen für die Echtzeitverarbeitung umgehend gelöscht werden.

Über die restlichen Informationen kann in einer zweiten Stufe informiert werden, die durch die Referenz auf weiterführende Hinweise (Nr. 5) erreichbar ist.

Bei der Umsetzung der Transparenzpflichten sollten aber auch die Automobilhersteller mitwirken, indem sie neue Kommunikationsansätze entwickeln und umsetzen. Mögliche Ideen zur Kommunikation zwischen dem Fahrzeug und den Straßenverkehrsteilnehmern werden bereits angedacht, z. B., um anzuzeigen, ob das Fahrzeug einen Fußgänger wahrgenommen hat. Solche Kommunikationssysteme könnten auch für Datenschutzhinweise verwendet werden. So wurde in dieser Arbeit auf Displays an Fahrzeugen oder Projektionssystemen hingewiesen, um eine transparente und gleichzeitig dynamische Informationserteilung zu ermöglichen. Indikationsleuchten können darauf aufmerksam machen, ob der hochautomatisierte Fahrmodus aktiv ist oder Aufnahmen für die Weiterentwicklung angefertigt werden. Überlegenswert ist ebenso die Möglichkeit, unterschiedliche Methoden zu kombinieren, um so die Sichtbarkeit effizient zu erhöhen. Die Möglichkeiten moderner Transparenzmaßnahmen sind vielfältig, sodass diese auch genutzt werden sollten, um die aufgezeigten Hürden zu meistern.

Verantwortliche müssen sich nicht nur um transparente Informationsmodalitäten kümmern, sondern auch um die inhaltliche Transparenz. Dies bezieht sich nicht nur auf die gesetzlich verpflichtenden Details der Art. 13 bzw. Art. 14 DSGVO, sondern auch auf die technische Vorgehensweise, beispielsweise wie Algorithmen arbeiten oder inwiefern personenbezogene Daten auf Merkmalsebene verarbeitet werden (siehe dazu bereits der Handlungsvorschlag zu Feststellungen 7 und 8).

10.6 Gestaltung des Widerspruchsrechts

Feststellung 19: Es sollte eine einfache Widerspruchsmöglichkeit gewähr-
leistet werden, wobei auch schutzwürdige Gründe des Verantwortlichen zu
prüfen sind.

Hinsichtlich des Widerspruchs nach Art. 21 DSGVO ist bisher unklar, wie hoch der Begründungsaufwand für den Widerspruch sein muss. Um eine transparente und damit vertrauenswürdige Datenverarbeitung zu gewährleisten, ist die Umsetzung einer einfachen Widerspruchsmöglichkeit seitens des Verantwortlichen empfehlenswert. Darunter fällt einerseits ein transparenter Hinweis über das Widerspruchsrecht, ein niedriger Begründungsaufwand sowie ein unkomplizierter Kommunikationskanal, wie zum Beispiel über eine E-Mail- oder Postadresse.

Eine Grenze für den möglichen Begründungsaufwand muss dann gezogen werden, wenn betroffene Personen entweder mehr Daten als bei der initialen Datenverarbeitung oder zusätzlich sensible Daten offenbaren müssen, um den Widerspruch zu begründen.

Sofern der Verantwortliche zwingend schutzwürdige Gründe vorweisen kann, darf er die Daten dennoch weiter verarbeiten. Möglich sind hierbei zum Beispiel sicherheitsrelevante Weiterentwicklungen, welche die Sicherheit aller Straßenverkehrsteilnehmer tangieren und somit eine hohe Breitenwirkung haben und Menschenleben retten können. Dabei ist eine transparente Kommunikation zu empfehlen, die schutzwürdige Gründe abwägt und der betroffenen Person gegenüber begründet.

Feststellung 20: Betroffene Personen sind über ihr Widerspruchsrecht zu
unterrichten.

Anders als bei den Informationspflichten, gibt es keine Ausnahme für die Hinweispflicht auf das Widerspruchsrecht. Der Zeitpunkt für den Hinweis auf das Widerspruchsrecht richtet sich erneut danach, ob Art. 13 oder 14 DSGVO Anwendung findet. Bei Anwendung von Art. 13 DSGVO kann der Hinweis auf das Widerspruchsrecht bereits mehrere Meter vor dem Zusammentreffen zwischen betroffener Person und Fahrzeug notwendig sein, bei Art. 14 DSGVO reicht der Hinweis, wenn sich die betroffene Person im Umfeld des Fahrzeugs befindet.

10.7 Weitere Gestaltungspflichten und -möglichkeiten für Verantwortliche

Feststellung 21: Neben den zusätzlichen Schutzmaßnahmen im Rahmen der Interessenabwägung müssen ebenso Maßnahmen für ein effizientes Datenschutzmanagement ergriffen werden.

Sofern Verantwortliche bereits bei der Interessenabwägung betroffenen-freundliche Maßnahmen getroffen haben sowie die Informationspflichten und Rechte der betroffenen Personen adäquat umgesetzt haben, verbleiben wenige, für die Umfelderfassung spezifische, Maßnahmen zu ergreifen. Im Rahmen eines effizienten Datenschutzmanagements müssen ferner allgemeine Maßnahmen getroffen werden, wie zum Beispiel die Durchführung von Datenschutz-Folgenabschätzungen, die Benennung eines Datenschutzbeauftragten oder die Dokumentation in einem Verfahrensverzeichnis.

Handlungsvorschlag zu Feststellung 21

Die gesetzlichen Maßnahmen für ein Datenschutzmanagement zeigen auch auf, dass der Datenschutz und die zugehörigen Maßnahmen dauerhaft begleitet werden müssen. Das richtet sich an den Automobilhersteller sowie dessen Datenschutzbeauftragen, aber genauso an Datenschutzaufsichtsbehörden. Letztere haben die Möglichkeit, die getroffenen Schutzmaßnahmen auf ihre Wirksamkeit zu prüfen. Bisher haben sich die Datenschutzaufsichtsbehörden lediglich zur vernetzten Fahrzeugtechnologie geäußert. Es wäre eine sinnvolle Ergänzung, wenn die Aufsichtsbehörden ebenfalls zur automatisierten Fahrzeugtechnologie datenschutzrechtlich Stellung beziehen würden. Schließlich wird die Umfelderfassung die Gesamtheit aller Straßenverkehrsteilnehmer betreffen, was eine hohe Anzahl an Personen ausmachen wird.

Feststellung 22: Das Instrument der genehmigten Verhaltensregeln bzw. Zertifizierungen können weitere Rechtssicherheit für die Datenverarbeitung des hochautomatisierten Fahrsystems schaffen.

Gestaltungsmöglichkeit bleibt dem Verantwortlichen bei technischen Maßnahmen sowie genehmigten Verhaltensregeln oder Zertifizierungen, die beide freiwillige Instrumente der Selbstregulierung sind. Beide Instrumente ersetzen nicht die materiellrechtliche Prüfung, können aber unbestimmte Rechtsbegriffe branchenspezifisch auslegen. Daher können sie, auch begleitend mit den Datenschutzaufsichtsbehörden, mehr Rechtssicherheit bei der Datenverarbeitung im hochautomatisierten Fahrzeug bieten. In der Konsequenz kann durch ein einheitliches Verfahren bzw. Regelwerk mehr Vertrauen und Transparenz für betroffene Personen geschaffen werden. Ob dafür Verhaltensregeln oder eine Zertifizierung für die Datenverarbeitungsprozesse geeignet sind, bemisst sich nach der angestrebten Intention des Verantwortlichen.

10.8 Schlussbetrachtung

Im Gesamtbild bleibt festzuhalten, dass es für das datenschutzkonforme hochautomatisierte Fahrsystem zahlreiche Hürden gibt, deren Überwindung aber grundsätzlich nicht unmöglich ist. Der Vorgang der Merkmalsextraktion trägt bereits einen Großteil zu einem datenschutzfreundlichen System bei. Das allein reicht aber noch nicht aus. Insbesondere müssen Transparenz und die Rechte der betroffenen Personen berücksichtigt werden, deren Präzisierungsnotwendigkeit beim EU-Gesetzgeber liegen. Ebenso muss auch der Automobilhersteller die führende Rolle in der datenschutzrechtlichen Umsetzung der Maßnahmen einnehmen. Somit wird sich die Frage, ob die Umfelderfassung datenschutzkonform ist oder sein kann, nicht mit einem Ja oder Nein beantworten lassen. Entscheidend sind vielmehr die Schutzmaßnahmen und die Rechtsentwicklung, um die Datenschutzprinzipien und die Pflichten der DSGVO zum Schutz der betroffenen Personen effektiv umzusetzen.

Der Gesamtprozess muss aufgrund seiner Eingriffsintensität in die Rechte und Freiheiten der betroffenen Personen kritisch betrachtet werden, um daraus konstruktive Vorschläge für die Problemlösung zu finden. Dafür wird es kein Patentrezept geben, denn die einzelnen hochautomatisierten Fahrsysteme werden unterschiedlich operieren. Bei der Evaluierung des hochautomatisierten Fahrsystems sollte der Datenschutz nicht als Antagonist der neuen Technologie verstanden werden, sondern als Katalysator eines datenschutzfreundlichen Systems.

Für einige der datenschutzrechtlichen Aspekte bei der Umfelderfassung gibt es zwar Lösungs- und Gestaltungsansätze, in manchen Fällen kann aber auch eine gesetzliche Präzisierung mehr Rechtsklarheit bringen. Daher wurde in dieser Arbeit an manchen Stellen vorgeschlagen, bestimmte Aspekte für das hochautomatisierte Fahren gesetzlich zu präzisieren. Dies könnte für allgemeine datenschutzrechtliche Aspekte in der DSGVO geschehen. Alternativ ist ebenso eine spezialgesetzliche Regelung für den Automobilbereich denkbar. Da der Automobilbereich ohnehin bereits seit Jahren streng reguliert ist, ist dies nur ein konsequenter Schritt im bestehenden regulierten Rahmenwerk. Neben dem hochautomatisierten Fahrzeug wird es auch noch das vernetzte Fahrzeug geben, das voraussichtlich ebenfalls datenschutzrechtliche Regulierungsnotwendigkeit haben wird. Und neben den datenschutzrechtlichen Themen gibt es zahlreiche andere rechtliche Themen, die ebenfalls in ein Spezialgesetz aufgenommen werden könnten (z. B. Haftungsfragen oder rechtliche Vorgaben für die Informationssicherheit), um in diesem Bereich Rechtssicherheit zu schaffen.

Dafür ist ein interdisziplinäres Team erforderlich, das nicht nur die industrielle/technische Seite abdeckt, sondern auch die Betroffenen-/Verbraucherrechte vertritt. Des Weiteren muss auch die Forschung einbezogen werden, die vertieft zu aktuellen und zukünftigen (Rechts-)Fragen aus objektiver Sicht forschen kann.

Neben all diesen möglichen Maßnahmen bedarf es aber auch des Vertrauens betroffener Personen, das man nicht gesetzlich verankern kann. Dies setzt vor allem rechtmäßige, dauerhaft transparente und verständliche Verarbeitungsprozesse voraus.

11 Abbildungsverzeichnis

12 Literaturverzeichnis[1223]

Aeberhard, Michael/ Rauch, Sebastian/ Bahram, Mohammad/ Tanzmeister, Georg/ Thomas, Julian/ Pilat, Yves/ Homm, Florian/ Huber, Werner/ Kaempchen, Nico, Experience, Results and Lessons Learned from Automated Driving on Germany's Highways, IEEE Intelligent Transportation Systems Magazine 2015, 42–57.

Ahrens, Hans-Jürgen, Dashcam-Aufzeichnungen als Beweismittel nach Verkehrsunfällen, NJW 2018, 2837–2840.

Albrecht, Frank, Die rechtlichen Rahmenbedingungen bei der Implementierung von Fahrerassistenzsystemen zur Geschwindigkeitsbeeinflussung, DAR 2005, 186–198.

Albrecht, Jan Philipp, Das neue EU-Datenschutzrecht – von der Richtlinie zur Verordnung, CR 2016, 88–98.

Albrecht, Jan Philipp/ Janson, Nils J., Datenschutz und Meinungsfreiheit nach der Datenschutzgrundverordnung, CR 2016, 500–509.

Albrecht, Jan Philipp/ Jotzo, Florian, Das neue Datenschutzrecht der EU, Baden-Baden 2016.

Aldhouse, Francis, Anonymisation of personal data – A missed opportunity for the European Commission, Computer Law & Security Review 2014, 403–418.

Artikel-29-Datenschutzgruppe, Arbeitsdokument zum Thema Verarbeitung personenbezogener Daten aus der Videoüberwachung (WP 67), 2002, https://ec.europa.eu/justice/article-29/documentation/opinion-recommendation/files/2002/wp67_de.pdf.

Artikel-29-Datenschutzgruppe, Stellungnahme 4/2004 zur Verarbeitung personenbezogener Daten durch Videoüberwachung (WP 89), 2004, https://ec.europa.eu/justice/article-29/documentation/opinion-recommendation/files/2004/wp89_de.pdf.

Artikel-29-Datenschutzgruppe, Datenschutzfragen im Zusammenhang mit der RFID-Technik (WP 105), 2005, https://ec.europa.eu/justice/article-29/documentation/opinion-recommendation/files/2005/wp105_de.pdf.

Artikel-29-Datenschutzgruppe, Stellungnahme 4/2007 zum Begriff „personenbezogene Daten" (WP 136), 2007, https://ec.europa.eu/justice/article-29/documentation/opinion-recommendation/files/2007/wp136_de.pdf.

Artikel-29-Datenschutzgruppe, Opinion 2/2009 on the protection of children's personal data (WP 160), 2009, https://ec.europa.eu/justice/article-29/documentation/opinion-recommendation/files/2009/wp160_en.pdf.

Artikel-29-Datenschutzgruppe, Stellungnahme 1/2010 zu den Begriffen „für die Verarbeitung Verantwortlicher" und „Auftragsverarbeiter" (WP 169), 2010,

---

1223 Alle Fundstellen im Internet wurden zuletzt am 16.8.2023 geprüft.

https://ec.europa.eu/justice/article-29/documentation/opinion-recommendation/files/2010/wp169_de.pdf.

Artikel-29-Datenschutzgruppe, Opinion 03/2013 on purpose limitation (WP 203), 2013, https://ec.europa.eu/justice/article-29/documentation/opinion-recommendation/files/2013/wp203_en.pdf.

Artikel-29-Datenschutzgruppe, Stellungnahme 06/2014 zum Begriff des berechtigten Interesses des für die Verarbeitung Verantwortlichen gemäß Artikel 7 der Richtlinie 95/46/EG (WP 217), 2014, https://ec.europa.eu/justice/article-29/documentation/opinion-recommendation/files/2014/wp217_de.pdf.

Artikel-29-Datenschutzgruppe, Stellungnahme 01/2015 zum Thema Schutz der Privatsphäre und Datenschutz im Zusammenhang mit der Nutzung von Drohnen (WP 231), 2015.

Artikel-29-Datenschutzgruppe, Leitlinien in Bezug auf Datenschutzbeauftragte („DSB") (WP 243 rev.01), 2017, https://ec.europa.eu/newsroom/article29/items/612048/en.

Artikel-29-Datenschutzgruppe, Leitlinien zu automatisierten Entscheidungen im Einzelfall einschließlich Profiling für die Zwecke der Verordnung 2016/679 (WP 251rev.01), 2017, https://ec.europa.eu/newsroom/article29/items/612053/en.

Artikel-29-Datenschutzgruppe, Leitlinien zur Datenschutz-Folgenabschätzung (DSFA) und Beantwortung der Frage, ob eine Verarbeitung im Sinne der Verordnung 2016/679 „wahrscheinlich ein hohes Risiko mit sich bringt" (WP248rev01), 2017, https://ec.europa.eu/newsroom/article29/item-detail.cfm?item_id=611236.

Artikel-29-Datenschutzgruppe, Opinion 03/2017 on Processing personal data in the context of Cooperative Intelligent Transport Systems (C-ITS) (WP 252), 2017, https://ec.europa.eu/newsroom/just/document.cfm?doc_id=47888.

Artikel-29-Datenschutzgruppe, Leitlinien für Transparenz gemäß der Verordnung 2016/679 (WP 260rev.01), 2018, https://ec.europa.eu/newsroom/article29/items/622227/en.

Asaj, Naim, Process-oriented Privacy Analysis and Concepts in the Automotive Domain, München 2015.

Atzert, Michael/ Franck, Lorenz, Zulässigkeit und Verwertbarkeit von Videoaufzeichnungen durch Dashcams, RDV 2014, 136–140.

Bachmeier, Werner, Dash-Cam & Co. – Beweismittel der ZPO?, DAR 2014, 15–22.

Bagloee, Saeed Asadi/ Tavana, Madjid/ Asadi, Mohsen/ Oliver, Tracey, Autonomous vehicles: challenges, opportunities, and future implications for transportation policies, Journal of Modern Transportation 2016, 284–303.

Balzer, Thomas/ Nugel, Michael, Minikameras im Straßenverkehr – Datenschutzrechtliche Grenzen und zivilprozessuale Verwertbarkeit der Videoaufnahmen, NJW 2014, 1622–1627.

Baran, Remigiusz/ Rusc, Tomasz/ Fornalski, Paweł, A smart camera for the surveillance of vehicles in intelligent transportation systems, Multimedia Tools and Applications 2016, 10471–10493.

Bartels, Arne/ Eberle, Ulrich/ Knapp, Andreas, Project AdaptIVe: System Classification and Glossary, 2015, http://www.adaptive-ip.eu/index.php/AdaptIVe-SP2-v1.0-DL-D2.3 %20Legal%20Aspects%20of%20Automated%20 Driving-file=files-adaptive-content-downloads-Deliverables%20&%20papers-AdaptIVe-SP2-v1.0-DL-D2.3 %20Legal%20Aspects%20of%20Automated%20 Driving.pdf.

Baumgartner, Ulrich/ Gausling, Tina, Datenschutz durch Technikgestaltung und datenschutzfreundliche Voreinstellungen, ZD 2017, 308–313.

Bayerisches Landesamt für Datenschutzaufsicht, 8. Tätigkeitsbericht 2017/2018, 2019, https://www.lda.bayern.de/media/baylda_report_08.pdf.

Becher, Gerhard/ Gerres, Sebastian/ Altenburg, Sven u. a., Automatisiert. Vernetzt. Elektrisch., 2015, https://www.prognos.com/sites/default/files/2021-01/151030_ prognos_studie-fahrzeugvernetzung_rz_webpdf.pdf.

Bergt, Matthias, Die Bestimmbarkeit als Grundproblem des Datenschutzrechts. Überblick über den Theorienstreit und Lösungsvorschlag, ZD 2015, 365–371.

Berndt, Stephan, Die Durchsuchung von elektronischen (Fahrzeug-)Datenspeichern, SVR 2018, 361–366.

Blechschmitt, Lisa, Strafverfolgung im digitalen Zeitalter, MMR 2018, 361–366.

Bleses, Helma M., Pflege 4.0: Zur Komplexität der Digitalisierung, Pflege 2019, 291–293.

Bolognini, Luca/ Bistolfi, Camilla, Pseudonymization and impacts of Big (personal/ anonymous) Data processing in the transition from the Directive 95/46/EC to the new EU General Data Protection Regulation, Computer Law & Security Review 2017, 171–181.

Bönninger, Jürgen, Wem gehören die Daten im Fahrzeug?, ZfSch 2014, 184–189.

Bönninger, Jürgen, Mobilität im 21. Jahrhundert: sicher, sauber, datengeschützt, DuD 2015, 388–401.

Borgesius, Frederik J., Singling out people without knowing their names – Behavioural targeting, pseudonymous data, and the new Data Protection Regulation, Computer Law & Security Review 2016, 256–271.

Bretthauer, Sebastian, Intelligente Videoüberwachung, Baden-Baden 2017.

Breyer, Jonas, Verarbeitungsgrundsätze und Rechenschaftspflicht nach Art. 5 DS-GVO, DuD 2018, 311–317.

Brink, Stefan/ Eckhardt, Jens, Wann ist ein Datum ein personenbezogenes Datum?, ZD 2015, 1–2.

Brink, Stefan/ Wolff, Heinrich, Amadeus (Hrsg.), BeckOK Datenschutzrecht, München 2018.

Brink, Stefan/ Wolff, Heinrich, Amadeus (Hrsg.), BeckOK Datenschutzrecht, 35. Edition, München 2020.

Brockmann, Oliver/ Nugel, Michael, Unfallrekonstruktion mithilfe des EDR – eine interdisziplinäre Betrachtung, ZfSch 2016, 64–69.

Buchner, Benedikt, Datenschutz im vernetzten Automobil, DuD 2015, 372–377.

Bundesministerium für Verkehr und digitale Infrastruktur, Strategie automatisiertes und vernetztes Fahren, 2015, https://www.bmvi.de/SharedDocs/DE/Publikationen/DG/broschuere-strategie-automatisiertes-vernetztes-fahren.pdf?__blob=publicationFile.

Bundesministerium für Verkehr und digitale Infrastruktur, Forschungsprogramm zur Automatisierung und Vernetzung im Straßenverkehr, 2016, https://www.bmvi.de/SharedDocs/DE/Anlage/DG/Digitales/forschungsprogramm-avf.pdf?__blob=publicationFile.

Burkert, Andreas, Vom ungeheuren Datenhunger moderner Automobile, Automobiltechnische Zeitschrift 2017, 8–13.

Burmann, Michael/ Heß, Rainer/ Hühnermann, Katrin/ Jahnke, Jürgen (Hrsg.), Straßenverkehrsrecht, 26. Edition, München 2020.

Cacilo, Andrej/ Schmidt, Sarah/ Wittlinger, Philipp/ Herrman, Florian/ Bauer, Wilhelm/ Sawade, Oliver/ Doderer, Hannes/ Hartwig, Matthias/ Scholz, Volker, Hochautomatisiertes Fahren auf Autobahnen – industriepolitische Schlussfolgerungen, Stuttgart 2015, https://www.bmwi.de/Redaktion/DE/Downloads/H/hochautomatisiertes-fahren-auf-autobahnen.pdf?__blob=publicationFile&v=1.

Calliess, Christian/ Ruffert, Matthias (Hrsg.), EUV/AEUV, 5. Auflage, München 2016.

Chen, Yanjia/ Zhang, Xiuwei/ Zhang, Yanning/ Maybank, Stephen John/ Fu, Zhipeng, Visible and infrared image registration based on region features and edginess, Machine Vision and Applications 2018, 113–123.

Christl, Wolfie/ Spiekermann, Sarah, Networks of Control, A Report on Corporate Surveillance, Digital Tracking, Big Data & Privacy, 2016, https://crackedlabs.org/dl/Christl_Spiekermann_Networks_Of_Control.pdf.

Commission Nationale Informatique & Libertés (CNIL), Connected Vehicles and Personal Data, 2018, https://www.cnil.fr/sites/default/files/atoms/files/cnil_pack_vehicules_connectes_gb.pdf.

Conrad, Künstliche Intelligenz und die DSGVO – Ausgewählte Problemstellungen, K&R 2018, 741–746.

Cornick, Matthew/ Koechling, Jeffrey/ Stanley, Byron/ Zhang, Beijia, Localizing Ground Penetrating RADAR: A Step Toward Robust Autonomous Ground Vehicle Localization, Journal of Field Robotics 2016, 82–102.

Cradock, Emma/ Stalla-Bourdillon, Sophie/ Millard, David, Nobody puts data in a corner? Why a new approach to categorising personal data is required for the obligation to inform, Computer Law & Security Review 2017, 142–158.

Dammann, Ulrich, Erfolge und Defizite der EU-Datenschutzgrundverordnung. Erwarteter Fortschritt, Schwächen und überraschende Innovationen, ZD 2016, 307–314.

Dammann, Ulrich/ Simitis, Spiros, EG-Datenschutzrichtlinie, Baden-Baden 1997.

Datenethikkommission, Gutachten der Datenethikkommission, 2019, https://www.bmi.bund.de/SharedDocs/downloads/DE/publikationen/themen/it-digitalpolitik/gutachten-datenethikkommission.pdf?__blob=publicationFile&v=5.

Datenschutzkonferenz, Kurzpapier Nr. 15 – Videoüberwachung nach der Datenschutz-Grundverordnung, 2018, https://www.datenschutzkonferenz-online.de/media/kp/dsk_kpnr_15.pdf.

Datenschutzkonferenz, Orientierungshilfe Videoüberwachung in Schwimmbädern, 2019, https://www.bfdi.bund.de/SharedDocs/Downloads/DE/DSK/Orientierungshilfen/OH_Video%C3%BCberwachungSchwimmb%C3%A4der.pdf?__blob=publicationFile&v=2.

Datenschutzkonferenz, Positionspapier zur Nutzung von Kameradrohnen durch nicht-öffentliche Stellen, 2019, https://www.datenschutzkonferenz-online.de/media/oh/20190116_oh_positionspapier_kameradrohnen.pdf.

Datenschutzkonferenz, Positionspapier zur Unzulässigkeit von Videoüberwachung aus Fahrzeugen (sog. Dashcams), 2019, https://www.datenschutzkonferenz-online.de/media/oh/20190128_oh_positionspapier_dashcam.pdf.

Datenschutzkonferenz, Orientierungshilfe der Aufsichtsbehörden für Anbieter von Telemedien, 2019, https://www.datenschutzkonferenz-online.de/media/oh/20190405_oh_tmg.pdf.

Datenschutzkonferenz, Orientierungshilfe Videoüberwachung durch nicht-öffentliche Stellen, 2020, https://www.datenschutzkonferenz-online.de/media/oh/20200903_oh_v%C3%BC_dsk.pdf.

Der Bundesbeauftragte für den Datenschutz und die Informationsfreiheit, 27. Tätigkeitsbericht zum Datenschutz 2017 – 2018, 2019, https://www.bfdi.bund.de/SharedDocs/Publikationen/Taetigkeitsberichte/TB_BfDI/27TB_17_18.pdf.

Der Bundesbeauftragte für den Datenschutz und die Informationsfreiheit, 28. Tätigkeitsbericht zum Datenschutz 2019, 2020, https://www.bfdi.bund.de/SharedDocs/Publikationen/Taetigkeitsberichte/TB_BfDI/28TB_19.pdf.

Der Bundesbeauftragte für den Datenschutz und die Informationsfreiheit, Positionspapier zur Anonymisierung unter der DSGVO unter besonderer Berücksichtigung der TK-Branche, 2020, https://www.bfdi.bund.de/SharedDocs/Downloads/DE/Konsultationsverfahren/1_Anonymisierung/Positionspapier-Anonymisierung.pdf?__blob=publicationFile&v=6.

Der Hamburgische Beauftragte für Datenschutz und Informationsfreiheit, Vermerk: Rechtliche Bewertung von Fotografien einer unüberschaubaren Anzahl von Menschen nach der DSGVO außerhalb des Journalismus, 2018, https://datenschutz-hamburg.de/assets/pdf/Vermerk_Fotografie_DSGVO.pdf.

Der Landesbeauftragte für Datenschutz und Informationsfreiheit Mecklenburg-Vorpommern, Vierzehnter Tätigkeitsbericht zum Datenschutz, 2019, https://www.datenschutz-mv.de/static/DS/Dateien/Publikationen/Taetigkeitsberichte/lfdmvtb14.pdf.

Deutscher Verkehrsgerichtstag, 52. Deutscher Verkehrsgerichtstag 2014, Köln 2014.

Deutscher Verkehrsgerichtstag, 54. Deutscher Verkehrsgerichtstag 2016, Köln 2016.

Deutscher Verkehrsgerichtstag, 56. Deutscher Verkehrsgerichtstag 2018, Köln 2018.

Die Landesbeauftragte für den Datenschutz Niedersachsen, Transparenzanforderungen und Hinweisbeschilderung bei einer Videoüberwachung durch nichtöffentliche Stellen, https://www.lfd.niedersachsen.de/download/123755/Transparenzanforderungen_und_Hinweisbeschilderung_bei_Videoueberwachung.pdf.

Dietrich, Robert/ Nugel, Michael, Unfallrekonstruktion mithilfe des Event Data Recorder, ZfSch 2017, 664–667.

Drahanský, Martin/ Goldmann, Tomáš/ Spurný, Martin, Gesichtsdetektion und -erkennung in Videos aus öffentlichen Kamerasystemen, DuD 2017, 415–421.

Droste, Johannes, Produktbeobachtungspflichten der Automobilhersteller bei Software in Zeiten vernetzten Fahrens, CCZ 2015, 105–110.

Düsseldorfer Kreis, Orientierungshilfe „Videoüberwachung durch nicht-öffentliche Stellen", 2014, https://www.bfdi.bund.de/SharedDocs/Downloads/DE/DSK/Archiv/DuesseldorferKreis/OH_VideoueberwachungNichtOeffentlicheStellen.pdf?__blob=publicationFile&v=4.

Eckhardt, Jens, IP-Adresse als personenbezogenes Datum – neues Öl ins Feuer, CR 2011, 339–344.

Eckhardt, Jens, Anwendungsbereich des Datenschutzrechts – Geklärt durch den EuGH?, CR 2016, 786–790.

Europäischer Datenschutzbeauftragter, Beurteilung der Erforderlichkeit von Maßnahmen, die das Grundrecht auf Schutz personenbezogener Daten einschränken: Ein Toolkit, 2017, https://edps.europa.eu/sites/edp/files/publication/17-06-01_necessity_toolkit_final_de.pdf.

Ehmann, Eugen/ Helfrich, Marcus, EG-Datenschutzrichtlinie, Köln 1999.

Ehmann, Eugen/ Selmayr, Martin (Hrsg.), Datenschutz-Grundverordnung, 2. Auflage, München 2018.

Eisenberger, Iris/ Lachmayer, Konrad/ Eisenberger, Georg (Hrsg.), Autonomes Fahren und Recht, Wien 2017.

Elias, Björn, Vorausschauende Fahrzeugsensorik mit photonic mixer device und Videokamera für den aktiven Fußgängerschutz, Göttingen 2009.

Engeler, Malte/ Marnau, Ninja/ Bendrath, Ralf/ Geuter, Jürgen, Vorschlag für ein Gesetz zur Einführung und zum Betrieb einer App-basierten Nachverfolgung von Infektionsrisiken mit dem SARS-CoV-2 (Corona) Virus.

Ertrac, Automated Driving Roadmap, 2017, https://www.ertrac.org/wp-content/uploads/2022/07/ERTRAC_Automated_Driving_2017.pdf.

Eskandarian, Azim (Hrsg.), Handbook of Intelligent Vehicles, London 2012.

Eßer, Martin/ Lewinski, Kai (Hrsg.) von, DSGVO, BDSG – Kommentar, 7. Auflage, Köln 2020.

Ethik-Kommission Automatisiertes und Vernetztes Fahren, Bericht Juni 2017, 2017, https://www.bmvi.de/SharedDocs/DE/Publikationen/DG/bericht-der-ethik-kommission.pdf?__blob=publicationFile.

Europäische Kommission, Advanced driver assistance system 2016, 2016 https://road-safety.transport.ec.europa.eu/system/files/2021-07/ersosynthesis2016-adas15_en.pdf.

Europäische Kommission, Mitteilung der Kommission, Auf dem Weg zur automatisierten Mobilität: eine EU-Strategie für die Mobilität der Zukunft (COM(2018) 283 final), https://eur-lex.europa.eu/legal-content/DE/TXT/HTML/?uri=CELEX:52018DC0283&from=IT.

Europäische Kommission, Bericht der Kommission an das europäische Parlament und den Rat, Rettung von Menschenleben: Mehr Fahrzeugsicherheit in der EU (COM(2016) 787 final), https://eur-lex.europa.eu/legal-content/DE/TXT/PDF/?uri=CELEX:52016DC0787&from=DA.

Europäischer Datenschutzausschuss, Stellungnahme 23/2018 zu den Vorschlägen der Kommission über Europäische Herausgabe- und Sicherungsanordnungen für elektronische Beweismittel in Strafsachen (Artikel 70 Absatz 1 Buchstabe b), 2018, https://edpb.europa.eu/sites/edpb/files/files/file1/eevidence_opinion_final_en.pdf.

Europäischer Datenschutzausschuss, Stellungnahme 3/2019 zu den Fragen und Antworten zum Zusammenspiel der Verordnung über klinische Prüfungen und der Datenschutz-Grundverordnung (DSGVO) (Artikel 70 Absatz 1 Buchstabe b), 2019, https://edpb.europa.eu/sites/edpb/files/files/file1/edpb_opinionctrq_a_final_de.pdf.

Europäischer Datenschutzausschuss, Leitlinien 1/2018 für die Zertifizierung und Ermittlung von Zertifizierungskriterien nach den Artikeln 42 und 43 der Verordnung (EU) 2016/679, 2019, https://edpb.europa.eu/sites/edpb/files/files/file1/edpb_guidelines_201801_v3.0_certificationcriteria_annex2_de_0.pdf.

Europäischer Datenschutzausschuss, Leitlinien 1/2019 über Verhaltensregeln und Überwachungsstellen gemäß der Verordnung (EU) 2016/679, 2019, https://edpb. europa.eu/sites/edpb/files/files/file1/edpb_guidelines_201901_v2.0_codesof-conduct_de.pdf.

Europäischer Datenschutzausschuss, Guidelines 4/2019 on Article 25 Data Protection by Design and by Default, 2019, https://edpb.europa.eu/sites/edpb/files/consultation/edpb_guidelines_201904_dataprotection_by_design_and_by_default.pdf.

Europäischer Datenschutzausschuss, Leitlinien 3/2019 zur Verarbeitung personenbezogener Daten durch Videogeräte, 2020, https://edpb.europa.eu/sites/edpb/files/files/file1/edpb_guidelines_201903_video_devices_de.pdf.

Europäischer Datenschutzausschuss, Guidelines 04/2020 on the use of location data and contact tracing tools in the context of the COVID-19 outbreak, 2020, https://edpb.europa.eu/sites/edpb/files/files/file1/edpb_guidelines_20200420_contact_tracing_covid_with_annex_en.pdf.

Europäischer Datenschutzausschuss, Häufig gestellte Fragen zum Urteil des Gerichtshofs der Europäischen Union in der Rechtssache C-311/18 – Data Protection Commissioner gegen Facebook Ireland Ltd und Maximilian Schrems, 2020, https://edpb.europa.eu/sites/edpb/files/files/file1/edpb_faqs_schrems_ii_202007_adopted_de.pdf.

Europäischer Datenschutzausschuss, Guidelines 07/2020 on the concepts of controller and processor in the GDPR, 2020, https://edpb.europa.eu/sites/edpb/files/consultation/edpb_guidelines_202007_controllerprocessor_en.pdf.

Europäischer Datenschutzausschuss, Guidelines 1/2020 on processing personal data in the context of connected vehicles and mobility related applications, 2021, https://edpb.europa.eu/sites/edpb/files/files/file1/edpb_guidelines_202001_connected_vehicles_v2.0_adopted_en.pdf.

Europäisches Parlament – Ausschuss für bürgerliche Freiheiten, Justiz und Inneres, Bericht über die Folgen von Massendaten für die Grundrechte: Privatsphäre, Datenschutz, Nichtdiskriminierung, Sicherheit und Rechtsdurchsetzung (2016/2225(INI)), A8-0044/2017, http://www.europarl.europa.eu/doceo/document/A-8-2017-0044_DE.html.

European Union Agency for Cybersecurity, Cyber Security and Resilience of smart cars, 2017, https://www.enisa.europa.eu/publications/cyber-security-and-resilience-of-smart-cars/at_download/fullReport.

Festag, Andreas/ Rehme, Marco/ Krause, Jan/ Engel, Christoph/ Kühlmorgen, Sebastian/ Llatser, Ignacio/ Müller, Michael/ Schade, Joachim/ Talatzko, Peter, Studie Mobilität 2025: Koexistenz oder Konvergenz von IKT für Automotive?, 2016 https://www.digitale-technologien.de/DT/Redaktion/DE/Downloads/Publikation/IKT-EM/ikt2-studie-mobilitaet-2025.pdf?__blob=publicationFile&v=8.

Foerste, Ulrich/ Graf von Westphalen, Friedrich (Hrsg.), Produkthaftungshandbuch, 2. Auflage, München 2012.

Forgó, Nikolaus, Einige Bemerkungen zu datenschutzrechtlichen Rahmenbedingungen des Einsatzes von Tracing-Apps zur Bekämpfung der COVID-19-Krise, 2020, https://id.univie.ac.at/fileadmin/user_upload/i_id/Website_Header_ID-Law/Gutachten13.pdf.

Forgó, Nikolaus/ Helfrich, Marcus/ Schneider, Jochen (Hrsg.), Betrieblicher Datenschutz, 3. Auflage, 2019.

Forgó, Nikolaus/ Krügel, Tina, Der Personenbezug von Geodaten. Cui bono, wenn alles bestimmbar ist?, MMR 2010, 17–23.

Forgó, Nikolaus/ Krügel, Tina/ Müllenbach, Kathrin, Zur datenschutz- und persönlichkeitsrechtlichen Zulässigkeit von Google Street View, CR 2010, 616–624.

Forkel, Ingo/ Seidenberg, Peter/ Pabst, Ralf, 5G National Roaming, 2018.

Franke, Ulrich, Rechtsprobleme beim automatisierten Fahren – ein Überblick, DAR 2016, 61–66.

Froitzheim, Oliver, Dash Cams, das allgemeine Persönlichkeitsrecht und Beweisverwertung, NZV 2018, 109–117.

Fuchs, Daniel, Verwendung privater Kameras im öffentlichen Raum. Datenschutz bei Dash-Cams, Helm-, Wildkameras & Co., ZD 2015, 212–217.

Future of Privacy Forum/ Nymity, Processing Personal Data on the Basis of Legitimate Interests under the GDPR: Practical Cases, 2018, https://fpf.org/wp-content/uploads/2018/04/20180413-Legitimate-Interest_FPF_Nymity-2018.pdf.

Gasser, Tom Michael, Rechtliche Aspekte bei der Einführung von Fahrerassistenz- und Fahrerinformationssystemen, VKU 2009, 224–231.

Gasser, Tom Michael/ Arzt, Clemens/ Ayoubi, Mihiar/ Bartels, Arne/ Bürkle, Lutz/ Eier, Lutz/ Flemisch, Frank/ Häcker, Dirk/ Hesse, Tobias/ Huber, Werner/ Lotz, Christine/ Maurer, Markus/ Ruth-Schumacher, Simone/ Schwarz, Jürgen/ Vogt, Wolfgang, Rechtsfolgen zunehmender Fahrzeugautomatisierung, 2012, https://bast.opus.hbz-nrw.de/opus45-bast/frontdoor/deliver/index/docId/541/file/F83.pdf.

George, Damian/ Reutimann, Kento/ Tamò-Larrieux, Aurelia, GDPR bypass by design? Transient processing of data under the GDPR, International Data Privacy Law 2019, 285–298.

Gersdorf, Hubertus/ Paal, Boris (Hrsg.), BeckOK Informations- und Medienrecht, 31. Edition, München 2019.

Gierschmann, Sibylle, Gemeinsame Verantwortlichkeit in der Praxis, ZD 2020, 69–73.

Gierschmann, Sibylle/ Schlender, Katharina/ Stentzel, Rainer/ Veil, Winfried (Hrsg.), Kommentar Datenschutz-Grundverordnung, 1. Auflage, Köln 2018.

Gola, Peter (Hrsg.), Datenschutz-Grundverordnung, 2. Auflage, München 2018.

Gola, Peter/ Schomerus, Rudolf (Hrsg.), Bundesdatenschutzgesetz: BDSG, 12, München 2015.

Gomille, Christian, Herstellerhaftung für automatisierte Fahrzeuge, JZ 2016, 76–82.

Grabitz, Eberhard/ Hilf, Meinhard/ Nettesheim, Martin (Hrsg.), Das Recht der Europäischen Union, 68. Ergänzungslieferung, München 2019.

Greger, Reinhard, Kamera on board – Zur Zulässigkeit des Video-Beweises im Verkehrsunfallprozess, NZV 2015, 114–117.

Grunwald, Armin, Autonomes Fahren: Technikfolgen, Ethik und Risiken, SVR 2019, 81–86.

Gutwirth, Serge/ Poullet, Yves/ De Hert, Paul/ Terwangne, Cécile de/ Nouwt, Sjaak (Hrsg.), Reinventing Data Protection?, Dordrecht 2009.

Haase, Martin Sebastian, Datenschutzrechtliche Fragen des Personenbezugs, Tübingen 2015.

Hans, Armin, Automotive Software 2.0: Risiken und Haftungsfragen, GWR 2016, 393–396.

Hansen, Marit, Das Netz im Auto & das Auto im Netz, DuD 2015, 367–371.

Hart, Martin/ Hart, Martin/ Heerwagen, Mathias, Das autonome Fahren wird nicht vom Mobilfunk abhängig sein, Automobiltechnische Zeitschrift 2019, 22–25.

Härting, Niko, Starke Behörden, schwaches Recht – der neue EU-Datenschutzentwurf, BB 2012, 459–466.

Hartmann, Volker, Big Data und Produkthaftung Produkthaftungsrechtliche Chancen und Risiken des Einsatzes von Big Data-Technologien im Automobil, DAR 2015, 122–127.

Haus, Klaus-Ludwig/ Krumm, Carsten/ Quarch, Matthias, Gesamtes Verkehrsrecht, 2. Auflage, Baden-Baden 2017.

Hemker, Thomas/ Mischkovsky, Olaf, Erforderliche Schutzmaßnahmen für das (vernetzte) Auto, DuD 2017, 233–238.

Herbst, Tobias, Was sind personenbezogene Daten?, NVwZ 2016, 902–906.

Herfurth, Constantin, Interessenabwägung nach Art. 6 Abs. 1 lit. f DS-GVO, ZD 2018, 514–520.

Hilgendorf, Eric/ Hötitzsch, Sven, Das Recht vor den Herausforderungen der modernen Technik, Baden-Baden 2015.

Hilgendorf, Eric/ Hötitzsch, Sven/ Lutz, Lennart S. (Hrsg.), Rechtliche Aspekte automatisierter Fahrzeuge, 2015.

Höke, Bernd Matthias/ Buschbell, Hans (Hrsg.), Münchener Anwaltshandbuch Straßenverkehrsrecht, 5. Auflage, München 2020.

Hon, W. Kuan/ Millard, Christopher/ Walden, Ian, The problem of 'personal data' in cloud computing: what information is regulated?—the cloud of unknowing, International Data Privacy Law 2011, 211–228.

Horner, Susanne/ Kaulartz, Markus, Haftung 4.0, CR 2016, 7–14.

Hornung, Gerrit, Verfügungsrechte an fahrzeugbezogenen Daten, DuD 2015, 359–366.

Hornung, Gerrit/ Wagner, Bernd, Der schleichende Personenbezug, CR 2019, 565–574.

Howard, Daniel/ Dai, Danielle, Public Perceptions of Self-driving Cars: The Case of Berkeley, California, https://www.ocf.berkeley.edu/~djhoward/reports/Report%20-%20Public%20Perceptions%20of%20Self%20Driving%20Cars.pdf.

Iber, Varinia, Zwei Sind besser als einer: Führt die gemeinsame Verantwortung zu einem mehr an Datenschutz?, DSRITB 2020, 57–73.

Institut für Technikfolgenabschätzung, Vernetzte Automobile – Datensammeln beim Fahren, 2016, http://epub.oeaw.ac.at/ita/ita-projektberichte/2016-02.pdf.

International Working Group on Data Protection in Telecommunications, Working Paper on Intelligent Video Analytics, 2015, https://www.datenschutz-berlin.de/fileadmin/user_upload/pdf/publikationen/berlin-group/2015/14102015_en_2.pdf.

Internationale Arbeitsgruppe für den Datenschutz in der Telekommunikation, Vernetzte Fahrzeuge, 2018, https://www.datenschutz-berlin.de/fileadmin/user_upload/pdf/publikationen/berlin-group/2018/2018-IWGDPT-Working_Paper_Connected_Vehicles-de.pdf.

Jakobi, Timo/ Stevens, Gunnar/ Seufert, Anna-Magdalena, Privacy-By-Design für das Connected Car: Architekturen aus Verbrauchersicht, DuD 2018, 704–707.

Jarass, Hans D., Charta der Grundrechte der Europäischen Union, 4. Auflage, München 2021.

Jäschke, Thomas/ Rochow, Sina/ Tewes, Hanjo/ Vogel, Alexander/ Mertes, Henning/ Reiter, Julius/ Methner, Olaf, Für immer anonym: wie kann De-Anonymisierung verhindert werden?, 2018, http://www.abida.de/de/blog-item/gutachten-f%C3%BCr-immer-anonym-wie-kann-de-anonymisierung-verhindert-werden.

Johannes, Paul C., Bedarf an und Inhalt eines Gesetzes für Corona-Tracing-Apps, ZD-Aktuell 2020, 07114.

Johanning, Volker/ Mildner, Roman, Car IT kompakt: das Auto der Zukunft – vernetzt und autonom fahren, Wiesbaden 2015.

Jourdan, Frank/ Matschi, Helmut, Automatisiertes Fahren, NZV 2015, 26–29.

Karg, Moritz, Anonymität, Pseudonyme und Personenbezug revisited?, DuD 2015, 520–526.

Karikari, Bernard A., Big Data in der Automobilindustrie, Frankfurt am Main 2018.

Kartheuser, Dr. Ingemar/ Gilsdorf, Dr. Friedrich, EuGH: Dynamische IP-Adressen können personenbezogene Daten sein, MMR-Aktuell 2016, 382533.

Keppeler, Lutz M., „Objektive Theorie" des Personenbezugs und „berechtigtes Interesse" als Untergang der Rechtssicherheit?, CR 2016, 360–367.

Kinast, Karsten/ Kühnl, Christina, Telematik und Bordelektronik – Erhebung und Nutzung von Daten zum Fahrverhalten, NJW 2014, 3057–3061.

Klann, Thomas, VG Ansbach, 12.8.2014 – AN 4 K 13.01634 – Unzulässigkeit von in Kfz eingebauten Dashcams, DAR 2014, 663–668.

Klar, Manuel, Datenschutzrecht und die Visualisierung des öffentlichen Raums, Berlin 2012.

Klar, Manuel, Der Rechtsrahmen des Datenschutzrechts für Visualisierungen des öffentlichen Raums. Ein taugliches Konzept zum Schutz der Betroffeneninteressen?, MMR 2012, 788–795.

Klein, Florian, Personenbilder im Spannungsfeld von Datenschutzgrundverordnung und Kunsturhebergesetz, Frankfurt am Main 2017.

Klimke, Dominik, Telematik-Tarife in der Kfz-Versicherung, r+s 2015, 217–225.

Klink-Straub, Richterin am AG Judith/ Straub, Tobias, Nächste Ausfahrt DS-GVO – Datenschutzrechtliche Herausforderungen beim automatisierten Fahren, NJW 2018, 3201–3206.

Koelle, Marion/ Brück, Yvonne/ Cobus, Vanessa/ Heuten, Wilko/ Boll, Susanne, Respektvolle tragbare Kameras?, DuD 2017, 152–158.

Kolany-Raiser, Barbara/ Heil, Reinhard/ Orwat, Carsten/ Hoeren, Thomas (Hrsg.), Big Data und Gesellschaft: Eine multidisziplinäre Annäherung, Wiesbaden 2018.

Konferenz der Datenschutzbeauftragten des Bundes und der Länder, Entschließung zu Datenschutz im Kraftfahrzeug – Automobilindustrie ist gefordert, 88. Konferenz der Datenschutzbeauftragten des Bundes und der Länder am 08. und 09. Oktober 2014 in Hamburg 2014, https://www.datenschutz-mv.de/static/DS/Dateien/Entschliessungen/Datenschutz/Ent_Kfz.pdf.

Kozak, Kristopher/ Alban, Marc, Ranger: A ground-facing camera-based localization system for ground vehicles, 2016 IEEE/ION Position, Location and Navigation Symposium (PLANS) 2016, 170–178.

Krämer, Hannes, Connected Cars – eine Herde trojanischer Pferde?, Verkehrsjurist 2016, 1–7.

Kranig, Thomas/ Benedikt, Kristin, DS-GVO und KUG – ein gespanntes Verhältnis, ZD 2019, 4–7.

Krauß, Christoph/ Waidner, Michael, IT-Sicherheit und Datenschutz im vernetzten Fahrzeug, DuD 2015, 383–387.

Kremer, Sascha, Connected Car – intelligente Kfz, intelligente Verkehrssysteme, intelligenter Datenschutz?, RDV 2014, 240–252.

Kremer, Sascha, Vom Umgang mit Informationen aus und im Connected Car, PinG 2015, 134–136.

Krügel, Tina, Das personenbezogene Datum nach der DS-GVO, ZD 2017, 455–460.

Krüger, Stefan/ Maucher, Svenja-Ariane, Ist die IP-Adresse wirklich ein personenbezogenes Datum? Ein falscher Trend mit großen Auswirkungen auf die Praxis, MMR 2011, 433–439.

Krüger, Stefan/ Wiencke, Julia, Bitte recht freundlich – Verhältnis zwischen KUG und DS-GVO, MMR 2019, 76–80.

Krzikalla, Roland/ Schindler, Andreas/ Wankerl, Matthias/ Wertheimer, Reiner, Mehr Sicherheit durch Positionsbestimmung mit Satelliten und Landmarken, Automobiltechnische Zeitschrift 2013, 48–52.

Kugelmann, Dieter, Datenfinanzierte Internetangebote, DuD 2016, 566–570.

Kühling, Jürgen/ Buchner, Benedikt (Hrsg.), Datenschutz-Grundverordnung, BDSG, 3. Auflage, München 2020.

Kühling, Jürgen/ Klar, Manuel, EuGH: Speicherung von IP-Adressen beim Besuch einer Internetseite, ZD 2017, 24–29.

Kunnert, Gerhard, Das vernetzte Automobil aus datenschutzrechtlicher Sicht, Zeitschrift für Verkehrsrecht 2015, 481–484.

Kunnert, Gerhard, Die datenschutzkonforme Vernetzung des Automobils, CR 2016, 509–516.

Lachenmann, Matthias, Neue Anforderungen an die Videoüberwachung, ZD 2017, 407–411.

Landesbeauftragte für Datenschutz und Akteneinsicht, Stellungnahme der LDA Brandenburg, Umdruck 19/1309, 2018, http://www.landtag.ltsh.de/infothek/wahl19/umdrucke/01300/umdruck-19-01309.pdf.

Landesbeauftragte für den Datenschutz und für das Recht auf Akteneinsicht Brandenburg, Verarbeitung personenbezogener Daten bei Fotografien, 2018, https://www.lda.brandenburg.de/sixcms/media.php/9/RechtlicheAnforderungenFotografie.pdf.

Landesbeauftragter für Datenschutz und Informationsfreiheit Baden-Württemberg, 34. Datenschutz-Tätigkeitsbericht 2018, 2019, https://www.baden-wuerttemberg.datenschutz.de/wp-content/uploads/2019/02/LfDI-34.-Datenschutz-T%C3%A4tigkeitsbericht-Internet.pdf.

Landesbeauftragter für Datenschutz und Informationsfreiheit Baden-Württemberg, Tätigkeitsbericht Datenschutz 2020, 2021, https://www.baden-wuerttemberg.datenschutz.de/wp-content/uploads/2021/02/LfDI-BW_36_Ta%CC%88tigkeitsbericht_2020_WEB.pdf.

Lemmer, Karsten, Neue autoMobilität. Automatisierter Straßenverkehr der Zukunft, acatech STUDIE, München 2016, https://www.acatech.de/wp-content/uploads/2018/03/acatech_Studie_Neue-autoMobilitaet_WEB.pdf.

Lindl, Rudi, Tracking von Verkehrsteilnehmern im Kontext von Multisensorsystemen, München 2009, https://mediatum.ub.tum.de/doc/667321/667321.pdf.

Lindner, Christian, Persönlichkeitsrecht und Geo-Dienste im Internet – z. B. Google Street View/Google Earth, ZUM 2010, 292–301.

Lüdemann, Volker, Connected Cars Das vernetzte Auto nimmt Fahrt auf, der Datenschutz bleibt zurück, ZD 2015, 247–254.

Lutz, Lennart S., Automatisiertes Fahren, Dashcams und die Speicherung beweisrelevanter Daten, Baden-Baden 2017.

Lutz, Lennart S., Fahrzeugdaten und staatlicher Datenzugriff, DAR 2019, 125–129.

Mantz, Reto/ Spittka, Jan, EuGH: Speicherung von IP-Adressen beim Besuch einer Website, NJW 2016, 3579–3583.

Marnau, Ninja, Anonymisierung, Pseudonymisierung und Transparenz für Big Data: Technische Herausforderungen und Regelungen in der Datenschutz-Grundverordnung, DuD 2016, 428–433.

Marsch, Nikolaus, Das europäische Datenschutzgrundrecht, Tübingen 2018.

Mäsch, Gerald/ Ziegenrücker, Wiss Daniel, Kameras vor Gericht – Zur Verwertbarkeit von Dashcam-Aufnahmen im Zivilprozess in Zeiten der Datenschutz-Grundverordnung, JuS 2018, 750–754.

Matejek, Michael/ Mäusezahl, Steffen, Gewöhnliche vs. sensible personenbezogene Daten, ZD 2019, 551–556.

Matthaei, Richard/ Maurer, Markus, Autonomous driving – a top down-approach, Automatisierungstechnik 2015, 155–167.

Maurer, Markus/ Gerdes, J. Christian/ Lenz, Barbara/ Winner, Hermann, Autonomes Fahren: Technische, rechtliche und gesellschaftliche Aspekte, Berlin 2015.

Maurer, Markus/ Stiller, Christoph, Fahrerassistenzsysteme mit maschineller Wahrnehmung, Berlin Heidelberg 2005.

May, Elisa/ Gaden, Justus, Vernetzte Fahrzeuge. Rechtsfragen zu Over-the-Air-Updates, InTeR 2018, 110–116.

Mehl, Thorsten/ Selz, Ilan Leonard, Datenschutzrechtliche verantwortlichkeit beim Betrieb von Voice Apps in Sprachassistenten wie Alexa, Cortana, Google Assistant oder Siri, DSRITB 2020, 87–101.

Metzger, Axel, Digitale Mobilität – Verträge über Nutzerdaten, GRUR 2019, 129–136.

Meyer, Jürgen/ Hölscheidt, Sven (Hrsg.), Charta der Grundrechte der Europäischen Union, 5. Auflage, Baden-Baden 2019.

Meyer, Oliver/ Harland, Hanno, Haftung für softwarebezogene Fehlfunktionen technischer Geräte am Beispiel von Fahrerassistenzsystemen, CR 2007, 689–695.

Moos, Flemming/ Rothkegel, Tobias, EuGH: Speicherung von IP-Adressen beim Besuch einer Internetseite, MMR 2016, 842–847.

National Highway Traffic Safety Administration, Preliminary Statement of Policy Concerning Automated Vehicles, https://www.nhtsa.gov/sites/nhtsa.gov/files/documents/automated_vehicles_policy.pdf.

Nguyen, Alexander, Videoüberwachung in sensitiven Bereichen, DuD 2011, 715.

Niehaus, Holger, Verwertbarkeit von Dashcam-Aufzeichnungen im Straf- und Ordnungswidrigkeitenverfahren, NZV 2016, 551–556.

Nink, Judith/ Pohle, Jan, Die Bestimmbarkeit des Personenbezugs Von der IP-Adresse zum Anwendungsbereich der Datenschutzgesetze, MMR 2015, 563–567.

Oermann, Markus, Individualdatenschutz im europäischen Datenschutzrecht, Freiburg 2012.

Oostveen, Manon, Identifiability and the applicability of data protection to big data, International Data Privacy Law 2016, 299–309.

Oppermann, Hernd H./ Stender-Vorwachs, Jutta, Autonomes Fahren, 2. Auflage, München 2020.

Paal, Boris P./ Pauly, Daniel A. (Hrsg.), Datenschutz-Grundverordnung Bundesdatenschutzgesetz, 3. Auflage, München 2021.

Pedrycz, Witold/ Chen, Shyi-Ming (Hrsg.), Development and Analysis of Deep Learning Architectures, Cham 2020.

Petri, Thomas, Faire und transparente Verarbeitung, Informationsrechte und Rahmenbedingungen für ihre Beschränkung — zur Auslegung der Art. 12 ff. und 23 DSGVO, DuD 2018, 347–350.

Pillath, Automated vehicles in the EU, 2016, https://www.europarl.europa.eu/RegData/etudes/BRIE/2016/573902/EPRS_BRI(2016)573902_EN.pdf.

Piltz, Carlo, Die Datenschutz-Grundverordnung, K&R 2016, 557–567.

Piltz, Carlo, Die Datenschutz-Grundverordnung, K&R 2016, 709–717.

Piltz, Carlo/ Quiel, Philipp, Bestimmt unbestimmt – Vorschläge zur Auslegung und Anwendung unklarer Formulierungen in der Datenschutz-Grundverordnung, DSRITB 2020, 1–23.

Piltz, Carlo/ Reusch, Philipp, Internet der Dinge: Datenschutzrechtliche Anforderungen bei der Produktbeobachtung, BB 2017, 841–846.

Pla, F./ Sanchiz, J. M./ Marchant, J. A./ Brivot, R., Building perspective models to guide a row crop navigation vehicle, Image and Vision Computing 1997, 465–473.

Pötters, Stephan/ Traut, Johannes, Videoüberwachung im Arbeitsverhältnis, RDV 2013, 132–140.

Purtova, Nadezhda, The law of everything. Broad concept of personal data and future of EU data protection law, Law, Innovation and Technology 2018, 40–81.

Radusch, Ilja, Schöne neue Autowelt: Daten statt Benzin, PinG 2015, 109–112.

Raji, Behrang, Auswirkungen der DS-GVO auf nationales Fotorecht, ZD 2019, 61–66.

Reuter, Wiebke, Umgang mit sensiblen Daten bei allgemeiner Videoüberwachung, ZD 2018, 564–569.

Rieß, Dr. Joachim/ Greß, Sebastian, Privacy by Design für Automobile auf der Datenautobahn, DuD 2015, 391–396.

Robert, Lionel P. Jr., The Future of Pedestrian–Automated Vehicle Interactions, XRDS 2019, 30–33.

Robrahn, Rasmus/ Bremert, Benjamin, Interessenskonflikte im Datenschutzrecht, ZD 2018, 291–297.

Rose, Edgar, Zähmt Smart Law allgegenwärtige Bilderfassung?, DSRITB 2016, 75–89.

Rose, Edgar, „Smart Cams" im öffentlichen Raum, ZD 2017, 64–69.

Rose, Edgar, Erforderlichkeit und Interessengerechtigkeit der Videoüberwachung im öffentlichen Raum, RDV 2019, 123–131.

Rösener, Christian/ Sauerbier, Jan/ Zlocki, Adrian/ Eckstein, Lutz/ Hennecke, Friederike/ Kemper, Dirk/ Oeser, Markus, Potenzieller gesellschaftlicher Nutzen durch zunehmende Fahrzeugautomatisierung, 2019, https://bast.opus.hbz-nrw.de/opus45-bast/frontdoor/deliver/index/docId/2140/file/F128_barrierefr+ELBA+PDF+neu.pdf.

Roßnagel, Alexander, Datenschutz in der künftigen Verkehrstelematik, NZV 2006, 281–288.

Roßnagel, Alexander, Big Data – Small Privacy? Konzeptionelle Herausforderungen für das Datenschutzrecht, ZD 2013, 562–567.

Roßnagel, Alexander, Fahrzeugdaten – wer darf über sie entscheiden? Zuordnungen – Ansprüche – Haftung, SVR 2014, 281–287.

Roßnagel, Alexander, Grundrechtsausgleich beim vernetzten Automobil: Herausforderungen, Leistungsfähigkeit und Gestaltungsbedarf des Rechts, DuD 2015, 353–358.

Roßnagel, Alexander, Wie zukunftsfähig ist die Datenschutz-Grundverordnung?, DuD 2016, 561–565.

Roßnagel, Alexander, Datenschutzgrundsätze – unverbindliches Programm oder verbindliches Recht?, ZD 2018, 339–344.

Roßnagel, Alexander, Innovationen der Datenschutz-Grundverordnung, DuD 2019, 467–472.

Roßnagel, Alexander, Streit über Datenschutz bei Tracing-Apps, ZD-Aktuell 2020, 07117.

Roßnagel, Alexander/ Hornung, Gerrit (Hrsg.), Grundrechtsschutz im Smart Car, Wiesbaden 2019.

Sachs, Ulrich, Datenschutzrechtliche Bestimmbarkeit von IP-Adressen, CR 2010, 547–552.

SAE-China/ FISITA, Proceedings of the FISITA 2012 World Automotive Congress: Volume 9: Automotive Safety Technology, Berlin (u. a.) 2013.

Saeltzer, Gerhard, 13 Irrtümer über Videoüberwachung, DuD 2000, 194–201.

Sander, Günther M./ Hollering, Jörg, Strafrechtliche Verantwortlichkeit im Zusammenhang mit automatisiertem Fahren, NStZ 2017, 193–206.

Sarunski, Maik, Big Data – Ende der Anonymität?, DuD 2016, 424–427.

Schantz, Peter/ Wolff, Heinrich Amadeus, Das neue Datenschutzrecht, München 2017.

Schantz, Regierungsrat Peter, Die Datenschutz-Grundverordnung – Beginn einer neuen Zeitrechnung im Datenschutzrecht, NJW 2016, 1841–1847.

Schätzle, Daniel, Datenschutz-Standards im Smart Car, PinG 2015, 85–88.

Schellekens, Maurice, Car hacking: Navigating the regulatory landscape, Computer Law & Security Review 2016, 307–315.

Schlamp, Martina, Realbildspeicherung aufgrund eines Unfallereignisses bei hochautomatisierten Fahrzeugen, InTeR 2018, 116–124.

Schmid, Alexander, Pflicht zur „integrierten Produktbeobachtung" für automatisierte und vernetzte Systeme, CR 2019, 141–147.

Schmitz, Barbara, Der Abschied vom Personenbezug, ZD 2018, 5–8.

Schneider, Jana/ Schindler, Stephan, Videoüberwachung als Verarbeitung besonderer Kategorien personenbezogener Daten, ZD 2018, 463–469.

Schneider, Jana/ Schindler, Stephan, Videoüberwachung: Ein Fall für zwei?, PinG 2018, 247–252.

Schneider, Jochen/ Härting, Niko, Wird der Datenschutz nun endlich internettauglich? Warum der Entwurf einer Datenschutz-Grundverordnung enttäuscht, ZD 2012, 199–203.

Schnieder, Lars/ Hosse, René, Zulassung hoch- und vollautomatisierter Fahrzeuge, Internationales Verkehrswesen 2018, 24–26.

Schrader, Paul, Herstellerhaftung nach dem StVG-ÄndG 2017, DAR 2018, 314–320.

Schrader, Paul T., Haftungsfragen für Schäden beim Einsatz automatisierter Fahrzeuge im Straßenverkehr, DAR 2016, 242–246.

Schulte, Laura, Transparenz im Kontext der DSGVO, PinG 2017, 227–230.

Schulz, Richter am Amtsgericht Thomas, Sicherheit im Straßenverkehr und autonomes Fahren, NZV 2017, 548–553.

Schuster, Frank Peter, Strafrechtliche Verantwortlichkeit der Hersteller beim automatisierten Fahren, DAR 2019, 6–11.

Schwartmann, Rolf/ Jacquemain, Tobias, Datenschutzrechtliche Herausforderungen im Auto – neue Risiken durch „Connected Cars", RDV 2018, 247–251.

Schwartmann, Rolf/ Jaspers, Andreas/ Thüsing, Gregor/ Kugelmann, Dieter, DS-GVO/BDSG: Datenschutz-Grundverordnung, Bundesdatenschutzgesetz, 2. Auflage, Heidelberg 2020.

Schwartmann, Rolf/ Ohr, Sara, Datenschutzrechtliche Perspektiven des Einsatzes intelligenter Fahrzeuge, RDV 2015, 59–68.

Schwenke, Thomas, Private Nutzung von Smartglasses im öffentlichen Raum, Edewecht 2016.

Schwenke, Thomas, Zulässigkeit der Nutzung von Smartcams und biometrischen Daten nach der DS-GVO, NJW 2018, 823–827.

Seifert, Bernd, Neue Regeln für die Videoüberwachung?: Visuelle Kontrolle im Entwurf der EU-Datenschutz-Grundverordnung, DuD 2013, 650–654.

Siebenpfeiffer, Wolfgang, Vernetztes Automobil, Wiesbaden 2014.

Siebenpfeiffer, Wolfgang, Fahrerassistenzsysteme und Effiziente Antriebe, Wiesbaden 2015.

Simitis, Spiros/ Hornung, Gerrit/ Spiecker gen. Döhmann, Indra (Hrsg.), Datenschutzrecht, 1. Auflage, Baden-Baden 2019.

Simitis, Spiros (Hrsg.), Bundesdatenschutzgesetz, 8. Auflage, Baden-Baden 2014.

Solmecke, Christian/ Jockisch, Jan, Das Auto bekommt ein Update! – Rechtsfragen zu Software in Pkws, Zulassungs- und Haftungsfragen zu softwarebasierten Fahrzeugsystemen, MMR 2016, 359–364.

Specht, Louisa/ Mantz, Reto (Hrsg.), Handbuch Europäisches und deutsches Datenschutzrecht, München 2019.

Steege, Hans, Ist die DS-GVO zeitgemäß für das autonome Fahren?, MMR 2019, 509–513.

Stern, Klaus/ Sachs, Michael (Hrsg.), Europäische Grundrechte-Charta: GRCh, München 2016.

Stiftung Datenschutz (Hrsg.), Datenschutz im vernetzten Fahrzeug, Berlin 2020.

Stoklas, Jonathan, Videokameras in autonomen Fahrzeugen aus datenschutzrechtlicher Sicht, ZD-Aktuell 2018, 06268.

Stoklas, Jonathan/ Wendt, Kai, Das vernetzte und autonome Fahrzeug – Datenschutzrechtliche Herausforderungen, Hannover 2019, https://www.repo.uni-hannover.de/handle/123456789/5169.

Strassemeyer, Laurenz, Die Transparenzvorgaben der DSGVO für algorithmische Verarbeitungen, K&R 2020, 176–183.

Straub, Judith/ Klink-Straub, Tobias, Vernetzte Fahrzeuge – portable Daten, ZD 2018, 459–463.

Strauß, Samuel, Dashcam und Datenschutz, NZV 2018, 554–559.

Streinz, Rudolf (Hrsg.), EUV/AEUV, 3. Aufl., München 2018.

Strijbosch, Willem, Sicheres autonomes Fahren mit hochauflösenden Karten, Automobiltechnische Zeitschrift 2018, 28–35.

Strubbe, Thomas/ Thenée, Nicolas/ Wieschebrink, Christian, IT-Sicherheit in Kooperativen Intelligenten Verkehrssystemen, DuD 2017, 223–226.

Sundermann, Steffen, Fotografien von Menschenansammlungen nach der DSGVO, K&R 2018, 438–443.

Sydow, Gernot (Hrsg.), Europäische Datenschutzgrundverordnung: Handkommentar, 2. Auflage, Baden-Baden 2018.

Taeger, Jürgen, Videoüberwachung von Bürohäusern. Zulässigkeitsvoraussetzungen zur Wahrung des Hausrechts im öffentlich zugänglichen Bereich, ZD 2013, 571–577.

Taeger, Jürgen, Chancen und Risiken von Smart Cams im öffentlichen Raum, Baden-Baden 2017.

Taeger, Jürgen/ Gabel, Detlev (Hrsg.), DSGVO – BDSG, 3. Auflage, Frankfurt am Main 2019.

Terzis, Anestis (Hrsg.), Handbook of Camera Monitor Systems, Cham 2016.

Tinnefeld, Marie-Theres/ Conrad, Isabell, Die selbstbestimmte Einwilligung im europäischen Recht, ZD 2018, 391–398.

Treitler, Wolfgang, Verkehrstelematik im österreichischen Autobahnnetz, Zeitschrift für Verkehrsrecht 2013, 497–499.

Unabhängige Datenschutzbehörden des Bundes und der Länder, Erfahrungsbericht der unabhängigen Datenschutzaufsichtsbehörden des Bundes und der Länder zur Anwendung der DS-GVO, 2019, https://www.datenschutz.rlp.de/fileadmin/ lfdi/Dokumente/20191113_Erfahrungsbericht_DS-GVO.pdf.

Unabhängige Datenschutzbehörden des Bundes und der Länder/Verband der Automobilindustrie, Datenschutzrechtliche Aspekte bei der Nutzung vernetzter und nicht vernetzter Kraftfahrzeuge, 2016, https://www.bfdi.bund.de/SharedDocs/ Downloads/DE/DSK/DSKEntschliessungen/DSK_20160126_VernetzteKfz. pdf?__blob=publicationFile&v=5.

Unabhängiges Landeszentrum für Datenschutz Schleswig-Holstein, Praxisreihe: Datenschutzbestimmungen praktisch umsetzen. Fotos und Webcams, 2018, https://www.datenschutzzentrum.de/uploads/praxisreihe/Praxisreihe-6-Fotos- und-Webcams.pdf.

Unabhängiges Landeszentrum für Datenschutz Schleswig-Holstein, Praxisreihe: Datenschutzbestimmungen praktisch umsetzen. Videoüberwachung, 2019, https://www.datenschutzzentrum.de/uploads/praxisreihe/Praxisreihe-5-Videou- eberwachung.pdf.

Uni-DAS, 8. Workshop Fahrerassistenzsysteme: 26.09.2012 bis 28.09.2012, 2012, https://www.mrt.kit.edu/z/publ/download/2012/LategahnStiller2012FAS.pdf.

Verband der Automobilindustrie, Automatisierung, 2015, https://www.vda.de/dam/vda/publications/2015/automatisierung.pdf.

Verein Deutscher Ingenieure, Optische Technologien in der Fahrzeugtechnik (VDI-Berichte 2038), Düsseldorf 2008.

Verein Deutscher Ingenieure, Optische Technologien in der Fahrzeugtechnik (VDI-Berichte 2154), Düsseldorf 2012.

Verein Deutscher Ingenieure, Elektronik im Fahrzeug (VDI-Berichte 2188), Düsseldorf 2013.

Verein Deutscher Ingenieure, Fahrerassistenz und Integrierte Sicherheit (VDI-Berichte 2223), Düsseldorf 2014.

Verein Deutscher Ingenieure, 17. Internationaler Kongress ELIV 2015 (VDI-Berichte 2249), Düsseldorf 2015.

Verein Deutscher Ingenieure, Elektronik im Kraftfahrzeug (VDI-Berichte 2075), Düsseldorf 2015.

Verein Deutscher Ingenieure, 32. VDI/VW-Gemeinschaftstagung Fahrerassistenz und automatisiertes Fahren (VDI-Berichte 2288), Düsseldorf 2016.

Vogt, Wolfgang, Fahrerassistenzsysteme: Neue Technik – Neue Rechtsfragen?, NZV 2003, 153–160.

Von der Groeben, Hans von der/ Schwarze, Jürgen/ Hatje, Armin (Hrsg.), Europäisches Unionsrecht, 7. Auflage, Baden-Baden 2015.

Von Schönfeld, Max, Ein fahrbarer Datensatz – Datenschutzrechtliche Probleme im modernen Auto, DAR 2015, 617–622.

Wahl, Eric/ Unger, Christian/ Zeller, Armin/ Rossberg, Dirk, 3D-Umwelterfassung Als Schlüssel für Autonome Fahrzeuge, Automobiltechnische Zeitschrift 2010, 82–87.

Weichert, Thilo, Datenschutz im Auto – Teil 1, SVR 2014, 201–207.

Weichert, Thilo, Der Personenbezug von Kfz-Daten, NZV 2017, 507–513.

Weichert, Thilo, Datenverarbeitung und Datenschutz bei Tesla-Fahrzeugen, 2020, https://www.netzwerk-datenschutzexpertise.de/sites/default/files/gut_2020tesla.pdf.

Weisser, Ralf/ Färber, Claus, Rechtliche Rahmenbedingungen bei Connected Car. Überblick über die Rechtsprobleme der automobilen Zukunft, MMR 2015, 506–512.

Wendt, Kai, Autonomes Fahren und Datenschutz – eine Bestandsaufnahme, ZD-Aktuell 2018, 06034.

Wentland, Katharina/ Schindler, Stephan, Videogestützte Kundenanalyse zu Werbezwecken, ZD-Aktuell 2017, 05855.

Werkmeister, Christoph/ Brandt, Elena, Bremst der Datenschutz das automatisierte Fahren aus?, RAW 2017, 99–102.

Werkmeister, Christoph/ Schröder, Elena, Wer ist verantwortlich für die Daten im Fahrzeug?, RAW 2015, 82–86.

Winner, Hermann/ Hakuli, Stephan/ Lotz, Felix/ Singer, Christina, Handbuch Fahrerassistenzsysteme, 2015.

Wojciech Mitkowski/ Janusz Kacprzyk/ Krzysztof Oprzędkiewicz/ Paweł Skruch, Trends in Advanced Intelligent Control, Optimization and Automation, 2017.

Wójtowicz, Monika/ Cebulla, Manuel, Anonymisierung nach der DSGVO, PinG 2017, 186–192.

Wolff, Heinrich Amadeus, Updates aus Sicht des Datenschutzes, K&R 2019, 537–541.

Wollschläger, Dirk, Preconditions, Requirements & Prospects of the Connected Car, Auto Tech Review 2016, 30–35.

ZD-Aktuell, Bitkom: Deutsche befürworten den Einsatz von Dashcams, ZD-Aktuell 2018, 04298.

Zuiderveen Borgesius, Frederik, Breyer Case of the Court of Justice of the European Union: IP Addresses and the Personal Data Definition (Case Note) (via SSRN), 2017, https://papers.ssrn.com/abstract=2933781.